U0566822

Right-Wing Forces in Post-WWII Japan
and
the International Relations
in Northeast Asia

日本右翼势力
与东北亚国际关系

王希亮 ←—→ 著

社会科学文献出版社
SOCIAL SCIENCES ACADEMIC PRESS (CHINA)

本书为2007年国家社科基金项目"日本右翼势力崛起对东北亚国际关系的影响变数及对策研究"(07BGJ19)的最终成果

目 录

序章　日本右翼运动的源流 ·· 1
　第一节　从"民权主义"到"国权主义" ···································· 1
　第二节　右翼势力在侵略战争中的地位和作用 ···························· 8
　第三节　日本右翼运动的林林总总 ·· 22

第一章　美国占领时期的右翼势力与反共排华活动 ······················· 32
　第一节　冷战形成，美国对日占领方针的转换 ···························· 32
　第二节　反共右翼团体的抬头 ·· 40
　第三节　旧金山条约与右翼的复苏 ·· 44
　第四节　右翼势力的反苏反华浪潮与中苏两国的对日政策 ·············· 53

第二章　新安保体制及右翼势力促进运动，东北亚冷战格局的僵持 ······ 63
　第一节　新安保体制出台的国际国内背景 ································ 63
　第二节　新安保体制的确立与右翼促进运动 ······························ 69
　第三节　安保斗争后右翼势力的恐怖活动 ································ 73
　第四节　韩日谈判与制造朝鲜半岛"危机" ································ 76
　第五节　岸政权时期的中日关系及右翼的作用力 ························ 79

第三章　"反 YP 体制运动"、"昭和维新运动"及其影响 ···················· 92
　第一节　新右翼登场与"反 YP 体制运动" ································ 92

第二节　1970年代右翼的"昭和维新运动" …………………… 104
　第三节　右翼对《韩日基本条约》及领土争端的负面影响 ……… 115
　第四节　中国对日政策的演变与佐藤内阁敌视中国的政策 ……… 123

第四章　新保守主义时代的右翼及其影响 ………………………… 132
　第一节　中曾根内阁的新保守主义 …………………………… 132
　第二节　新保守主义时代右翼运动的新动向 ………………… 140
　第三节　中日恢复邦交后的蜜月期及第一次波折 …………… 153

第五章　1990年代知识界右翼团体的出现及其影响 ……………… 159
　第一节　日本政治总体保守化及右倾化趋势 ………………… 159
　第二节　知识界右翼团体的形成及其活跃 …………………… 164
　第三节　"正论派言论人"的出场及其谬说 ………………… 177
　第四节　知识界右翼与上层社会及传统右翼的关系 ………… 228

第六章　围绕历史问题右翼运动的攻击矛头及其影响 …………… 235
　第一节　第三次攻击教科书逆流 ……………………………… 235
　第二节　知识界右翼否认南京大屠杀罪行的谬论 …………… 250
　第三节　小泉参拜靖国神社风波及右翼势力的催动 ………… 264

第七章　中日关系的不稳定因素及右翼的作用力 ………………… 284
　第一节　为"大东亚战争"正名的战争观和历史观 ………… 284
　第二节　战争遗留问题与民间被害诉讼 ……………………… 307
　第三节　"中国威胁论"与日本"价值观外交" …………… 311
　第四节　围绕台湾与领土纠纷问题的右翼论调及其行动 …… 322
　第五节　借题发挥和制造矛盾，右翼的仇共反华活动 ……… 337
　第六节　日本政权更迭与中日关系展望 ……………………… 364

结语　日本右翼问题的思考 ………………………………………… 373

序章　日本右翼运动的源流

第一节　从"民权主义"到"国权主义"

一　"自由民权运动"的转向与玄洋社的成立

明治政府成立后，朝野上下围绕"征韩论"掀起一场纷争，被誉为"明治三杰"之一的西乡隆盛被"内治优先派"击败，[①] 西乡一怒之下辞官返乡，在鹿儿岛建立私学校，邀集同道友好，招收青年生徒，着手培养和积蓄反政府势力。随西乡一起辞职的明治政府参议江藤新平返回家乡佐贺，纠集旧士族起兵反政府，要求当局重新起用"中兴元老"（指西乡、江藤及萨摩藩主岛津久光等人），对内维护士族利益，对外征伐朝鲜和中国。结果，江藤兵败被处斩刑。西乡的另一支持者板垣退助也辞官在家乡高知县成立一个"立志社"，后组建日本最早的地主资产阶级政党——"自由党"，以"天赋人权"为口号，鼓动失意士族掀起民选议院运动，向明治政府索要参政权。

由于明治政府的官僚专制统治，一部分旧士族失去往日的地位和权益。广大农民也深受地税、兵役及货币贬值之苦。除少数既得利益者外，社会各阶层普遍对明治政府不满，骚动或暴动屡有发生，社会矛盾日益尖锐化。

[①] 以大久保利通、木户孝允等人为代表的"内治优先派"并非不赞成征韩和征台，其主要用意是排除西乡派势力，待西乡等人下野，他们立刻掀起了征台之役。

在这样的背景下，以"自由"、"民权"为旗号的自由民权运动不仅有旧士族的骨干发动，而且得到下层社会的支持，各类民权运动团体方兴未艾。从1883年到1885年，许多地区的农民自发组建起贫民党、困民党、借款党等群众组织，向地主、高利贷者展开减租减息、延期还债的斗争。

日益高涨的自由民权运动无疑冲击着刚刚成立的明治政权的根基，引起政府专制派的担心和顾忌，于是采取了严酷镇压的手段，旨在扼杀方兴未艾的自由民权运动。1878年7月，明治政府颁布了太政官第二十九号令，指示各地警察机构务必监视各地民众的集会活动，"万一其举动煽动民心，妨碍国家安全，警视长官及各地方长官必须颁令禁止"。① 1880年4月，明治政府又颁布了《集会条例》，要求所有集会必须接受警察的监视和检查，"包括有教唆诱导他人犯罪之意，以及妨碍公众安宁"的集会，② 警察有权予以解散，命令参与者退去，并对参与者处以罚款或监禁的处分。另一方面，明治政府又以明治诏书的形式宣称十年后（即1890年）开设国会，以稳定民权派的情绪。还向民权运动的领导人板垣退助、后藤象二郎等人暗送秋波，提供资金送二人出国考察欧洲的立宪事宜，并把板垣拉进政府，恢复其参议的职务，使自由民权运动出现分裂的局面。

在平息"自由民权运动"的同时，明治政府对外强硬派开始把目光瞄向海外。1874年4月4日，日本以三年前琉球漂流民在台湾被害事件为借口，发兵征伐台湾，遭到台湾民众的顽强抵抗，但昏庸的清廷竟同意赔偿50万两银子了结此案，让日本侥幸赢得了这场战争，不仅把琉球纳入日本的版图，而且更增添了其对外扩张的野心，并把主要矛头首先对准朝鲜。1882年7月，朝鲜爆发"壬午兵变"，参议院议长山县有朋公开主张出兵朝鲜，"以我军队占据开港场所，或趁机占领要冲诸岛"。③ 在此强硬方针下，日本强迫朝鲜签订了《济物浦条约》，攫取了在朝鲜的驻兵权。1884年12月，日本驻朝鲜公使又公然派兵，支持和协助金玉均等朝鲜开化派发动

---

① 明治编年史编纂会编《集成新闻·明治编年史》第三卷，财政、经济学会，1935，第418页。
② 苏武缘郎：《明治史总览》第三卷，明治史刊行会，1938，第512页。
③ 古川万太郎：《近代日本の大陸政策》，東京書籍株式会社，1991，第151页。

"甲申政变",夺取了政权。但在朝鲜王朝和清政府的联合镇压下失败,仅仅掌控"三日天下"的金玉均等人逃往日本,更刺激了日本朝野上下的"伸张国权"运动。有学者评论认为,"引人注目的是,明治初期的'征韩'、'征台',是以不满士族阶层为中心,但从'壬午'到'甲申',对外膨胀的侵略论同自由民权、开设国会运动融合在一起,并扩展开来,明治政府推行的侵略政策获得民间阶层的支持,从此开始奠定了基盘"。①

以明治政府的国权扩张为背景,民权派也开始向"国权主义"转化。其重要原因之一是民权派中的旧士族原本就是支持西乡隆盛的"征韩派"。自由党头目板垣退助正是因为支持西乡隆盛的"征韩论",在朝廷的政治斗争中失意而辞职,返乡后发动旧士族成立起"立志社",喊出争取民权和召开国会的口号。其他如制造"加波山事件"、"群马事件"、"饭田事件"以及"萩之乱"的民权派领导人,无一不是对外强硬的"征韩派",他们反政府的唯一目的是争取参政权,绝非反对当局的对外扩张政策。组织福冈"向阳社"的头面人物武部小四郎、越智彦四郎、箱田六辅、平区浩太郎、头山满等人,也是地地道道的"征韩派"。在他们发动的武装暴乱失败后,在重新组织的结社章程里,明确阐明了"弘扬国权,辅佐皇家"等字样。头山满也说过,"大西乡主张的征韩论,直接的理由是膺惩韩国对皇国的非礼,其真实意义和大目的是将我皇道及我之正义弘布亚洲大陆,即,把我进出大陆的第一步印在亚洲大陆上"。② 尤其是朝鲜爆发"壬午兵变"和"甲申政变"后,再度燃起民权派"大陆经营"的热情,"向朝鲜、中国扩张上升到结社工作的主导地位,其结果,逐渐对伸张民权失去了热情"。③ 自由党大员后藤象二郎公开声称,"必须把支那兵驱逐至鸭绿江以北……如果(中国)整治朝鲜,我们就应立即拿下支那!"④ 自由党的机关报《自由

---

① 古川万太郎:《近代日本の大陸政策》,第160页。
② 竹内好、橋川文三:《近代日本と中国》上,朝日新聞社,1974,第106页。
③ 王希亮:《大陸浪人のさきがけ及び日清戦争への躍動》,《金沢法学》第三十六卷一、二合并号,1994年3月,第59页。
④ 古川万太郎:《近代日本の大陸政策》,第163页。

新闻》也发表题为《国权扩张论》的社论，内称，"我邦着手海外的顺序，首先应从近邻开始……现亚洲共同忧虑的是欧洲人的横行跋扈与兼并蚕食，只能以自己之力防御之。在亚洲，唯有我日本吸收了19世纪的文化、不亚于欧洲，所以，亚洲先进的我邦，无论从道德上还是必要上，都不能不拯救亚洲的衰运……我等有志青壮年当以热血从内事转向外事，政府宜应策划方法，利用这些人扩张国权，内固社会之安宁，外获海外之国利"。① 这篇社论表明民权派终于屈服权力，开始向"国权论"转化。就在这篇社论发表的当月末，自由党宣布解散，另一个民权派组织立宪改进党也以党首大隈重信的脱党宣告解体。

1881年2月，福冈向阳社宣布更名为玄洋社。之所以命名为玄洋社，取意于福冈面前的玄海滩，因与大陆和朝鲜相连，表示玄洋社员要越过玄海滩向大陆和朝鲜半岛"腾飞"，开拓一番"新天地"。玄洋社以平冈浩太郎为社长，头山满等人为干员，并颁布了三条宪则：（1）敬戴皇室；（2）爱重本国；（3）固守人民权利。② 表面上看，玄洋社没有放弃民权主张，但从宪则的"敬戴皇室"和"爱重本国"两条分析，该团体已经把自身的政治奋斗方向同天皇与国家紧密地联系在一起，尽管它是以民间团体的面目出现，但其意义已经不同于民权运动时的士族结社，而是游离于政府外围，却是为政府（国家）大陆政策效忠的团体；该团体坚决奉行大陆扩张主义，与政府的强硬派保持一致，有时则对软弱派加以抨击；他们同政界保持密切的联系，甚至有左右庙议的影响力，有时又不受政府决策之左右，天马行空、独往独来；另与士族结社不同的是，他们经常实施暴力恐怖手段，排除他们认为的"障碍者"或"绊脚石"。因此，中日学术界普遍认为，玄洋社即是日本近代以来第一个右翼团体。

所谓"右翼"这一概念，最初出现在法兰西大革命后，当国民公会讨论重大事宜时，因代表保守势力的一派坐在会场的右侧，而激进的雅各宾

---

① 《自由新闻》，1884年10月5日，转引自古川万太郎《近代日本の大陆政策》，第165、166页。
② 玄洋社社史编纂会：《玄洋社社史》，近代史料出版会，1917，第225页。

派则坐在左侧,从此,人们往往把代表保守势力的派别称为"右翼",相对激进或主张革新的势力称为"左翼"。一般说来,"右翼"与"左翼"的区别详见表序-1:①

表序-1 右翼运动与左翼运动的区别

右翼运动	左翼运动
传统主义	非传统主义
民族主义、民族中心主义	民主主义、国际协调
思想的非大众性	思想的大众性
小规模、孤立的	集团性、大众运动
承认暴力、恐怖的合法性	不承认暴力的合法性
资金来源依托外力、寄生性	资金自力、自营、会费、办刊收入等
思想、运动的非理性化、情绪化	思想、运动的理性化、合理主义

在日本,右翼的产生有其历史的渊源,它是建立在"神国日本"的思想理念之上,以国粹主义、超国家主义和大亚洲主义为主要特征,是明治维新后大陆扩张和对外侵略政策派生出来的民间团体。所以,它既不等同于官方缔造的御用机构,又同军政各界保持特殊的联系,同时还时而与政府决策相悖,甚至采取极端手段推行自我主张。另外,日本右翼与西方理念的右翼团体也有区别。概言之,日本右翼是植根在皇国史观的政治土壤上,在战前和战争时期,以日本的国权扩张为主要奋斗目标,积极参与国家对外的侵略扩张行径;到了战后,日本右翼又以反对"雅尔塔-波茨坦"体制(他们称 YP 体制),抨击"东京审判史观",鼓吹"大东亚战争肯定论",反苏反共反社会主义,主张自主制定宪法,发展军备,走政治、军事大国道路等为主要表现形式。而且,各个右翼派别的运动方向、宗旨、手段等均有微妙之区别。

二　玄洋社的早期活动

玄洋社成立后,把主要精力放在大陆扩张的国策上。1882 年,朝鲜爆

---

① 参考天道是《右翼運動 100 年の軌跡》,立花書房,2000,第 5、6 页。

发"壬午兵变"。头山满认为伸张"国权"的机会来到，公开声称，"若先取大者，小者则不得而获，若先取中国，朝鲜则不取自得。故，与其对朝鲜下手，莫如先将中国吃掉"。① 遂联络熊本县的相爱社组成一支150人的"征韩义勇军"，准备派往朝鲜推波助澜、趁机搅乱朝鲜政局，以便火中取栗。但因朝鲜的兵变很快被镇压，组建"征韩义勇军"的计划流产。1884年朝鲜"甲申政变"失败后，金玉均等开化党人逃亡日本，玄洋社对金玉均等人格外庇护和关照，意在培植朝鲜的亲日势力。此后，在修改不平等条约方面，恼于日本政府同列强交涉时的"软弱"，玄洋社员来岛恒喜策划了暗杀外务大臣大隈重信事件，大隈身负重伤。事后，来岛独自承担责任，才使玄洋社其他成员免受牵连。

1886年8月，清朝海军舰队访问长崎期间，部分官兵同当地警察发生冲突，玄洋社上上下下将此事件视为"国辱"，"皆悲愤慷慨"，认为"徒讲民权，不顾国权之消长，欲维持日本帝国之元气，必须实行军国主义，以大申国权"，"于是放弃民权伸张论，转变为国权主义"。②

1886年，参谋本部"支那课"陆军中尉荒尾精受参谋本部的派遣，潜入中国汉口以开设乐善堂药店为掩护，实际是日本军部在中国建立的早期情报据点。玄洋社头目头山满随即派社员山崎羔一郎、藤岛武彦、中野二郎、石川伍一、田锅安之助、北御门松三郎、广冈安太、井深彦三郎、宗方小太郎等十数人汇入荒尾的旗下。参谋本部也派出根津一、浦敬一等军官协助荒尾工作。一时间，汉口乐善堂大陆浪人云集，③ 这些人蓄发留辫，着中国人服饰，学中国语言，每日出入于街市，徜徉于要害机关、部门和军队驻地，展开了秘密的军事谍报活动。

1890年9月，荒尾精又在上海建立日清贸易所，打着中日贸易的幌子，实则是一所培养间谍的学校。后来，日清贸易所改称东亚同文学会，附设东亚同文学院。进入日清贸易所和东亚同文学院的学员绝大多数属于玄洋

---

① 黑龙会：《東亞先覺志士記伝》上，原书房，1965，第310页。
② 玄洋社社史编纂会《玄洋社社史》，第408页。
③ 在日本，往往把在中国大陆和朝鲜等地从事国权扩张活动的右翼团体成员称作"大陆浪人"。

社和后来黑龙会体系的大陆浪人。这些学员毕业以后，官方不仅承认学历，而且多被日本设在中国的军、政、外交、官营会社聘用。他们以"中国通"的面目出现，刺探中国情报，干扰中国内政，一旦战争爆发则直接投身其中，或者潜入战地窃取情报，或者随军充当翻译或向导，成为侵略战争的重要帮凶，直到1945年日本战败投降前，一直发挥着军政各界不可替代的作用。

1894年3月，朝鲜"开化派"领袖金玉均在上海东亚洋行被朝鲜当局派的刺客刺杀。事件发生后，清政府应朝鲜要求将金的尸体送还朝鲜，朝鲜当局随即将金的尸首示众。消息传来，玄洋社借机大肆攻击中国和朝鲜，认为此事件是中、朝两国对日本的蔑视，鼓动政府出兵朝鲜，"膺惩"中国，一举将朝鲜纳入日本的统治之下。只是由于日本当局考虑时机尚未成熟，制止了玄洋社的妄动。

同年5月，朝鲜东学农民起义，一度占领了全州，声势大振。头山满、平冈浩太郎等玄洋社头面人物预感时机已到，决定抓住机会，派员进入朝鲜把水搅混，为政府出兵制造口实。6月27日，头山满选派内田良平、大原义则先行赴朝，与玄洋社在釜山设立的据点"釜山组"联络，准备组织一支"日本义军"援助东学农民军。内田等人到了釜山后，会合"釜山组"的铃木天眼等14人，决定将这支小队伍命名为"天佑侠"，自喻为借助"天佑良机"的"侠士"。"天佑侠"组成后就抢夺了昌原金矿的枪支弹药，随后发布檄文，声称"闵妃恶政保护虐待百姓的官僚，而闵妃恶政的根源是袁世凯及他的国家"，东学农民军是为了"驱除支那势力，摆脱清国的羁绊"等。① "天佑侠"进入东学农民军后，以救世主自居，自封"军师"、"大将"、"副将"之类，对东学农民军颐指气使、指手画脚，摆出一副"大佬"的资格。自然，"天佑侠"的本意绝非帮助东学农民军推翻闵妃暴政，而是为了操纵这支农民武装，搞乱朝鲜局势，制造出兵口实，进而驱除清政府在朝势力，然后独霸朝鲜。但是，当日本蓄意挑起战端后，口口声声

---

① 黑竜会：《国士内田良平》，原书房，1967，第72页。

表示要与东学农民军"同生共死"的"天佑侠"们，早就溜之大吉了。

"天佑侠"虽然区区不过14个人，但是，"天佑侠"事件是右翼势力第一次以武力手段同他国反政府势力结合，干涉他国内政的行动，开了右翼势力在亚洲国家从事武力颠覆活动的先河。而且，这次事件使右翼团伙意识到，没有军部和政府的支持将一事无成，从此后右翼团体与日本官方特别是军部来往密切，建立起密不可分的联系，成为日本军部染指海外的一支特殊别动队。

第二节　右翼势力在侵略战争中的地位和作用

一　从中日甲午战争到日俄战争

1894年7月，日本挑起中日甲午战争，玄洋社员们欢呼雀跃，叫嚷着要奔赴前线效命。荒尾精立即向当局建议，招收乐善堂和日清贸易所的学员从军，充当随军翻译或向导，获得参谋总长有栖川宫和次长川上操六的首肯。随即拍发电报召集各地浪人，又派根津一潜入上海传达陆军部指令，指令各地浪人潜入东北收集中国的军事情报。根津一到上海后立即与玄洋社员藤岛武彦、楠内友次郎、福原林平等人晤面，向他们交代了任务，然后匆匆回国报告。

当年8月，楠内友次郎、福原林平二人化装成湖北商人正待乘船去营口，被地方当局识破逮捕，押往上海道台衙门处斩。

藤岛武彦奉命赴朝鲜迎接日军第一军，为其担当向导。藤岛化装成和尚北上，但他既不懂佛经，汉语也不流畅，走到宁波就露了馅，遂被解到杭州也掉了脑袋。藤岛武彦受刑前还供出潜伏在普陀山法雨寺的浪人"和尚"高见武夫，高见战前受根津一之命潜伏在该寺，没承想未及出洞也追随同伙而去。

当年10月，藤崎秀、山崎羔三郎、钟崎三郎等数人奉日军第二军的命令，分三组侦察金州到辽阳一带的军事部署，但是，他们登陆后不久就被发现，除向野坚一侥幸逃命外其余全部被擒，藤崎秀等5人也上了断头台。

另有一人石川伍一，在开战之初潜入天津，收买了一名电报局的职员，得知北洋舰队将派遣济远、广乙、操江等三艘军舰护送高升号去釜山的具体航期，立即通报给军方。结果，日军舰偷袭了高升号，使北洋水师遭受严重损失。中日正式开战后，石川继续潜伏在天津，在客栈被中方查获，被天津道台衙门处斩。

以上十人除高见武夫外，战后被日本当局誉为"九烈士"，给予隆重的嘉奖和彰显。尤其其中的"三崎"，即藤崎秀、山崎羔三郎和钟崎三郎三人，因每人的名字都有一个"崎"字，故称作"三崎"。此三人都出身于玄洋社或日清贸易所，狂热鼓吹以武力手段征服朝鲜和中国。开战前后，三个人十分活跃，为军方效尽了犬马之劳。其中的山崎羔三郎曾化装成药材商在朝鲜牙山活动，日军就是根据他的情报调整了进攻牙山的部署，打赢了牙山一仗。所以，参谋总长有栖川宫特意在广岛大本营召见了山崎，对其慰勉有加。另一位藤崎秀也获得参谋总长有栖川宫召见的"殊荣"。钟崎三郎曾深入山海关防地，提供出有价值的情报，因此也受到参谋次长川上操六的嘉奖。

日军侵占金州后，找到"三崎"的尸体，将三人厚葬，并将金州城外的一座小山命名为"三崎山"，山前立有"殉节三烈士碑"。①

1894年4月，玄洋社社员、汉口乐善堂北京支部长宗方小太郎奉日军大本营命令调查威海卫北洋舰队的防务。宗方受命后化装成中国人，多次潜入军事要地，探听到北洋舰队出动的编队、行程、日期等，还绘制出多幅威海卫要塞的地形图、布防图、北洋舰队分布图等重要军事机密资料。战后，明治天皇破例在广岛大本营召见了他。

三国干涉还辽后，右翼势力最先喊出"对俄强硬"的论调。1901年2月，玄洋社干员内田良平联络玄洋社员伊藤正基、葛生玄晫、葛生能久、本间九介、平山周等20余人成立"黑龙会"，作为"对俄强硬"的右翼团

---

① 该碑在战后被拆除。但"九烈士碑"和"三崎碑"仍然分别保存在日本京都和东京市内。

体，决意"腾飞"黑龙江，不惜对俄一战，夺回辽东半岛，同时染指中国东北和内蒙古，扩大日本的势力范围。黑龙会的《趣意书》称："展望东亚大局及帝国天职，为阻止西洋势力东渐，当务之急是对俄一战，将其从东亚击退，然后创建以满洲、蒙古和西伯利亚为一体的大陆经营的基础"。①

1895年8月，内田良平进入俄西伯利亚地区。翌年，组织团伙成员椎叶籾义、宫本铁之助、楠木成徽等人在海参崴建立起第一家秘密情报站，对外称作柔道馆，负责收集周边地区的俄方情报。1896年6月，内田调查了中、俄、韩三国交界的延边地区的兵要地志，踏查了从海参崴海湾到中国图们江流域的地形地物。1898年12月，又横穿西伯利亚，具体了解了该地区俄方的军事、政治、经济等情报。与此同时，他还派椎叶籾义、楠木成徽分别收集了珲春、延吉以及海参崴俄军炮台的情报，这些情报均在后来的日俄战争中发挥了重要作用。

内田回国后抛出一篇《俄罗斯内部之大缺陷》，文中指出，"俄罗斯现状如同正在自行车竞赛的途中，猛然刹闸必然颠覆，它的第一个目标是全力向满洲疾走，如果任其经营和侵略满蒙，可免它自灭的危机，相反，我将永远失去对俄必胜的战机"。所以，"日本必须扼制俄罗斯的企图，敢于与之一战"，"日俄冲突、即日俄战争是不可避免的必然命运"②——这是右翼势力喊出的"日俄必战"的第一声。

此后，内田等人以黑龙会为阵地，创办《黑龙》月刊，连篇累牍地发表"对俄强硬论"的文章，进谏当局"当务之急是对俄一战"，"俄国不足为惧"，"膺惩俄国"等，鼓动朝野各界"万民一致"打败俄国。黑龙会还根据浪人们多年在中国东北和西伯利亚地区活动调查的资料，绘制出版了一部《最新满洲图》，有评论说，该地图"连满洲铁路沿线的新开发地、小路、村庄都毫无遗漏地记载下来，包括满洲铁路的预定线、沿线的物资、随之而出现的开发地、行政设施等都作了记载，还附录有地图解说"。③正

---

① 黑竜会：《国士内田良平》，第245页。
② 同上书，第183、184页。
③ 同上书，第247页。

因为它的精密和翔实，日本外务省购买了 300 部，陆军部也订购 500 部，分发给驻外使馆人员和作战部队参考使用。1903 年 5 月，黑龙会又出版了《俄国东方经营部面全图》。

从此，黑龙会几乎成为右翼团体的象征性标牌，不仅在国外充当了对外侵略扩张的马前卒，在国内也是右翼团体中的实力派，它派生出来的大日本生产党、大日本一新会等团体在维系日本法西斯统治、残酷镇压反战运动中也发挥了帮凶作用。

日俄战争爆发前，为了抢先夺取战争的主动权，日本驻北京公使馆武官青木宣纯大佐策划了组织"特别任务班"的计划，决定收买右翼团体成员充当"死士"，由现役军官带队，潜入俄军后方，破坏交通枢纽和通信设施，切断俄军的补给线，策应日军的军事行动。

青木共募集了 47 名"死士"（也有资料记为 42 人），号称'赤穗 47 士'，① 加上部分现役军官划分成 5 个班，分别担负爆破海拉尔和齐齐哈尔的中东路铁桥，爆破哈尔滨松花江大桥，捣毁哈尔滨俄军火药、武器库，破坏长春、四平间的铁路桥，以及爆破四平至奉天间的铁路桥等任务。②

1904 年 2 月 21 日，"特别任务班"成员化装成中国人或喇嘛曾，携带炸药、雷管、导火索等物品出发。出发前人人都留下了遗书，又向"天照大神"遥拜，自诩为"荆轲之行"。4 月 11 日，横川省三、冲祯介等 6 人在接近齐齐哈尔的途中，与哥萨克骑兵遭遇，横川、冲二人猝不及防成了哥萨克骑兵的俘虏。另外松崎保一、田村一三、胁光三、中山直熊等 4 人逃之夭夭，却慌不择路闯进札赉特旗境内，在鸣枪抢劫时遭到当地牧人还击，4 个人均被击毙。

4 月 20 日，横川、冲二人在哈尔滨郊外被枪决。其他各班除了在海拉尔破坏几处铁路设施外，因俄军戒备甚严，大多无功而返，或转移到南满

---

① 1701 年，日本赤穗城主浅野内匠头长矩被吉良上野介义央斩杀，一年后，浅野的 47 名家臣闯进吉良私邸将其刺死，为浅野报了仇。但幕府将军下令 47 人剖腹，有 46 名武士遵命剖腹自杀，1 人逃走，所以也有称"赤穗 46 士"，被誉为日本武士的典范。
② 佐藤垢石：《諜報将軍青木宣純》，墨木書房，无出版年代，第 77~80 页。

活动。

由于"特别任务班"战绩平平，青木宣纯改变策略，命令各"特别任务班"在辽西北一线集结，以重金收买当地土匪，在俄后方展开游击作战。于是，"特别任务班"在辽西等地拉拢土匪势力，组建"满洲义军"、"满洲忠义军"等，在俄军的后方开展游击活动，破坏铁路、桥梁、涵洞，焚毁兵站、仓库等。

日俄战争是右翼势力最为积极参与的一场战争，不仅为当局立下了汗马功劳，也壮大了自己的实力，同时与当局的关系越发紧密，形成官民一体、官民结合、官利用民、民促进官的链条。代表右翼势力的玄洋社、黑龙会等团体积极参与日本官方的大陆政策，是其他西方国家所不多见的。他们对外侵略扩张的狂热性有时甚至超过政府或军部的理智，而日本政坛的野心家又适时适地地挖掘了右翼团体的能源和潜力，说明日本法西斯主义不只是产生于上层，在民众中也获得了相当高的支持率。这样才不难解释，近代以来日本对外发动的侵略战争受到国内民众异乎寻常支持的根本原因所在。

二 两次"满蒙独立运动"

1911年11月，正值辛亥革命风起云涌之际，积极鼓吹大陆政策的日本头面人物山县有朋、寺内正毅提出一个南满增兵案，以"保护邦人"为借口，计划向南满增兵，企图趁机霸占中国东北。这一计划得到陆军派的拥护，也得到大陆浪人川岛浪速的积极响应。

中日甲午战争爆发时，川岛曾充当日军第三师团的翻译。1900年义和团运动爆发后，川岛又跟随日本先遣军进入北京，开始与清肃亲王善耆交往，两个人竟至缔结金兰，结成异国异姓兄弟。

1911年11月4日，参谋本部以次长福岛安正的名义训令北京公使馆武官多贺宗之少佐，"务要联络在京武官同川岛保持联系，侦知皇室等内情"。1912年2月13日，又训令公使馆武官高山公通大佐注意"收集奉天满洲皇族的行动和有关时局的情报，及时向关东都督府和北京公使馆报告"。2月

14日，再次电令多贺宗之少佐，注意"收集承德、内蒙的情报，特别是卓索图、昭乌达、锡林郭盟诸王公的动态和人心向背"。① 这些训令、电令无一不是指示各武官要把目光盯向满蒙地区。转过年，上层人物的态度越发明朗。1912年1月30日，驻朝鲜总督寺内正毅致电外务大臣内田称，"肃亲王兄弟已到大连，在满蒙组织勤王军，据祖先之地脱离民国，此北方新兴之国当依赖我国的援助，贵方对此局势应适当尽力"。陆军第二部长宇都宫太郎更是赤裸裸地"启发部下少壮军官去支那援助川岛浪速"。②

1912年1月28日，在陆军部和朝鲜总督府、关东都督府、北京公使馆的支持下，川岛决计推举肃亲王为首领，成立"勤王军"，联合内蒙喀喇沁王、宾图王、敖汗王、巴林王、达延汗王、卓索图王等内蒙王公以及东北马贼武装，由日本现役军官指挥，攻占奉天，建立"满蒙王国"。其具体计划是：一是由日军松井清助大尉护送喀喇沁王秘密出走北京，返回内蒙纠集人马，并将日方援助的武器弹药运至喀喇沁、巴林王府；二是日军大尉木村直人护送巴林王返回巴林，募兵训练，准备起事；三是由多贺宗之少佐负责武器筹集和运输。③

在川岛的斡旋下，大仓财阀决定"借款"30万元，购买武器等军用物资，条件是以东蒙矿产资源为抵押。此外，"勤王军"还委任了干部，刻制了"大清帝国"、"大清帝国勤王军总司令部"等印鉴，做好了武装叛乱的准备。

按着川岛等人制订的计划，多贺宗之少佐很快从大连筹集到一批武器弹药，伪装成普通货物，利用满铁运到公主岭，然后准备走旱路把这批武器运到喀喇沁王府。同时笼络了当地土匪左宪章以及日本马贼"薄天鬼"、"薄白龙"等人，④ 由他们负责运送武器。

---

① 栗原健：《对满蒙政策史の一面》，原书房，1966，第292~296页。
② 黑龙会：《東亜先覚志士記伝》上，第325页。
③ 会田勉：《川岛浪速翁》，文粹阁，1936，第163页。
④ 关于"薄天鬼"、"薄天龙"匪队情况，详见渡边竜策《近代日中民衆交流史》，雄山阁，1981，第132~143页；王希亮《日本来的马贼》，济南出版社，1995，第41~74页。

1912年5月27日，总指挥松井清助大尉一身中国货商打扮，率领30多名日本浪人以及左宪章、"薄天鬼"、"薄白龙"匪队押着48辆大车，每辆车装满了武器，外用油布裹得严严实实，从公主岭北朝阳坡村出发，浩浩荡荡向着西北方向驶去，目标是喀喇沁王府。

松井等人的异常行动传到东三省总督赵尔巽耳中。赵尔巽不敢怠慢，传令坐镇郑家屯的奉天后路巡防营统领吴俊升严加监视，密切注意车队的动向。6月6日，巡防后营的官兵将日本车队截获，松井清助大尉、"薄天鬼"、"薄白龙"等23名日本人成了俘虏（但事后，软弱的东北地方当局竟把松井清助等日本人无条件释放）。日本朝野界策动的第一次"满蒙独立运动"遭到惨败。

1914年8月，日本趁第一次世界大战之机向袁世凯政府提出了灭亡中国的二十一条。接着，大隈内阁又于1916年3月7日做出"阁议"，其要点是"确保帝国在支那的优越势力，让支那人明了帝国的势力，以此作为日支亲善的基础"，"帝国民间有志之士中，有以排除袁氏为目的而同情并欲通融金钱财务与中国人者，帝国政府对此在不负鼓励责任之同时而默认之，此乃符合上述政策之举"。① 关东都督中村觉大将、参谋长西川虎次郎少将以及独立守备队司令官高山公通少将等人立即将政府意旨传达驻东北的各部队，并照会各领事馆，表示对"满蒙独立运动"的支持。参谋本部还派出土井市之进大佐、小矶国昭少佐、青柳腾敏大尉、入江种矩大尉、木泽畅大尉以及参加过第一次"满蒙独立运动"的松井清助大尉等人具体指挥和领导第二次"满蒙独立运动"，并由川岛浪速负责联络内蒙马贼巴布扎布举兵叛乱。

1916年7月1日，在日军大佐土井市之进等人的直接参与和川岛浪速的斡旋下，蒙匪巴布扎布率领3000匪队揭起叛旗，打起"勤王师扶国军"的旗号，越过兴安岭南下，直向东北重镇奉天杀去。参加过第一次"满蒙独立运动"的"薄天鬼"等人也串联三股日本浪人匪队，以及当地土匪，

---

① 井上清：《日本帝国主义的形成》，宿久高等译，人民出版社，1984，第322页。

打起"勤王师满洲第三军团"的旗号,汇入叛军行列。

1916年8月14日,巴布扎布匪队攻打突泉不成转攻占领了郭家店。奉天当局急调数千人马围住郭家店。巴布扎布率队数次突围,均被密集火力封锁在城内。坐镇大连的川岛浪速如坐针毡,搬动日本驻军出面干涉,向奉天当局施加压力。于是,日本驻军当局公然蔑视中国的主权,以两下交战对满铁运输"构成威胁"为名,强令张作霖罢兵撤围。刚刚坐上奉天督军交椅的张作霖,不敢与日本人较劲,遂同意撤军,但条件是巴布扎布必须返回哈拉哈河畔。9月3日,巴布扎布匪队在日军保护下出城,随即违反协议,公然打起日本旗,涉过东辽河,支起大炮向朝阳城轰击。而日军"监视队"也开枪助战,匪队一窝蜂般冲进城内,把朝阳城洗劫一空。随后,匪队又去攻打林西,结果巴布扎布中弹身亡,第二次"满蒙独立运动"又告失败。

两次"满蒙独立运动"虽然失败,却是九一八事变的先声,也是日本帝国主义侵吞中国东北的大演习。在两次武装暴乱中,大陆浪人发挥了政治当局不可替代的作用。因此,日本朝野将两次"独立运动"的主谋者和策划者川岛浪速奉为"满洲建国的先驱者"。①

三 右翼势力对九一八事变的推波助澜

1928年6月4日,关东军在沈阳近郊的皇姑屯爆杀了号称"东北王"的一代枭雄张作霖,准备趁着东北局势混乱武装占据东北,只是由于张学良沉着应变,日本军政当局也考虑到时机尚不成熟,关东军策划的武装侵吞东北的阴谋事件才没有发生。继承父业的张学良在悲愤中就任东三省保安司令,日本军政各界人物纷纷登上门来,劝说他独树一帜,与中央脱离关系,实行对日亲善政策,并强迫他在张作霖未曾签字的一系列条约上画押。张学良在国恨家仇面前毅然决定改旗易帜,归附"大一统",遂于1928年12月29日发表通电,向中外宣布自即日起,"力谋统一,贯彻和平,遵

---

① 黑龙会:《東亜先覚志士記伝》中,第212页。

守三民主义，服从国民政府，改旗易帜"。① 从此，东三省扬起了青天白日满地红的中华民国国旗。

进入1931年，日本军政各界赤裸裸地暴露出侵吞东北的狼子野心。1931年4月，在长春附近的万宝山镇，原朝鲜咸镜北道的灾民强行开渠稻作，同当地农民发生了争执，日本官方借机挑唆两国农民争斗，激化了矛盾，爆发了"万宝山事件"。

当年5月，日军中尉中村震太郎奉参谋本部命令潜入兴安屯垦区从事军事间谍活动，被当地驻军擒获，发现其间谍证据确凿，依据国际公法处以极刑，此为"中村事件"或"中村大尉事件"（中村死后晋升大尉）。

以这两次事件为口实，日本朝野刮起了"膺惩暴支"、以武力捍卫"满蒙生命线"的龙卷风。

在这场铺天盖地的风暴中，不只是日本军部以及政界在制造风源，包括右翼团体、大陆浪人在内的民间势力也是掀起浊浪的弄潮儿，而且，他们在鼓动日本国民的反华情绪，敦促军政当局穷兵黩武、以武力解决满蒙问题上发挥了不可小觑的作用。

1928年3月，正是田中义一对外强硬派内阁当政时期，玄洋社和黑龙会的骨干成员内田良平、田锅安之助、葛生能久等人联名上书政府，抱怨前任内阁"币原外交"的"软弱"，明确提出"必须摆脱历来内阁动摇不定的大陆政策"，"迅速解决满蒙问题"，"将满蒙与支那本土分离"，"确立东洋和平之基础，完成我日本之天职和使命"。② 接着，头山满和内田良平等头面人物出场，召开"振奋内治外交有志者大会"，与会者达数千人，会议通过了宣言、决议，决定成立"振奋内治外交同盟"，还决定在东京和全国各地召开大型演说会，唤起国民舆论，敦促政府采取强硬措施，迅速解决满蒙问题。

当年5月13日，日军制造的济南惨案爆发后，"振奋内治外交同盟"

---

① 东北"易帜"通电，〔美〕唐德刚、王书君：《口述实录·张学良世纪传奇》上卷，山东友谊出版社，2002，第332页。
② 黑龙会：《東亜先覚志士記伝》下，第67、68页。

又在东京芝公园召开了声势浩大的"济南事变殉难同胞国民追悼会",故意歪曲日本出兵山东、干涉中国内政、制造济南惨案的事实真相,煽动民众对中国的仇恨和蔑视心理,蛊惑国民把目光移向海外。接着,他们又在大阪、神户、京都、岐阜、名古屋等大城市召开同类会议,反复强调日本的"满蒙权益",叫嚣不惜武力捍卫日本的"满蒙生命线"。

皇姑屯事件爆发后,田中内阁无法向国际舆论交代被迫总辞职,第二次"币原外交"出台。对币原外交深恶痛绝的玄洋社、黑龙会等右翼团体再次掀起抨击币原外交的高潮。1931年2月,"振奋内治外交同盟"联络"东亚联盟"、"大亚细亚民族会"、"大日本会"、"内外更始俱乐部"、"满蒙研究会"、"满蒙同志会"等右翼团体在全国各地集会,指责币原外交的"软弱",煽动以强硬手段维护"在满蒙邦人的利益"。为了进一步煽动国民的仇华、反华情绪,他们还把在中国东北的浪人唤回本土,用"现身说法"举办各种"中国排日实情展览会",捏造事实,添油加醋,在践踏、贬低中国和中国人民的同时,把日本人的反华情绪激发出来。这样的活动不仅限于东京,而且扩大到大阪、神户、京都、名古屋等60余所大中城市。可以说,当时的日本列岛到处笼罩着反华、仇华的阴云,喧嚣着诉诸武力、侵吞中国东北的声浪。事后,各右翼团体对这些活动颇为满意,自诩道:"毋庸置疑,这对于期盼满蒙问题激化的人们来说,给予了很大的影响"。①

万宝山和中村大尉事件发生后,玄洋社与黑龙会煽动政府立即出兵,以武力手段解决"满蒙问题","保卫满蒙生命线不受威胁"。1931年7月21日,他们在上野精养轩召开"满鲜问题有志者大会",向政府、军部和社会各界发布宣言、布告,主张刻不容缓出兵侵吞东北,其对外扩张的狂热达到了顶峰。会后,头山满、内田良平、田中弘之、佃信夫、五百木良一、田锅安之助、工藤铁三郎等十数名右翼巨头前往各政要的官私邸,面谏若槻首相、币原外相、南次郎陆相等军政要员,敦促他们支持"民众"的要求,立即采取"断然措施"出兵中国东北,从根本上解决满蒙问题云云。

---

① 黑竜会:《東亜先覚志士記伝》下,第72页。

8月25日，玄洋社、黑龙会等71家右翼团体又联合召开了"满蒙问题研究大会"，会议发出宣言称，"导致今日之局面，我国威被伤害，国权遭蹂躏，退缩自屈断不能恢复两国之正常邦交，调和苟合则难保东亚之永远和平，打开局面的关键在于行使和发动我之武力，匡正是非，堂堂正正贯彻我之主张"。① 其嚣张气焰跃然纸上。

1931年9月18日，日本军政当局蓄谋已久的九一八事变终于爆发。玄洋社、黑龙会一面为关东军的"断然行动"拍手喝彩，一面抨击政府在事变之初制定的"不扩大方针"。9月19日，以黑龙会为基干的"满鲜问题研究会"召开干部会议，做出坚决支持关东军的决议，并决定继续煽动国民情绪，向政府施加压力，敦促政府收回"不扩大方针"。会后，内田良平、松田祯辅、小山田剑南、葛生能久、工藤铁三郎等头面人物走访了陆相南次郎和参谋总长金谷范三、次长二宫治重等，游说他们支持关东军，煽动趁此良机全面占领东北，确保日本的"满蒙生命线"。9月21日，他们再次召开会议。内田良平在会上大放厥词，宣称"此次事件乃是我当局软弱外交的结果，也是增长支那侮慢我方的原因所在，借此机会必须严惩，从根本上唤起人心，此乃第一义也"。② 大会还发表了声明书，内称，"发挥我炮火之威力，乃是解决满蒙问题的根本唯一方法，不仅能慑服满蒙，也能慑服整个支那，倘若期望外交交涉解决，乃是隔壁观物之蠢举"。③ 10月24日，国联理事会通过了限期撤兵的对日劝告案，黑龙会等团体唯恐当局态度软下来，又联络多家右翼团体组成"举国一致各派联合会"，作为常设机构敦促当局脱离国联，一意孤行，把侵略战争打下去。11月14日，该会在东京芝公园主持召开了万人大会，会场上人山人海、鼎沸冲天。会后由头山满领衔向国联主席、美国总统等发出通电，声称"我日本国民向来祈念东洋和平，希冀恢复满洲秩序，然而，支那方面毫不觉醒，支那各地的事态也决定国（日）军断不能从满洲撤兵，吾人兹代表日本国民郑重声明，

---

① 黑竜会：《東亜先覚志士記伝》下，第74、75页。
② 同上书，第85页。
③ 同上书，第86、87页。

以唤起世界公论,敦促支那觉醒和国联的猛醒"。① 会议还选出代表分别向政府、军部、国联及英美等国外交机关交涉,打着"民意"的招牌强奸民意,自下而上推动日本侵略政策的贯彻实施。

玄洋社、黑龙会还与关东军沆瀣一气,共同策划了抬出清逊帝溥仪、炮制伪满洲国的阴谋。溥仪白河偷渡之前,黑龙会骨干之一的工藤铁三郎奉命出马,会同关东军护送溥仪出逃天津潜入东北。在溥仪讨厌"执政"的称谓、谋当傀儡皇帝时,又是工藤回国运动头山满、南次郎等人为之转圜,使溥仪如愿以偿。所以,溥仪赐"忠"字给工藤。还有,溥仪第一次访日宴请朝野权贵时,内中仅有三名"民间人"受到邀请,其中就有头山满。② 足以说明日本右翼在炮制伪满洲国过程中的作用。

除玄洋社、黑龙会等右翼团体外,右翼团体犹存社的创建者、右翼运动思想家大川周明也是对满蒙强硬派之一。该社成立之初就发布宣言称,"我日本民族乃是人类解放战争之旋风中心,因此,日本国家乃是实现我等世界革命理想之绝对者,作为充实日本国家思想和战斗的组织,为实现此绝对目的乃是神圣之事业"。③ 与头山满等人不同的是,大川周明把目光盯向少壮派军人,主张建立军人当政的法西斯独裁政权。1931年初,大川策划"樱会"右翼军人团体及部分民间右翼团体准备在3月19日发动政变,一举推翻现内阁,建立以陆相宇垣一成大将为首的军人政权。为保证政变成功,大川周明及其骨干成员先后运动了陆军省军务局长小矶国造、陆相宇垣一成、参谋次长二宫治重、参谋本部第二部长建川美次、陆军部次官杉山元等要员,取得了他们的支持和德川义亲侯爵的经费支援。然而,当预定时日到来时,宇垣等人心虚起来,加之其他原因,这次政变流产,日本现代史称"三月事件"。

九一八事变爆发后,大川周明及军部武力征服派恼怒当局提出的"不扩大方针",为了呼应关东军的军事行动,他们决定再次发动政变,搬掉政

---

① 黑竜会:《東亜先覚志士記伝》下,第91页。
② 葦津珍彦:《大亜細亜主義と頭山満》,日本教文社,1972,第187页。
③ 大塚健洋:《大川周明》,中公新書,1995,第112页。

党政治的绊脚石，把政权统一到军部的手中。计划于10月21日起事，参与政变的除犹存社、行地社、"血盟团"、"樱会"、"星光会"、"天剑党"等军、民右翼团体外，还有海军少壮派的"拔刀队"等法西斯右翼团伙，准备调动近卫师团的14个中队，外13架轰炸机、3~4架战斗机，还准备必要时使用毒气弹，①一举攻占首相官邸，斩杀若槻以下所有阁僚，然后推举参谋总长荒木贞夫组建军人政权。然而，这次政变也因为消息泄露而失败。奇怪的是，执政当局只软禁了政变头目之一的参谋本部俄国班班长桥本欣五郎等几个人（对桥本也只是处以禁闭20天的处分），对总策划人大川周明秋毫未犯。"十月事件"的结果更刺激了少壮派军人和超国家主义派颠覆政府、夺取政权的野心，终于，一场更大的悲剧发生了。

1932年5月15日，海军派法西斯团体"王师会"、"星洋会"联合民间右翼团体"血盟团"、"爱乡塾"等突发政变，袭击并枪杀了内阁首相犬养毅，袭击了内大臣官邸、政友会总部和变电所等要害机关，史称"五一五事件"。

大川周明策动少壮派军人和民间右翼团体发动一系列叛乱活动，对关东军无疑是极大鼓舞和支持。同时，他还成立一个"满洲问题研究室"，组织徒众研究满洲的历史与现状，以及日本应该采取的方针政策等。大川先后撰写了《长江与满蒙》、《满蒙问题的考察》等文章，认为"满洲自古以来就不是中国领土"，"支那是满蒙的侵略者"，"支那自古就是被异族征服的民族"，"支那的历史就是汉民族的降伏史"等，强调满蒙对于日本的重要地位，"满蒙从国防、经济角度与日本具有密切的关系，而且，满蒙不单纯是生存的需要，还负有确保东洋和平的使命和责任……如果日本从满蒙退却，满洲将同中国本土一样陷于混乱的境地，我国在日清、日俄战争中的牺牲将付诸东流，也不能确保东亚全体的和平，还会导致失去朝鲜和台湾，这将是亡国之路"。②

在东北，也有大川犹存社的骨干成员"身体力行"其主张，如笠木良

---

① 江口圭一：《十五年戦争の开幕》，小学馆，1989，第85页。
② 大塚键洋：《大川周明》，第150、151页。

明、中野琥逸、庭川辰雄、江藤夏雄等人，他们组建一个"大雄峰会"，标榜"以佛教复兴亚洲的精神，解放有色人种"，"统一世界之道义"。此外，满铁的一部分社员也成立有"满洲青年联盟"，主张实行"满蒙自治制"，煽动"大和民族在满洲的发展"，"实现在满洲日本青年的大同团结"。① 这两个团体采取贼喊捉贼、混淆是非，甚至栽赃诬陷的卑劣手段，故意渲染东北人民和张学良政权的"反日"、"排日"，叫嚷日本的"满蒙生命线受到威胁"，鼓动关东军采取军事手段解决满蒙问题。"满洲青年联盟"在《满蒙自治制》中污蔑"支那军阀的野心荼毒着满蒙特殊地域，他们迫害居留民（指日本人），妨碍营业，阻挠天然资源的开发，排斥共存共荣"。② 1931年6月13日，他们又抛出一个《实现满蒙现住诸民族协和之件》，向关东军献策，即：一俟武装占领东北以后，立即建立"以日本民族为中核"、以"民族协和"为招牌的日本殖民地政权。这一构想后来成为九一八事变后日本经营东北殖民地的方针之一。

万宝山和中村大尉事件发生后，"大雄蜂会"和"满洲青年联盟"先后三次组织"母国访问团"返回日本，在玄洋社、黑龙会等右翼团体的支持下，巡回列岛进行演说鼓噪，歪曲事件的真相，夸大所谓的"满蒙危机"，煽动国民的反华情绪，敦促当局立即出兵，以军事手段"膺惩暴支"等等。在仙台演说时，"母国访问团"成员之一的美坂扩三还演出了一场剖腹自杀（未遂）的闹剧。③ 可以想见，三次"母国访问团"的反面宣传对煽动朝野上下仇视中国，不惜诉诸武力起到了推波助澜的作用。日本列岛的上空已经滚动起隐匿着杀声的闷雷，侵略战争箭在弦上，一触即发。

九一八事变爆发后，"大雄峰会"和"满洲青年联盟"在收买汉奸、维持反动秩序、炮制伪满洲国等方面更是发挥了关东军不可替代的作用。11月10日，作为炮制伪国的先声，成立了以两个团体成员为主体的"自治指导部"，到1932年2月，县级的伪政权几乎全部由"自治指导部"拼凑推

---

① 满洲国史刊行会编《满洲国史》（总论），满蒙同胞援护会，1971，第83页。
② 同上书，第88页。
③ 黑竜会：《東亜先覚志士記伝》下，第112页。

出，担任伪参事官（即后来的副县长）的人选也几乎全是两个团体的成员。就连后来伪满洲国的协和会组织，以及"五族共和"、"民族协和"等口号也是按着这两个团体的意旨拟成的。可以说，"大雄峰会"和"满洲青年联盟"不仅是武装侵略中国东北、推动九一八事变的帮凶，也是炮制傀儡政权、豢养伪满洲国怪胎的催生婆。

第三节　日本右翼运动的林林总总

一　日本右翼的流派

从玄洋社诞生到日本战败投降，究竟涌现出多少个右翼团体，史料记载不一，一般认为有3000个左右。按说，右翼团体的数量及人数并不多，但构成复杂、主张各一，流派更是令人眼花缭乱。尤其是右翼在日本近代历史进程中发挥的作用和影响，甚至具备掣肘政府、参与庙议之能量，不能不引起国内外研究者的兴趣和关注，有关右翼流派的见解也各有分说。曾任日本警察厅警备局长、直接主管过战后右翼团体登记管理业务的学者天道是在他的著述中认为，日本右翼运动的流派大体有以下几种：

一是"天皇制国粹主义"，即站在皇国史观和"国体论"的角度，主张天皇的绝对性。

二是"国家社会主义"，该流派视天皇为"必须存在"的偶像，加以抽象化和相对化，主张国家改造的原理来自天皇，建设平等的国民国家。

三是"大亚洲主义"，宣扬改造以欧美人（白种人）为中心的世界秩序，实现亚洲解放，与亚洲人提携。

四是"农本自治主义"，该流派质疑自由主义和资本主义，主张创建尊重劳动、兄弟结合、自治的理想国家。

五是其他。[①]

[①] 天道是：《右翼運動100年の軌跡》，第19页。

还有些学者把右翼划分成两大流派，即"观念右翼"和"革新右翼"。前者是"国粹主义的、复古的、封建的"流派，后者是"革新的、近代的、社会的"流派。此两大流派是在日本主义对国家主义、反议会主义对议会主义、旧式右翼派对左翼转向派、民间右翼派对军人派、浪人派对官僚派的矛盾或冲突中形成的。两大派之间的根本区别在于旧式日本主义与近代国家社会主义的冲突。①

所谓"观念右翼"，代表性的团体是最早成立的玄洋社，是从民权运动转向而来，主张国权膨胀，具体表现在"尊皇"、"反欧美"、"反权力"，并打着"大亚洲主义"的旗号标榜"亚洲提携"。在"反权力"方面，他们并非反对与其同流的军政要员，只是反对与其意见相左的军政界主张，如"币原外交"、大隈重信的"条约改正"以及犬养毅的"不扩大方针"等。

大川周明和北一辉创建的"犹存社"和"行地社"可以称为"革新右翼"的代表性团体，以北一辉的《国家改造案原理大纲》（后更名《国家改造法案大纲》）为指导纲领，主张进行彻底的"国家改造"。他们强调，"天皇与国民全体乃是国家改造之根基，为此，必须发动天皇大权，在三年内停止宪法，解散两院，颁布全国戒严令"；政治改革方面，主张"以在乡军人团议会的武力为背景，废除贵族院、枢密院和华族制度"；在经济制度上，"限制私有财产，超出部分划归国有"等。② 北一辉的大纲不仅是犹存社的行动宗旨，而且是少壮派军人发动政变、以暴力手段铲除政党内阁的行动纲领。因此在"二二六事件"爆发后，尽管北一辉没有参与暴乱，但仍被视为政变的首魁，连同事件主要责任者被处以死刑。可见，所谓的"革新"，不过是主张用暴力手段废除政党政治，建立军人独裁的法西斯专制体制，对外扩大侵略战争。

上述两大流派并非截然对立，互不相融。有时，围绕着个别问题，两大派之间的意见一致，尤其在"国权扩张"方面，几乎是所有右翼势力共同追逐的目标。

---

① 木下半治：《日本右翼の研究》，现代評論社，1977，第44、45页。
② 大塚键洋：《大川周明》，第110页。

关于日本右翼的流派，除上述几种观点外，还有些著述根据日本右翼运动的指导原理进行分类，分为"纯正日本主义"和"国家社会主义"两大类。其中的"国家社会主义"比较复杂，内又分"国家主义"、"国民主义"、"国家社会主义"、协同主义、农本自治主义等几类。① 另有学者按照右翼运动的形态将右翼分为"思想右翼"、"组织右翼"、"行动右翼"、"纯正右翼"等，不一而足。

总之，在承认各流派右翼的不同点的同时，应该指出的是，他们具有共同的特性。日本思想家丸山真男将日本右翼的思想特征归纳成以下10点：

1. 对国家的忠诚超过一切。
2. 强调平等与国家联合，对宗教的憎恶。
3. 对反战和平运动的抵制和对"武德"的赞美。
4. 对国家使命的歌颂。
5. 宣扬国民的传统和文化，抵制外来文化的恶劣影响。
6. 强调义务高于一般性权利，强调秩序高于自由。
7. 以社会性的结合作为基本的联系纽带，重视乡土与家族的联系。
8. 以权威主义建立人类关系。
9. 确立正统的国民宗教道德。
10. 对知识分子和自由职业者抱有成见，警惕和猜疑，认为他们的破坏性思想容易普及。②

二 军人法西斯右翼团体及政变事件

第一次世界大战期间，日本军队中一部分中下级军官开始思考排除政党内阁、建立军人政权的途径或方法，他们以右翼思想家北一辉的《日本改造法案大纲》为样本，组成各种团伙，展开一场所谓的"国家主义"运动。这其中，有以冈村宁次、小畑敏四郎、永田铁山等人为代表的"巴登巴登集

---

① 警備実物研究会：《右翼運動と思想と行動》，立花书房，1989，第7、8页。
② 转引自步平、王希亮《日本右翼问题研究》，社会科学文献出版社，2005，第19、20页。

团"，有以陆军士官学校毕业生为骨干的"双叶会"、"国策研究会"（后来联合组成"一夕会"）以及下级军官西田税组织的"天剑党"，参谋本部俄国班长桥本欣五郎中佐为首的"樱会"，海军下级军官组织的"王师会"等。从1930年到1936年，先后掀起了一系列军事政变和恐怖主义活动。详见表序-2：

表序-2　九一八事变前后日本恐怖主义活动示例表*

事件名称、时间	主谋者	被害者	概　要
滨口雄幸首相被刺（1930年11月）	右翼成员佐乡屋留雄	滨口于次年死去	滨口内阁签署了伦敦海军军缩条约，被认为"干涉统帅权"
三月事件（1931年3月）	军人法西斯组织"樱会"头目桥本欣五郎、大川周明等	推翻若槻内阁，推举陆相宇垣一成建立军人政权	流产
十月事件（1931年10月）	桥本欣五郎、西田税、大川周明等	刺杀若槻内阁成员，推举荒木贞夫组阁	阴谋泄露，但只对首谋者予以极轻处分
血盟团事件（1932年2、3月）	井上日召组织的血盟团	藏相井上准之助、三井合名理事长团琢磨被杀	采取"一人一杀"的手段，排除政、财头面人物，包括西园寺公望、犬养毅、若槻礼次郎、币原喜重郎等重臣都在暗杀对象之列
五一五事件（1932年5月15日）	少壮派军人与右翼团体联合。古贺清志、三上卓等人	犬养毅被刺身亡	打着昭和维新的旗号，袭击了首相官邸、警视厅、大臣私邸等，导致政党内阁终止
神兵队事件（1933年7月11日）	右翼团体与少壮派军人	袭击内阁成员及政党领袖	流产
士官学校事件（1934年11月）	皇道派中下级军官	袭击重臣、元老、警视厅	流产
永田事件（1935年8月12日）	皇道派相泽三郎等	陆军省军务局长永田铁山被刺身亡	皇道派反击统制派的行动
二二六事件（1936年2月26日）	皇道派少壮军官率领1400名士兵	斋藤实内大臣、高桥是清藏相、渡边锭太郎教育总监被杀，铃木贯太郎侍从长重伤	打着"锦旗革命"、"清君侧"的招牌，清除内阁成员，树立军人政权

*参照高桥正卫《二·二六事件》（中公新书，1972）、日本读卖新闻战争责任检证委员会编《检证战争责任·从九一八事变到太平洋战争》（新华出版社，2007）、步平、王希亮《日本右翼问题研究》等绘制。

表序-2所列的军事政变及恐怖主义活动推动了日本军事法西斯国家体制的进程，尤其是二二六事件后，恢复了1913年废止的现役武官担任陆海相制度，军人势力以拒绝入阁或退出内阁的手段左右着内阁的命运，实质上控制了国家政权，日本政治急速向法西斯专政体制发展。

三 战时体制下的右翼运动

在举国一致的体制下，一大批右翼团体应运而生，其中引人注目的是预备役（或退役）军人出面组团，形成朝野呼应的态势。1936年10月，"三月事件"和"十月事件"的主谋、退役大佐桥本欣五郎联络陆军中将建川美次等人创建了"大日本青年党"，桥本为"统领"，不到一年时间发展正式党员和准党员达5万余人，到1940年，拥有党员20万人。该党发布了《飞跃的大日本国家体制大纲》，主张"精神飞跃；经济飞跃；外交飞跃；军备飞跃"等。① 1937年，桥本又组织了"大日本产业劳动团"。其间，桥本还联络其他右翼团体成立"政治革新协议会"，其宗旨是"打破现有政党，确立日本独自的立宪政治，改革资本主义经济结构……以民族解放、资源平衡为原则创建世界新秩序"。② 可见，无论是大日本青年党，还是政治革新协议会，其宗旨和主张都与当政的法西斯军部毫无二致。

军人出面组织右翼团体的还有炮兵大佐小林顺一郎，1936年10月，他以"三六俱乐部"为基干，在川口市成立"爱国劳动同志会"，该会是陆军大臣荒木贞夫命名的，其成员有男爵菊池武夫中将、男爵浅田良逸中将、两角三郎中将、二子石官太郎中将、等等力森藏中将、四天王延孝中将、松江丰树少将、松本勇平少将、南乡次郎海军少将等高级将领，另有男爵井田磐楠、男爵渡边汀、男爵井上清纯等众议院议员若干人，是一个具有政府和军部背景的团体。1936年12月，小林与桥本等人联手，联络大日本生产党、国体维护联合会等数家右翼团体成立"时局协议会"，作为这些右

---

① 木下半治：《日本右翼の研究》，第99页。
② 同上书，第97页。

翼团体的联络机构。

1939年10月，九一八事变策划者之一、陆军中将石原莞尔编入预备役后，组建"东亚联盟协会"，其宗旨是"排除欧美帝国主义的压迫"，"确立以王道为基础的新时代的指导原理"等。① 石原认为，人类历史上最后一场大决战即将到来，必须"综合运用东亚各民族的全部能力，以期这场决战的必胜，因此，我东亚各民族将被置于共同之命运下，必须结成一体"。② 可见，石原的主张并非是亚洲各民族的提携，而是必须置于以日本为霸主的"一体"之下。到1945年日本投降，该团体发展会员达1.6万余人，直到战后，该组织继续活动。

此期间右翼运动的另一个显著特点是，"转向派"成立的右翼团体分外活跃。日本自1925年颁布《治安维持法》后，对共产主义、社会主义运动进行了弹压，1928年和1941年，当局又对该法进行了两次修改，增设了对共产主义运动者处以死刑、重刑等内容，以及"预先拘捕"等制度。即：即使没有犯罪事实，警察当局也可以根据此法将他们认为的"嫌疑者"拘捕。在当局的残酷镇压下，日本共产党及一些无产阶级政党不得不转入地下，一部分领导人逃往国外，也有一些领导人向当局输诚，成为"转向派"。"转向派"成立的右翼团体大体分四个体系。一是社会民众党首赤松克麿组建的"日本国家社会党"；二是原全国劳农大众党首今村等组建的新"大众党"；三是日本劳动组合联合头目下中弥三郎组建的"新日本国民同盟"；四是日本共产党和劳动农民党分化出来的"勤劳者前卫同盟"、"皇民意识振兴会"、"皇魂社"、"曙光社"等，都是原左翼派别"转向"过去的右翼团体。日本进入总力战体制后，一些团体汇聚在石原莞尔的"东亚联盟协会"的旗下，如昭和研究会、日本国体研究会、日本建设协会、皇道翼赞青年联盟等。

从1937年七七事变爆发，到太平洋战争的爆发，日本进入战时和总力

---

① 步平、王希亮：《日本右翼问题研究》，第187页。
② 藤本治毅：《石原莞爾》，時事通信社，2001，第111页。

战体制，国内法西斯专制政体日臻完善，右翼运动基本向"御用团体化"方向发展。① 1940年，内阁总理近卫文麿发起"新体制运动"，宣扬"一国一党主义"，主张以全国一致的"新党"取代所有政党和团体。但遭到朝野的质疑，认为有重建"幕府"之嫌。近卫心怯，遂于当年10月组建一个"大政翼赞会"，作为"翼赞"天皇的组织，自上而下，上意下达，指导国民精神运动。到日本投降前，该会成为贯彻总力战体制、进行国民总动员的核心组织。"大政翼赞会"成立后，一些右翼团体被当局取缔；原本属于御用的右翼团体自然归服在"大政翼赞会"的旗下；还有一些右翼团体名义上虽然存在，但已经失去"独立自主"的意义，完全被纳入国家总力战体制之下，为日本的扩大侵略战争鼓噪，沦为法西斯化的右翼团体；另有一些团体改头换面，但其宗旨未变，如中野正刚的东方会改称振东社，石原莞尔的东亚联盟协会改称东亚联盟同志会，桥本欣五郎的大日本青年党改称大日本赤诚会，大日本党改称大和联盟，大日本生产党改称大日本一新会等。

　　是时，右翼团体在海外的活动已非同九一八事变前那样天马行空，而是受到当局和军部的严格限制。唯有右翼巨头儿玉誉士夫受到参谋本部的特别青睐。1939年4月，他受参谋本部的指派，在河内组建一支"捧皇队"，负责保护躲藏在河内的汪精卫的安全，后被参谋本部和外务省情报部聘为嘱托（相当顾问），协助军政当局组建汪精卫傀儡政权。日本发动太平洋战争前夕，他又被日本海军航空本部聘为嘱托，在上海设立"儿玉机关"，为日本海军调配战略物资，② 因此发了一笔横财，成为他在战后筹建右翼团体、豢养私兵、笼络和勾结政界大员的资本。

四　右翼运动的超国家主义特征

　　第二次世界大战期间，德国的纳粹、意大利的法西斯以及日本的皇道

---

① 警備実物研究会：《右翼運動の思想と行動》，第107页。
② 堀幸雄：《戦後の右翼勢力》，劲草書房，1993，第169、170页。

主义被世界爱好和平的人们称为"三大反动"。日本的皇道主义在战争期间又演化成对外侵略、支配亚洲、奴役亚洲人民的超国家主义。在日本民间，右翼运动则是最充分张扬和推行超国家主义的"典范"。其显著的特征包括以下几个方面：

一是与时代潮流相悖的非理性。无论是"观念右翼"，或者是"革新右翼"，表面上看，均有一套自行炮制的"理论体系"，如玄洋社、黑龙会的国权主义，国家社会主义派高畠素之的《国家社会主义大义》、《批判马克思主义》，北一辉的《日本改造法案大纲》，五一五事件主谋者之一权藤成卿的《自治民范》，大川周明的《日本及日本人之路》，行地社安冈正笃的《日本精神研究》，石原莞尔的"大亚洲主义"，以及橘孝三郎的《皇道国家农本建国论》等，都是以皇道主义、日本主义为基本的思想构造。对内主张绝对天皇制，否定议会等一切民主制度，实行军人独裁专制，推进建立国民总动员体制；对外以排除白种人为招牌，鼓吹建立以日本为亚洲霸主的"东亚新秩序"，支配和统治亚洲民族和国家，甚至不惜诉诸武力，把战争灾难强加到亚洲人民的头上。

二是推崇恐怖手段的暴力性。打着"清君侧"的旗号采取暗杀手段，铲除军、政、财界的"绊脚石"，是右翼运动不可忽略的特征之一。任何右翼团体都有过实施暗杀恐怖活动的记录。为此，他们还炮制了一系列歪理，诸如"民族正当防卫论"、"政变合理论"、"暴力不可避免论"等，声称为了"国民利益"或"国家利益"，可以抛却"一身的利害而献身"，是"为了国家的革新而不得已的自我牺牲"，"没有暴力的右翼是没有意义的"等，[①] 他们将这一切称为"恐怖美学"。

三是天皇中心主义的封建性。几乎所有的右翼团体都无条件地推崇天皇，强调天皇的"神格化"、"现人神"等，竭力维护天皇制政体。即使他们因某些问题对当局不满，掀起反政府、反重臣的活动时，也是打着"清

---

① 東山兼仁：《戦後右翼の運動とテロ事件》前編，《治安フォーラム》2000年第4期，立花書房，第32頁。

君侧"的旗号，没有任何右翼团体对天皇制抱有一丝怀疑。无论是"三月事件"、"十月事件"，还是后来的"二二六事件"，叛乱军人张扬的都是"锦旗革命"，即以天皇为"锦旗"的革新运动。"二二六事件"之所以迅速平息，也是因为天皇指责了叛乱，叛乱军人随即放下武器主动投降。所以，战争时期日本的右翼势力往往不带有西欧右翼团体反权力、反政府的明显特征。

四是军国主义的侵略性。右翼团体是在"国权扩张"的声浪中诞生的，从它出笼的第一天起，就瞄准朝鲜、中国台湾和中国大陆，极力鼓吹大陆扩张，以武力手段实现天皇统治下的"八纮一宇"，甚至比政府、军部还要激进。从右翼诞生到九一八事变，在日本所有的对外侵略战争中，几乎都有右翼势力的影子，他们有时甚至发挥了政府和军部不可替代的作用。另外，在建立和维护殖民统治秩序、炮制傀儡政权等方面，右翼也发挥了别动队或急先锋的作用。

五是与政府、军部、财阀保持有特殊关系的关联性。右翼与政府高官、财阀、军部等意见相左时，也摆出抵制或反对的态势，甚至采取暗杀手段清除他们认为的"绊脚石"。但是，就他们的政治态度和政治取向而言，其主张与政治当局的施策并无二致，这也就使右翼同政府、军部、财阀形成了千丝万缕的内在关系。甲午战争、日俄战争期间，右翼活动不仅得到军部的支持，也获得财阀的援助。两次"满蒙独立运动"，就是大仓财阀做经济后盾。包括后来的"三月事件"、"十月事件"和"二二六事件"，大川周明、北一辉等人都从安田、三井、日产等财阀获得了经济的支持。这种特性一直延续到战后。

* * *

综上可知，日本右翼势力产生于明治维新以后，一大批失去昔日地位和权势的武士（士族），在争取"民权"遭到无情镇压和打击后，顺应当局的政治决策，变"民权运动"为"国权运动"，把目光瞄向中国大陆，以"民间志士"的面目到大陆"腾飞"，身体力行明治政府的大陆政策。所以，右翼是明治政府对外侵略扩张政策的产物，是近代日本社会、政治和经济变革中派生出来的特有的政治集团,是近代俄日两个后起的帝国三义聚焦在朝鲜和中国大陆进行殖民地掠夺和冲突的结果,贫穷落后的中国(包括朝鲜半岛)的土壤为其提供了生机和可能。换句话说,日本右翼与决策当局是同一棵根茎扎在大陆政策的土壤上,分别结出的政府和民间的两颗毒瓜,在对外侵略扩张的时代发挥着各自不同的作用。

同任何事物一样,右翼也有其发生、发展和衰落的过程。中日甲午战争的爆发,是右翼初显身手的开端,他们的"表现"使政治和军事当局认识到右翼存在的意义,开始蓄意利用并驱使之。

到日俄之间掀起战端,右翼真的"腾飞"起来,成为右翼历史上最值得炫耀和自诩的鼎盛时期。有史料称,先后有万余名右翼团体的成员(包括大陆浪人)参与到这场战争之中,从后方作战到情报窃取,从随军襄赞到外交谈判,他们都发挥了政府、军方以及外交机关不可替代的作用,因此,战后有许多人受到政府的嘉奖,一些人还因此跃居政坛高位。

两次"满蒙独立运动",在日本政要和军部的直接或幕后支持下,右翼驱动东北土匪和内蒙反动王公,图谋把东北从中国版图分离出去,但是遭到了惨败。这使日本当局开始怀疑右翼的作用。加之以大陆浪人面目出现的右翼成员放荡不羁、桀骜难驯,有时甚至执意妄为、不服"天朝"管,难免与政府当局的大政方针有悖。右翼的地位有所下降。

九一八事变前后,是右翼作为"独立势力"推行大陆扩张政策的最后一逞。在国内外右翼势力的推动和配合下,日本关东军占据了中国东北,炮制伪满洲国殖民地政权。一部分右翼团体成员成为殖民地政权的文职官员,纳入关东军的指挥棒下。"二二六事件"后,日本军人全面控制了国家政权,急速向法西斯化的道路迈进,所有的右翼势力均统一在总力战体制的"国策"之下,沦为"御用化"团体。

日本右翼——一个荒谬的历史时代派生出来的畸形儿。

战后,这一畸形儿又在适宜的土壤中破土而出,并且伴随着国际时局和国内气候的变迁不断变换姿态,顽强表现,成为影响日本国内政治生活和社会秩序,甚至波及东北亚国际关系的一支不可小觑的力量。

第一章　美国占领时期的右翼势力与反共排华活动

第一节　冷战形成，美国对日占领方针的转换

一　右翼团体解散令

从 1945 年 8 月末起，麦克阿瑟以联合国军最高司令官兼美国太平洋陆军总司令的身份率领美国军队对日本进行了为期近 7 年的占领。9 月 22 日，美国政府正式颁布了《美国初期对日方针》。11 月 3 日，美国总参谋部（JCS）也向麦克阿瑟发出关于日本占领和管理的《基本指令》。两项指令的基本内容是：第一，确实使日本不再成为对美国的威胁及对世界和平安全的威胁（概括为"非军事化"）；第二，最终建立一个和平且有责任的政府，必须支持美国的目的，尊重他国的权利，遵守联合国宪章的理想和原则（概括为"民主化"）。① 按照美国当局的指令，联合国军总司令部（以下简称 GHQ）先后颁布了《关于撤销限制政治、民事、宗教自由的备忘录》（即"人权指令"）、《五大改革指令》、《禁止政府对国家神道（神社神道）保证、支援、保全、监督及弘布之备忘录》（即"神道指令"）等一系列推动民主化的法令、法规。1946 年 1 月 1 日，昭和天皇又发布了《人间宣言》，② 表示

---

① 日本歴史科学協議会编《日本現代史》，青木書店，2000，第 148、149 页。
② "人间"在日语中是"人"、"人类"的意思，"人间宣言"即宣布天皇是"人"、不是"神"的宣言。从这一意义上"人间宣言"应译作"人的宣言"，这里取习惯用法。

"朕与尔等国民利害同在，休戚相关，朕与尔等国民之间的纽带始终依据相互敬爱与信赖，并非神话传说中的把天皇视为现人神，因此日本国民优秀于他民族，具有支配世界和他民族命运的虚构的观念"。①

1946年1月4日，GHQ向日本政府下发了"解除军国主义者公职，解散超国家主义（团体）"的第一号指令，以及《关于解散特定政党、政治结社及政治团体之件》。内中规定：（1）《波茨坦公告》指出，吾人坚持非将负责之穷兵黩武主义驱出世界，则和平安全及正义之新秩序势不可能；（2）为履行此项《波茨坦公告》，命令日本政府对下列一切人等免除公职或官职：①积极倡导军国主义的国家主义及侵略的分子；②一切极端的国家主义团体、暴力主义团体、秘密爱国团体及其相关联团体的骨干分子；③在大政翼赞会、翼赞政治会及大日本政治会中活跃的骨干分子。另外，指令和备忘录的附件中还具体划定了"极端的国家主义团体、暴力主义团体、秘密爱国团体及其相关联团体的骨干分子"的范围，具体指：①这些团体的创立者、高级干部和理事；②占据要职者；③刊行物和机关报刊的编辑者；④自发捐赠多额款项者。

其中，对"军国主义者及极端国家主义者"的划定是：①攻击或协助抓捕反军国主义者的分子；②对反对军国主义政权的人员施加暴力，或唆使，或亲自动手的分子；③对日本政府的侵略计划发挥积极重要作用，或者言论、著作、行动体现好战的国家主义、对外侵略的活跃人物。②

1946年1月5日，大日本一新会、大日本兴亚联盟等27个团体首批被命令解散。GHQ发言人发表讲话称，"秘密结社是推进日本侵略主义的重要角色，这是众所周知的事实，日本的军阀和超国家主义经常培养和保护这些团体，鉴于日本政府不能自动采取适当的措施，所以，今天由占领军司令部扫清这些团体，采取防止这些势力今后再干预政治、影响政治的措施……依据本指令，在政府组织和各种团体中占据重要位置的人物，即使

---

① 神田文人、小林英夫：《战后史年表》，小学馆，2005，第172页。
② 堀幸雄：《战后の右翼势力》，第7、8页。

不作为战犯起诉，但他们对日本国民具有重大而且恶劣的影响力，对日本走上支配世界的战争发挥了非常大的作用，对这些人员和团体必须予以追究"。①

同年2月9日，根据GHQ的指定，大日本赤诚会等119个团体第二批被宣令解散。2月22日，又有45个团体被解散，75个团体被禁止进行集会或结社。这样，到1948年5月，被明令解散的右翼团体计有233个，另有一部分团体被禁止活动。被解除公职的右翼人物达49340余人，其中，作为A级战犯嫌疑被逮捕或追究战争责任的有德富猪一郎、大川周明、进藤一马、葛生能久、桥本欣五郎、鹿子木真信、儿玉誉士夫、平沼骐一郎等人。

被解除公职的著名右翼人物有：井上日召、头山秀三（头山满之子）、橘孝三郎、本间宪一郎、清水行之助、影山正治、寺田稻次郎、三上卓、三浦义一、佐乡屋留雄、小沼正、许非氏利、松木胜良、茂木久平、铃木善一、下中弥三郎、津久井龙雄、安冈正笃、衰田胸喜、斋藤响、赤尾敏。

二 美国占领政策的转换

1946年3月4日，英国卸任首相丘吉尔接受美国总统杜鲁门的邀请，到杜鲁门的家乡小镇富尔敦进行了一场演说，丘吉尔说，"从波罗的海的什切青到亚得里亚海边的里雅斯特，一幅横贯欧洲大陆的铁幕已经降落下来"，在铁幕的那一边，"无处不在苏联的势力范围之内，不仅以这种或那种形式屈服于苏联的势力影响，而且还受到莫斯科日益增强的高压控制"。② 这就是著名的"铁幕讲话"。第二次世界大战结束后，以美、苏为首的资本主义和社会主义两大阵营的对立不仅表现在意识形态上，而且逐渐发展到政治、经济、文化、外交甚至军事的对立。1948年8、9月间，朝鲜半岛先后出现了两个对立的国家，分别是大韩民国和朝鲜民主主义人民共和国，双方剑拔弩张，朝鲜半岛笼罩在武装冲突在即的雾霭之中。与此同时，中

---

① 《朝日新闻》1946年1月5日。
② 刘金质：《冷战史》上，世界知识出版社，2003，第95页。

国大陆的人民解放战争也初见分晓，1948年12月，北平和平解放，国民党政权全面崩溃只是时间问题，美国在中国大陆的势力和影响势必随着国民党政权的崩溃而化为乌有。美国为了控制朝鲜半岛的局面，巩固在亚洲和太平洋地域的强势地位，意识到日本的战略地位，而且，日本是美国在亚洲最易于驾驭和最便捷的国家之一。所以，当务之急是把日本拉进西方营垒，使其成为亚太地区抵御"共产主义威胁"的桥头堡。于是，改变对日占领政策提上日程。

1948年5月26日，美国国务院向国家安全保障会议正式提出了《关于美国对日本政策的劝告案》，从"对抗共产主义扩张政策"的观念出发，强调转换美国占领政策的必要性，决定变更"非军事化"和"民主化"的占领方针，转换为"优先发展日本的经济"和"允许其发展对抗共产主义势力的军事力"。1949年12月30日，美国国家安全保障会议做出《美国在亚洲的立场》之决议，决定美国将在亚洲"行使影响力"，"帮助亚洲非共产主义势力掌握主导权"。[①] 这样，从1948年开始，美国在着手恢复和发展日本经济的同时，对日本共产党及其领导的工人运动进行了全面排斥和无情打击。

1948年3月31日，GHQ军政部下令封闭山口县的朝鲜人学校，接着，神户、大阪、东京地方当局也下发了同样命令，引起神户、大阪等朝鲜人学校的不满。4月24日，神户市数千名朝鲜人涌向县厅要求当局撤销歧视朝鲜人的命令。驻神户美军司令贝茨（译音）立即宣布此事件为"非常事态"。美军第八军司令官艾克尔伯格在会见记者时无中生有地宣称，"此次神户、大阪的骚乱，确实是出于共产党的煽动"。[②] 按照占领当局的意图，警察机关出动拘捕了1700余人。进入1949年，日本又爆发了"三大事件"，即下山（国铁总裁下山定则自杀事件）、三鹰（三鹰车站内列车突然失控，造成人身伤亡事件）、松川（松川站附近列车脱轨事件）等轰动全国

[①] 中村政则：《近代日本の軌跡》第6卷《占領と戦後改革》，吉川弘文館，1994，第84页。
[②] 同上书，第97页。

的重大事件。右派报纸、电台立即把矛头指向日本共产党，宣称是日共所为。警察当局迅速出动逮捕了多名共产党员及工人运动的积极分子，在严重缺乏证据的情况下判处多人死刑或无期徒刑。事后查明，除下山系自杀外，另两起事件均出于"美国的谋略"。[①] 1949年7月19日，美国民间情报教育局顾问易尔茨（译音）到新潟大学讲演，煽动从大学里驱除共产党员教师，由于各大学的强烈反对，当局的计划才没有得逞。但是，从1949年秋到1950年春，仍有2000余名小学、初高中教师被解雇。

更有甚者，1950年5月3日，麦克阿瑟在宪法纪念日的讲演中，猛烈抨击日共，指责其非法性。结果导致6月6日吉田内阁颁布了对24名日共中央委员的公职解除令。6月7日，又解除了《赤旗》报主编审人员的公职，日本共产党不得不再次转入地下。

在占领当局反共排共的压力下，日本工人运动遭受重挫。据史料记载，1946年，参加劳动组合的人数为157万，到1949年下降为102万，而进入1950年，劳动组合的人数只剩下29万了。[②] 日本历史学家远山茂树评价，"1949年是（日本）战后史中最黑暗的时代"。[③]

在反政治民主化的逆流中，日本当局打着"维护经济秩序"的幌子颁布了《警察法》，该法与战前和战时体制唯一不同的是，将中央集权的警察管理体制改为国家管辖和地方自治体管辖的双轨体制。1950年朝鲜战争爆发，麦克阿瑟立即指令吉田茂内阁组建75000人的警察预备队，并扩充海上保安厅，这就是今天日本陆、海自卫队的前身，一大批退役军官、军人又重新成为这支武装力量的骨干。

由于美国占领政策的转换，战后一度蓬勃发展的和平民主运动遭遇挫折。本来就对美国式民主政治不感兴趣的日本政治家及决策当局乐得美国政策的转变，在积极配合的同时，又不失时机地颁发了一系列逆民主政治潮流而动的反动法令，诸如《国民道德实践要领》、《防止破坏活动法》、

[①] 中村政则：《近代日本の軌跡》第6卷《占領と戦後改革》，第94页。
[②] 同上书，第94页。
[③] 中村政则：《戦後史》，岩波新書，2005，第35页。

《刑事特别法》、《公职追究解除令》、《保安厅法》、《罢工规制法》、《独禁（垄断）法改正》、《恩给法改正》、《教育二法》、《警察法改正》、《秘密保护法》、《防卫二法》等。这些法令一公布，曾被开除公职的帝国军人、右翼骨干、警察要员等纷纷寻得机会钻进政府机关及警察队伍之中。在一定程度上，日本开始出现复辟和回归战时的逆流，日本现代史称"走回头路"。

在日本政治"走回头路"的过程中，特别是解除了对战争责任者的公职追究，一大批旧政权的政治家、官僚、财阀、司法、警察以及右翼团体的骨干成员冒出了地面，开始走向社会，参与政治。早在旧金山会议尚未召开的1950年10月13日，就有一万余名被开除公职的战争责任者恢复了职位。到1951年末，21万被开除公职的人员中，有201507人获得了重新谋求公职的机会，甚至获得竞选议员的法律认可——它预示着旧战争势力在日本政坛和社会各界的重新复苏。

三 东京审判对右翼势力的宽容和放纵

从1946年5月3日到1948年1月12日，远东国际军事法庭对以东条英机为首的战争罪犯进行了为时一年半之久的审判（以下称东京审判）。东京审判将日本发动的侵略战争判定为"对和平有罪"、"反人道罪"和"违反国际法的战争犯罪"，它弥补了一战以来国际法的不足，确立了国际行动的规范，在一定程度上揭露了日本的战争犯罪事实，也教育了包括日本人民在内的世界人民，客观上支持了日本战后蓬勃发展的民间反战和平运动。但是，由于东京审判自始至终由美国主导，在许多方面都体现了美国的国益优先主义。特别是由于当时正值冷战时期，东西方意识形态的对立开始演化成政治、军事、外交等领域的对立，出于冷战的需要，美国政府和GHQ有意袒护对侵略战争负有重大责任的昭和天皇，致使一大批理应被严肃追究战争责任的天皇身边重臣、政府官员、垄断财阀、帝国军人逃脱了法律的惩处。在对右翼巨头的处理上更是网开一面，为战后右翼运动的复苏埋下了隐患。

1. 对 A 级战犯的右翼巨头网开一面

东京审判开庭之前，负责审理战犯的 GHQ 国际检察局（IPS）根据各方面的情报，逮捕了 100 余名 A 级战犯嫌疑者。但是，1946 年 4 月 29 日，却只向法庭提供了 28 人的起诉书，其余全部释放"听候传讯"。而在此之前，GHQ 就释放了皇族和财政界 A 级战犯嫌疑者 6 人。进入 1947 年，由于冷战局势的进展，GHQ 对战犯的审判"急速地失去了热情"。[①] 1947 年 6 月，GHQ 参谋二部部长威洛比（极端反共主义者、佛朗哥崇拜者，绰号小希特勒）向检察局和法务局提出一份《关于不起诉 50 名主要战犯嫌疑者之件》，要求对 50 名军政财界人物免予起诉，但认为右翼巨头儿玉誉士夫、笹川良一是"极危险人物"，应该继续拘禁。国际检察局认可了这份文件，并于当年 8 月释放了 23 名 A 级战犯嫌疑者，9、10 月又陆续释放一批，只剩下包括岸信介、儿玉誉士夫、笹川良一在内的 19 名 A 级战犯嫌疑者未予起诉。1948 年 12 月 24 日，法庭又以"未获得决定性的证据"为由，将岸信介、儿玉誉士夫、笹川良一等 19 名 A 级战犯嫌疑者（其中 2 人狱中死亡）释放。右翼巨头儿玉誉士夫等人被释放，"以后来发生的洛克希德事件为标志，组成（日本）战后政治史的暗流"。[②]

另外，在被起诉的 25 名 A 级战犯嫌疑者中，占绝大多数的是原陆军部的人员，文官仅 8 人，右翼人物为零。判处绞刑的 7 人中，除一名文官外，6 人是陆军部人员。作为 A 级战犯唯一被起诉的右翼思想家、鼓动家大川周明，因在法庭上莫名其妙地发了"疯"，结果被免于刑事追究，其人后来又活跃在右翼运动的思想战线上。

可见，东京审判根本没有触及右翼势力的皮毛，战争时期为军国主义侵略扩张政策摇旗呐喊的右翼势力顺利地逃脱了正义的惩罚。尤其是儿玉誉士夫、笹川良一等右翼巨头，战后一跃成为右翼运动的"总舵主"，东京审判的不彻底性从中可以略见一斑。

[①] 粟屋宪太郎、田中宏等：《戦争責任・戦後責任》，朝日新聞社，1999，第 98 页。
[②] 同上书，第 100 页。"洛克希德事件"：田中角荣执政时期，儿玉誉士夫为中介接受洛克希德公司贿赂，事情被曝光后田中因此受到法律追究，儿玉誉士夫不久也死去。

2. 对石原莞尔的庇护

石原莞尔是发动九一八事变的罪魁祸首之一。其人早在九一八事变前就积极策划以武力手段吞并中国东北，炮制了《满蒙领有计划》、《战争史大观》、《世界终战论》等法西斯理论，并伙同板垣征四郎等关东军要员，策划了吞并中国东北的柳条湖事件。石原转为预备役后，又组建了右翼团体东亚联盟协会，网罗徒众，鼓吹侵略，为日本充当亚洲盟主摇旗呐喊。东京审判时，依据其人的所作所为，理应作为战犯受到审判。可是，在起诉战犯的名单中根本没有石原的名字。有史料证实，尽管参加审判的中国司法人员极力主张把石原列入战犯嫌疑人的名单，但是，国际检察局却对起诉石原毫无兴趣，甚至荒唐地以内大臣木户幸一的日记作为"根据"，判断石原无罪。因木户日记中有一段石原"激烈地批判以陆军大臣东条英机名义下发的'阵地训'，激怒了东条"，① 所以受到排挤，而被编入预备役的记载。国际检察局因此"给予石原正面的评价"。而对于发动九一八事变的责任，因国际检察局"只想限定15名左右的被告人"，"被告太多甚是麻烦"，所以，就以当时的"高级参谋板垣征四郎大佐替代"。② 石原莞尔也就躲过了法律的制裁。结果，以石原莞尔为大旗的右翼团体——东亚联盟协会很快复苏，成为战后右翼的中坚力量之一。

3. 以解除公职替代法律审判

联合国对德意志法西斯的纽伦堡审判中，对177名被告判处142人有罪，这其中，不仅包括穷凶极恶的法西斯军人、支持战争的政府官员以及财界巨头，也包括右翼运动的宣传鼓动家、思想家和右翼团体骨干成员。可是，东京审判没有判处一名右翼骨干分子有罪。除了以战犯嫌疑逮捕、后又释放的儿玉誉士夫等右翼巨头外，其他大多数对侵略战争负有不可推卸责任的右翼巨头，如井上日召、头山秀三、橘孝三郎、本间宪一郎、清水行之助、影山正治、寺田稻次郎、三上卓、三浦义一、佐乡屋留雄、小

---

① 五十嵐武士、北冈伸一：《東京裁判とは何だったのか》，築地書館，1997，第125页。
② 同上书，第122页。

沼正、许非氏利、松木胜良、茂木久平、铃木善一、下中弥三郎、津久井龙雄、安冈正笃、衰田胸喜、斋藤响、赤尾敏等人，不过是以开除公职替代了法律的追究（还有些职业右翼运动家根本没有公职）。而且到了1948年，GHQ又明令解除公职追究令，他们又获得了介入社会、介入政治，甚至介入政权的机会，使旧右翼势力在战后不久就重新抬头。不仅如此，那些被判处有罪的帝国军人、政治家以及曾参与右翼团体活动的军政界人物等也很快被释放，如被判处无期徒刑的贺屋兴宣、桥本欣五郎、平沼骐一郎等都在20世纪50年代被提前释放，这些人又成为战后右翼运动的旗帜或骨干。

第二节　反共右翼团体的抬头

一　反共右翼团体抬头的背景

右翼团体被严令解散的同时，一批政治犯、思想犯被释放出狱，其中包括一批日本共产党人。1946年1月，流亡在外16年之久的日共领导人野坂参三返回祖国，受到民众的热烈欢迎。作为战争时期唯一反对战争的日本政党，其地位和声望迅速提高。短短几个月时间，日本共产党拥有党员7500余人，日共组织和领导下的劳动组合（工会）成员达七八十万之多，日共机关报《赤旗》发行量达9万份。日共站在国民运动的前列，协助GHQ揭发战争罪犯，追究和挖掘日本的战争罪行，同时发动和组织工农民众为提高工资、改善待遇、促进农地改革等展开各类斗争，一时间，日共如一颗新星升跃到日本列岛的上空，甚至被民众称为"救国党"。[①]

1946年10月，为反对当局和企业裁员，东京各劳动组合发动工人展开大规模的罢工斗争，参加人数达31万人之多，罢工的结果使当局做出一些让步，一定程度上保护了工人们的利益。1947年元旦，吉田茂首相在新年

[①] 相田猪一郎：《七十年代の右翼》，大光社，1970，第214页。

祝词中攻击参加工人运动的都是"不逞之徒",激起广大民众的极大愤慨,在日共的组织和支持下,260万公务员决定于2月1日举行全国大罢工,并明确提出倒阁的主张。就在双方剑拔弩张之际,1月31日,麦克阿瑟发布罢工禁止令,指令组织罢工运动的"全官公厅劳组共同斗争委员会"议长伊井弥四郎必须到电台宣读GHQ的命令,"二一罢工"遂告流产。

进入1948年,鉴于冷战的需要和国内工人运动一发不可阻遏的态势,GHQ改变了当初的对日占领方针,公开宣布了排斥共产主义的立场,立即得到朝野上下反共势力的呼应。当年7月22日,麦克阿瑟又致信芦田均内阁,明确否认"政府机关职工的争议权"。按照麦克阿瑟的旨意,芦田内阁颁布"201号政令",把麦克阿瑟的旨意法律化,"剥夺了国家或地方公务员的罢工权和团体交涉权"。① 从此,日本劳动组合运动以及日共领导的群众运动不断遭到GHQ和日本政府的排斥和镇压。

GHQ和政府当局的政治态度无疑成为右翼窥测风向的风向标。于是,以反共、反赤化为主要宗旨的一批团体开始抬头。早在1945年10月,右翼头目荒原朴水就打着"再建日本"的旗号,租借庆应大学的教室,成立一个"和平日本确立联盟"。进入1946年,又有一批右翼团体成立,到1948年前后涌现出100个之多。它们中,有的是战前或战时旧右翼的改头换面,有的是重新组织起来的反共团体。但是,这些团体的头面人物多是此前并不知名的"小人物",当年的"右翼巨头"仍在窥测之中。这些团体大多以攻击日共、排除共产主义为运动宗旨,这一动向说明战后右翼从一出现就继承了反共的特性,也预示着战后右翼运动的反共方向。

二 反共右翼团体的涌现及其恐怖活动

GHQ占领政策的转换,为右翼势力的复出颁发了一道开禁令。1946年1月,"日本革命菊旗同志会"在九州的熊本市宣布成立,头目为战时翼壮系的福岛青史。该团体在《原则纲领》中声称,本团体是"日本最尖锐、

---

① 日本历史科学协议会编《日本现代史》,第249页。

最彻底打倒共产党运动的革命团体"，是"以实践和行动掌握天皇制理论，打倒共产主义理论的革命团体"。① 1946年6月，新锐大众党在东京成立，宗旨是"排击共产主义，实践真正的民主主义和和平主义"。② 该党成立不久就上街散发传单，进行反共宣传和煽动。1947年1月20日，新锐大众党员大冢广南、佐久间隆太郎前往全日本产业别劳动组合会议（简称产别，日共领导下的工人组织）议长听涛克己的私宅，要求对方下令停止"二一罢工"，遭到拒绝后，大冢等二人竟然掏出菜刀将听涛砍伤在地。事件发生后，新锐大众党首真木康年率两名凶手前往警视厅自首。③ 此事件前后，该党还制造多起强盗杀人、盗窃财物等事端，遂于1947年12月12日被强令解散。

在佐贺县，成立有"反共联盟大鹤青年部"，他们打出的旗号是"以坚强的团结排除企图破坏日本的日本共产党及其支持者"。④ 1948年7月19日，众议院议员、日共总书记德田球一前往佐贺市公会堂讲演，该联盟调查部长高桥嘉明、宣传部副部长古谷晃及"死士"古贺一郎事先潜入公会堂，向正在演说的日共总书记德田球一投出一枚自制炸弹，幸而炸弹与雷管脱离，仅雷管发生爆炸，德田腿部负伤入院一周。事件当时，古贺还散发一份《斩奸状》称，"德田之流欺瞒良民，推行苏联的独裁统治，欲亡日本并把世界推入暗黑地狱之中，对亡国之徒、国民之敌的德田球一，吾等代天诛之"云云。⑤

更引人注目的是，1947年7月，一批从中国回日的原"在华北日本民主党"成员创立一个"敬爱同润联盟"，打出"与中国国民党提携，以三民主义原理和精神为基调，驱逐和打倒共产党，实现东亚和平和繁荣"的旗号，鼓吹"当务之急是把中共军从中国完全驱除出去"。⑥ 为此，他们制定

---

① 木下半治：《日本右翼の研究》，第134页。
② 同上书，第135页。
③ 天道是：《右翼運動100年の軌跡》，第122页。
④ 木下半治：《日本右翼の研究》，第138页。
⑤ 天道是：《右翼運動100年の軌跡》，第123、124页。
⑥ 木下半治：《日本右翼の研究》，第145页。

了具体的事业计划书，其内容一是"关于遗留在中共地区的日本人回国事宜及善后工作"，二是"以台湾为基地向反共阵营提供人力和技术的支援"。其中的"人力支援"指"直接作为战斗士兵编入国民政府军中对中共作战"。又具体规定有以下几个内容：一是"选择和训练渡台人员"；二是"研究台湾事情"；三是"同国民政府首脑部进行联络"；四是"渡台途中及渡台后的联络工作"；五是"渡台用的船只准备"；六是"资金工作"等。

另外，事业计划书中的"技术支援"是指"具有军需生产方面的技能者加入国民政府军的军需生产部门中，援助对中共作战"。[①] 按照这一事业计划书，该团体选择了新龙夫、今井祐直、原田彻也、佐佐木克己等5人为首批渡台人员。另组织成员学习汉语，研究台湾事情，与国民党要员联系，并在原关东军大佐辻政信、原侵华日军中将根本博的帮助下，派员进入了台湾，具体筹划对台援助工作等。当时，GHQ明令禁止日本人前往台湾，该联盟不仅置之不理，而且公然宣称，"如果我们的行动违反占领军的法律方针，被认为紊乱日本的法律或秩序，或者，台湾方面将我们视为偷渡者处理，我们也甘愿受罚，毫不畏惧和避讳，我们已觉悟至此"。[②] 可以说，这些人是战后日本右翼界最早反对两岸统一，鼓吹分裂，支持"台独"的鼻祖。

除上述团体外，还有新日本义人党、香月青壮年同志会、日本天狗党、日本鲤登同志会、日本皇道党、救国青年联盟、日本建青会、大日本独立青年党、防共新闻社、香川救国青年联盟、民族新生运动等团体。这些右翼团体大多是在反共排共的时代背景下应运而生，同时展开了积极的反共、反苏、排华活动。其主要手段就是实施恐怖活动，除前述的袭击日共领导人德田球一和产别组合负责人听涛克己事件外，1950年11月21日，防共新闻社4名成员闯进众议院议员会馆，就日本政局问题与共产党议员风见八十二会谈，双方会谈破裂后，4名防共新闻社成员将事先准备好的装满粪便

---

① 木下半治：《日本右翼の研究》，第145、146页。
② 同上书，第146页。

等污物的罐子抛到风见八十二的身上，以此最龌龊的手段表明他们坚决反共的立场。① 另外，"新日本义人党"、"新日本青年党"、"香月青壮年同志会"、"浅草更生寮"等反共团体也都先后制造了一系列恐怖事件。

上述反共右翼团体还有一个共同的特点是"天皇制护持"，他们拒不承认天皇的《人间宣言》，对宪法规定的"天皇象征说"深恶痛绝，鼓吹恢复明治以来的天皇地位和天皇权威。"菊旗同志会"纲领的第一条就是"天皇制护持，确立民族政治"。原归属"日本反共联盟"旗下的"香月青壮年同志会"也标榜该团体的宗旨是"天皇制护持，确立地方民主自治制度"。"日本皇道党"的纲领是，"以皇道为本义，予以实践和弘扬，以期万民万邦之发展"等。②

第三节 旧金山条约与右翼的复苏

一 宽大和片面讲和的旧金山条约

1950年6月25日，朝鲜战争爆发，战后两大阵营的冷战局面在东亚演化成热战。为了把日本彻底拉进西方营垒，使日本成为西方在亚洲的反共桥头堡，1951年9月4日，美国邀请52个国家在旧金山召开了对日讲和会议。会上，美国总统杜鲁门极力强调日本安全保障的重要性，宣称，"太平洋地域正公然受到侵略和今后的武力攻击威胁"，所以，"必须尽快组成包括日本在内的维持太平洋和平的安全保障体系，这就意味着要创建日本的防卫军，同太平洋其他国家的防卫军联合"。③ 9月8日，除苏联、捷克、波兰拒绝签字外，49个国家在《旧金山对日讲和条约》（以下简称旧金山条约）上签了字，同年11月，该条约被日本国会通过，次年4月28日正式生效。

---

① 相田猪一郎：《七十年代の右翼》，第219页。
② 木下半治：《日本右翼の研究》，第149页。
③ 中村政则：《近代日本の軌跡》第6卷《占領と戦後改革》，第215、216页。

旧金山条约的中心意图是为日本松绑，结束美国对日本的占领，从而把日本拉上西方营垒的战车。所以，该条约名义上是处理战后事宜，实际上通篇都是对日宽大的内容，失去了"战后处理"的本质意义。旧金山条约中只有第 11 条间接涉及日本的战争责任问题，即"日本承诺国际军事审判及在日本或国外的联合国战争犯罪法庭的判决"，至于这场战争的性质，日本应负的战争责任，对中国（包括台湾）、朝鲜殖民统治的清算，向被害国谢罪反省，向民间战争被害人的赔偿等内容一概未见诸条文之中。这样一来，不仅使日本再次逃脱了反省谢罪和损害赔偿的战争责任，旧右翼团体的战争责任也一笔勾销，战后初期 GHQ 制定的右翼团体解散令、右翼人物解除公职令等法律文件失效，大批受到公职处分的右翼分子得以解脱，成为战后旧右翼势力复苏的契机。而且，这也是后来右翼团体肆无忌惮地攻击东京审判，否认战争责任，美化侵略战争的历史原因之一。

旧金山条约签字的同时，日美之间的安保条约也正式生效。安保条约承认美国对冲绳的继续占领和继续使用在日本的军事基地，确立了日美军事联盟和在亚洲、太平洋地区"共同防御"的体系。从此，日本正式加入以美国为首的西方阵营，死心塌地地唯美国马首是瞻，成为美国在亚洲反共排华的前沿堡垒。

日美军事联盟关系的确立，也影响了旧右翼观念意识的变化，多数团体从历来的反美转变成亲美（一部分右翼团体仍坚持原来的反美观），原本就强烈反共的政治态度更加坚决和顽固。而且，在对待安保条约的态度上，大多数右翼团体予以支持和拥护，成为日本战后和平反战运动的绊脚石。此外，复苏后的旧右翼也遇到了前所未遇的"新"问题，尤其在如何维护天皇制、再军备、宪法修正、战争责任认识等问题上，各右翼团体的态度不一，见解有异，表现出区别于战前和战时右翼的多样性、复杂性及松散性。

二 旧右翼团体的复出及其特征

由于旧金山条约宽大片面的"讲和"，美国结束了对日本的占领，也给旧右翼团体松了绑。从1951年开始，旧右翼团体纷纷冒出水面，各以不同的形式参与政治，参与社会，战后一度低迷的右翼运动又呈现出复苏的趋势。据史料记载，截至1951年夏，已登记注册的右翼团体约540个。[1] 到了1952年，右翼团体的数量就猛增到2000个之多。[2] 其中有：旧东亚联盟体系的协和党，成立于1951年8月15日，由原东亚联盟干员之一的武田邦太郎与原国民党首和田劲合作创建，该党发表宣言称，"我党既不赞同资本主义，也不信奉共产主义，而致力于以天皇为中心，以高度世界观组成的国民组织，实现民主的统制主义，创造自然和科学浑然融合的农工一体的理想社会"。[3] 1952年7月20日，旧东亚联盟干员之一、原关东军大尉、伪满陆军中将和田劲，原关东军参谋、陆军大佐辻政信以及木村武雄、石原六郎（石原莞尔之弟）等人组建了东亚联盟同志会。其纲领除了标榜"自卫中立，政治独立，经济自立，亚洲解放"外，更引人注目的有以下几点：一是积极主张"建设以民兵组织为主的新军备"，"要求外国军队撤出日本，废弃安保条约"；二是"进行宪法改正，恢复民族的自立和独立"；三是在领土主权问题上，该团体认为，库页岛和千岛群岛是日本的领土，"必须废除雅尔塔秘密协定"；四是主张"清除国民教育的殖民地性质，激发民族意识"。[4] 从该团体的纲领可以看出，领土纠纷问题开始成为右翼关注和试图干预的目标之一。

1954年，原大东塾塾长影山庄平之子影山正治揭起大东塾的旗帜，招集徒众号称3000余人。在再建宣言中称，"昭和20年被解散以来，历经了凄风悲惨的十年地下时代，今天天晴了，大东塾终于以其英姿再现于世间"。[5]

1952年8月，原大日本生产党总裁吉田益三联络旧军人在大阪组建了

---

[1] 木下半治：《日本右翼の研究》，第159页。
[2] 相田猪一郎：《七十年代の右翼》，第222页。
[3] 堀幸雄：《戦後の右翼勢力》，第16页。
[4] 木下半治：《日本右翼の研究》，第186、187页。
[5] 堀幸雄：《戦後の右翼勢力》，第16页。

一个战友会，主张"以天皇为元首，确立国体本义，以日本主义经纶国家"。1954年6月，继承玄洋社、黑龙会传统观念的大日本生产党宣布再建，该党发表宣言指出，"我党与现今政党不同之处在于，他们只代表资本家阶级或劳农阶级的利益，我党则代表民族和国家全体的福祉，所以，我党坚决排击保守各党及社会、劳农、共产诸党的阶级偏见"。其具体行动目标规定有，"废弃占领宪法，制定独立宪法"，"确立政治、军事、经济的自卫力，终止美苏的内政干涉"，"保全日本领土，归还占领地"，"消灭武装的共产党"。此外，还有"贯穿民族教育，振奋民族精神"，以及"对抗日教组（日本教职员组合）"等内容。①

除上述团体外，战前和战时的右翼纷纷登上前台，或保留原来的团体名称，或改头换面，揭开了战后右翼参与社会活动的序幕。这其中主要有：赤尾敏的大日本爱国党，大川周明、本间宪一郎的紫山塾，橘孝三郎的爱乡塾，头山秀三的爱国青年有志委员会，里见岸雄的立宪养正会，井上日召、津久井龙雄、佐乡屋留雄的东风会、护国团（后护国团解散，成立护国青年队，石井一昌为队长），笹川良一的国粹大众党，福田素显的大日本独立青年党和殉国青年队（队长丰田一夫，顾问儿玉誉士夫），北冈寿逸（右翼文人）的自卫军建设文化人联盟、新日本国策研究会，石川准十郎的大日本国家社会党，福田进的防共挺身队，渡濑乡次的爱国青年同志会，安倍源基的新日本协议会，川井春三的大日本菊水会，藤田卯一郎的松叶会，佐乡留嘉昭的全爱会以及青年皇道会（岛根县）、仁义塾（广岛县）、三旺会等等，不一而足。除旧右翼团体外，旧军人也纷纷组织起来，如旧海军人员组成的海交会，旧陆军人员组成的偕行会等，其中偕行会的理事长为原陆军中将沼田多稼藏，骨干成员还有陆军中将柴山兼四郎等旧高级军官，创办的刊物仍延续战时的名称叫《偕行》。

战后复苏右翼同战前和战时对比，有其相同的特点，诸如崇拜天皇、反苏反共、参与和干预国事等，但是，由于时代的变换，战后右翼的特点

---

① 堀幸雄：《戦後の右翼勢力》，第17、18页。

也发生了明显的变化,大体有以下几个方面:

一是披上民主主义或和平反战的外衣。战后复苏的右翼团体里,几乎都在纲领或宗旨中明确记有"民主"、"反战"、"和平"之类的字样,还有些团体干脆冠以"民主"名称,如"日本第三民主同盟"(旧东亚联盟体系,委员长多田政一)、"民主日之丸党"(东京,党首大竹常庄)、"民友党"(东京,党首村冈康光)以及"人类和平会本部"、"关东民主青年同盟"、"关东言论自由联盟"、"日本理想绝对和平"等。当然,民主和反战不过是旧右翼复出的策略口号而已,当他们扎稳脚跟后,政策与策略也随之发生变化。如吉田益三的大日本生产党,在最初的纲领中根本没有天皇的内容,只是表明要实行"新日本主义","建设新生日本","排除误国的军国主义","尊重各民族的宗教,排除信仰不同不相容的陋习,确立世界民族的和平"等。但到了1954年,该党的纲领明显发生了变化,原来标榜的"新日本主义"改为"日本主义",而且把"确立以天皇为元首的国家本义"列为纲领之首,原来有关民主主义的内容也全然不见了。这说明,旧右翼"脱下了民主主义、和平主义的法衣,露出了侵略主义、军国主义的铠甲"。①

二是对美国态度的变化。人们知道,无论战前右翼,还是战时右翼,都把美国当作最主要的敌人之一,所谓的"鬼畜英美",一直是右翼重点攻击的对象。但是战后右翼的对美观却发生了根本的转变,其主流是亲美反苏反共。这是因为,随着日本的战败投降,旧右翼曾经赖以生存的旧军阀、旧军队已经不复存在,而战后美国对日本占领的同时,美国式的民主主义、资本主义和意识形态等进入日本,尤其是美国作为西方阵营的盟主,其冷战战略和策略符合战后右翼的口味,对于右翼来说,是最可能庇护其生存下去的靠山,也是其反共、反苏纲领能够付诸实施的保障。所以,当右翼刚刚复苏之时,亲美反苏无疑是最理智的选择,这也是战后相当长一个时期右翼亲美反苏反共的要因之一。当然,在复苏的右翼中,也不乏反美的团体,如肥后亨组织的国家社会主义劳动党,信奉新纳粹主义,并组织徒

---

① 木下半治:《日本右翼の研究》,第199页。

众在 1952 年 7 月 7 日掀起反美示威，鼓吹"以武力打倒卖国的现政府"，"从日本驱除美国势力"，"将民族叛逆者交由国民审判，以民族的名义处以极刑"，"扯下美国国旗侮辱之"，① 还把反美作为竞选的口号等。后来，这个团体发展成为极端左翼团体。

三是暴力团化。战后复苏右翼的一个共同特征是暴力团化，其重要原因之一是为了解决团队的资金问题。众所周知，战前或战时右翼的资金来源主要是财阀的援助，随着战后日本财阀的消沉，复苏后右翼失去了强有力的财阀后盾，除一部分团体依靠自营的企业、建筑会社、农场等营利事业维持外，许多团体几乎没有什么收入，于是向暴力团方向发展，或者同暴力团及流氓团伙联手获取不义之财。1955 年 12 月到 1956 年 2 月间，井上日召的护国团利用暴力恐吓勒索和欺诈事件屡见诸报端，引起社会大哗。还有爱国联盟、殉国青年队、护国青年队等右翼团体强抢他人企业，称霸地面（收取"保护费"）的事件也屡出不鲜。据护国青年队队长的自述，该队为了获取活动资金，曾闯进当时民主党副总裁重光葵的办事场所，殴打其秘书，逼迫民主党提供活动经费。② 由于右翼团体的暴力团化，从 1954 年秋到 1955 年秋的一年间，因暴力行为被逮捕的右翼团体成员达 11539 人，被起诉者 3860 人，免予起诉者 1600 余人。③

四是并未形成规模。尽管旧金山条约为右翼的复活亮出了绿灯，但是，与战前和战时对比，右翼的势力仍未恢复到昔日的"辉煌"。根本原因在于，作为右翼最大后盾的日本军阀和军队的破灭，使右翼失去了靠山。加之战争的记忆仍然较深刻地遗留在国民心中，战争时期右翼的种种表现还令国民生厌，对右翼的尖锐批判也没有完全停息。特别是农村中批判和谴责战争的声音依然高涨。另外，还有活动经费拮据等问题，这一切都为右翼势力的再兴增设了障碍。所以，这个时期经特审局登记的右翼团

---

① 木下半治：《日本右翼の研究》，第 167 页。
② 石井一昌：《暗殺集団》，恒友出版，1998，第 126、127 页。
③ 木下半治：《日本右翼の研究》，第 220 页。

体虽然号称两千之多,① 但其中不乏所谓"一人一党"或人数寥寥无几的团体。

三 右翼复苏后的反共活动及参与竞选

1950年6月,朝鲜战争爆发,战后两大阵营的冷战局面在东北亚演成热战。当年7月,麦克阿瑟下令无限期禁止日共《赤旗》报的出版发行,同时解除24名日共领导人的公职,日本共产党不得不再次转入地下斗争。在这样的背景下,各右翼团体几乎都把矛头对准国内外的共产党或共产党国家。1951年秋,战争时期曾任政府要员的有马赖宁、丸山鹤吉、安倍源基、后藤隆之助、鹿内信隆、太田耕造等7人出面成立"日本青少年善导协会",组织各右翼团体、黑社会赌徒流氓,扬言构筑起"反共营垒",扑灭"赤色革命"。② 关东国粹会头面人物梅津堪兵卫,带有地方黑社会性质的豪强金井米吉、关口爱治、鹤冈政次郎、关根贤等人纠合在一起,计划成立一支拥有20万人的"反共爱国拔刀队",筹集3.7亿元的资金,准备利用在东京参加一次婚礼的机会,联络各右翼巨头,掀起一场波及整个列岛的反共运动。然而,由于他们的计划近乎荒诞未能得逞。

东京街头右翼张贴的反共宣传品

旧金山条约生效后,为右翼活动提供了相对宽松的空间。右翼"传统"的恐怖主义随即活跃起来。1953年3月12日,右翼团体成员田中美正持刀闯入议员石桥湛山的私宅,刺杀石桥未遂被逮捕。田中宣称,刺杀石桥的理由是"当

---

① 相田猪一郎:《七十年代の右翼》,第222页。
② 天道是:《右翼運動100年の軌跡》,第201页。

前的一切政争都源于石桥湛山的存在"云云。① 1956 年 11 月 12 日，亚洲民族协议会成员擅自闯入苏联代表驻地，对苏联代表非礼，故意挑起事端。其他还有：1958 年 10 月 14 日，日本国粹会青年挺身队成员乱闯日本教职员组合（以下简称日教组）会场，散发传单、发射烟雾弹事件；1958 年 12 月 15 日，右翼团体成员伤害日教组委员长小林武事件；1958 年 9 月 15 日，大日本爱国党成员火烧社会党宣传车事件；1959 年 7 月 25 日，师魂革新同盟会伤害社会党议员赤松勇作事件；等等。

右翼团体不仅对左翼进步团体和共产党国家代表施加恐怖暴力手段，对政府决策人物也施加同样手段，理由是政府的决策不符合右翼的心意。1954 年 5 月 3 日，右翼团体成员葛原法生私闯吉田茂首相的官邸，企图刺杀吉田，未果被逮捕，他的理由是，"吉田把国会当成私有物"。② 1954 年 7 月 9 日，右翼团体成员大野一郎也试图闯入首相官邸行刺未果。此后的 8 月 10 日、9 月 21 日，又有土工佐百进、丸山利之等人重复同样的行动，三人均被逮捕。此外，还发生了 1954 年 11 月 22 日皇道实践会成员越前荣八纵火自由党（执政党）本部未遂事件等。

旧金山条约生效后，一大批被解除公职或以战犯嫌疑收审入监的右翼头目获得了解脱，他们不仅重新召集徒众再揭右翼旗帜，而且从法律上获得了选举权和被选举权。于是，右翼头目开始参与竞选，准备问鼎国会，利用国家权力为右翼运动保驾护航。

是时，吉田茂内阁采取对美一面倒的政策，实行经济主义和保守主义的路线，但在保守党内遇到相当的阻力，特别是曾被解除公职的鸠山一郎、岸信介等人重返政界以后，以二人为核心形成了一股反吉田的保守势力，保守党内部出现分裂。而右翼势力对吉田的内外政策也多有抨击，他们强烈主张修改宪法，实现再军备以及粉碎来自左翼的"赤旗革命"。所以，他们在竞选中极力把这些政治主张表现出来，正如当时媒体指出的那

---

① 相田猪一郎：《七十年代の右翼》，第 225 页。
② 同上书，第 225 页。

样,"旧右翼……在政治批判力软弱的农村,以无党派或某党派的名义出马,他们抨击现政党腐败,主张从美国依存中解放和独立出来,修改宪法以及建立真正的国军,这些人多数可能在当选圈外,但是,他们为总选举打基础的念头为世人尽知,这些人的动向将是日本未来政治的一个课题"。①

另外,我们还可以从大日本爱国党首赤尾敏的竞选主张中更清楚地了解到这一点。内中主要有:一是改正美国式宪法,确立日本独立自主的宪法;二是为确保日本的完全独立和自卫,再兴军备;三是扑灭国贼日本共产党;四是统一日美同盟的国论,粉碎赤化势力的反美斗争阴谋。② 可以说,这是当时参与竞选的右翼势力的代表性观点。

1952年10月1日,在众院选举中,参加竞选的右翼人物计有1243人,其中有329人是曾被解除公职者,占总人数的26%。自卫同盟委员长、原关东军大佐辻政信,日本人民党总裁只野直三郎,原东方会头目木村武雄,原爱国学生联盟头目平井义一,原祖国会头目北聆吉等5人当选为议员。清水亘、锅岛贞亲、本领信治郎、赤尾敏等24人虽未当选,但作为候选人入围,获得了相当数量的选票。

到了1953年4月,在参、众院议员的选举中,右翼的得票率又有所增加。其中的众院选举,除上述5人继续当选外,又有东方同志会东方青年队的河野金升以50165票当选,其他落选者的票数也有所增加。参院的选举中,17名右翼候选人总计获得497592张选票,木村笃太郎以177638票当选。其他右翼人物如三上卓获得89641票,河野孔明(原东方会)获65281票,木下国子(民族新生运动)获58397票,山本弘(日本反共联盟)获44610票,以票数计算,右翼在参院获得了3个议员的席位。这以后,右翼不断挑战竞选,1959年,辻政信竟以683256票的高票数当选。桥本欣五郎也获得194484票(1956年)。旧军人团体也不甘"寂寞",1953年,原陆

---

① 《朝日新闻》1952年9月21日。
② 堀幸雄:《戦後の右翼势力》,第19页。

军大将宇恒一成以 513863 票的最高票数当选。

右翼问鼎国会的结果,不仅为右翼的长期存续提供了保障,而且使右翼得以合法地参与庙议,一定程度上维护了右翼在政界的话语权。

第四节　右翼势力的反苏反华浪潮与中苏两国的对日政策

一　日苏领土纠纷及右翼的动作

旧金山条约形成后,苏联代表拒绝签字,宣布不承认旧金山条约和日美安保条约,并在联合国安理会上动用否决权,否决了日本加入联合国的申请。当时,除两大阵营的对立因素外,横亘在日苏间的具体障碍有二:一是 57 万余人的日军战俘抑留西伯利亚问题;二是围绕南千岛群岛(日称北方四岛)的归属权问题。苏联红军出兵东北对日作战中,共俘虏日军 57 万 5000 余人,大部分押往西伯利亚强迫劳动。从 1946 年 12 月起,苏联开始遣返日俘,到 1950 年 4 月,共遣返 51 万余人。同年 4 月 23 日,苏联塔斯社宣布,除部分以战犯罪羁押以及死亡人员外,遣返日俘工作结束。然而,到 1955 年 5 月,日本政府提出一个 12731 人的名单,要求苏联政府尽快全部遣返。①

另一个问题是南千岛群岛(日称北方四岛)的归属权。1953 年 2 月,吉田茂首相在国会讲演中公开宣称,千岛群岛及库页岛南部属于日本领土,希望苏联方面能够归还。针对日本的官方讲话,苏联外交部明确予以否认。因此,领土归属问题成为日苏两国恢复邦交的最大障碍,双方从此展开了马拉松式的谈判。

1954 年 12 月,鸠山一郎取代吉田茂上台组阁,提出日苏关系正常化的主张。苏联外长也发表声明,向日方传递出同意恢复邦交的信号。然而,在漫长的谈判途中,领土问题继续成为最大的障碍,并最后集中在南千岛

---

① 李凡:《日苏关系史》,人民出版社,2005,第 216、217 页。

群岛（日称北方四岛）的归属问题上。日本主张，齿舞、色丹岛是日本本土北海道的延伸部分，国后、择捉岛属千岛群岛的一部分，而且，旧金山条约中并没有决定千岛群岛和库页岛南部的归属问题。苏联方面则否认旧金山条约，坚持《雅尔塔协定》和《波茨坦公告》的规定，拒绝归还南千岛群岛。谈判几度破裂，陷于僵持局面。

战争期间，出于反共本性以及对苏军出兵东北的仇视，日本右翼怀有强烈的反苏情绪。日本投降后，随着右翼势力的复苏，他们很"惯性"地把斗争矛头指向苏联。这其中，除了意识形态因素外，还有三大"芥蒂"使右翼耿耿于怀。一是认为苏联单方面撕毁《日苏中立条约》，突然出兵东北，使关东军一败涂地，加速了日本的失败；二是战后苏联将57万关东军士兵押往西伯利亚强制劳动，造成5万余人非正常死亡，而且尚有万余人没有遣返；三是在领土问题上右翼势力与政府同调，认为南库页岛和千岛群岛是日本的"固有领土"，必须归还。所以，许多右翼团体都把归还领土主权作为重要的运动纲领之一。如原关东军大佐辻政信组织旧军人成立的"自卫同盟"，在其《纲领》中明确提出，"创建自卫的新军备，要求外国军队迅速撤兵，全部收回南桦太（即南库页岛）、千岛、小笠原、冲绳的主权"。[①] "东亚联盟同志会"的纲领里也明确表示了"否认雅尔塔协定"，收回南库页岛及千岛群岛的主张。其他如"菊旗同志会"、"新锐大众党"、"日本反共联盟"等团体都提出反苏反共的口号。右翼团体"大行社"头目渡边正次郎公开宣称，"不能屈服俄国，必须归还北方领土！""俄国必须为单方面破坏日苏中立条约道歉！""必须无条件返还北方四岛，并赔偿损失！""必须向强制抑留西伯利亚的日本军人赔偿"，甚至谩骂苏联是"卑劣的民族"等。[②] 前述一伙暴徒闯进苏联代表团驻地闹事，则是右翼付诸暴力行动的案例之一。直到今天，围绕领土纠纷问题，一直是右翼运动攻击苏联（俄罗斯）的重要目标。

---

① 木下半治：《日本右翼の研究》，第192页。
② 渡边正次郎：《黙ってられるか》，明窗出版社，1999，第152、153页。

尽管右翼的反苏活动不会成为左右日本政府决策的重要因素，却形成一股自下而上的压力，对日本出台强硬外交产生了一定程度的影响。

在谈判过程中，苏联一直采取强硬方针，赫鲁晓夫上台后，采取了"较有弹性的对外政策，目的是要缓和国际紧张局势"。① 所以，曾一度表示同意归还齿舞和色丹两岛。日本则因为国内政治的对立，出现复交积极派与消极派的争议，加之美国的压力，反对日苏谈判的呼声越来越高。苏联则趁势出台北方海域渔业限制措施，限制和排斥日本渔船在北太平洋海域的活动。此外，苏联还操有两柄杀手锏，一是何时遣返剩余被俘人员的决定权，二是日本能否加入联合国的安理会否决权。最后，日本政府"决定采取德国与苏联邦交正常化方式，即搁置领土问题，以联合宣言的方式首先恢复邦交，然后再解决悬案问题并缔结和平条约"。② 1956年10月，双方在莫斯科签署联合宣言，宣布日苏之间结束战争状态，苏联释放及遣返被押人员，支持日本加入联合国，"和平条约缔结后苏联归还齿舞、色丹岛"。"但鸠山等日本代表强烈主张的、为了缔结和平条约继续讨论领土问题等的明确意见却没有被写入联合宣言"。③

从此，日苏（俄）领土纠纷问题不仅成为影响两国关系的一大障碍，而且是右翼运动的重要目标，从来没有间断或停止。

二 右翼势力的反共反华亲台浪潮

美国占领初期，通过强制手段和一系列民主改革措施，取缔了作为法西斯军国主义帮凶的右翼势力，逮捕了一部分右翼巨头，开除了一批右翼骨干成员的公职，致使右翼势力面临绝境。然而，从1948年下半年开始，在冷战的大背景下，为了把日本拉进西方资本主义阵营，构筑东亚和太平洋地域反共排苏的桥头堡，美国占领当局转换了占领方针，对负有战争责任的军、政、财界要员及右翼骨干网开一面，为右翼的复出亮起了绿灯。

---

① 李凡：《日苏关系史》，第222页。
② 五百旗头真：《战后日本外交史》，吴万虹译，世界知识出版社，2007，第65页。
③ 同上书，第65页。但联合宣言规定的苏（俄）日和平条约至今也没有签订。

日本政府秉承美国的旨意，对美一面倒，采取了反共排华亲台的方针。1951年12月24日，内阁首相吉田茂以致美国国务卿杜勒斯信函的方式发表了《吉田书简》，内称，"日本政府准备尽可能合法地与中国国民党政府缔结协定，按照多边和约的原则，恢复双边之间的正常关系。上述双边协定适用于日本政府和中国国民党政府目前及今后实际控制的地域……本人向你（指杜勒斯——著者注）保证，日本政府无意同中国共产党政府缔结双边条约"。① 1952年3月25日，日本政府正式与台湾蒋介石集团签订了《日华和平条约》（即《日台条约》），宣布"结束日本与中华民国之战争状态"，表示愿意依据联合国宪章之原则"彼此合作……促进两国之共同福利"。日本通过这一纸条约把新生的中华人民共和国排除在外。

在美国亚洲战略和日本政府反华政策的指导下，作为冷战产物的右翼从一出现就受动于冷战局势，尤其是同东北亚两大阵营的对立关系紧密相连。尽管这一时期的右翼势力尚处在萌芽发展阶段，并未形成规模，对东北亚国际关系的影响尚不显著，但是，值得注意的是，一批右翼骨干人物已经进入政界，直接影响或干扰着政府决策。尤其是朝鲜战争爆发前后，为了配合GHQ和日本当局迫害日共和镇压工人运动，右翼也掀起反共浪潮。"右翼本能地意识到，为了反共而行使暴力能够得到支配阶层的容忍"。② 正因为如此，"反苏反共成为维持战后右翼的一大支柱"。③

1954年，台湾的蒋介石与韩国的李承晚倡议成立了"亚洲各国人民反共联盟"（APACL）。该组织在东京召开会议时，推举A级战犯嫌疑者、东条英机内阁商工大臣岸信介为会议主席，外务省官员加濑俊一为事务局长，日本政界大员中曾根康弘、石井光次郎、谷正之、椎名悦三郎以及财界、舆论界要员御手洗辰堆、矢次一夫、细川隆元、小林中、商杉普一、掘越桢一等人都出席了会议。而最早加入APACL的右翼团体是"胜共联合"。该组织是右翼巨头笹川良一、儿昔玉士夫勾结韩国反共宗教组织"统一协

---

① 张蓬舟：《中日关系五十年大事记》第四卷，文化艺术出版社，2006，第342页。
② 堀幸雄：《戦後の右翼勢力》，第135页。
③ 同上书，第134页。

会"教祖文鲜明,在日本成立的跨国籍右翼组织,其宗旨是反共、反华、反苏,并以日本财团"船舶振兴会"的财力为后盾,与政界勾搭连环,形成官、财、右翼势力三位一体的反共体系。

日本国内疯狂的反共反苏反华活动自然引起周边国家的关注和警惕。1955年4月,中华人民共和国总理周恩来在接见日本学术代表团和东京大学教授南原繁、大内兵卫等人时说,"我们对日本右翼的动向表示关注"。[①]同年11月,在京都召开的日本政治学会上,南原繁教授在发言时也提醒与会人员注意"'右翼革命'的危险性"。[②] 说明日本右翼团体的反共反苏反华活动绝非单纯的国内政治事务,至少,它对当时东北亚紧张对立的国际关系起到了推波助澜的作用。

日本右翼站在反共的立场上,势必要紧抱美国的粗腿,所以他们不仅亲美,而且拥护日美安保体制和旧金山体制,这与战前和战时右翼反英美的立场大相径庭。1959年7月25日,16家右翼团体曾在日比谷召开"强化日美同盟,促进安保改定国民大会",主张对美一面倒,建立日美军事同盟,最具代表性地表明了右翼阵营的立场。

右翼的另一个动向是同台湾势力的勾搭连环。甲午战争后,台湾沦为日本的殖民地,直至1945年日本战败投降,台湾才回归祖国的怀抱。然而,日本军政各界以及民间右翼仍然割不断殖民地情结,在中国政府接收台湾前夕,一批日本死硬派军人联络台湾殖民地时代的部分既得利益者,以尚未放下武器的日本军队为后盾,企图策划台湾"独立"。只是由于国民政府不失时机地收复了台湾,他们的阴谋才未能得逞。当中国大陆进行三年解放战争之际,一部分右翼团体又扬起支持蒋介石集团、对抗中共的旗帜,展开了干涉中国内政、制造两岸分裂的切实步骤。1949年前后,一批旧军官在原中国派遣军司令官冈村宁次的幕后指使下,组成一个支持蒋介石集团、为蒋介石训练军队的军事顾问团,称作"白团"。其团长为冈村宁次推

---

① 《东京朝日新闻》(夕刊)1955年4月10日。
② 木下半治:《日本右翼の研究》,第178页。

荐的原驻香港日军参谋长富田直亮，骨干成员之一根本博为原华北驻军司令官兼驻蒙军司令官，另一骨干成员小笠原清为原中国派遣军参谋。从1949年到1968年间，数十名"白团"成员在台湾活动达20年之久，为蒋介石集团培训了近20000余名军事干部。[①] 1949年10月24日，在金门宁头战役中，根本博向国民党守军献上火攻之策，结果造成中国人民解放军33000余人的重大伤亡。[②] 1950年，蒋介石聘请冈村宁次为台湾"革命实践研究院"高级教官，为蒋介石集团训练军队，出谋划策。冈村回国后又伙同原海军大将及川古志郎在东京成立一家"富士俱乐部"，为台湾提供战史、战略、战术以及有关台海危机的资料。据不完全统计，从1953年到60年代初的10年里，"富士俱乐部"寄往台湾的军事图书达7000余册，资料5000余件，其中还包括一部分细菌战资料。[③]

日本军政各界以及右翼势力浓厚的"台湾情结"吸引了一批亲日派"台独"分子，他们把日本当作"台独"势力的大本营，为躲避当局的镇压纷纷逃往日本，受到右翼势力的接纳和援助。诸如"台湾再解放同盟"、"台湾民主独立党"、"台湾共和国临时国民议会"、"台湾共和国临时政府"等"台独"组织都把日本当作庇护所，把右翼势力当作"亲朋挚友"。1955年9月1日，自诩为"台独领袖"的廖文毅在右翼势力的支持下，纠集一批"台独"分子在东京召开"台湾共和国临时国民议会"成立大会，与会的100多人中，日本右翼团体成员就达60余人。[④]

朝鲜战争爆发后，美国派遣第七舰队进入台湾海峡，对中国大陆进行军事威胁和经济封锁。日本政府则通过"朝鲜特需"大发了一笔横财，还秘密派遣一支拥有46艘扫雷艇的舰队，配合美军驶进朝鲜海面扫雷，结果一部分扫雷艇触雷沉没，海上自卫队员1人死亡，18人负伤，最后无功而

---

① 陈奉林：《战后日台关系史》，香港社会科学出版有限公司，2004，第130页。
② 同上书，第130、131页。
③ 同上书，第133页。
④ 孙立祥：《战后日本右翼势力研究》，中国社会科学出版社，2005，第344页。

返。① 不仅如此，日本政府还派出 1200 名原海军军官协助美军参加了元山登陆作战，另派出一批熟悉朝鲜的旧军人为美军出谋划策。美国首任驻日本大使墨菲曾说过，"如果联合国军没有熟悉朝鲜情况的几千名日本专家的协助，要呆在朝鲜，必然遇到各种困难"。② 日本政府的立场和态度无疑为右翼做出了"表率"，一部分亲台右翼势力趁机集结起来，形成了一个不可小觑的"台湾帮"，直到今天，仍然是日本列岛支持"台独"、仇视大陆的骨干力量，甚至在一定程度上影响着右派政治家的政治态度和决策（后章详叙）。

三　中国政府对日政策的评析

新中国成立后，在推行"对苏一面倒"的外交方针的同时，注意争取日本朝野一切可能争取的进步友好势力，利用民间先行、以民促官的策略扩大同日本民间的友好交流，促进中日民间贸易的发展。1952 年 5 月，出席莫斯科国际经济会议的三位日本国会议员转道访问中国，受到中国的热烈欢迎，这是新中国成立后接待的第一批日本客人。双方在友好的气氛下签订了中日第一次《中日贸易协定》，虽然规模不大，但是冲击了美国对新中国设置的"封禁"樊笼。这以后，第二次、第三次贸易协定相继签订。在此基础上，中国政府不失时机地发展和扩大中日之间的民间交流。1952 年 10 月，亚洲与太平洋区域和平会议在北京召开，中国人民保卫世界和平大会名誉主席宋庆龄、主席郭沫若、副主席廖承志邀请日本有关团体参加。日本也组成了代表团准备参加，但由于日本政府的阻挠，代表团未能成行。但会议仍然通过了《亚洲及太平洋区域和平会议关于日本问题的决议》，指出，"美国政府……公开利用日本的军国主义分子，将日本变为在远东发动侵略战争的基地，这样就严重地威胁了亚洲及太平洋区域的和平与安全"，"为了保卫亚洲及太平洋区域与世界的和平与安全，并对日本人民的合理愿

---

① 中村政则：《戦後史》，第 62 页。朝鲜战争中，日本政府派出海上自卫队扫雷艇参战之事，一直秘而不宣，直到 20 世纪 80 年代才被披露出来。
② 陈奉林：《战后日台关系史》，第 124 页。

望予以支持"。《决议》"鉴于非法的旧金山片面对日'和约'在亚洲及太平洋区域所引起的紧张局势",呼吁"有关国家按照波茨坦公告及其他有关日本问题的国际协定的原则和精神,缔结具有全面性性质的真正的对日和约,反对和制止日本军国主义的复活,支持日本人民建立一个独立、民主、自由、和平的新日本","任何外国军队应立即撤离日本本土,不得在日本保有军事基地,任何外国不得干涉日本内政"。①

1953年3月7日,中国红十字会代表团与日本红十字会、日本和平联络委员会、日中友好协会等三家团体达成了协助日侨回国的协定,发表了《关于商洽协助日侨回国问题的公报》,决定开辟天津、秦皇岛、上海等三港为日侨回国口岸,"中国红十字会负担愿意回国日侨自其离开住地之日起至登船时止每人的伙食、住宿、旅费和不超过五十公斤行李之运费","容许其申请兑换一定数量的外币"。② 这样,从1953年3月到10月间,前后七批计26026名日本侨民安全回国。这些日侨回国以后,无形中提升了新中国在日本民众中间的地位,对于宣传新中国,扭转一些人对新中国的敌视态度起到了积极的作用。1956年6月,中国最高人民检察院又宣布对335名罪行较轻或有悔过表现的战犯免予起诉,释放其回国。这些人回国后成立"中国归还者联络会",对揭露、反省、批判日本战争罪行,呼吁东亚和平,促进中日之间的友好起到了其他团体无法替代的作用。

1954年8月,以李德全为团长、廖承志为副团长的中国红十字代表团出访日本,这是新中国成立后第一个大型访日代表团。代表团同日本民间进行了广泛的接触,先后19次参加社会各界召开的欢迎会、座谈会,举办十几次记者招待会,向日本国民表达了中国人民的友好心愿,对于促进中日各阶层的友好关系,扩大社会各界的往来和交流,发挥了重大作用。

1956年10月12日,日本商品展览会先后在北京和上海召开,中国党政领导人毛泽东、刘少奇、朱德、邓小平参观了展览会,并对展览会给予

---

① 国际关系学院编《现代国际关系史参考资料(1950~1953)》上,人民教育出版社,1960,第689、690页。
② 张蓬舟:《中日关系五十年大事记》第四卷,第403页。

很高的评价。而且，中国政府决定，允许和保护在展览会场悬挂日本国旗，表达了中国人民的宽容和大度。而在岸信介内阁时期，却接二连三地发生右翼分子侮辱中国国旗的事件。

毛泽东、刘少奇、朱德、周恩来等中国党政领导人在接见日本各界人士之时，注意强调日本人民也是战争的受害者，坚持把侵略战争的策划者同普通民众区别开来，这在当时，对于争取广大日本民众，最大限度地孤立和打击一小撮反共反华亲台分子具有积极的意义。

实践证明，20世纪50年代初期，中国政府对日方针的主流是恰当的，在以美国为首的西方阵营疯狂排挤和封锁新中国，日本右翼势力又把主要攻击矛头瞄向新中国的大背景下，中国政府积极开展民间外交，排除各种干扰，妥善处理敏感的国际关系问题，促进了日本朝野的分化。1953年，日本国会不得不通过了促进日中贸易的决议。日本的一些政党、团体也主动同中国交往联络。由日本友好人士组成的日中友好协会不断发展扩大，在全国大多数都、道、府、县都成立了分支机构。中日之间的文化交流也呈现上升趋势。诸如1956年中国十城市举办的"日本电影周"，中国京剧大师梅兰芳出演日本。这一切，都为中日恢复邦交奠定了坚实的基础。

但是不能不指出的是，由于美苏两大集团的对立，世界范围的冷战态势在东亚演成了以朝鲜战争为表象的"热战"，迫使新中国成立初期的外交选择非此即彼，不能不选择对苏一面倒的方针，把意识形态作为判断周边国家及地区敌我的重要标准之一，使中国面对美国及其盟友日本、韩国、南越及东南亚反共阵营弧形包围圈的前沿。在这样的背景下，中国政府的对日方针不可能脱离冷战思维和自身价值取向的影响，难免有时在具体对策中失去准确的判断或程度把握失当。1950年6月12日，中共中央针对美国占领当局和日本政府排斥日共之举发表了《关于日本情势的声明》，指责"麦克阿瑟和吉田政府的非法暴行，热烈同情日本共产党和日本爱国人民对于麦克阿瑟和吉田政府的非法暴行的正义反抗，并且要求全中国人民全亚洲人民和全世界人民一致声援日本共产党和日本的爱国人民"。抨击美国的对日政策，"就是变日本为美国殖民地和新侵略战争基地的政策。这个政策危害日本人民、中国人民以及全亚洲和全世界人民的共同利益"。声明最后指出,"最后的失败必然是穷凶极恶的美国帝国主义及其走狗,日本人民和各国人民的革命斗争总是要胜利的"。① 《人民日报》的一篇社论也指出,"美帝国主义者为了达到变日本为殖民地的政策,正在力图拒绝全面和约,长期占领日本,把日本的国土转变为美帝国主义反对东方和平民主势力,干涉东方各国民族解放运动的反动堡垒和在东方准备侵略战争的军事基地"。社论认为,"日本人民的解放斗争,是以苏联为首的世界和平民主阵营反对以美帝国主义为首的侵略阵营的共同斗争的一部分",呼吁日本人民"为反对美帝国主义及其走狗而坚决地奋斗"。② 后来的事实证明,尽管美国占领当局和吉田茂政府的确采取了迫害日共的一系列举措,但日共一直存留至今,两年后美国通过旧金山条约结束了占领,战后日本的政治主流也逐步走向和平民主的发展阶段。显而易见,尽管上述声明和社论含有中国政府出于国际斗争策略和国家安全战略的考虑,但也明显掺杂有意识形态领域的因素或"左"的色彩,表明了中国政府与日本自民党政权水火不容的政治立场,也预示着后来中日两国政府层面长期对立局面的形成。尤其是岸信介内阁登台以后,其反共排华的举措比起吉田内阁有过之而无不及,致使中日民间刚刚建立的信任和友好基础几乎毁之殆尽。

---

① 国际关系学院编《现代国际关系史参考资料(1950~1953)》上,第478、479页。
② 《人民日报》社论:《日本人民斗争的现势》,国际关系学院编《现代国际关系史参考资料(1950~1953)》上,第486~488页。

第二章　新安保体制及右翼势力促进运动，东北亚冷战格局的僵持

从朝鲜战争结束到1960年代，两大阵营在东北亚的紧张对立格局持续僵持，甚至时而出现危机。尤其是两次台海危机、越南南北局势的紧张乃至越南战争的爆发，使美国更加有意识地紧紧拉住在亚洲的日本盟友，通过新安保体制结成更巩固的军事同盟，同时分别与韩国、泰国、菲律宾以及台湾地区签订了共同防御条约，形成以反苏反华为战略意义的反共军事联盟。

第一节　新安保体制出台的国际国内背景

一　岸信介内阁的内政外交

日美安保条约生效后，在日本国内引起了强烈的反响，左翼和在野党势力针对条约的不平等性展开了抨击。部分主张修改宪法、自主军备的右翼势力也强烈要求撤出外国军队，实现再军备。两股势力的汇合导致反美情绪及反美倾向的产生。为此，试图修改安保条约，寻求条约的相对平等性成为决策层考虑的重要因素。

在这样的背景下，岸信介上台组阁。人们知道，岸曾任伪满洲国产业部次长，是东条英机内阁的商工大臣，战后作为A级战犯嫌疑者被关押在巢鸭拘留所。后来，美国出于冷战战略改变了占领政策，把岸等战犯放虎

归山，岸才逃脱了战争责任的追究，并重新爬上政坛，甚至登上总理大臣的宝座，这在第二次世界大战的法西斯国家中绝无仅有。岸信介上台后，不仅改变了前任石桥内阁意图同中国恢复邦交的政策，而且在对内对外方针上急速右转，实行了一条反动的保守主义路线。岸信介的政治举措推动了战后右翼运动的高涨。

旧金山条约签字后，日本政府追随美国当局采取反共排华的方针，擅自与台湾蒋介石集团签署了《日台条约》。岸信介上台后比前任更加仇华反共，上任伊始就发布了《外交白书》，提出所谓的"三原则"：一是"国联中心主义"；二是"同自由主义国家协调"；三是"坚持作为亚洲国家一员的立场"等。① 随后迫不及待地出访缅甸、印度、巴基斯坦、泰国、锡兰（今斯里兰卡）等"自由主义国家"，向这些国家抛出"友好"的橄榄枝，中心意图是切断万隆会议后亚洲各国同中国的经济贸易往来和交流，达到封锁中国的目的，同时打开日本向亚洲各国渗透的渠道。接着，他又两次到东南亚及大洋洲等非社会主义国家访问，名义上是解决战争遗留问题，实际上仅同南越和印度尼西亚达成了协议，而把北越抛到一边。同样，在同韩国交涉时，也把朝鲜排除在外。出访期间，岸信介到处散布他的"以国联为中心"，"同自由主义诸国协调"的主张，并为日本加入联合国非常任理事国游说，结果如愿以偿，1958年1月1日，日本成为联合国非常任理事国之一。

在同台湾关系的问题上，1957年3月12日，岸信介主持成立一个"日台合作委员会"，公开表明与中国大陆对抗的姿态。同年6月2日，岸信介作为战后第一位出访台湾的日本首相，到台湾与蒋介石会晤，向蒋介石表示："日本外交不采取容共、中立的立场……但现在中国大陆被共产主义支配，我对于中华民国所处的困难状况表示同情"，"从某种意义上说，比起苏联，来自中国的共产主义对日本的渗透更为可怕，所以，如果国府（蒋

---

① 户川猪佐武：《岸信介と保守暗闘》，講談社，1985，第217页。

介石政府）光复大陆的话，我本人会非常高兴"。① 由于岸信介本人长期顽固反共的立场和经历，以及蓄意制造"两个中国"的罪恶企图，鸠山、石桥内阁以来建立的中日缓和局势迅速逆转（后节详述）。

与此同时，日美间就修改安保条约展开了谈判。美国"认为岸信介成功地将保守势力团结起来，巩固了自民党的执政基础……还对岸信介亲美反共的政治立场表示欢迎"。② 所以，表现出积极"配合"的态度，但更实质的原因是美苏在东北亚的争霸愈演愈烈，苏联刚刚发射成功人造卫星，增强了社会主义阵营的自信心。这时，偏偏又在群马县美军演习场，发生了美军士兵枪杀拾子弹壳的日本农妇事件，引起日本民众的强烈愤慨。为了巩固美国在日本的军事基地，安抚日本民心，继续发挥冷战前沿日本反社会主义阵营桥头堡的作用，美国同意修改安保条约，最后初步达成了一个部分"平等"的《日美共同合作与安全保障条约》，日本称新安保条约。

在内政方面，岸信介执政时期也是日本战后政治最反动的时期。早在鸠山内阁时期，岸信介就伙同鸠山将修改宪法列为内阁"三大目标"的首位。1956 年 6 月，鸠山内阁正式成立了宪法调查会，由岸信介出任内阁宪法调查会长。岸出任内阁首相后，也把修宪问题列入内阁的议事日程。他在对美国记者的一次谈话中称，"日本为了充分发挥自由世界的防卫作用，从宪法中剔除放弃战争条款的时机已经到来"。③ 1958 年 10 月 14 日，岸信介在同 NBC 记者谈话时再一次表示，"日本废除宪法第九条的时代已经到来"。④

在他的任上，还先后废止了教育委员的公选制度，强制实行教职员的勤务评定法（以下简称勤评法）以及试图修改警察官职务执行法（以下简称警职法）等。这一系列法规都是反民主的举措，是复活战时日本警察国家的倒行逆施。1957 年 6 月，岸信介内阁强令各地的教育委员会实施勤评

---

① 户川猪佐武：《岸信介と保守暗闘》，第 219、220 页。
② 五百旗头真：《战后日本外交史》，吴万虹译，第 75 页。
③ 楓元夫：《震撼の昭和政治 50 年》，日新报道出版社，1975，第 262 页。
④ 《朝日新聞》1958 年 10 月 15 日。

法，还于7月4日，不顾社会党等在野党的强烈反对，强行通过了《市町村立学校职员工资负担法改正法案》和《管理职津贴法案》。这两个法案的实质是阻止各学校的校长和管理职（教务主任类）加入日教组，削弱日教组的力量，进而达到压制日教组的目的。按着岸信介内阁的意旨，各地的教育委员会不同程度地展开教职员勤务评定工作，爱媛县还因此对34名拒绝勤评的校长给予减薪四个月的处分，更激发了广大教职员的义愤。有学者评论说，"岸政权使日本政治倒退到1918年原敬内阁以前"。[①]

1959年9月，岸信介内阁又提出警职法改正方案，该方案不仅扩大了警察的权力范围，而且增加了警察执行警务的随意性，诸如警察有权随意检查"嫌疑人"的物品，有权以维护治安为名闯入公共场所或其他场所，有权以维护治安为名制止或禁止群众性活动。因此，该改正法一出笼就遭到在野党的强烈反对，抨击该改正法是"战争时期治安维持法的复活"，"如果误用或滥用该法，战时的警察国家又回来了"，"警察可以凭主观判断，以防止混乱、维持安全和公共秩序为名解散劳动组合的集会，禁止游行活动……侵害个人的基本人权"。[②] 10月13日，社会党等66家团体联合召开了声势浩大的"反对警职法改恶国民大会"，指责岸内阁的倒行逆施。结果，在全国性反对修改警职法的群众运动的压力下，连自民党内部也产生了分歧，一部分自民党要员不满岸信介的独断专行，劝告岸信介悬崖勒马，警职法终于成为一纸废案。

二 岸信介内阁同右翼势力的关系

岸信介曾师从东京大学教授上杉慎吉，上杉是日本学界著名的反动教授，狂热的国粹主义者和君权专制主义者，主张"天皇主权说"。在上杉的"熏陶"下，学生时代的岸信介就加入了上杉领导的右翼学生组织"木曜会"，以及东京帝大的反动学生团体"七生社"。岸后来回忆说，"上杉博士

[①] 木下半治：《日本右翼の研究》，第231页。
[②] 户川猪佐武：《岸信介と保守暗闘》，第249、250页。

富有人情味的魅力,强烈地吸引着我"。① 岸出仕后与右翼巨头大川周明、北一辉等人也有密切交往。而大日本爱国党首赤尾敏也与上杉交往甚密,所以,时人称岸信介与赤尾敏是以上杉为媒介的"政治双胞胎"。岸信介上台后,积极主张再军备、修宪和强化安保体制,在这些问题上,与大多数右翼团体的观点相同,所以,"岸政权出现后,右翼们如鱼得水,开始跃动起来"。②

在组织和人事关系方面,岸信介及其内阁也与右翼势力有着"剪不断、理还乱"的关联。1958年7月3日,著名右翼团体"日本国粹会"在东京召开"再建发起人总会",岸信介特意发去贺电。为此有媒体报道称,"今天,某结社纠集流氓和右翼召开成立大会,竟然宣读了岸首相的贺电,令人震惊。还有法务相中村梅吉的贺电……可见,流氓、右翼与政治家之间的关联依然紧密"。③

应该说,战后以来,日本政治当局对右翼势力还是略有戒备的。可是,岸信介内阁为了借助右翼力量推行内阁的反动保守主义路线,不惜勾结和资助右翼,甚至不避耳目,与右翼头目往来密切。尤其是安保斗争爆发前后,岸内阁同右翼的联系越发紧密,不断有政府援助右翼团体的消息被曝光。在一次国会会议上,社会党议员猪俣浩三就曾质问岸信介向某右翼团体捐款一事,事后,猪俣还因此受到护国青年队正副队长石井一昌和石井四郎的袭击。另有史料揭示,自民党为了阻碍民间和平力量召开禁止原子弹、氢弹会议,向右翼捐资1000万日元。当天,全国各地300多家右翼团体成员涌向会场所在地广岛,对参加会议的人员大打出手,而警察却在一旁袖手旁观。捣乱活动结束后,每名右翼队员获得5000日元的"补助"。又如,自民党的干事长川岛正次郎放风说,反战团体召开的"母亲大会是赤化"(会议),右翼团体就冲进会场捣乱。还有记者报道,多次目睹右翼头面人物频繁出入政府高官的官私邸。一位右翼巨头去西德旅行,岸内阁

---

① 黄大慧:《日本大国化趋势与中日关系》,社会科学文献出版社,2008,第62页。
② 堀幸雄:《戦後の右翼勢力》,第27页。
③ 《朝日新聞》1958年7月6日。

的一位阁僚出资赞助等。① 这些信息都表明岸内阁及其成员对右翼团伙的青睐和利用。待到推行新安保体制时，岸内阁又拨给右翼2000万日元，作为保驾护航费用。② 可见，岸信介内阁同右翼的关系非比寻常。

在岸信介内阁的支持、恩惠或默许下，日本右翼团体不仅同政府、执政党建立起默契的关系，而且呈现出前所未有的"大联合"趋势，推动了右翼运动的高涨。1958年1月30日，救国总联合、大日本生产党、菊旗同志会、洛北青年同盟等右翼团体联合成立"新日本协议会"，以原特高课的官僚安倍源基为事务总长，原防卫厅长官木村笃太郎、原金鸡学院学监安冈正笃等为代表理事，资金由三菱电机财阀提供，是集自民党、财阀、右翼于一身的庞大团体。主张"以爱国心和民族觉悟为基调，适应历史和传统建设民主主义新日本"，"努力排除威胁国民和平与自由的外国势力及共产主义和失败主义"。③ 在这个联合团体中，我们还可以看到大森曹玄、铃木善一、中川裕、岛津定泰、锅山贞亲、田中新一、佐野博等熟悉的右翼头面人物。1959年4月，另一个右翼团体的"大联盟"宣告成立，名为"全日本爱国者团体会议"，成员有生产党、国粹会、殉国青年队等80多家右翼团体，议长团由佐乡屋嘉昭、小崎金藏、高桥正义、西山幸雄、荻岛峰五郎等人组成，著名右翼巨头儿玉誉士夫、井上日昭、橘孝三郎、吉田益三、笹川良一等人担任顾问。该组织以"国体护持"和"反共协同战线"为两大纲领，以领土问题、宪法问题、安保条约、再军备等问题作为运动方向。④ 1959年11月，自民党要员前田久吉、产经新闻社干员板仓卓造、政府官员村田五郎等人又联合右翼成立了"自由国民联合"，由财团提供资金，标榜"新保守主义"，同时发挥扩大自民党影响和势力的作用。上述三个团体都是由政府人物出面，同右翼团体、财阀联合，说明岸信介政府已经同右翼势力沆瀣一气。

---

① 木下半治：《日本右翼の研究》，第233页。
② 同上书，第240页。
③ 同上书，第234、235页。
④ 堀幸雄：《戦後の右翼勢力》，第29页。

第二节　新安保体制的确立与右翼促进运动

一　安保斗争的掀起

1960年1月，经过一系列的谈判和交锋，日美之间终于通过《日美共同合作及安全保障条约》，又称新安保条约。

新安保条约的实质是把日本绑在美国的战车上，为西方阵营提供攻击中国和苏联的军事基地，为日本重新军备，甚至核武装化提供了契机。它不仅违反了和平宪法的原则，也是经历过战争的日本人民所深恶痛绝的，理所当然地遭到绝大多数国民的强烈反对，日本现代史将这场斗争称作"安保斗争"或"60年代安保斗争"。1959年3月28日，由社会党、日本劳动组合总评议会（简称总评）、全日本农民组合联合会（简称全日农）等134个团体组成"阻止安保条约改定国民会议"（简称国民会议）发表声明称，"无责任的军国主义和军事同盟曾经违背国民的意志挑起战争，使中国、亚洲诸国及日本国民陷入痛苦的深渊，而岸内阁所走的路与此相同"。[①]4月15日，国民会议举行第一次全国性行动，以后每月举行一次，到1960年10月20日，共进行了23次全国统一行动。同时，各都道府县也先后成立起"共（同）斗（争）"组织。学术界及知识分子阶层也成立了文化人恳谈会、安保问题研究会等，投身到反新安保条约的斗争中。在青年学生中，斗争最坚决的团体是日共体系的"全日本学生自治会总联合"（简称全学联）。

1959年11月27日，国民会议举行第8次全国统一行动，全国有650余处场所举行了罢工、游行、群众集会等活动，参与人数达300万之多。1960年2月5日，岸内阁向国会提交审定新安保条约的议案，一场反对国会通过的群众性斗争又蓬勃展开。从4月15日到4月26日，国民会议掀起第15

[①] 日本歴史協議会编《日本现代史》，第148页。

次统一行动，前后有463万人签名请愿，向国会呈交31万封请愿书。当年5月，发生了美国U2侦察机从日本起飞进入苏联领空被击落事件，更激起民众对新安保条约的忧虑和强烈反对，签名请愿的人数猛增至1300万人。[①]但是，岸信介内阁依然一意孤行，5月19日，鉴于国会会期已临末尾，为了强制国会通过新安保条约，政府当局竟出动500名警察，以专政暴力工具排除社会党议员的反对意见，强行通过了将国会会期延长50天的自民党议案，此举赤裸裸暴露出岸信介内阁的反动独裁，连自民党内的部分议员也不以为然，其中有石桥湛山、三木武夫、松村谦三、河野一郎等27名自民党议员拒绝出席。从第2天（5月20日）开始，一场更大规模的反对新安保条约的斗争在全列岛掀起，而且，斗争开始朝着"保卫民主主义"，"打倒岸信介内阁"的方向发展。几乎每天都有示威群众涌向国会、美国大使馆、首相官邸抗议示威和游行请愿，"打倒岸信介内阁"的口号不绝于耳。

二 右翼势力的集结与安保促进运动

新安保条约中关于建立日美军事同盟、扩大日本军备以及抵御"共产主义威胁"等内容，也是大部分右翼团体的宗旨所在，加之岸内阁对右翼的资助、利用和驱使，右翼势力便冲上了第一线，以岸内阁别动队的面目出现，对和平反战团体大打出手，横加阻拦排斥，充分暴露了战后右翼的反动和野蛮本性，也成为促进新安保体制的重要力量。

1959年3月19日，早在国民会议成立之前，右翼巨头三浦义一、儿玉誉士夫、橘孝三郎、笹川良一、佐乡屋嘉昭等人就出面联络右翼团体组成了"全日本爱国者团体会议"（简称"全爱会议"），在勤评和警职法改订斗争中唯岸内阁的马首是瞻，充当反动当局的忠实打手。1959年7月11日，全爱会议的主要加盟团体大日本爱国党、护国团、国民同志会、日之丸青年队、国粹会、松叶会、大日本国民党、言论同志会、新风会、大日本锦旗会、东洋同志会、防共挺身队、建国青年同盟、治安确立同志会、

---

① 藤原彰等：《日本现代史》，大月书店，1988，第188页。

大日本独立青年党、大日本生产党等 16 家右翼团体在东京日比谷召开爱国者恳谈会，会议决定支持岸内阁签订新安保条约，确立了"促进安保改订"的具体方针。7 月 25 日，全爱会议在日比谷公会堂召开"强化日美同盟，促进安保改订国民大会"，18 家右翼团体的 2500 余人参加了大会，会议发表宣言称，"对抗赤色势力开展的废弃安保条约的斗争，必要时，不惜采取非常手段，直接行动"。① 会后，他们又拉队伍到芝公园游行。9 月 5 日，由自民党、财阀和右翼势力组成的新日本协议会（简称"新日协"）也在九段会馆召开了"安保改订国民会议"，推举神川彦松、高山岩男、田村幸策为负责人，与会团体除新日协的成员外，还有新日本文化人会议、全国师友会、自由文教人联盟、日本健青会、日本教育父母会、偕行会、日本文化协会等右翼团体。此外，为了对付和平反战势力，各右翼团体（或联盟）还成立了以青年为主的行动队、宣传队等暴力组织，这其中，有护国团的护国青年队（队长石井一昌）、日之丸青年队（队长高桥正义）、防共挺身队（队长福田进）等，特别是麇集在儿玉誉士夫旗下的日本青年研究会中，有百余人属于儿玉的私兵。还有由东日本流氓团体、赌徒组成的关东会，都是可供儿玉誉士夫驱使的暴力组织。右翼团体做好了准备，决计不惜动用武力手段制服和平反战力量，推动新安保条约的通过。

1959 年 11 月 25 日，国民会议和全学联组织在国会议事堂周围游行，右翼出动宣传车试图冲击人群，破坏游行队伍的秩序，由于全学联的学生们挽臂抗争，右翼没有得逞。11 月 28 日，治安确立同志会、防共挺身队等十几名右翼团体的队员，佩戴自民党某议员送给的徽章进入国会，闯进社会党的办公室，纠缠社会党总务局长佐佐木更三两三个小时，最后，竟把佐佐木拖到院内施暴。12 月 2 日，这些人又旁若无人般地闯进社会党的办公室，占据达 5 个半小时之久，严重影响了社会党国会议员的正常工作，社会党不得不向警视厅当局申请保护。12 月 10 日，全学联在日比谷音乐堂召开阻止安保改订、反对游行规制（岸内阁为了制止民众的反对斗争，出笼

---

① 《每日新闻》（夕刊）1959 年 7 月 25 日。

限制游行的规则）的"全日本学生总崛起中央集会"，300多名右翼团体成员冲进会场，殴打学生，20多名学生负伤。当天下午，义人党、松叶会、治安确立同志会等右翼团体又打着"保卫国会"的旗号，冲击国会议事堂周围的游行队伍。

进入1960年，国民会议和全学联组织的反安保斗争走向高潮，各地的罢工、游行、示威、请愿，甚至冲击国会的活动一浪高过一浪。岸内阁一筹莫展，遂把右翼推上前台，试图以民间右翼的力量遏制和平反战的潮流。在美国总统的新闻秘书访日受阻后，自民党干事长川岛正次郎出面与儿玉誉士夫联络，商定出动右翼协助警察压制和平反战力量。儿玉心领神会，指示手下干员稻川裕芳、阿部重作、尾津喜之助等人召集徒众15000余人，其中，多是赌徒、流氓、江湖浪人等，组成"爱国神农会"，接受警察机关的指挥，部署在重要场所或要害枢纽。大东塾也出动300余人，另联络乡友会、生长之家、神社本厅、全国师友会、旧军人团体等十数个右翼团体配合警察行动，以上动员人数总计达146879人，[①]并配备了20台大型卡车，外有指挥车、救护车、直升飞机、轻型飞机等，印有传单200万张，随时准备配合当局行动。与此同时，全爱会、新日协以及其他右翼团体也纷纷出动宣传车，利用高音喇叭鼓吹建立日美军事联盟，签订新安保条约，组织频繁的游行，召开集会，散发传单，与和平反战力量针锋相对。据记载，仅生长之家从6月12日开始的一个月间，就动员了5400万人次。从5月19日开始的一个月间，右翼团体制造的不法事件就达12起，被逮捕者72人。[②]

6月4日，在国民会议掀起罢工斗争之时，护国团关西本部的暴徒冲进游行队伍中，制造了一起流血事件。

6月15日，护国青年队队长石井一昌率领200余名队员乘小型卡车（当时打着维新青年队的旗号）冲进东京都市民代表及艺术家团体的请愿队

[①] 堀幸雄：《戦後の右翼勢力》，第37页。
[②] 同上书，第37页。

伍中，挥动带有铁钉的木棒殴打群众，数十名女演员负伤。随后，石井又率领卡车队以80公里的时速冲进早稻田大学的游行队伍中，对学生大打出手，制造现场混乱。暴徒们旁若无人般地在游行队伍中横冲直闯，待他们受到愤怒群众的反击后，竟在警察的庇护下从国会南门逃了进去，躲避在自民党的办公室里。①

对于警察明显袒护右翼暴徒的举动，学生们义愤填膺，于是涌向国会的南门，大门并未关闭，警察也没有阻拦，所以有两三百名学生冲进了国会——就在这时，警察却突然关上了大门，随即伙同右翼暴徒对孤立无援的学生拳打脚踢加木棒，进入国会的大多数学生不同程度地负伤。更悲惨的是，东京大学女学生桦美智子惨死在警察和暴徒的暴力下，酿成安保斗争以来最惨痛的一场悲剧。事件发生后，在社会党议员的干预和解救下，一部分受伤学生被送出国会，但有70多名学生被警察戴上手铐，关押在地下室里。

警察及右翼暴徒毫无人道的行径以及桦美智子的惨死更激起民众的愤慨，游行持续到次日凌晨。警察队伍及右翼暴徒穷凶极恶，继续对民众施加暴力，甚至发射催泪弹驱散民众，结果，又有众多民众和学生负伤，其中还有大学教授、新闻记者，以及毫无关系的路人。

"6·15"血案发生后，为了镇压愤怒的民众，岸信介竟主张出动自卫队弹压，只是由于阁僚的反对，岸信介的提案才未获通过。

第三节 安保斗争后右翼势力的恐怖活动

一 社会党委员长浅沼稻次郎被刺杀事件

新安保条约"自然通过"后，岸信介内阁宣布总辞职，自民党新总裁池田勇人出任内阁首相。为了缓解群众斗争的压力，池田内阁采取"低调

---

① 大野達三：《昭和維新と右翼テロ》，新日本出版，1981，第289页；《東京大学新聞》（临时增刊）1960年7月11日。

处理"原则，提出"国民所得倍增计划"，意在把民众的注意力引导到经济主义上来。另外，由于各种因素的影响，国民会议、全学联组织以及左翼革新政党内部都不同程度地出现了分化和改组，一部分向极左方向转化，也有一部分势力向右翼转化，相对削弱了和平反战统一战线的力量。当大规模的群众运动过后，经过反安保斗争的"磨砺"，特别是经历了同执政党、财阀的默切合作，右翼的势力和气焰有所上升，他们开始向和平反战的进步力量反扑，刺杀社会党委员长浅沼稻次郎事件就是其中最典型的事例。

1959年3月，浅沼曾率社会党代表团访问中国，在中国外交学会讲演时指出"美帝国主义是中日两国人民的敌人"，引起右翼的强烈不满。1960年10月12日，自民、社会、民社三党的党首池田勇人、浅沼稻次郎、西尾末广围绕安保斗争后的日本政治及决策等问题，在日比谷公会堂进行辩论演说，当浅沼稻次郎登上讲台时，以大日本爱国党首赤尾敏为首的300多名右翼分子立即鼓噪起来，高喊"中共狗，滚回去"、"卖国贼"等口号，同时散发传单，会场顿时一片混乱——就在这时，一个人影窜上讲台，不由分说将一柄利刃刺进浅沼的胸膛，浅沼当即倒地，送到医院后不久不治身亡。

刺杀浅沼的凶手名叫山口二矢，年仅17岁，系大日本爱国党的党员，1960年5月脱党，与同伙组建"全亚洲青年同盟"，该同盟认为，"自由亚洲正在一步步地共产化，必须由亚洲青年来纠正"。① 所以，他们把反共视为己任，密谋暗杀浅沼、野坂参三（日本共产党）、小林武（日教组）等左派人士。事件发生后，山口被捕入狱，他自供道："当今时代，必须同出卖日本民族利益的左翼势力斗争，所以我加入了大日本爱国党，决心在赤尾先生的领导下努力展开反共运动。可是今年春天以来，殴打左翼游行集会的运动半途而废……为了防止日本的赤化，必须彻底采取政变手段或一人一杀，政变是最好的方法，可是对于我们来说，没有人力和资金难以实现，

---

① 天道是：《右翼運動100年の軌跡》，第127页。

只能采取一人一杀，杀掉左翼和容共的干部"。① 不久，山口在狱中墙壁上写下"七生报国，天皇陛下万岁"几个字后自杀。

对山口之流的暴力恐怖活动，右翼势力一致叫好，称"山口的行动是为了民族的自卫而不得已的行为"。这就是右翼所标榜的"民族正当防卫论"。换句话说，以个人性命为赌注，排除他们认定的"敌人"，来宣扬和维护右翼的思想、宗旨等，是日本右翼的一大特征。

二　袭击中央公论社社长岛中鹏二事件

1961年2月1日晚9时许，右翼暴徒闯进位于东京新宿区砂土原町的中央公论社社长岛中鹏二的家中，幸而岛中不在家中，结果岛中的妻子被刺成重伤，岛中家的保姆被刺死。事发后凶手被逮捕，凶手名小森一孝，大日本爱国党党员，也是年仅17岁的青少年。事件背景是中央公论社编辑发行的《中央公论》（1960年第12月号）发表了作家深泽七郎的作品《风流梦谭》，引起右翼的强烈反对，认为该作品"以做梦为由杀害天皇皇室一家，是践踏历史和传统，讴歌赤色革命的最恶劣的意图"，"是对天皇皇室的亵渎"。② 所以，连日来右翼频频发动攻势，涌到中央公论社抗议，并限令岛中在2月1日前向宫内厅谢罪。但岛中未予理会，所以发生了流血事件。凶手小森自供作案动机时称，"无论言论如何自由，绝对不能容许《风流梦谭》亵渎皇室，报刊也不能刊登，多数的国民才不会知道，所以，牺牲一人袭击岛中，是因为有必要把《风流梦谭》的'非'告诉国民"。

具有讽刺意味的是，推行反动保守主义路线的岸信介也没有逃脱右翼暴徒的袭击。1960年7月14日，在祝贺池田勇人当选自民党总裁的招待会上，右翼团体"大化会"成员荒牧退助用匕首刺伤了岸信介的腿部。理由是岸信介下台前曾立有誓约，同意把总裁一职让给大野伴睦（自民党副总

---

① 天道是：《右翼運動100年の軌跡》，第126页。
② 相田猪一郎：《七〇年代の右翼》，第235页。

裁），与大野关系密切的右翼巨头儿玉誉士夫、永田雅一是誓约的见证人。可是，岸信介届时违约，所以才受到"惩罚"。据知情人士透露，以儿玉为后台的荒牧是个舞刀弄棒的里手，之所以只伤了岸信介的腿部，还是念及岸曾对右翼有过关照，动手时才对他网开了一面。①

第四节 韩日谈判与制造朝鲜半岛"危机"

一 韩日谈判与右翼的言行障碍

旧金山条约签字前后，在GHQ的斡旋下，韩日之间就建交等问题进行了一系列会谈。1952年2月，韩日第一次会谈拉开帷幕，日本首席代表为原驻英大使、日苏交涉全权代表松本俊一，双方首先就在日韩国人国籍问题、船舶处理问题进行了正式谈判。但会谈一开始在渔业问题上就出现了不可调解的严重分歧。会谈前的1952年1月，韩国总统李承晚发布一道命令，内容是"连接朝鲜半岛及韩国领土岛屿海岸线的大陆架，为利用、保全和保护其上部、表面及地下所有的矿产和水产资源，韩国保留和行使其主权"。② 即在韩日之间的海域画了一条界线，称"李承晚线"，东部包括"独岛"（日本称竹岛），西邻黄海中央（北纬32度、东经124度），明确规定日本渔船不得进入这些区域，否则予以扣留和逮捕。日方认为，韩国提出的大陆架概念不符合国际法关于领海的规定。另外，在赔偿问题上双方也产生了激烈的争执。韩方认为，日本在韩国的财产已经依据占领军的命令予以没收，日本对韩没有请求权；而对在日本的韩国财产，韩国则具有请求权，并提出了24亿美元的赔偿额度。日本代表反驳称：在韩国的日本私人财产，日方有请求权；对韩国人在日本的财产，可以在适当的范围内予以补偿，但韩方提出的数字过分夸大。就这样，第一次会谈因为严重的分歧宣告破裂，双方不欢而散。第二、三次会谈安排在1953年4月和10

---

① 大野達三：《昭和维新と右翼テロ》，第292~293页。
② 户川猪佐武：《佐藤栄作と高度成長》，講談社，1985，第153页。

月。当韩国代表再次提出赔偿请求权时，日方首席代表久保田贯一郎竟然称，如果韩国方面提出赔偿请求权，那么，"不能抹杀统治时代日本进行铁路、港湾、水田建设以及植树等方面培养韩国经济力的事实"，甚至说"日本统治朝鲜是对朝鲜人的恩惠"。① 日方首席代表的荒谬发言激怒了韩国代表，第二、三次谈判又告破产。而且，由于日本官员为殖民统治歌功颂德、否认侵略战争罪行的"暴言"引发韩国媒体和民众的强烈不满，在后来三年多的时间里韩日之间几乎中断接触，会谈陷于尴尬境地。不仅如此，在"独岛"（日本称竹岛）主权归属和韩国划分的日本渔民禁渔区问题上，韩国采取强硬态度和措施，于1953年9月占领了"独岛"（日本称竹岛），并在岛上驻军，宣布对侵入该水域的日本渔船采取击沉的措施，另对进入"李承晚线"的日本渔船、渔民予以扣留和拘捕。从1953年7月到1957年2月，韩方计扣留日本渔船130余艘，拘押日本渔民1772人。② 日本也以牙还牙，拘捕了一部分韩国"偷渡者"，连同服刑者集中关押在长崎县的大村收容所，双方的矛盾日益深化。1955年，为了索回被韩国拘捕的千余名日本渔民，鸠山内阁建议韩日双方互相交换羁押人员。于是，双方再开谈判。会谈中，日方代表又大放厥词，说"日本支配朝鲜也做了好事，创氏改名好嘛，同化朝鲜人，和日本人一样待遇……不是剥削"等，致使韩国外长大怒，会谈再次破裂。就这样，谈判一直持续到1957年岸信介内阁时期，日方宣布撤销久保田讲话和放弃日本在韩国的财产请求权，双方才好不容易达成协议。然而，正当日方准备把关押在大村收容所的韩国人全部送还给韩国时，一部分朝鲜出身的人采取绝食手段要求返回朝鲜，韩国则要求日方必须将释放者全部送还韩国，这样，韩日第四次会谈又告破裂。1958年5月，为了打破日韩之间多次会谈毫无结果的僵局，岸信介派日本国策研究会主任矢次一夫为特使，飞到首尔面谒韩国总统李承晚，但仍未取得任何成果。

---

① 柴垣和夫：《講和から高度成長へ》，小学館，1989，第151、152页。
② 金熙德：《日美基轴与经济外交》，中国社会科学出版社，1998，第287页。

二 "三矢研究"及其影响

朝鲜战争中，日本成为美军的战略物资供应基地以及战车、舰艇、枪械等重型武器的修理所，三年间美军在日本的消费额达 30 亿美元，日本 1951 年的经济增长率比 1950 年提高了 12%，有评论认为，"朝鲜战争具有可以与马歇尔计划匹敌的效果"。① 这也使日本决策层以及社会右翼势力意识到朝鲜半岛仍然对日本具有重要的意义。朝鲜战争结束后，一系列"负面影响"浮现出来，尤其是中美之间不仅相互为敌，而且中国与韩国持续对立，外交上互不承认，甚至连民间交往也长期隔绝。在这种态势下，围绕朝鲜半岛的所谓安全问题，日本防卫机关竟然甩开国会和内阁，私自筹谋应付所谓"第二次朝鲜战争"的对策，人为制造半岛危机。

1963 年，日本防卫厅秘密研制了《昭和 38 年度综合防卫图上研究实施计划》，又称作"三矢研究"②。该"研究"以中国和朝鲜为假想敌，主观臆断某年某月，中国空军援助朝鲜军越过三八线突然入侵韩国，发动第二次朝鲜战争。为此，日本必须"整备自卫队"、"强化警察等治安机关"、建立"民防组织"、"提高国民防卫意识"、"排除国内革命势力"等，甚至连总理大臣届时的电视讲话稿也事先拟好，内中称，"我国面临共产国家直接侵略的危机，为了祖国的防卫，（政府）号召国民总崛起"。此外，还拟定了 87 项战时法律，一旦战争爆发，必须在两周内排除在野党的反对，在国会予以通过。③

1965 年，该"研究"的内容被社会党议员冈田春夫和石桥政嗣查知，披露于国会之上，于是社会舆论大哗，纷纷抨击此举是"策划军事政变，否定议会民主制度"④，要求追究政府和执政党的责任。最后，防卫厅以

---

① 中村政则：《戦後史》，第 55、56 页。马歇尔计划是二战后美国援助西欧的计划，朝鲜战争使日本大发"朝鲜特需"之横财，等于美国客观上援助了日本。
② "三矢"暗指海陆空自卫队的三支箭。
③ 弓削达监修、"反改宪ネット21"编《有事法制 Q&A——何が問題か?》，明石书店，2002，第 120 页。
④ 赤穂高义等编《昭和史事典》，每日新闻社，1980，第 363 页。

"泄密"为由处分了26名防卫厅官员了事。

尽管该"研究"最后成为废案，但是若干年后，这一"研究"却成为日本政府推出"有事法制"的"基础样本"。①

从表面看，"三矢研究"似乎与右翼活动没有关联，但如果从深层次分析，防卫机关出台"三矢研究"，与战争时期军界右翼的人脉关系有着必然的联系。朝鲜战争爆发后，日本借势将警察预备队升级为陆上自卫队，接着又成立了海上自卫队，其骨干成员大多来自旧军官。朝鲜战争爆发的当年，日本政府宣布解除对1500名旧军官的公职处分，第二年又解除了对5500名旧军官的公职处分，这些人又重新进入军界。据统计，陆上自卫队的高级军官中，旧军官就占50%以上。② 可见，"三矢研究"的出笼与日本军界旧右翼的人脉不无关系。

第五节　岸政权时期的中日关系及右翼的作用力

一　"国旗事件"与第四次中日民间贸易协定

1952年5月15日，帆足计、高良富、宫腰喜助等三位国会议员为参加莫斯科国际经济会议，转道抵达北京，中国国际贸易促进会主席南汉辰等官员出面接待，双方签订了第一次中日（民间）贸易协定。到岸信介上台组阁，中日之间已开始酝酿第四次贸易协定，中日关系以民间贸易的形式正呈现发展的势头。然而，曾任伪满洲国产业部次长、东条内阁商工大臣的岸信介根本没有放弃反共排华的立场。他上任伊始就"出访"台湾，公开表示赞同和支持蒋介石政府反攻大陆。岸信介本人的历史观以及顽固的反共立场使第四次中日民间贸易协定遭遇两大障碍。一是指纹问题，岸政府坚持要求中方人员在进入日本海关时必须加按指纹备案，这是延续战争时期日本歧视中国等亚洲国家的无理规定；二是悬挂国旗问题，岸政府以

---

① 憲法再生フォーラム編《有事法制批判》，岩波書店，2003，第62页。
② 中村政則：《戦後史》，第62、63页。

未与中国大陆建交为借口，拒绝中国驻东京通商代表团在驻地悬挂中国国旗。在中国政府的坚持和抗议下，加上对华友好的政治家和民间人士的努力，到1958年，日本内阁被迫修改了《外国人登录法》，暧昧地默许中国通商代表在进入日本国境时可以不按指纹。对中国通商代表团在驻地悬挂国旗问题，内阁和执政的自民党也内定了予以"默许"的方针。①

岂料，岸内阁的内定方针刚出台，长崎就发生了侮辱中国国旗事件。1958年4月30日下午，在长崎市滨屋百货公司举办的"中国邮票剪纸展览会"开幕式上，两名右翼暴徒闯进会场的四楼，当场撕毁了中国国旗，造成侮辱中国尊严的严重事件。5月9日，中国外交部长陈毅代表中国政府发表声明，指出：岸信介集团"为了讨好美国和蒋介石集团，破坏中日贸易，放任暴徒在长崎侮辱中国国旗，岸信介政府敌视中国的态度已经到了令人不能容忍的地步"。② 岸信介政府却回驳称，"中国未能充分理解日本政府的方针，陈毅声明在大选前强烈攻击岸内阁，等于干涉内政"。③ 甚至声称，日本国内法律不能保护中国国旗，也不准备派代表向中国解释或取得谅解等。不仅如此，日本警察机关还在当天就释放了暴徒。岸信介政府及右翼势力的所作所为激发了日本友人的愤慨。在长崎举办"中国邮票剪纸展览会"之前，中国广州也举办了日本商品展览会，会场同时悬挂了中日两国的国旗。长崎事件发生后，正在广州的日本商品展览团副团长森井庄内紧急回国，向媒体发表了讲话，内称，"广州、武汉的日本商品展览会的会场都悬着太阳旗，并有中国人民解放军在旁守卫……很多中国人一看见太阳旗就想起过去令人憎恨的战争……中国方面进行了说服工作，认为最重要的还是发展两国的经济和友好"，"长崎国旗事件只不过是一个导火索，在没有协定的这一年期间，中国方面蒙受了不少屈辱……这是日本政府干的事；在代表机构问题上吹毛求疵进行阻挠的也是日本政府。现在又发生了

---

① 户川猪佐武：《岸信介と保守暗闘》，第237页。
② 日本中国友好协会（正统）中央本部编《日中友好运动史》，吴晓新等译，商务印书馆，1978，第62页。
③ 户川猪佐武：《岸信介と保守暗闘》，第238、239页。

侮辱国旗的事件，中国看来是忍无可忍了"。①

由于长崎国旗事件，中日之间的商业谈判不得已终止。正在日本演出的中国歌舞团也提前回国，中日民间贸易关系陷于低谷。

长崎事件发生后不出半年，日本右翼又挑起一连串侮辱中国国旗的事件。1958年9月30日，一伙右翼暴徒公然将悬挂在横滨华侨开办的"太平楼"上的中华人民共和国国旗扯下，日本当局却置之不理。1958年10月10日，右翼团体大日本爱国党在东京新桥站前召开"援蒋反共、激动台湾国民大会"。会上，防共新闻社的右翼分子浅沼美知雄公然点燃了中华人民共和国的国旗，制造了又一起侮辱中国国旗的事件。此后，大日本爱国党还跑到苏联大使馆静坐示威，要求苏联政府"停止煽动中共"。

针对日本当局和右翼势力的反华浪潮，1958年7月19日，《人民日报》刊登了"日本恢复日中邦交国民会议"理事长风见章的文章。文章指出，"岸信介内阁成立以来，一方面从利害关系打算口喊要扩大贸易，另一方面则加强同台湾的关系，并且和冲绳、南朝鲜一起，凭借核武器的威胁，推行包围中国的政策"，"这不能不说是侮辱中国人民，敌视中国人民'。文章还批判了岸内阁"政治是政治，贸易是贸易"的欺骗言辞，主张"必须努力设法使我国同与中国人民敌对并威胁亚洲和平的蒋介石断绝关系，除此之外别无他路"。②

二 所谓日本人"下落不明"纠纷与刘连仁事件

战后，大批滞留中国的日本侨民，在中国政府以及社会各界的帮助和支持下相继回国，但到1957年，仍有6000名左右的侨民由于各种原因继续留在中国，其中还有一部分人表示愿意在中国居住。中国政府始终表示，如果这些日本人愿意回国，中国政府将随时予以支持和协助。

岸内阁出于反华的需要，故意混淆视听，向中国提出调查"下落不明"

---

① 日本中国友好协会（正统）中央本部编《日中友好运动史》，吴晓新等译，第62页。
② 杨正光等编《当代中日关系四十年》，时事出版社，1993，第127页。

日本人的要求，实际是抹杀中华人民共和国成立以来政府以及红十字会协助日侨回国的重大努力。1957年8月29日，中国发表了中国人民外交学会与日本社会党会谈的备忘录，内中指出，"从1945年8月15日到1949年中华人民共和国成立以前，在中国境内的日本人的遣返或者居留，是由当时的蒋介石政府负责处理的，中国人民政府对此不负任何责任"，但是，中国方面仍然表示，即使在此期间居住在中国的日本侨民，"中国红十字会总会愿意给予必要的协助和调查"。而且，"中国红十字会总会接受了有田八郎先生所交来的有关解放以后在中国的日侨名单"，表示"在可能范围内予以调查"。[①] 事实上，中国政府不仅对日侨采取了人道主义的态度，对双手沾满中国人民鲜血的战争罪犯也采取了仁至义尽的人性化方针。从1956年6月至8月间，中华人民共和国最高人民法院特别军事法庭宣布对1017名日本战犯免予起诉，由日本红十字会、日中友好协会及日本和平联络会等三个团体将这批人接回国内。这些人回国后成立起"中国归还者联合会"（"中归联"），编写出版了反映日军在中国所犯罪行的《三光》一书，反省自己在战争中的罪行，呼吁日本政府改善对华关系，在日本产生巨大的反响。但是，岸信介政府避而不提中国政府和中国人民对日本战犯的宽宏大度，却纠缠着所谓日本人"下落不明"问题，目的在于扭转国民的视线，煽动仇华情绪，引导国民支持或赞同岸政府敌视中国的政策。

"中归联"编写的揭露日本战争罪行的著作

---

① 杨正光等编《当代中日关系四十年》，第103页。

第二章 新安保体制及右翼势力促进运动，东北亚冷战格局的僵持

就在这时又发生了刘连仁事件。1958年2月9日，一名日本猎户在北海道石狩郡当别村的一个山洞里发现了一个名叫刘连仁的中国人。刘是山东人，1944年在家乡诸城县田里劳动时被日军抓走，送到日本北海道煤矿强制做苦工，因不堪忍受繁重劳动和奴役，在日本战败前的1945年7月逃进深山，因不知日本投降的消息，独自一人在大山里度过了13年的野人生活。刘连仁被发现后，岸政府竟然声称刘是"非法入境者"，扬言要将刘"驱逐出境"。在日本友好人士的帮助下，刘连仁愤然发表了《向日本政府抗议》的声明，内称，"要想了解我的身份，可以去问岸首相"。因为，正是岸信介充任东条内阁商工大臣时，为了解决日本劳动力的不足，亲自策划并推行了强掳亚洲劳工的政策，4万多名中国劳工被强制押到日本各地充当苦力。可见，正是岸信介本人及当时政府把数万中国劳工推进水深火热的痛苦深渊。面对岸政府的无理和刁难，中国红十字会发表严正声明，指出"刘连仁在日本军国主义的迫害下，妻离子散，十四年来受尽非人的奴役和穴居山野、茹毛饮血的悲惨生活……日本政府当局对日本军国主义所犯下的这样一件违反人道原则和国际法规的暴行不仅不表示谢罪，反而一度诬称刘有'非法入境嫌疑'，企图对刘连仁进行新的迫害"，声明要求日本政府"必须奉担这一事件的全部责任，必须对此事件作出负责的交代，赔偿刘连仁的一切损失，并负责把他送回中华人民共和国"。① 同时，要求日本政府立即提供被强掳到日本的中国劳工名单。

在国内外舆论的压力下，4月10日，刘连仁携带120名中国难友的骨灰返回阔别的祖国。但日本政府没有做出任何赔偿，也没有提供中国劳工的名单。

半个世纪过去了，直到2001年，刘连仁毅然拿起法律武器，向日本政府提出国家赔偿诉讼，经日本一家法院判决，认为日本对刘连仁的战后野人般的生活负有责任，判处赔偿3000万日元，但二审时被驳回。是时，刘连仁已经离开了人世，他的后代目前仍在继续这场马拉松式的被害索赔诉讼。

---

① 杨正光等编《当代中日关系四十年》，第112、113页。

三 组建"台湾帮",充当反共亲台的"鼻祖"

美国主导的旧金山条约签字后,日本政府同台湾当局签订了《日台条约》,宣布不承认大陆中国。岸信介上台后,依靠同关东军的旧关系纠集了一批右翼反共势力和亲台分子,诸如贺屋兴宣、木村笃太郎、滩尾弘吉等老资格的亲台政治家,组建了"东亚亲善协会",这就是"台湾帮"最初的组织形式,岸信介也就成为货真价实的"台湾帮"的开山鼻祖。"台湾帮"亲台反共,反对日本与中国建交,反对中国加入联合国,并在日本最先抛出了"两个中国"的谬论。岸信介曾说过,"拿日本来说,尤其是与台湾的关系,我认为会出现非常严重的事态。毫无疑问,根据日华基本条约,与台湾中华民国这个政府之间,我们有正常的邦交,互相作为联合国的一员,发展友好关系。而且从国际信义上说,我们也必须对此予以尊重,这是毋庸赘言的",但是,"在现阶段……说是与中共之间,已经到了予以承认,应当全面地恢复邦交的阶段,我们丝毫也没有改变历来的念头,仍然认为在现阶段还没有达到那样的阶段"。[①] 中日恢复邦交后,岸信介依然顽固坚持"两个中国"说,他称,"既要和北京方面友好,又要考虑和台湾过去的那种亲密关系,将来台湾和中共如能合而为一当然好,但现实还是'两个中国'嘛!——尽管他们都非常讨厌这句话。我并不想要把'两个中国'永久化。但现在毕竟是两个,那就应该采取对双方都友好的方针。日本的做法可有点滑稽,因为采取'一个中国'论,于是承认了这一方面而和另一方面断绝了关系,这样,当然和台湾既不互设大使馆又无外交关系了"。[②]

"台湾帮"的另一干将滩尾弘吉从1952年起当选国会议员,历任文部大臣、厚生大臣、自民党总务会长、众议院议长等要职。1973年3月,中日恢复邦交后,滩尾弘吉联络右派政治家石原慎太郎、藤尾正行、梶山静

[①] 陈奉林:《战后日台关系史》,第154~156页。
[②] 同上书,第154~156页。

六等人成立一个跨党派的国会议员团体，称"日华（台）关系议员恳谈会"，由滩尾弘吉任会长，到80年代末拥有议员会员270多人，其中包括不少担任过阁僚的资深议员。该会鼓噪"发展日台交流"，"强化对台湾的关心和发言权"，前首相森喜朗、麻生太郎，前经济产业相平沼纠夫，前众议院议长绵贯民辅，前交通相扇千景，以及曾任外务副大臣茂木敏充、经济产业副大臣古屋龟司等人都是该会的成员。该会现任会长为山中贞则，副会长为小泽辰男、平沼纠夫（兼干事长）、前田勋男。贺屋兴宣曾任东条内阁的大藏大臣，战后被认定为A级战犯，被东京国际法庭判处无期徒刑。旧金山条约生效后被日本政府释放重返政界，历任自民党政调会长、外交调查会长、法务大臣等要职，还曾任右翼团体"日本遗族会"的会长。贺屋兴宣是"台湾帮"中的强硬分子，一直伙同岸信介等右派政治家推行敌视中国、亲台反共的政策，强烈反对中日恢复邦交。

另据日本外务省20世纪90年代公布的50年代档案资料披露，岸信介下台后仍不甘"寂寞"，搜罗一部分党徒继续与台湾当局合作。1963年，台湾情报人员、国民党中央党部第六组主任陈建中在蒋介石和张群的直接授意下，衔秘密使命赴日，岸信介亲自部署接待，双方经多次协商，决定在日本秘密组建"反共参谋本部"，分别由日本政界人物田中龙夫、福田赳夫、佐藤荣作、石井光次郎等人任联络、研究、政治、经济组组长，岸信介亲自兼任东南亚、日、韩、华工作组组长。"反共参谋本部"的计划与工作重点是，"秘密联络、训练新闻记者与评论家200人，使其成为在日新闻及舆论战线的主力军"，组织文化、教育界著名人士，"以便有计划进行反共工作的理论研究与著作的出版"。另外，还计划成立"国会政治行动小组"和"反共商业贸易小组"，"拟由参众两院有领导作用的议员中各选10人为核心，在议会进行反共活动"，为"配合反共政治工作，展开商业活动，并与台湾合作成立'东方企业公司'以作掩护"。① 协议签字后，台湾

---

① 石井明：《1960年代前期的日台关系——从周鸿庆事件到日台"反共参谋部"设立的构想》，牛大勇等编《冷战与中国的周边关系》，世界知识出版社，2004，第423页。

当局以"东方企业公司"的名义向日本输进20万篓香蕉作为活动经费。1964年9月，陈建中在呈给蒋介石和张群的秘密报告中指出，"我方在日以岸信介为对象之秘密反共合作，此次张秘书长（指张群）访日，曾与各方进一步接触，决定继续密切联系，为掩护工作进行，日方业已成立'东方开发实业公司'，并希望我方亦能迅速成立同样组织，以协助中日经济合作，亦可便利今后各种活动"。① 1966年，岸信介再次访问台湾，与张群签了《反共合作备忘录》，双方同意强化"中日反共秘密同志会"的工作。该会是台湾当局"为谋反攻复国的胜利，日本为防止共产势力的渗透与颠覆……故双方政治领袖及有识之士，为发扬东方固有文化，消灭共产毒素……以建立中日反共的联合战线"。日本方面除岸信介直接策划和组织外，还有石井光次郎、大野伴睦、佐藤荣作、野村吉三郎、小泉信三、木户孝一等政界要员参与其中。② 以上史料充分证实，岸信介之流即使在台下仍然不放弃反共仇华的反动立场，继续与台湾当局勾结在一起，处心积虑地与中国大陆为敌。1972年中日恢复邦交后，已近暮年的岸信介对田中内阁放弃台湾"痛惜万分"。他发表言论称，"日本应该打定主意，不妨在世界上所有国家都承认了大陆政权之后，最后一个承认，这是为了报答恩人（指蒋介石）"，"在不能设置大使馆的情况下，只好建立一个替代机构，以敷衍时局。但与日本处于同样立场的美国却制定了与台湾关系法，据此处理它同台湾的关系。与美国相比，日本可就落后了，这是非常令人遗憾的事情。我认为必须早日改变这种局面"。③

贺屋兴宣也表示，日本已经与台湾签订了"日华和平条约"，"不可再有类似的条约"。④

岸信介政权敌视中国，制造"两个中国"的谬论遭到日本进步团体的

---

① 石井明：《1960年代前期的日台关系——从周鸿庆事件到日台"反共参谋部"设立的构想》，牛大勇等编《冷战与中国的周边关系》，第424页。
② 同上书，第427页。
③ 陈奉林：《战后日台关系史》，第156、157页。
④ 同上书，第191页。

强烈抵制和批判。1958 年 9 月 11 日，日本社会党召开会议，在决议中要求岸信介政府停止制造"两个中国"。决议指出："台湾问题是中国为政问题，反对美国进行军事干涉，争取恢复中日邦交"。① 10 月 8 日，日本各友好团体万余人聚集在东京日比谷露天音乐堂召开"打开日中关系，禁止核武装国民大会"，会议提出包括"废除日台条约，与中国恢复邦交"在内的三条口号，抨击岸信介政府制造"两个中国"的阴谋。②

四 多渠道的中日民间交流和日本社会党代表团访华

从战后初期开始，中国政府就十分注重中日之间的民间交往。1953 年 9 月，出席哥本哈根世界和平理事会的日本拥护和平委员会主席大山郁夫，会后经苏联到达中国，周恩来会见了大山，表示，"日本军国主义分子的对外侵略罪行，不仅使中国人民和远东各国人民遭受了巨大损失，同时更使日本人民蒙受了空前未有的灾难。我相信，日本爱好和平的人民将会记取这一历史教训，不再让日本重新军国主义化和重新对外侵略"。大山表示，"日本军国主义分子长期侵略中国，日本人民未能及时加以制止，使中国人民蒙受巨大损失，我代表日本人民向中国人民表示歉意。中华人民共和国政府和中国人民对于日本人民一贯采取友好态度，我代表日本人民谨致感谢"。③

1954 年 9 月，日本国会议员代表团和日本学术代表团访问中国，毛泽东、周恩来、刘少奇分别会见了这两个代表团。周恩来说，中日间 2000 年是和平共处的，只有 60 年是不好的，但这已经过去，我们应该让它过去，前途一定是广阔的。

1955 年 7 月，日本松山芭蕾舞团访问中国，把"白毛女"用芭蕾舞的形式搬上舞台。周恩来接见了团员，并把歌剧扮演者王昆和电影扮演者田华找来，三个"白毛女"共聚一堂，当时传为佳话。

---

① 杨正光等编《当代中日关系四十年》，第 123 页。
② 日本中国友好协会（正统）中央本部编《日中友好运动史》，吴晓新等译，第 64、65 页。
③ 国际关系学院编《现代国际关系史参考资料（1950～1953）》上，第 702 页。

1954年8月4日，中国红十字会受到日本方面的邀请，10月30日到11月12日，红十字会主席李德全、副主席廖承志率团访问日本，这是新中国第一个访日的大型民间使节团，参观了东京、京都、大阪、名古屋等城市，出席19个欢迎会或座谈会，召开13次记者招待会。

1957年10月，日中恢复邦交国民会议使节团来华，双方发表了《共同声明》，指出，"中国人民对日本人民友好的方针无论过去、现在和将来都是不变的"。日本使节团也表示，"日本人民希望恢复日本同中华人民共和国的邦交，恢复日中邦交国民运动是恢复日本同中华人民共和国的邦交的运动"，"台湾问题是中华人民共和国的内政问题；恢复日中邦交的国民运动，不是制造两个中国，也没有制造两个中国的意图，而且也不应该被任何制造两个中国的阴谋所利用"。①《共同声明》发表后，周恩来接见日本使节团成员，郑重指出，"中国人是懂得友谊的，人家对我们三分好，我们回答三分以上"。

1957年4月，日本社会党领导人浅沼稻次郎应中国人民外交学会的邀请率团访问中国。4月18日，浅沼稻次郎向北京各界人士发表了演说。浅沼首先强调，作为在日本国会占有1/3席位的最大的在野党，"决定在国会以及国民中发动一个群众性的国民运动，争取促进政府与政府之间缔结支付协定、互设贸易代表处……迅速同中华人民共和国恢复邦交"，浅沼还郑重表示，日本社会党认为"中国只有一个。台湾是中国的一部分；不承认两个中国，不承认台湾的独立政权和托管台湾；台湾问题是中国的内政问题"。② 浅沼还与中国人民外交学会会长张奚若发表了《共同声明》，就中日邦交正常化、亚非和平和友好合作、国际和平等重大问题达成了共识。

在岸信介内阁坚持反华排共立场、中日关系处于低谷的态势下，中国政府注重同日本政界及民间等各个层面的友好交流，最广泛地团结和联合

---

① 杨正光等编《当代中日关系四十年》，第107页。
② 同上书，第95页。

一切有利于中日关系健康发展的社会力量。同时，及时提出了"政治三原则"及"政经不可分原则"，要求日本政府"立即停止并不再发生敌视中国的言论和行动"，"停止制造'两个中国'"，"不要妨碍恢复中日两国的正常关系"。① 这些都为后来中日关系的恢复和发展奠定了坚实的基础。

五　20世纪50年代中后期中国对日政策的得失

众所周知，20世纪50年代中后期中国的对内对外政策都处在激荡波澜的转换期或"调整"期，概括起来可以用内政激进、外交强硬来表示。② 在国内，反右斗争、"大跃进"等带有"左"的色彩的政治经济运动如火如荼。在国际上，以对抗美国为主要目标的两次台海危机爆发，中苏之间的纠葛和对立也在社会主义阵营内部显现出来。反映在对日关系上，随着中国对日政策的强硬趋势，尤其是日本朝野各界反共排华势力的猖獗，第四次中日民间贸易谈判失败，战后中日关系进入前所未有的困顿期。

毋庸讳言，第四次中日民间贸易谈判的失败，其直接原因是岸内阁坚持反华亲台、右翼势力制造长崎国旗事件等一系列干扰破坏事件，间接原因还有美国对华实施战略限制，以及台湾当局干扰破坏等。但如果姑且抛开这些因素，仅从中国对日政策的视角分析，也有值得反思和借鉴之处。

中苏关系的裂痕，使中国政府领导人意识到对外经济依赖性过强，有丧失国家经济主导权甚至政治自主权之虞，为此，"自力更生"的口号几乎成为当时每一位中国人奉为至宝的"灵丹妙药"，它后面的潜台词则是关闭门户，不依赖任何大国。1957年11月，毛泽东又发表了"东风压倒西风"的著名论断，反映了中国政府强烈的自信心并转化为对外（西方）强硬的路线。当然，这些决策和论断并不排除中国与西方国家做生意，而且，50年代中后期中国与西方国家的贸易开始渐呈上升之势，第四次中日民间贸易谈判便是在这一背景下展开的。然而有史料证实，"中国方面在一开始就

---

① 《人民日报》1958年7月7日社论。
② 陆明：《中国与第四次中日民间贸易协定》，牛大勇等编《冷战与中国的周边关系》，第430页。

没有对这次谈判寄予很大的希望"，"而日方则希望这次谈判能够成功"。①双方谈判代表在"指纹"、"通商代表处名额"、"使用密码自由"、"代表处悬挂国旗"等几个问题上争争讲讲。日本在"指纹"问题上做了一些让步，部分修改了外国人登录法，准许逗留一年之内的外国人不按指纹，但在其他问题上坚持己见，使谈判陷于僵局。中国方面希望对通商代表予以外交特权待遇，但又极力避免使用"领事"、"领事馆"之类的言辞，顾忌的是"两个中国"的条文化。另在代表名额方面有所松动，但在悬挂国旗等问题上态度强硬。在最后一轮谈判中，中国代表态度强硬，不仅坚持以往的意见，甚至在代表处名额问题上又回到最初主张，谈判最后宣告破裂。1958年4月9日，岸信介政府宣布无意承认中华人民共和国，也不能赋予中国通商代表外交特权，第四次中日民间贸易谈判宣告失败。4月15日，《人民日报》发表《再斥岸信介政府破坏中日贸易协定》，抨击岸政府的"反动本性"。5月11日，《人民日报》发表《再斥岸信介》的社论，指责岸信介一贯敌视中国人民，警告岸"不要把中国为争取中日关系正常化视为可欺，不要错误地认为中国非与日本贸易不可，若日本政府不改变对中国的敌视态度，中日贸易不可能恢复"。② 陈毅副总理兼外交部长也在一次讲话中指出，岸信介政府认为中国要建设就非同他们做生意不可，是有眼不识泰山。③ 与此同时，中国政府宣布停止与日本的一切商务活动。

中国政府之所以对日采取强硬态度，一个重要的原因是"两极霸权"体系或冷战体系下中国外交政策的转换，尤其是中国外交政策的决策人毛泽东坚持主张"应该先团结社会主义国家，与西方主要资本主义国家应以斗争为主，不急于建交"。1958年3月，中共中央在成都召开工作会议时，负责外交工作的周恩来总理做了检讨，表示"我们对日本国内潜在的帝国主义力量宣传不够……今后应该特别注意"，并确定了今后的外交方针应该

---

① 陆明：《中国与第四次中日民间贸易协定》，牛大勇等编《冷战与中国的周边关系》，第439页。
② 张蓬舟：《中日关系五十年大事记》第四卷，第500页。
③ 同上书，第501页。

第二章　新安保体制及右翼势力促进运动，东北亚冷战格局的僵持

按照毛泽东的指示精神，不急于与西方国家建交，不急于参加联合国，应集中精力孤立美帝国主义战争集团，特别要警惕日本国内潜在的帝国主义倾向。① 另一方面，尽管岸信介政府本质上是反共排华的顽固堡垒，但出于自身经济利益的考虑，日本希望与中国开展贸易的意愿也是客观存在的，尤其是日本民间经贸组织及在野党团蕴藏着相当大的积极性。即使岸政府强调不承认中华人民共和国，不予以代表处外交特权，但也试图在不触怒台湾的前提下开展对中国的民间贸易。就在第四次中日民间贸易谈判破裂后，日本外相藤山爱一郎在国会演说中称，"直到去年5月，我国同中共的贸易逐步发展，但由于中共断绝的结果，从那时起到今天两国贸易没有恢复，作为政府相信促进日中贸易符合相互间的经济利益，我国不抛弃（贸易）自主的立场，希望通过今后的努力突破现状"。② 1958年5月6日，岸信介也对美联社记者称，"我想，采取步骤纳对中共贸易于正轨是必要的"，并提议自民党或工业界尝试若干办法。③

综上，第四次中日民间贸易谈判的失败留给人们的启示是，当时中国的对日（包括对西方）政策已经显现出"过左"或过于僵硬的倾向，它的直接结果是关闭了中国对日交流的窗口，中日民间贸易长期中断，中国的国家利益自然受到一定的损失。而日本则逐渐淡化对中国经济贸易的依赖性的认识，从此转向西方和东南亚市场，进入一个贸易立国的黄金时期，说明中国的对日强硬政策并没有真正奏效，甚至连"零和"的效应也没有获取。待到进入60年代，在"反帝反修"的口号下，中苏关系彻底破裂，中国面对两个超级大国及其盟友的南北威胁，与周边非社会主义国家的紧张关系非但没有缓解，又与南亚大国印度发生边界冲突，中国面对新中国成立以来最孤立和最危险的国际环境。

---

① 陆明：《中国与第四次中日民间贸易协定》，牛大勇等编《冷战与中国的周边关系》，第453~456页。
② 日本国会网站：《戦後日本政治・外交データベース》（第31次国会会议，1957年1月27日）。
③ 张蓬舟：《中日关系五十年大事记》第四卷，第499页。

第三章 "反YP体制运动"、"昭和维新运动"及其影响

安保斗争结束后,日本右翼社会冒出一支新右翼队伍,到1970年代,日本右翼运动转到否定战后体制,反对"雅尔塔协定"、"波茨坦协定"(简称"YP体制")的大方向上来。与此同时,传统右翼也展开了"昭和维新运动",继续拉动日本政治向右转。右翼运动的结果冲击了韩日谈判和基本条约的签订,也引发新一轮领土争端问题。尤其是日本当局坚持反共排华的方针,阻碍了中日邦交正常化进程。加之新右翼的主张和活动推动了极端民族主义的泛滥,为后来日本总体保守化和政治右倾化埋下了伏线,也导致中日关系出现复杂多变的不稳定因素。

第一节 新右翼登场及"反YP体制运动"

一 日本学生同盟的诞生

安保斗争以后,右翼势力呈现出战后最活跃的状态,其运动方向还是沿着修改宪法、反苏反共、天皇护持、鼓吹军备的路线发展。值得注意的是,代表战后极端民族主义思潮的年青一代右翼势力开始跃上政治舞台,在日本,这股势力被称作新右翼。

1965年12月,首先在早稻田大学掀起了以反对提高学费为中心的学生运动,很快,这场斗争蔓延到东京、日本、明治、法政、国士馆等大学。

在学生运动中，早稻田大学的部分学生组成了日本学生同盟（简称"日学同"，委员长为月村俊雄），斗争的矛头也逐渐转向社会和政治，他们提出了自主制定宪法、自主防卫、收复失地等口号。接着开始涌上街头、机场、美军军事基地等场所，召开集会，发表演说，抨击全学联（日共体系）运动，主张进行一场"变革运动"，"我们厌恶一切外国势力对日本的物理的、精神的介入，担心日本民族历史的停滞"，"我们一方面拒绝支持自民党政策的美国主义，一方面要粉碎社会党、共产党泡沫般的幻想，以民族的愤怒最大限度地组织起来，确立新国家的象征，实现新民族主义的运动"，"我们的思想和行动在于追求民族的原点，追求国家的尊严和价值，但不是原封不动地继承原来的民族主义，而是以实现新的价值，创造新民族主义的形象，来进行积极的努力"。①

日学同标榜的新民族主义，实际上是极端民族主义的同义语。他们的根本出发点是否认第二次世界大战同盟国确立的雅尔塔和波茨坦宣言精神，认为这两个宣言使日本失去了自主制定宪法的机会，失去了冲绳、北方领土，甚至库页岛，而且只能依靠美国的保护伞，不能自主防卫等。所以，时人又称他们是反YP体制派（Y、P分别是雅尔塔和波茨坦日语发音的第一个罗马字母）。

正因为日学同坚持反YP体制，他们视日共系的全学联为"反动势力"。同样，对自民党政权，因为其依赖美国，一切唯美国的马首是瞻，又承认现行宪法，所以，认为自民党政权也是"反动势力"。日学同表示决不同这两种势力为伍，并要坚持斗争到底。

1966年，在老牌右翼团体"生长之家"的运作下，长崎大学"民族派"学生在大学自治会的选举中获胜，成立长崎大学生协议会（简称"长崎学协"），由此引发了各大学"民族派"学生从全学联手中夺取大学自治会领导权的斗争，史称"学生协会运动"。随后，全国各地的大学都卷进这场斗争之中，继长崎学协成立后，东京、九州、关西、四国、中国（中国

---

① 堀幸雄：《戦後の右翼勢力》，第70页。

指日本广岛、冈山、鸟取、岛根、山口等县域）等地区都成立了学协。"民族派"学生开始筹划组建全国性的学生协会组织。1969年5月4日，在东京九段会馆，全国252所大学的1000余名学生代表集会，决定成立"全国学生自治体联络协议会"（简称"全国学协"），推举日学同书记长铃木邦男为委员长。在全国学协下，又分别成立起日本文化研究会、防卫问题研究会、教育问题研究会、打倒占领宪法全国学生协议会、夺回北方领土全国学生协议会、全国高中生协议会总联合等下属组织。全国学协的基调方针是"防卫日本文化，反雅尔塔，反波茨坦，反革命"，同时提出了七个口号：一是打倒民青、全共斗；二是打倒日教组；三是打倒占领宪法；四是脱离安保，自主防卫；五是粉碎核防扩散条约，实现真正独立；六是夺回北方领土；七是文化防卫，实现超现代化。

全国学协的骨干力量是生长之家的学生会全国总联合（简称"生学联"），所以，其宗旨和方针都没有脱离生长之家的影响，尤其是皇国史观，还是传统右翼的那一套。在他们发行的机关刊物上是这样表述的："万世一系的天皇是民族生命的中核，民族的生命聚集其中，这就是尊皇思想，作为护国的原理继续保卫着日本的正气，并一定潜伏在民族的深层心理之中。所以，有人称之为日本精神，有人称之为国体，祖先—天皇—我们之结合，正是我涛涛民族生命之流的一体观，是我们一切行动的源泉，同时，又赋予我们以力量，坚决粉碎否定民族生命和民族文化的共产革命势力，我们要继承和保卫日本民族的理想、文化和传统，并使之发扬光大，这就是我们'防卫'的真谛"。[①] 可见，全国学协是从复古主义的立场出发，否定占领宪法，否定战后的民主主义。而日学同则是从"新"民族主义的立场出发，来否定占领宪法和战后的民主主义。两者虽然在反对YP体制上有共同点，但因为出发点不同，相互间也就不可避免地出现了分歧。在全国学协成立不到一个月，即1969年6月，全国学协委员长铃木邦男和书记长安东严之间就产生意见分歧，铃木邦男和副委员长吉村和裕辞任，由吉田良二

---

① 堀幸雄：《戦後の右翼勢力》，第73页。

出任委员长，宣告日学同与全国学协的分裂。这以后，两个组织都经历了分化、瓦解、再组以及互相攻击、排斥的过程。时至今日，公开打着新右翼旗号的团体（如一水会，会长铃木邦男）虽然称不上右翼运动的主流，但是，他们的影响却不能小觑，待后节详述。

二 三岛由纪夫事件

三岛由纪夫是日本战后著名的青年作家，学生时代就发表过文学作品，对青年一代有较深的影响。但在思想深处，他是一个极端天皇主义分子，自少年时代就极力推崇"二二六事件"中"崛起"的青年军官，先后写下《十日的菊》、《忧国》、《英灵之声》（又称《二二六事件三部曲》）等作品，热情歌颂"二二六事件"中为天皇献身的青年军官。他写道："由于二二六事件的挫折，多么伟大的神死去了，从少年时代起，我心中的正面形象就是崛起将校们的英雄形象，他们纯正、无私、果敢、年轻，他们的死成为所有神话般英雄的原型，在他们语言的真正意义里，表露出勇士和英雄的形象"。① 三岛主张在文化概念上复活天皇，他著有《文化防卫论》，认为"天皇是全体文化的统括者"，"议会制民主主义破坏文化的连续性，损害全体性，为防止这样的事态，当务之急是把天皇和军队用荣誉的链条连接起来，舍此没有恰当的防止之策，当然，荣誉大权内容的复活，不是作为政治天皇的概念，而是必须促进文化概念天皇的复活，否定天皇，是日本文化的真正危机"。② 三岛强烈反对共产主义运动，认为共产主义"同我们的国体、文化、历史、传统绝对不相容，从理论上同天皇的实际存在也不相容，而且，天皇是我们历史连续性、文化统一性、民族同一性的唯一象征"，所以，"终极目标是天皇护持，必须击破和粉碎否定天皇的政治势力"。③

从1965年开始，在各大学掀起反对提高学费的学生运动的同时，社会

---

① 保阪正康：《三岛由纪夫と盾之会事件》，講談社，1980，第61页。
② 三岛由纪夫：《文化防衛論》，《中央公論》1968年第7期。
③ 堀幸雄：《戦後の右翼勢力》，第78、79页。

上的各派政治势力围绕着日韩会谈、越南战争、美国核潜艇进入日本水域等敏感问题展开了大规模的群众斗争。对战后体制持批判态度的三岛，决心进行一场"革命"，以暴力手段推翻现政权。为此，他把注意力放到青年学生的身上，同早稻田大学新民族派骨干成员森田必胜、持丸博、阿部勉等人建立起密切的联系，准备建立一支称作"祖国防卫队"的私人武装。1967年4月，三岛以体验生活为名，在自卫队官员的支持下，先后进入久留米自卫队干部候补生学校、富士学校教导连队和习志野空挺（空降兵）旅团学习了45天，摸索组建私兵的经验。之后，他一面运动财团，争取资金援助，一面募集"民族派"的青年学生，并于1968年3月，首率25名青年学生入自卫队"体验生活"。他们同自卫队员一样，进行了通信、射击、侦察、急行军等军事训练，并请自卫队军官讲解了战术理论。这以后，三岛又率领学生至少进行了5次这样的训练，当条件初步成熟后，1969年10月5日，三岛在东京虎之门教育会馆召开了私兵"盾之会"成立仪式。之所以称"盾之会"，意为这支私兵要成为护卫天皇的盾牌。"盾之会"由40多名青年学生组成，后发展到90多人，大多是日学同的成员，除早稻田大学学生外，还扩大到明治、一桥、东京外语、法政、拓殖、庆应、京都、东海、立命馆等31所大学，"军服"是西武百货公司社长堤清二提供的。三岛还发表了一纸题为《反革命宣言》的文书，内中称，"我们并不反对所有的革命，而反对共产主义对政权的企图和所有行动，《共产党宣言》称要用暴力颠覆一切社会秩序，而社会秩序包含日本的文化、历史和传统，我们有理由保护它"，"为什么要反对共产主义呢？因为共产主义连保障言论自由的议会民主主义政体都不如"，"我们不畏任何困难、詈骂、诽谤、嘲弄和挑拨，以一死让腐蚀的日本精神觉醒"。[①]

1970年11月25日，三岛由纪夫率领森田、小川等5人闯进东京市谷自卫队驻地的统监室，不由分说将统监益田兼利捆绑在椅子上，然后要挟1000余名自卫队官兵集合听取三岛的演说。三岛在自卫队官兵面前进行了8

---

① 保阪正康：《三岛由纪夫と盾之会事件》，第115、116页。

分钟的慷慨激昂的演说,散发了他们事先准备好的檄文,号召官兵奋起推翻现政府,颁布实行新宪法,恢复天皇"天赋"的地位,等等。对于三岛类似疯人般的鼓动演说,自卫队官兵不以为然、无动于衷,在极度失望和空虚的情况下,三岛剖腹自杀,接着,森田必胜在完成介错人①的使命后也追随三岛而去,一场闹剧落下帷幕。

事件发生后,当局对三岛同伙小川等3人以委托杀人、监禁伤人、暴力伤害等罪名起诉,于1972年分别判处了4年徒刑,但到了1974年就将3人提前释放。

三岛事件发生后,在日本社会产生了相当的反响。《朝日新闻》发表文章称,"三岛由纪夫用魔术师般的语言制造了一个虚幻的世界,仅此还不满足,还要让他的世界在当今实现,其核心还是战前'天皇归一的日本民族'这一空幻的大虚构。他也许知道政变不会取得成功,这从他事先的言论和檄文中可以得知。他的政治哲学里只有天皇和贵族,没有民众,他对暴力的承认,体现了他不接受民主主义理念的傲慢精神,而民众在他的自我显示欲里不过是个小道具"。②

但是,在右翼队伍中,对三岛及三岛事件的评价却异乎寻常。右翼巨头佐乡屋高昭说,"由于三岛等诸位的义举,使日本国民清醒,打开了日本维新运动的突破口"。浅沼美知雄认为,"三岛由纪夫的自决,其行动的气魄和信念很了不起,干得漂亮","檄文贯穿的忧国至情,乃是民族的正气……伴随着这种神的声音,我们要正确地继承三岛精神,让它生根发展,报以三岛之灵,使祖国如磐石之安"。

1970年12月11日,右翼团体在丰岛公会堂召开了追悼三岛的"忧国忌",参加者达5000余人。此后每年的11月25日,即三岛事件发生的日子,右翼都要集会,在纪念三岛的同时鼓噪右翼运动。另外,除"忧国忌"外,各右翼团体的纪念名堂又略有区别,如原盾之会成员每年组织"合同

---

① 介错人,即帮助剖腹自杀者加速死亡的帮手。
② 《三岛由纪夫の絶望と陶酔》,《朝日新聞》1970年11月26日。

慰灵祭"（合同即联合、共同之意——著者注），大东塾举办"三岛祭"，日本青年协议会则搞"追悼慰灵祭"等。当然，不论以什么形式纪念三岛，问题的实质是三岛已经成为新老右翼的崇拜对象，特别是新兴的新民族派右翼，更是把三岛当作顶礼膜拜的"圣贤"。可以说，三岛虽死，但三岛所代表的天皇中心主义思潮和旧武士道精神在日本继续存在。所以在今天的东京蜡人馆里，三岛由纪夫作为日本历史名人出现，不过，三岛的蜡人像不是奋笔疾书的作家，而是一个手持长剑的裸体武士形象，这可以充分说明三岛在一部分日本人心目中的位置了。

三 新右翼团体的"反YP体制运动"

1972年5月30日，在三岛事件的"启发"和"激励"下，新右翼派学生运动的头面人物铃木邦男在东京发起成立了一水会，其意是每月的周一召开集会，周一在日语中又称"水曜日"，所以定名为一水会。该会的骨干成员多是生长之家创办的生学联的成员，如铃木邦男、犬冢博英、田原康邦。另外，伊藤邦典、阿部勉是原盾之会的成员。该会的宗旨是，"尊重世界民族，通过连带建设新国联"，"护持和发扬日本的历史、传统、文化、精神"，"纠正战后民主主义的错误，创造国民共同体"，"否认战后体制，对美（国）自立，恢复尊严"，"彻底进行有省心的社会运动，实现维新改革"。如果对其宗旨做一简要归纳，可以概括为对内"反权力、反体制"，对外"反安保、反美"。除了在对待天皇制的态度上，代表新右翼的一水会同传统右翼的观点有雷同之处外，新旧右翼在许多方面还是有别的，比如，否认战后体制、反安保条约等。

除一水会外，70年代前后还涌现出一批其他新右翼团体。其中主要有：统一战线义勇军（1981年8月9日，议长木村三浩）、日本青年协议会（1970年11月3日）、学生青年村纯正同盟（1960年12月1日）、日本主义学生联合（1971年11月3日）、反宪法学生委员会全国总联合（1974年3月17日）等。还有打倒YP体制青年同盟、皇极会、重远社、国防问题研究会、大日本赤诚会、瑞穗青年社、清流社行动队、立东会、大悲会、八

第三章 "反 YP 体制运动"、"昭和维新运动"及其影响

千矛社、日本民族兴诚社、日本旭友会、石门社、新生亚洲青年集团以及前面提及的三岛由纪夫研究会、蛟龙会等。

另外，还有一个称作"国际胜共联合"的团体也在此时出现。该团体是以韩国"世界基督教神灵统一协会"为母体的一个分支，在日本又以右翼巨头笹川良一和岸信介为后台，1967年夏，由笹川良一出面斡旋，在山梨县本栖湖召开发起式，次年4月正式成立。国际胜共联合以反共为主要目标，创办《国际胜共新闻》，成立伊始就在全国范围内展开反共游说活动。1971年，在中日恢复邦交的前夕，该团体举行了声势浩大的"反对承认中共"运动，在日本四十几地召开"胜共县民大会"或"胜共中央大会"，发布所谓的"救国宣言"，强烈抗议日本政府同中国恢复邦交。进入80年代后，随着苏联和东欧解体，国际胜共联合又提出了新的运动指导方针，鼓吹实现两个目标：一是根绝、阻止国内外共产主义势力的渗透和扩大；二是确立21世纪日本的国际道义国家。此外，该团体在维护天皇制、废弃宪法、建立国军等问题上与其他右翼没有什么区别。该组织因为母体的宗教性质，具有较强的资金筹措能力，仅1988年一年时间里就筹措了9亿311万日元，① 是新右翼团体中一股活动能量不可小觑的势力。

新右翼团体出现后，打着"挽救日本"的旗号，展开了与传统右翼有别的所谓"民族派运动"。1972年11月24日，一水会召开"三岛、森田两烈士慰灵祭"，并邀请了新民族派团体参加，表示要把"继承三岛、森田烈士的精神"作为一水会行动的方向。与此同时，一水会利用学习会的形式，影响和吸收一批青年学生推进"恢复良知的国民运动"。1973年3月，国铁工人举行罢工运动，一水会走向社会，攻击罢工运动是"拿国民当人质"，通过散发传单、街头集会等形式向国铁劳动组合抗议示威，充当破坏罢工运动的急先锋。接着，他们把矛头指向日教组，召开"考虑教育集会"。1974年3月，铃木邦男率部分会员冲击防卫厅，被处三天拘留，因此丢掉新闻记者的职业，也开始了他的专职从事新右翼运动的生涯。

---

① 赵军：《日本右翼与日本社会》，广东人民出版社，2007，第218页。

1977年3月3日，以"打倒YP体制青年联盟"为旗号的新右翼成员野村秋介（大悲会会长）、伊藤好雄（原盾之会成员）、西尾俊一、森田忠名等4人携带手枪、猎枪、日本刀等凶器闯入"日本经济财团联合组织"（简称"经团联"）本部，以12名本部成员为人质，发表了讨伐经团联的檄文，他们认为，经团联是"战后三十年来支持战后体制的最大势力，大企业的实质是金权思想、营利至上主义"。檄文另一个中心思想是阐明"打倒YP体制青年联盟"的宗旨，内中说，"我们的悲愿是打倒YP体制"，"由于日本在大东亚战争中的失败，被迫无条件投降，以美国为首的战胜国通过彻底的战后处理，使日本弱势化"，所以，"日本民族的弱势化是受雅尔塔、波茨坦体制历史束缚的缘故"等。① 暴徒和警方对峙11个小时后，由于三岛由纪夫的遗孀出面劝说，野村等人向警方投降。事后，野村等人分别被判处6年以下徒刑。此前的1963年7月，野村秋介曾因纵火焚烧内阁大臣河野一郎的私邸被判处15年徒刑，制造这次事件是在出狱后不久。待他再次出狱后，又闯进朝日新闻社的社长室举枪自杀，成为追随三岛而去的死硬分子。

除袭击经团联事件外，新右翼还制造了其他一系列暴力恐怖事件，如以"打倒YP体制青年联盟"的名义制造的袭击苏联大使馆事件，袭击伊势市政府事件，袭击安藤会社、住友不动产会社社长事件，反对签订中日和平友好条约、刺杀大平正芳未遂事件等。还应该特别指出的是，新右翼的队伍中有两个冠以"义勇军"名称的右翼恐怖组织，一个叫"日本民族独立义勇军"，一个叫"统一战线义勇军"，是新右翼团体中最具恐怖特色的暴力团组织。他们的口号是"反美救国，抗苏救国"。自70年代到80年代期间，他们先后制造了火烧池子（地名）美军住宅、袭击神户美国领事馆、纵火驻横滨的美国海军军营、向大阪苏联领事馆投掷燃烧瓶、焚烧朝日新闻东京本社（未遂）和名古屋支社（未遂）、向英国大使馆投掷燃烧瓶以及袭击铃木首相等众多事件。从以上发生的各类事件看，新右翼"反体制、

---

① 铃木邦男：《新右翼——民族派の歴史と現在》，彩流社，1998，第229、230页。

反权力"的"民族派运动",多是通过非法的手段,即主要是通过暴力恐怖活动来付诸实施,他们不仅反苏,而且反美,不仅反体制、反政府,而且反共、反财阀。

四 新右翼的特征

新右翼出现在20世纪60年代末70年代初,国际上,美苏两个超级大国继续对立,冷战仍在僵持;日本国内,在经济腾飞的同时,自民党"一党独大"的体制更加巩固,传统的保守主义路线得以继续推行和落实。而传统右翼为之奋斗和争取的一系列目标却没有实现,诸如恢复明治宪法,确立天皇统治地位,建立日本国军,脱离美国控制,提高右翼在国会中的地位等,这使右翼很是沮丧和愤懑。在这样的国际国内环境下,新右翼经过60年代学生运动的"磨砺"脱颖而出,也就不可避免地带有既不同于传统右翼又源于传统右翼的特征。

第一,新右翼同传统右翼有着不可解的渊源。一水会头目铃木邦男及其骨干成员田原康邦、伊藤邦典都是传统右翼生长之家总裁谷口雅春的爱徒,他们都是从学生时代追随谷口,听取其教诲的;一水会另一位骨干犬冢博英则师从中村武彦,中村也是著名的右翼人物;另外,一水会副会长阿部勉的老师是橘孝三郎。右翼巨头笹川良一等人也都"培养"了一批新右翼的骨干分子。所以,从渊源上看,称传统右翼和新右翼是父子关系或师徒关系并不过分。正因为如此,新右翼的许多观点与传统右翼没有根本的区别,如反共、推崇天皇、主张宪法改定、自主独立等。

第二,新右翼肯定暴力,不放弃恐怖活动,同传统右翼既有共同之处,又有微妙的区别。新右翼最为推崇的是三岛式的"牺牲一人,保卫国民"的精神,如袭击经团联事件。而对左翼过激派的恐怖活动则予以否定,他们美化新右翼暴力活动"不是为了个人的恩怨,而是为了国家,事件后要自决,或者自首,出狱后要到被杀之人的墓前祭奠,这才是右翼的美学","事件发生后负起责任,这才是右翼","躲在群众后面扔石头,藏在群众中逃跑的是左翼,不是右翼,是卑劣的","当国家危险之际,必须有白血球聚集起来去修复伤口那样的意识，采取的恐怖活动即使不能保卫国家，但持有遗传因子式的使命感"，所以，采取恐怖活动"不是去考虑杀人，而是要牺牲自己的身体，冲击危害国家的人，是想着救国，在杀死对手前，首先（想的）是自己去死"。① 尽管铃木的这番辩解有强词夺理的成分，但从中也能看出新右翼同传统右翼在暴力活动中的微妙区别。

第三，关于战争责任问题。新右翼对于战争责任的认识不尽统一，有一部分新右翼坚持"大东亚战争肯定论"，他们反对东京审判，反对战争反省和谢罪，否认日本的战争罪行，是新右翼中的极顽固分子。值得提出的是，在新右翼中，也有一部分团体或人物对战争责任或多或少有些认识——尽管是暧昧的，或者是肤浅的。日本青年社事务局长中川成城认为，"侵略的确是事实，可是在那个时代是没有办法的事，作为我，当时也要这么决定（即发动侵略战争）"。他还认为，战争的受害国也有责任，"朝鲜人自己的党派之争，不能保全本国的独立，也应该反省"。铃木邦男的见解是，"那场战争是不好的。我们应该谢罪"，但是，"当时90％的国民都讲要战争（支持战争），把天皇陛下卷了进去，天皇陛下没有关系（责任）"，所以，"九成的国民都有责任，要道歉应该由我们道歉，我们是战争责任者。当然，九成的赞成者是出于大义，出于当时不得已的状况，教科书中如何写都可以，但应该和反省内容并行，不能把责任推卸给天皇陛下一人"。统一战线义勇军头目木村浩三对战争责任的看法是，"我不能说大东亚战争全部是正确的，其中也有许多不好的东西，但是，要区分各个时期的战史予以公正的评价，片面、偏颇不能透视其本质，为了认真反省过去的不幸，如何把握未来才是最重要的"。②

从上述三位新右翼人物的观点看，他们对侵略战争的性质以及日本的战争责任并没有正确的认识，但是，对比传统右翼的顽固立场，他们的认识还有应该肯定的部分。尤其是90年代中期以来，知识界涌现出"自由主

---

① 铃木邦男：《これが新しい日本の右翼だ》，日新报道，1993，第188、189页。
② 新井利男、熊谷博子等：《右倾度·87％》，径書房，1990，第57、109、147、148页。

义史观研究会"（代表人物藤冈信胜）、"新历史教科书编纂会"（代表人物西尾干二）等团体，完全站在旧皇国史观和军国主义的立场上，全面否认侵略战争的性质，拒绝战争反省和谢罪，极力鼓吹要重振日本民族的"自信心"和"自豪感"。相比之下，新右翼同知识界涌现出来的"新右翼"也不能同日而语。

第四，反体制、反权力。新右翼运动的重点之一是粉碎"YP体制"，所以，他们认为自民党保守政权是"反动势力"，甚至喊出打倒自民党政府的口号，同时也批判传统右翼为自民党政权保驾护航、肯定战后体制的行为。日本青年社情报宣传局长箱崎一像称："我们青年社开展运动的真正目的是把握未来，为了国家和世界的未来，为了我们的子孙，所以，既反共，也反权力，对国民进行启蒙教育活动"。民族革新会议副议长松本效三也表示，"我们的本质就是反权力"，"因为自民党轻视日本的传统和文化"。① 为了实现粉碎"YP体制"的目标，新右翼极力主张建立日本国军。统一战线义勇军头目木村浩三说："国家的要素之一是安全保障，为此，当然要建立国军，这是当今世界的普遍状况，美国、苏联、中国、北朝鲜莫不如此"。② 而建立国军的前提是必须修改现行宪法，删除宪法第九条中"不保持战力"、"放弃交战权"等内容，所以，他们在鼓吹修改宪法问题上特别卖力。另与传统右翼有别的是，他们的反美立场坚定，主张撤走美国在日本的驻军，把冲绳等军事基地归还日本，建立日本国军，进行自主防卫等。而传统右翼中有一部分团体则是亲美派，倾向或追随自民党政权的依附美国政策。

第五，在领土主权问题上态度强硬。一水会创办的会志就命名为《收复失地》。而统一战线义勇军的前身叫作"夺还北方领土青年委员会"，后改称统一战线义勇军。1977年的8月9日，时逢苏联红军出兵东北的第22个年头，国际胜共联合举行声势浩大的"北方领土归还对苏国民大会"，会

---

① テレビ朝日：《激論！日本の右翼》，テレビ朝日，1990，第212～214页。
② 新井利男、熊谷博子等：《右倾度·87%》，第144页。

后举行了大规模的示威游行，另征集了1000余万人签名，强烈要求苏联返还北方领土。以后每年的这一天新右翼都要举行反苏（俄）游行示威活动。另外，他们对中国固有领土钓鱼岛、与韩国有争议的独岛（日本称竹岛）等领土问题也态度强硬，甚至采取过激、越轨、恐怖等手段，伸张他们对领土问题的强硬立场。

日本街头出现的主张修改宪法和"不许中国占领尖阁列岛"的传单

第二节　1970年代右翼的"昭和维新运动"

一　右翼的"昭和维新运动"

"纪元节"是日本历史上子虚乌有的神武天皇即位的日子，源于《日本书纪》中毫无根据的记载，纯属无稽之说。但是，为了向海内外宣扬天皇统治的"万世一系"和"八纮一宇"，1872年，明治天皇颁令2月11日为神武天皇即位日，翌年更为"纪元节"。从此，每逢这一天，日本都要举行全国性的纪念活动。尤其是战争时期，他们又把"纪元节"搬到被奴役的殖民地国家或地区，强迫殖民地人民面朝东方向日本天皇顶礼膜拜，否则便被视为大不敬，受到严厉的处罚。所以，日本战败投降后，"纪元节"

被明令取消。20世纪50年代初，当日本政治民主化出现逆流的兆头时，右翼势力以为有机可乘，展开联合署名运动，鼓动自民党政府恢复"纪元节"，只是由于时机尚未成熟而未能如愿。1957年8月21日，生长之家、不二歌道会、乡友会、修养团、神社本厅等右翼团体组成"纪元节奉祝会"，推举木村笃太郎为会长，向全国学者和民众发出呼吁，要求恢复"纪元节"。由于"纪元节"同恢复国家神道有密切关联，遭到大多数学者和群众的反对，就连皇族、历史学者三笠宫也不以为然，主张反其道而行之，掀起一个反对恢复"纪元节"的运动。这引起右翼团体的强烈不满和抗议，他们出动宣传车，四处散发传单，张贴标语，呼吁社会和自民党当局，强硬要求立即恢复"纪元节"。其中，最为活跃的是大东塾。他们把恢复"纪元节"、"靖国神社国家护持"、"元号法制化"等与天皇制有关联的内容作为"日本再建维新的一个重大突破口"。① 大东塾的塾长影山正治称，"我们考虑昭和维新，其思想必须坚定站在纯乎又纯的《古事记》的精神上，昭和维新的要点就是复活神道、建成神国、实修神敕、神孙自觉"。② 《古事记》同《日本书纪》一样，有相当部分是虚构的神话记载。由于60年代安保斗争后和平反战力量的一时沉寂，特别是自民党当局本来就是天皇主义的继承者，与右翼恢复"纪元节"的主张合拍，结果，1967年2月11日，佐藤荣作内阁通过了将该日定为"建国纪念日"的法案，从此直到今天，2月11日就成为日本历史上并不存在的、莫名其妙的"建国纪念日"了。

与恢复"纪元节"相关的是靖国神社的"国家护持"，即恢复战争时期由国家管理靖国神社的制度，这无疑是倒退到战争时期国家神道的统治制度，有违政教分离的宪法原则。从1959年10月26日开始，右翼宗教团体"日本遗族会"掀起靖国神社国家护持签名运动，他们的趣意书中指出，"靖国神社不是具有一定宗教意义的宗派，应该由国家维持、管理"，"祭祀的本质不是宗教仪式，而是表达国民的感谢心情"。③ 与此同时，自民党国

---

① 堀幸雄：《戦後の右翼勢力》，第59页。
② 天道是：《右翼運動100年の軌跡》，第60页。
③ 田中伸尚、田中宏等：《遺族と戦後》，岩波书店，1995，第209页。

会议员也先后成立"遗族议员协议会"、"全员参拜靖国神社国会议员会"和"奉答英灵议员协议会"等组织（简称"靖国关系三协议会"），联同遗族会一起掀起了靖国神社国家护持运动，并于1969年6月30日正式向国会提出《靖国神社法案》，敦促国会通过实施。只是由于在野党和广大民众的强烈反对，该议案虽然多次提呈国会，均遭到否决，成为一纸废案。

靖国神社拜殿

关于元号（年号）法制化问题，始于公元645年的日本大化革新时期，初为效仿中国的年号制度。到了明治元年，日本政府正式颁布了《改元诏书》，实行"一世一元"的皇室典范，其实质带有"万世一系、八纮一宇"的军国主义和皇国主义的色彩。然而，由于战后重新制定的皇室典范中没有明确规定元号问题，随着昭和天皇的老龄，右翼不安起来，于是掀起了元号法制化运动，使元号问题政治化，理所当然受到进步力量的抵制。从1978年1月开始，各右翼团体展开了声势浩大的元号法制化推进运动，其骨干力量是包括有自民党右翼成员参加的生长之家政治联盟（简称"生政联"）。当年3月，生政联开始运动某些在野党，要求他们同意元号法制化。与此同时，"生政联国会议员联盟"（包括后来的首相竹下登等要员）也做出元号法制化的决议，随即召开"实现元号法制化国民大会"，发出呼吁，敦促各地方议会通过。7月，生长之家又与神社本厅联合组成"实现元号法制化国民会议",不遗余力地运动地方议会,抢先国会做出决议,强制推行元号法制化。到当年末,除冲绳外,46个都道府县都做出了决议。更有甚者,1979年5月25日,大东塾塾长影山正治竟然在东京大东神社剖腹自杀,留下一纸遗书称,"以一死热盼实现元号法制化"。① 可见,元号法制化绝不是单纯、简单的年号问题,它甚至是右翼视同生命一般的天皇主义的象征。1969年6月,在影山死后不久,日本政府顺乎右翼的"民意",通过了《元号法》。这样,当昭和天皇死后,他的继承人就依据《元号法》启用"平成"元号,右翼如愿以偿。

右翼的下一个目标是明治维新的百年祭活动。早在1966年3月25日,自民党政府就做出阁议,决定要举行明治百年的国家纪念活动。自民党还为此制定了百年纪念活动的方针,决定"以明治百年为契机,再创新的历史,从占领史观中摆脱出来,一扫思想上的混乱"。② 日本官方执意进行明治百年纪念活动的目的是"在历史中呼唤国民的国家主义情绪,特别是对于战争的历史认识进行复古主义的转换,把日本高度成长的原点确定在明治时代,讴歌明治百年的成就,夸耀对抗社会主义的日本工业化、近代化样板,而且又同冷战下的美国战略吻合"。③

日本官方的态度无疑为右翼展开明治百年纪念活动扫清了障碍。1968年6月8日,右翼头面人物安倍源基、太田耕造、古田重二郎、安冈正笃等人出面召集各右翼团体在明治神宫召开了"明治维新100年大祭祭典",会上发表了呼吁书,内称,"明治百年的历史是以维新精神为基本,闪烁着民族发展荣光的历史,但另一方面,也有丧失和堕落其精神却毫无赧意的历史,我们痛感有责任为维新运动倾注薄力,痛感对明治天皇和维新志士的无比愧疚,今天,应该是我们以悔恨继承先觉志士的遗志,认真开展维新运动的时候了,只有清醒的觉悟和决心,才是纪念明治百年的要点所在"。日本国民会议还就明治百年祭活动向政府提出了几项政治主张,他们认为,

---

① 天道是:《右翼運動100年の軌跡》,第60页。
② 荒井信一:《戦争責任論》,岩波书店,1998,第203页。
③ 堀幸雄:《戦後の右翼勢力》,第60页。

"明治百年祭应明确地将宣扬明治维新的意义作为日本的出发点；以五条誓文颁发百年祭作为纪念活动的中心；以振兴民族精神，恢复民族团结为目的；彻底普及明治天皇的精神和业绩，致力于其遗迹的彰显和保护；设立明治百年纪念馆，让国民特别是青少年了解明治时代的伟大进步和发展"等。①

1968 年 10 月 23 日，日本政府在武道馆召开了由政府主办的明治维新百年祭活动。社会党和共产党拒绝参加大会，指出举办这样的活动是在走复活军国主义的老路，是否定和平宪法、违背战后民主主义的行动，强调应该以战后作为现代日本的起点。而右翼势力则借此次活动，鼓吹把明治维新当作现代日本的原点。所以，明治百年祭活动、"纪元节"的恢复以及靖国神社国家护持运动等不仅是 70 年代右翼的重点目标，也是日本政治社会否定战后民主主义体制的开端。

二 1970 年安保斗争中的右翼

1965 年 2 月，美国悍然入侵越南民主共和国，掀起了旷日持久的越南战争。根据日美安全条约的规定，日本也就成为美军发动越南战争的重要军事基地，引起日本反战和平力量的强烈抗议和反对。从 1966 年开始，日本反战和平团体频繁举行集会、示威、游行、罢工等抗议活动，反对美国航空母舰、核动力舰驶进日本的港口，反对日本政府为美军提供后勤补给，规模空前的反对美国入侵越南、废除安保条约、立即归还冲绳的反战和平运动在各地蓬勃掀起。在这场斗争中，右翼再一次扮演了维护日本政府、支持美军侵略、对抗和平反战运动的反动角色。

1968 年 1 月 9 日，反战和平团体在世保田港口集会，抗议、反对美军核动力航空母舰入港。爱国党、青思会、大日本平和会、爱国同志会、关西护国团、国民同志会、生产党等 31 家右翼团体出动，儿玉誉士夫、赤尾敏亲自到现场指挥，公然打起"欢迎美国航母入港"的标语，向和平反战

---

① 堀幸雄：《戦後の右翼勢力》，第 60 页。

团体示威。右翼团体成员一律头戴安全帽,身着类似纳粹军服的战斗服,脚蹬长靴,伙同警察机动队对示威学生和民众大打出手,破坏了和平反战团体阻止美舰入港的正义行动,使美国航空母舰安然入港。事后,右翼对他们的举动沾沾自喜,声称这是1970年右翼运动的前哨战。

随着1970年的接近,以十年为期的安保条约面临着是延期还是废止的关键时刻。自民党为此成立了"坚持安保推进会议",各地的自民党支部也相应成立了同样组织,在全国范围内大张旗鼓地展开坚持安保条约的舆论和政治攻势。各右翼团体心领神会,纷纷效尤。1968年12月14日,新日协联合财界组成"推进安全保障国民会议"。翌年3月8日,自民党、右翼、财界等179家团体盗用国民的名义,在日比谷公会堂召开"推进安全保障、追究暴力集团中央国民大会",鼓吹要继续坚持安保体制,依附美国的核保护伞,粉碎反战和平团体的安保废弃运动。

1969年10月21日,和平反战团体动员了80余万人,在全国600多个场所同时展开大规模的群众集会活动,史称"10·21反战示威"。由社会党、共产党、总评、和平委员会等政党、团体组成了"统一行动实行委员会",具体指导这次反战和平运动。右翼阵营也出动了由54家团体900多人组成的战斗队,会同警察机动队与反战和平力量对峙。这一天,东京的交通一度瘫痪,燃气瓶、烟幕弹、水龙、石块等都派上了用场,口号声声,经久不绝,到处都是混战的场面。由于右翼团体人单势薄,在混战中没有占到便宜。其中,还有一部分左翼过激团体、新右翼团体也参与其中,到处投掷燃气瓶,制造混乱,使态势进一步恶化。这一天,先后有4所警察署、17处派出所遭到袭击,警方在全国逮捕了1508人,仅在东京就逮捕了1121人。当日晚,和平反战团体又在代代木公园召开集会,8万余民众参加,会后举行了示威游行,直至深夜。

同安保斗争有关的冲绳归还运动也是和平反战团体开展斗争的重要目标之一。1968年6月,冲绳民众组织起"建设光明冲绳会",明确提出"立即归还冲绳"的主张,掀起了群众性的冲绳归还运动。1968年11月9日,从冲绳起飞准备前往越南轰炸的一架美军B52飞机坠落爆炸,而爆炸现场不远就是美军的武器库,更引起冲绳人民的强烈震惊和极度不安,一个更大规模的立即归还冲绳的民众运动很快在全国范围内蓬勃掀起。当年12月7日,冲绳152家团体组成"保卫生命县民共斗会议",决定于1969年2月4日举行全县大罢工。这一天,有5万余名工人、学生参加了统一行动。在"2·4统一行动"的鼓舞下,1969年4月28日,全国各地掀起了"冲绳反战示威",史称"4·28冲绳反战示威"。在冲绳的那霸,有20多万民众参加了集会、示威、游行活动;在东京,和平反战团体10多万人涌向首相官邸、东京车站和池袋、品川等闹市区,宣传群众、抗议示威、游行集会等;此外,大阪、札幌、仙台等地的民众也走上街头,一个空前规模的冲绳归还运动显示了日本和平反战运动的力量。各右翼团体继续追随警察机动队,出动街宣车,身着战斗服,到处散发传单,狂呼乱嚷,充当政府当局镇压、破坏和瓦解民众运动的工具。大日本爱国党在东京银座最醒目的地方扯起一条标语,上面写道:"冲绳有美国的核武器是好事,那是瞄准中国的,让中国害怕"。[①] 日之丸青年队、日本青年社、犹存社青年队、报国同志会、东洋同志会等右翼团体也出动了街宣车,张扬起日之丸旗和本队的队旗,悬挂"强化安保体制"、"强化自卫军备"、"展开安保强化请愿署名运动"等各类标语,顽固表现他们反对民主进步和坚持再军备的立场。

1969年11月,在和平反战运动的压力下,日本首相佐藤荣作与美国总统尼克松达成于1972年归还冲绳的协议,但是,允许美国继续在冲绳驻军和使用在冲绳的军事基地,直到今天,冲绳仍然是美国推行亚洲战略的重要堡垒。更严重的是,美国在归还冲绳时竟然将与冲绳群岛毫无关联、完全属于中国领土的钓鱼岛"归还"给日本,为后来钓鱼岛主权争端埋下了隐患。

三 洛克希德事件及同右翼的关联

1976年2月,一桩"黑金政治"丑闻轰动了日本列岛,原总理大臣田中角荣因此落马,右翼巨头儿玉誉士夫也牵连其中,从此结束了他的右翼

[①] 堀幸雄:《戦後の右翼勢力》,第66页。

社会活动家的生涯。这桩丑闻称作洛克希德事件,美国洛克希德飞机制造公司为了向日本出售飞机,通过几个渠道向田中角荣贿赂了5亿日元,儿玉誉士夫则是打通贿赂渠道的"有功之人",因此大捞了一笔好处费。经警方立案侦查,儿玉除获得美方的巨额"谢礼"外,还有逃税一项,高达19亿多日元。

儿玉在战争时期追随日本海军部,大发了一笔战争财。战后作为A级战犯嫌疑被收审在巢鸭战犯管理所,在这里结识了岸信介。后来,由于美国占领政策的转换,岸信介和儿玉被释放出狱,儿玉不惜巨金支持岸信介上台,从此一个在台上逆潮流而动,一个在民间组织和训练私人武装,展开右翼运动。两个人勾搭连环,互为利用,同时也铺下了儿玉结交政界人物的阶梯,成为岸信介后任政府要员的座上宾。

因为洛克希德事件,儿玉的名誉一落千丈。结果,他在社会各界的一片声讨和抨击声中郁郁死去。这一事件不仅暴露了上层社会的黑幕,也使以儿玉为代表的战后右翼势力在国民心目中的形象急剧下降,给各右翼团体带来了不小的冲击。为了摆脱干系,一些右翼团体纷纷表态,如大日本爱国党总裁赤尾敏,连日率领街宣车上街演讲,抨击洛克希德事件,又在该党创办的杂志《爱国新闻》上发表文章称,"儿玉氏已经不是右翼,随着事实真相的究明,我们希望能证明该氏的清白,与此同时,右翼阵营必须利用这个机会自肃,朝着实现昭和维新的宿愿一路迈进"。1976年2月14日,犹存社、日本民族俱乐部、民族革新会议等团体在九段会馆召开"爱国者紧急时局恳谈会",他们故意混淆黑白,把洛克希德事件同共产革命联系起来,发表声明称"在洛克希德里有共产党的秘密组织,是国际共产主义的世界革命魔手的运作,所以对儿玉之举不能庇护,我们反对共产主义,而儿玉却当上共产党的帮凶","真正的爱国者不能爱钱,儿玉不是真正的右翼,是个假货色","儿玉给人的印象是全日本右翼的领导者,这与事实不符"。[①] 会后,"恳谈会"还派代表将声明文送到儿玉的私宅。右翼巨头田

---

① 木下半治:《日本のファシズム》,国書刊行会,1977,第193~195页。

中清玄、笹川良一甚至劝儿玉"应该像武士那样承担责任","像武士那样剖腹自杀"等。还有人把剖腹劝说书直接送到儿玉的家中。总之,这一事件的发生使右翼震动,民间齿冷。一位演员(前野光保)竟效仿战争时期的神风队员,驾驶着轻型飞机,高呼"天皇陛下万岁"直冲儿玉的私宅,结果,飞机落在私宅附近爆炸。儿玉派与反儿玉派还因此发生过械斗,3月9日夜,儿玉派的"交和青年队"同反儿玉派的"菊守青年同盟"展开了一场混战,直至警方出面干涉才告收兵。

无论右翼如何千方百计地在洛克希德事件中洗清自己,儿玉的卑劣行为毕竟把右翼以往高举的"民族主义"、"爱国主义"等冠冕堂皇的招牌击个粉碎,使右翼痛感面临新的危机,所以,右翼运动也出现一时的低潮。但是,右翼又是日本社会特有的"不死鸟",一有机会就能复苏,这是日本特有的政治、社会土壤孕育的结果。有学者评论道:"日本的土壤含有使右翼或儿玉之流复苏的特殊成分,和过去的日本产生过儿玉这样的人一样,未来的日本还必然产生新的儿玉"。①

顺便提及,进入70年代以后,随着日本经济的腾飞,右翼团体的活动经费已经不像战后初期那样拮据,甚至有些右翼头目已经富甲一方。右翼经费的主要来源有三个渠道:一是党费(会费)收入,二是创办杂志、报纸的收入,三是官方和民间企业的赞助(日本称作"献金")。据保守统计,截至1980年,128家右翼团体年总收入达28亿6400万日元,其中年收入99万日元以下者占40%左右,有33%的团体年收入在99万到999万之间,27%的团体年收入在1000万日元以上,还有国际胜共联合、生长之家、玉置会、大日本菊水会等4家团体年收入竟在1亿日元以上。另外,在总计28亿多日元的收入中,属于献金性质的款项达18亿之多,占总收入的63%。其中,三菱银行、第一银行、野村证券、电器化工、大和证券、住友银行、川崎重工、三井银行、东海银行、三井金属等几十家大会社都在献

---

① 木下半治:《日本のファシズム》,第214页。

金榜上有名，另外还有众多的中小企业，也对日本各右翼团体"孝敬"有加。①

需要指出的是，所谓企业的"献金"并不一定是情愿的，有些是带有敲诈勒索的性质。神奈川县有一家百货公司，违反了卫生法运送食品的规定，被某一右翼团体获知，立即出动街宣车到街头和该商店周围大肆张扬，用高音喇叭呼喊"某某商店是食品中毒的祸首"，"诸位，吃这家的东西不怕吗！"等等。如此折腾了两个月后，该右翼团体的头目出现在商店经理的办公室里，公开提出"如若停止街宣举动请支付经费"。北海道一家右翼团体了解到某建筑会社有拖延工期等不当行为，便把街宣车开到会社社长的住宅旁，张扬该会社几年前的事故情况，鼓动"能让这样的会社承包工程吗！""恶德业者，滚出来！"等。他们每天出动，连续闹了30天才向社长摊牌，以建筑会社在他们的杂志上刊登广告为名收取"广告费"，② 无异于敲诈勒索。1998年1月19日，正气塾出动街宣车围在千叶县铫子市信用金库门前狂呼乱叫，声称该家银行是"恶德金融机关"。之后，派两名成员闯进银行，强迫银行支店长购买两册正气塾发行的小册子，当然价格不菲，支店长只好乖乖掏钱了事。同年1月28日，日本青年社山形本部长闯进某建筑会社，向社长递上自己的名片，强迫其"购买"该社的股票，并声称"可以轻易地搞跨这家会社！"③ 1997年5月和6月间，大日本玉政会出动街宣车分别攻击东京读卖新闻社和自民党同志会，然后进行恫吓勒索，要求对方拿出800万日元了事，还威胁说，"如果报警生命不能保障"。④ 1998年6月18日，菊樱政真馆以"业务失误"为名，多次对琦玉县某邮局的工作人员进行威胁，要求邮局必须为他们的团体提供"赞助金"。1998年10月24日，大行社中央本部长率领街宣车围攻神奈川县某高尔夫球场，因为该球场是租用县厅公用地，街宣车开动高音喇叭狂叫"返还县公地！向市民

---

① 堀幸雄：《戦後の右翼勢力》，第210~216页。
② 前田耕作：《右翼情勢の展望》，《治安フォーラム》1998年3月号，第65、66页。
③ 源正義：《平成10年中主要の右翼事件》，《治安フォーラム》1999年3月号，第35页。
④ 同上，第35页。

谢罪！除草剂污染了环境！"等等，最后向球场方面宣称，"解决的方法唯有出钱了事，不然有你们好看！"① 可见，日本右翼势力的敛财方法同暴力团没有什么两样，日本社会各界评论他们是"右手街宣车，左手领取书"。② 据日本律师联合会调查，仅1995年7月至8月间，被调查的5894家企业中，有3076家回答受过右翼团体的威胁，其中有804家不得已出了"血"，涉案件数2035起，占被调查企业的26%。③

日本右翼忧国义塾的街宣车

右翼团体敲诈勒索企业的又一手段是强迫企业订购他们的机关志、报纸等刊物，如不订购就报以"颜色"。再就是以"环境保护"、"收回北方领土"、"研究教育问题"等公益事业为由，强迫企业资助"宣传费"、"启动费"等。1997年9月5日，大日本革新党、爱国党等20余家右翼团体组成一个"保卫言论、出版、结社自由会"，抗议警察当局制止企业订购右翼的机关刊物，向警视厅呈递抗议书，声称警察当局"侵害了宪法保护的言论出版自由"，"该当滥用职权罪和威力妨碍义务罪"，并向检察机关提出诉讼，还开动街宣车到处演讲抗议，煽动和影响不明真相的群众。④

---

① 源正義：《平成10年中主要の右翼事件》，《治安フォーラム》1999年3月号，第35、36页。
② 前田耕作：《右翼情勢の展望》，第66页。"领取书"即收据、发票。
③ 同上，第66、67页。
④ 同上，第69页。

另外，也有一些右翼团体经营企事业，如犹存社的本州造纸、日本青年社的户田建设、爱国造士馆的日本信贩（电话通信贩卖业）、青年自由党的东日本建设会社等。

所以，儿玉誉士夫与洛克希德事件有染也就不足为怪了。

第三节　右翼对《韩日基本条约》及领土争端的负面影响

一　《韩日基本条约》的签订及其波折

1960年4月，李承晚内阁垮台，接替的张勉内阁与日本再开第五次谈判，但谈判尚无结果时张勉内阁又被张都瑛内阁取代。1961年5月，朴正熙发动军事政变掌握了政权，为了解决韩国的经济困难，从1962年开始，在韩日双方同意将领土问题搁置的前提下，展开了韩日间的第六次谈判。到1965年6月，韩日发表共同声明，签订了《韩日基本条约》，韩方宣布放弃赔偿请求权，日本无偿提供3亿美元，外政府借款2亿美元，提供民间贷款3亿美元。另外，日本承认韩国是朝鲜半岛唯一合法政府，承认在日韩国人的法律地位，对韩经济援助，展开文化合作和交流等。韩国放弃李承晚时代的渔业禁区。

尽管《韩日基本条约》签字，但是，日韩（朝）之间的问题并没有得到根本解决。第一，日本援助5亿美元（有偿或无偿）是以"经济援助"为名。日本认为韩国没有参加旧金山会议，不属于战胜国的行列，所以没有赔偿请求权。这样，日本对朝鲜的殖民统治、强制慰安妇、强制劳工等问题根本没有解决。所以从1990年开始，韩国（朝鲜）人伤害赔偿诉讼案件层出不穷。

第二，日韩条约虽然宣布1910年8月22日日韩合并前的条约、协定等无效，但是，双方各有各的解释。韩国认为，《日韩合并条约》在当时就是无效的，是日本强加给韩国的非法条约。但日本认为《日韩合并条约》在国际法上是有效的，只是到了1948年韩国成立后才算无效等。总之，由于历史问题的鸿沟以及领土的争端，日韩（朝）间历史与现实的芥蒂或瓜葛依然存在。比如，在日韩合办世界足球锦标赛期间，围绕着日本平成天皇访韩问题，日本右翼极力反对，大东塾的《不二》杂志发表言论称，"韩国的治安极其危险，负责警卫的人有可能改变目标向天皇开枪，北朝鲜也可能派遣工作员威胁天皇"，"北朝鲜是异常国家，其体制一点也没有变。不知有多少北朝鲜的特殊工作部队潜入到韩国国内，一声令下他们都会舍得性命。所以只能等到韩国和北朝鲜的不幸关系结束，成为一个统一国家才能访韩"。[1] 韩国总统金大中访日时曾特意邀请平成天皇访日，金大中认为，韩国与日本是近邻国家，天皇没有访问过韩国"非常不自然"。但遭到绝大多数右翼团体的坚决反对，大化会发表言论称，天皇之所以不能访韩，"是韩国对日本的态度所致"。[2] 还有评论称，"许多右翼团体出动若干台街宣车，大声播放军歌，对路上的车辆叫骂'巴嘎牙路'、'让开'等，与他们在自家报纸上宣扬的主张显著剥离，今后，右翼阵营如果想让人们理解或赞同他们的主张，是否有必要改变一下日常的运动方式？"[3] 可见，右翼势力对恢复和改善日韩以及日本同亚洲各国的关系不仅不能起到促进作用，相反，只能产生干扰大局、破坏和解的负面影响。

第三，历史问题的纠葛并没有因为条约的签订落下帷幕，相反，直到今天，历史问题仍然成为日韩、日朝之间难以弥平的深刻隔阂，只要日本社会不诚挚地道歉谢罪，不彻底解决战争遗留问题，历史问题将继续成为影响日本同朝鲜半岛国家关系的不稳定因素。

第四，日本在基本条约中承认韩国是朝鲜半岛唯一合法政府，排斥朝鲜的事实存在，加剧了南北分裂的局面。至今，朝鲜仍然与日本处在对立状态之中。而且，《韩日基本条约》的签字，意味着美、日、韩三角关系的建立，引发韩国青年学生和知识分子强烈的反对朴政权运动，韩国社会出

---

[1] 木元守：《最近の右翼の動向——北朝鮮、韓国に対する動向》，《治安フォーラム》2000年7月号，第50页。
[2] 同上，第50页。
[3] 同上，第50页。

现了动荡。韩日谈判期间的 1964 年 3 月 24 日，首尔各大学的学生 4000 多人涌上街头，强烈要求韩国代表立即回国终止谈判，并喊出"打倒新帝国主义"、"美国不要插手韩日会谈"、"打倒朴政权"等口号。这次示威活动一直持续到当年 6 月初，当局甚至出动坦克、空降兵镇压学生运动。[①] 基本条约签字后，针对日方对《日韩合并条约》的歪曲理解，以及对殖民统治责任的暧昧态度，韩国又爆发了大规模的反对活动，一些大学生还掀起了绝食运动，首尔大学有 185 名学生愤然绝食而晕倒。[②] 1965 年暑期，韩国政府决定派兵越南，如同火上浇油，大学生又掀起激烈的反对运动。当局出动武装部队占领高丽大学，驱散学生，逮捕进步人士，解散进步团体，才把这场波及朴政权的学生运动镇压下去。

二 右翼势力在领土主权问题上屡生事端

1945 年 8 月 9 日，苏联红军对日宣战，出兵中国东北，一举击溃了不可一世的日本关东军，加速了日本军国主义的灭亡。因此，右翼势力把 8 月 9 日视为耻辱日。1954 年 8 月 9 日，大日本爱国党总裁赤尾敏召集防共新闻社、大日本国民党等右翼团体在东京新桥站召开"灭共反苏国民大会"，赤尾敏在会上称，"（8 月 9 日）这一天的仇恨是不应忘记的"。[③] 会后，与会人员张扬日之丸旗，分乘汽车涌向苏联驻日本代表部（当时尚未恢复邦交），并强行闯进苏联代表部建筑物内，狂叫着要面见苏联代表。此后，右翼把这一天的行动称为"第一次反苏集会"，并把 8 月 9 日定为"反苏（俄）示威日"，每年的这一天，各右翼团体都要召开"灭苏（俄）反共国民大会"，然后举行大规模的示威游行，围攻苏联（俄罗斯）大使馆。大日本爱国党还在机关报《爱国新闻》上刊载文章称："日俄交涉的第一要务，不是日本要同俄国进行一场战争，而是指责俄国单方面破坏条约属于军事

---

① 徐仲锡：《韩国现代史 60 年》，朱杖、孙海龙译，民主化运动纪念事业会（首尔），2007，第 105、106 页。
② 同上书，第 108 页。
③ 岩野良夫：《領土問題と右翼》，《治安フォーラム》2001 年 1 月号，第 31 页。

侵略行为，必须明确地表示诚意的谢罪。接下来是唤起我国民，理所当然地归还我北方领土——齿舞、色丹、国后、择捉。再下一步是归还南桦太（南库页岛）和整个千岛群岛"。① 1981年1月6日，日本政府（铃木内阁）通过一项内阁决议案，决定把1855年日俄签订《日俄通好条约》的2月7日定为"北方领土日"，因为在《日俄通好条约》中，俄国承认日俄的国境线在择捉岛和得抚岛之间，意味着承认择捉岛以北的四岛（齿舞群岛、色丹岛、国后岛、择捉岛）属于日本。右翼势力对政府决议十分赞赏，自诩确定"北方领土日"是"右翼运动的结果"。② 从此每逢2月7日和8月9日，一些右翼团体都要出动街宣车涌向苏联（俄罗斯）大使馆举行"反苏（俄）集会"，"大型的街宣车把大使馆周围的道路阻塞，高音喇叭喧嚣，这样的做法根本得不到国民的赞同"，"由于噪音暴力和交通阻塞，一般市民都不能理解"。③ 1994年2月8日凌晨，一伙右翼暴徒向札幌市的"日俄友好会馆"投掷发烟筒，并砸坏了会馆的玻璃橱窗。2000年9月3日至5日，俄罗斯总统普京访问日本期间，各右翼团体连日举行示威游行和讲演抗议活动。9月4日，日本全爱会议联合其他右翼团体，以"夺回北方领土共斗会议"的名义出动250多辆街宣车，分别到俄国大使馆、国会议事堂以及市区主要街道进行大规模的示威游行，东京城内到处可见右翼的街宣车，高音喇叭喧嚣不止，要求俄国"立即返还北方领土"、"俄国人立即从南桦太（南库页岛）和千岛群岛撤出去"、"俄国必须向西伯利亚抑留者谢罪"等。④

右翼势力在中国领土钓鱼岛问题上也扮演了破坏中日关系、践踏中国主权的卑劣角色。有充分的史料证实，早在明代时中国人就发现了钓鱼岛，并开始在岛屿及附近海域从事各项生产活动，同时正式纳入中国的海防区

---

① 木元守：《北方領土の歴史と右翼の取組み動向》，《治安フォーラム》2000年11月号，第46页。
② 岩野良夫：《領土問題と右翼》，《治安フォーラム》2001年1月号，第33页。
③ 木元守：《北方領土の歴史と右翼の取組み動向》，第48页。
④ 岩野良夫：《領土問題と右翼》，第34页。"西伯利亚抑留者"指日本投降后被苏联红军押解到西伯利亚充当劳役的数十万日本关东军官兵。

域之内。包括一部分尊重历史的日本史学家经过考证也证实钓鱼岛主权的确属于中国。① 中日恢复邦交时，中国政府从大局考虑，建议将钓鱼岛归属问题搁置，"待日后解决"。中方的建议得到了日方的认可。此后，中国政府严守承诺，从未进入钓鱼岛。然而，日本早从1968年7月，得知钓鱼岛海域蕴藏有丰富的石油资源后，就以"冲绳问题委员会"的名义，由专员高冈大辅、东京水产学校教授新野弘、八重山巡警平良浩繁等44人组成"尖阁列岛视察团"，在当局的支持下迫不及待地集体登岛。这以后，日本政府又资助多个"调查团"侵入钓鱼岛及其附近海域，并在岛上竖起水泥铸的"主权标"，主岛（钓鱼岛）的水泥柱正面写有"八重山尖阁群岛鱼钓岛"，背面写有"冲绳县石垣市登野城2392番地，石垣市建立"的字样。另外还立有一根大理石石柱，写有"八重山尖阁群岛"及八个海岛（岛礁）的名称，分别是鱼钓岛、久场岛、大正岛、南小岛、北小岛、冲南岩、冲北岩、飞濑礁。② 1969年11月，佐藤访问美国与尼克松发表《联合声明》，其中的"台湾条款"无异于为右翼势力鼓劲打气，右翼在钓鱼岛问题上越发活跃起来。冲绳地方当局以及海上防卫厅不断出动巡警和海上自卫队，扣押或驱逐台湾渔民渔船，甚至开枪恫吓。更有甚者，1972年，日本政府发表了《关于尖阁列岛领有权问题的统一见解》，坚持对钓鱼岛的领有权，各家媒体随之行动，连篇累牍地发表言论，更使右翼空前活跃。一些右翼团体频繁出动街宣车到中国中日贸易备忘录办事处狂呼乱叫，还在东京等大城市巡回讲演，利用民族主义情绪煽动不明真相的国民，"誓死捍卫尖阁群岛主权"。

从1972年5月开始，右翼团体爱国青年联盟的成员悍然登上钓鱼岛，在岛上揭起日之丸旗。③ 1978年8月，日本青年社骨干卫藤丰久（后任会

---

① 井上清：《钓魚列島（"尖閣列島"等）の歴史と帰属問題》，《歴史学研究》第381期，1972年。
② 孙立祥：《战后日本右翼势力研究》，第398、399页。
③ 間行棚：《尖閣諸島問題をめぐる右翼等の動向》，《治安フォーラム》2001年1月号，第30页。

长）率领 8 名队员再次登岛，在钓鱼岛上建起灯塔。这以后，青年社每年数次派队员登岛，进行灯塔维修，更换电池等。冲绳右翼团体"尖阁诸岛防卫协会"也多次组织人员登岛，竖立木制的日之丸旗。1979 年 5 月，日本政府出动舰船将器材和人员送到岛上，建起了临时直升飞机场。1988 年 6 月，日本青年社成员再次登岛，对十年前的灯塔进行全面大修。两年后的 1990 年 9 月，日本海上保安厅宣布，根据航路标识法承认日本青年社在岛上修建的灯塔为"正式航路标志"。① 1996 年 7 月，青年社的 7 名成员再一次登岛，在钓鱼岛的北小岛建起一个高 5 米、利用太阳能发电的铝合金灯塔，发光可传射到 30 米开外。不久，该标识也被海上保安厅批准为正式标识。然而，该灯塔不久因风暴破损。当年 9 月，青年社成员再次登岛维修，废弃了原来的灯塔，再建一个太阳能灯塔。日本青年社还制作了关于"尖阁诸岛之经纬"的网页，内称，"为了实际管辖尖阁诸岛，昭和 53 年（1978 年）8 月在钓鱼岛上建设了灯塔，此后为维修检查灯塔，每年 1～2 次登上钓鱼岛，前后已登上钓鱼岛和北小岛 30 余次"。② 1997 年，中日两国迎来恢复邦交 20 周年，在这值得纪念的一年，日本青年社又派队员登上钓鱼岛的北小岛，再次挑起侵犯中国领土的事端。2000 年 4 月，青年社竟派员在钓鱼岛建立起神社，当中国政府进行严正交涉时，日本外务省官员竟表示，在钓鱼岛建立神社是"合法"的，因为钓鱼岛是"日本领土"。③

右翼势力在钓鱼岛的频繁活动也"激励"了右翼政治家。1996 年 8 月，石垣市议会议长以"视察"为名率 4 名议员登上了钓鱼岛和北小岛。1997 年 9 月，该市议会的两名议员再次登岛。1997 年 5 月，国会议员、"鹰派"人物西村真悟和大阪市议员仲间均等 4 人登岛，竟然在岛上张扬起日之丸旗，拍照留影，甚至搞起"慰灵祭"活动，制造了又一起日本政治家践踏中国领土主权的事端。1997 年 9 月，在日本总理桥本龙太郎访华期间，西

---

① 間行棚：《尖閣諸島問題をめぐる右翼等の動向》，第 31 页。
② 同上，第 31 页。
③ 孙立祥：《战后日本右翼势力研究》，第 406 页。

村又率领 15 人准备再次登岛，由于所乘船只不耐海上的风浪，只得中途返回。① 然而，就是这样一位人物，后来竟当上了防卫厅政务次官。一次，有记者采访他，问道："现在您当了防卫厅政务次官，可以堂堂正正地策划登（钓鱼）岛了吧？"西村回答："必要时我会去的。不过，现在比起登钓鱼岛来，倒是去光顾六本木（东京繁华区，也是防卫厅所在地）的红灯区更难了"，"不过，那是日本的领土，通过外交解决不了的话，还有我们防卫厅呢"。

当采访者又问他作为政务次官，最想干的事是什么时，西村干脆回答："不管当不当政务次官，作为政治家，毕生的工作就是创建国军"，"把它推向全世界，把'大东亚共荣圈'、'八纮一宇'推广到全球。我是民族主义者，我认为不是民族主义者就没有当政治家的资格"。

西村信口开河，越说越离谱，竟然鼓吹日本要发展核武器，他说："一些政治家讲什么'不持有攻击性的武器'，不具有攻击能力的武器是什么？那不成了（儿童玩的）唎水枪了吗！""核武器这东西，只要双方都持有，核战争才不会发生。相反，没有核武器的地区才是最危险的，所以说日本最危险。我认为日本最好也应持有核武器，这个问题国会应该议论"，"核可以说是一种具有抑制力的东西，好比强奸，如果对强奸没有任何处罚，包括我自己在内，人人都会成为强奸犯。但是，正因为处罚具有抑制作用，才不会发生那样的事。如果周边国家将中程导弹对准日本的大城市，我们到底应该做些什么？我认为现在日本国会已经到了讨论这个问题的时候了"，"行使集体自卫权的道理实际上就是'男人搭救正在被强奸的女人'，换句话说，所谓征服，就是'排除被征服国家的男人，然后强奸他们的女人，让她们为自己生孩子'。反过来说，我们的国防就是'防止我们喜爱的大和（日本）淑女遭他国男人的强奸'"。② 西村的"强奸理论"真是令人目瞪口呆，从中也暴露了部分"鹰派"政治家试图以武力手段解决领土纠

---

① 間行棚：《尖閣諸島問題をめぐる右翼等の動向》，第 32 页。
② 保阪正康：《戦後政治家暴言録》，中公新書，2005，第 54、55 页。

纷的真实心理。

在领土纠纷的争议之中,右翼势力无疑是阐明日本当局立场和态度的别动队。2000年10月12日,朱镕基总理对日进行友好访问期间,全爱会议关东协议会出动70多辆街宣车展开"抗议示威"活动。当朱总理到兵库县访问时,兵库县神户市的右翼团体连续两天出动街宣车进行鼓噪捣乱,除了狂呼乱叫"中国必须放弃领有我国固有领土尖阁诸岛的主张"之外,还要求中国"撤回捏造的南京大屠杀史观"等等。① 右翼势力的胡乱行为有时也使日本接待当局颇感尴尬。有文章称,(当外国领导人到来之际)"右翼反反复复地出动街宣车,高音喇叭的声响恐怕不会取得市民的共感,即使他们的主张有多少正当也不会得到评价,相反只会引起反感"。②

在领土问题上,日本和韩国之间还有个"独岛(竹岛)纠纷"问题,也是日本右翼运动的重点之一。早在1953年9月,韩国就派兵占据了独岛(竹岛),此后,韩国政府一直采取强硬态度和措施,禁止日本渔民进入该海域捕鱼,否则予以扣留或拘押。这使日本当局和各右翼团体如鲠在喉,多次对韩"抗议"或交涉,千方百计欲夺回竹岛(独岛)的占有权。但事态的发展并不如日本当局和右翼所愿,韩国不仅向独岛(竹岛)派驻了警察部队,移住了居民,还修筑起防洪堤。1984年9月,在韩国总统全斗焕计划访日之前,右翼团体活跃起来,他们四处散发小册子,呼吁国民夺回竹岛(独岛),甚至在高松机场制造一起开枪乱射事件。1996年7月,右翼得知韩国在岛上修建防洪堤,一伙暴徒竟驾驶汽车冲击了韩国驻日本大使馆。11月7日,当防洪堤全部竣工的第二天,"皇国宪政党"成员又向韩国驻大阪总领事馆投掷燃烧瓶,并高喊"竹岛是日本领土!"③ 2000年9月22日,韩国总统金大中访日,在静冈县热海市与日本高层会晤,静冈的右翼团体在市内大肆活动。全爱会议关东协议会也在东京都内出动50余辆街宣

---

① 岩野良夫:《領土問題と右翼》,《治安フォーラム》2001年1月号,第37页。
② 同上,第38页。
③ 源正義:《平成9年中の主要右翼事件の概要とその背景》,《治安フォーーラ》1998年5月号,第49页。

车配合。这些人除了主张夺回竹岛（独岛）外，还强烈反对平成天皇访问韩国，认为天皇访韩是置天皇于"危险境地"；反对在日韩国人参政；反对政府对韩国的"软弱外交"等。①

日本政府在竹岛（独岛）问题上也持强硬立场，多次对韩交涉要求测量竹岛（独岛）海域。2006年4月，时任外相的麻生太郎在众议院表示，如果韩国向国际会议提交有关给独岛海域冠以韩国名称草案的计划，日本将"不得不"展开勘测计划。又宣称，"将根据日韩谈判的结果，决定是否中止勘测计划"。而韩国的回复更是强硬，韩国外交通商部第一次官柳明桓表示，"即使动用武力，也要阻止日本勘测独岛周边海域"。②

2008年7月，围绕独岛（竹岛）的归属问题，韩日之间又爆发了更大的纷争，缘于日本教育部门在官方发行的《学习指导要领》中明确标明竹岛（独岛）是日本领土，激发韩国国民的抗议和游行示威，韩国驻日本大使也奉命回国述职，再度酿成日韩之间的紧张局面。

第四节　中国对日政策的演变与佐藤内阁敌视中国的政策

一　"廖高贸易协定"的签订

1960年7月，池田勇人接替岸信介登台组阁，为了平息安保斗争以来群情激愤的民众反战和平运动，池田内阁采取"低调处理"的方针，提出一个"国民所得倍增"的十年计划，旨在把国民的注意力引导到经济主义上来，加快日本现代化建设的步伐，进而把日本建设成为一个经济大国。因此，池田对发展中日贸易表现出比较积极的态度，上台不久就表示，"我在六七年前就主张与中共友好相处"，"如果不涉及是否承认中共的问题，我想促进两国间的对话还是可以的。在贸易上，我还是希望在日中间采取

---

① 岩野良夫：《領土問題と右翼》，第36页。
② 《韩国高官称即使动武也要阻止日本》，人民网，2004年4月22日。

积累方式进行"。① 7月26日，他的外务大臣小板善太郎也对外宣称，日本在坚持与西方国家密切合作的前提下，"也希望与所有国家包括大陆中国建立友好关系"。②

鉴于池田内阁开展中日贸易的积极态度，中国政府不失时机地提出务实的对日"贸易三原则"，即政府协定、民间合作、个别照顾。7月29日，中华全国总工会主席刘宁一率代表团出席第六届禁止原子弹氢弹和争取全面裁军世界大会，在日期间，刘宁一向日本社会各界阐明了中国政府和人民坚持不同社会制度可以和平共处的主张，希望日本当局放弃敌视中国的政策。这以来，中日之间各层次的双向交流逐渐展开，先后有日本和平委员会、亚非团结委员会、日中友协、日本青年民主同盟、日本话剧团、日本工商妇女团、铁路工会代表团等组织和团体访华，周恩来等政府领导人接见了来访的日本友好人士，基本结束了长崎国旗事件以来中日交流中断的局面。1960年10月，日本经济界著名人士高崎达之助率日本实业代表团访华，周恩来与高崎一行进行了务实友好的会谈，并诚挚地重申了改善中日关系的起码条件：希望中日两国不再相互敌视；中国承认日本，日本不应追随美国搞"两个中国"的阴谋；不应阻碍中日两国向正常化方向发展。高崎也表示"愿为消除遮盖在中日关系上的乌云而努力"。③ 转过年，日本经济友好代表团访华，周恩来在接见代表团时释放出十分的善意，希望中日双方都应该向前看，中日之间应该世世代代友好下去。1962年9月，中国政府又以周恩来、陈毅的名义主动邀请日本友好人士、自民党顾问松村谦三访华，经过双方友好会谈，议定成立以廖承志和高崎达之助为代表的两国间联络机构，并发表了会谈纪要。当年10月，高崎达之助率领由政治家、经济界人士组成的大型代表团来到中国。双方签署了《中日长期综合贸易备忘录》，商定每年进出口贸易总额为1亿美元左右，并决定分别在两国设立廖承志和高崎达之助事务所，以及在对方国家设立联络机构，中日

---

① 史桂芳：《战后中日关系（1945~2003）》，当代世界出版社，2005，第88页。
② 张蓬舟：《中日关系五十年大事记》第五卷，文化艺术出版社，2006，第50页。
③ 同上书，第55页。

之间的备忘录贸易正式拉开帷幕，简称"LT贸易"。

"LT贸易"协定签字后不久，中国进出口公司与日本仓敷人造丝会社签订了成套维尼纶设备合同，并采取日本输出入银行贷款和延期付款的方式，打破了日本历届政府不向社会主义国家提供此类优惠的限制，为中日关系的改善迈出了可喜的一步。到佐藤荣作登台组阁及中国爆发"文化大革命"之前，中日之间呈现出全方位、多层次的双向交流、务实合作、扩大贸易、促进恢复邦交的新局面。其代表性标志诸如廖承志办事处和高崎办事处分别在对方国家设立，中国成立以郭沫若为名誉会长、廖承志为会长的中日友好协会，中日民间贸易额创历史新高，石桥湛三、松村谦三、西园寺公一等一批力促中日恢复邦交的政界人物多次访华，中国政府释放所有在押的日本战犯等。

中日关系之所以呈现友好发展的势头，除了池田内阁致力推行经济主义政治，局部调整对华关系，希图通过发展日中贸易以促进日本经济腾飞等原因外，从中国的角度分析，更有值得总结和借鉴的成功经验。是时，中苏之间已经从盟友关系转变成对立对抗，而美国则继续推行对华经济封锁政策，中国国内又经历了"大跃进"失败、连年自然灾害、国民经济衰退等一系列挑战，在复杂险恶的国际环境面前，中国党和政府有意识地调整了意识形态取向的对外政策，提出了"中间地带"的理论，即美苏两霸中间的国家和地区，包括反对美国、苏联控制的西欧、东欧部分国家，以及亚、非、拉等经济落后国家。日本则属于"中间地带"国家之一，可以与其发展友好关系。事实证明，这一理论在外交方针上的运用，对于扭转中国的国际孤立的被动局面，全面贯彻和落实"和平共处五项原则"，最大限度地团结一切可以团结的力量，打破美苏对中国的经济封锁起到了显而易见的作用。

二 佐藤内阁敌视中国的政策与中日关系的倒退

1964年11月，岸信介的弟弟佐藤荣作上台组阁，直到1972年中日恢复邦交，执政达7年之久，是日本战后历史上执政时间最长的内阁总理。出于顽固的政治立场，佐藤上台伊始就抛出一条积极追随美国、亲台反共的路线，成为日本"台湾帮"的第二代帮主。反映在中日交流和贸易关系上，佐藤内阁采取处处设阻、事事刁难的蛮横政策，千方百计把中国的友好情谊拒之门外。如1964年11月，佐藤刚刚上任不久，就以"有害日本的利益和治安"为由，拒绝以彭真为首的中共代表团赴日参加日共第九次代表大会。之后，佐藤政府多次拒绝中国各友好团体、经贸机构的赴日签证，甚至阻挠日本青年参加双方议定的中日青年联欢交流活动等。1965年，中日合同贸易签署的第二套维尼纶设备合同，也由于佐藤内阁拒绝池田内阁时期实施的日本输出入银行贷款方式而作废。更有甚者，1966年10月19日，中国经济贸易展览会在名古屋开幕，一小撮右翼暴徒冲进会场捣乱，甚至投掷燃气瓶，破坏正常展览活动的进行。中国方面义正词严地向日方提出抗议，但右翼暴徒的气焰丝毫没有收敛，相反愈发疯狂。10月22日，200多名右翼暴徒乘坐20余辆街宣车闯进展览会的广场，高音喇叭狂呼乱叫反华口号，公开污蔑中国政府领导人，捣毁日本协作组织的宣传车窗，还打伤20多名工作人员。而这一切暴行都是在日本警察的眼前进行。当日晚，右翼暴徒故技重演，冲到展览会址寻衅滋事，殴打工作人员，直至被愤怒的日本友好人士和观众斥责，并组成人墙阻拦，右翼暴徒才算作罢。

由于佐藤内阁敌视中国的政策使然，中日关系倒退到岸信介时代。另一方面，中国国内正处在"轰轰烈烈"的"文化大革命"阶段，包括外交活动在内的一切正常秩序均受到冲击。甚至连外交部长、外事机构都被淹没在大批判的声浪之中，"LT贸易"的中方负责人廖承志也"靠边站"。1967年末，为期5年的"LT贸易"到期，中国鉴于各方面的原因，决定不再续签此类长期贸易协定，改为一年一签的短期贸易形式，廖高办事处也因此更名，中日之间的经贸活动陷于低潮。

不能否认的是，中日关系的低潮与佐藤内阁敌视中国的政策密切相关，但中国"文化大革命"的极"左"思潮对中日关系的冲击也是不应忽略的因素。反映在处理棘手的对日关系或事件时，不可避免地存在偏激、片面和缺乏客观把握的缺憾。尤其是在"反帝反修"、"世界革命"、反对"三和一少"等激进的政治口号下,外交工作忽略了以国家利益为第一要义的宗旨,甚至卷进不切合实际的意识形态的论争。如在与日共的关系上,在中苏关系破裂、许多资本主义国家共产党组织转向议会斗争的现实状况下,过分强调无产阶级革命和阶级斗争,指责和批判日共为"修正主义",使一部分亲苏的日共成员加入到反华排华的行列,甚至成为制造反华事件的骨干力量,这都是值得反思和记取的。

三 "台湾帮"第二代掌门人佐藤荣作及其右翼的反华亲台活动

岸信介下台以后,其后任首相池田勇人尽管从本质上依然继承了岸信介的"政经分离"的方针,但是,池田提出的"国民所得倍增计划"使他不得不更清醒、谨慎和务实地处理同中国的关系。1963年9月19日,他对来访的美国赫斯特报系总编辑说,"台湾的反攻大陆政策,没有根据,近乎幻想"。为此,蒋介石颇为恼火,称池田有"虚骄的自负心理",[①] 日台关系因此一度出现危机。1964年11月,岸信介的胞弟佐藤荣作上台组阁,除继续奉行"政经分离"和制造"两个中国"的政策外,在仇共反华问题上完全继承了乃兄岸信介的衣钵,甚至走得更远。佐藤的周围不乏"台湾帮"的骨干,自民党国会议员中也有相当数量的"台湾帮"强硬分子,诸如石井光次郎、椎名悦三郎、船田中、贺屋兴宣、滩尾弘吉等人。其中,佐藤荣作与"台湾帮"的骨干、"日本遗族会"会长、元老级的右派政治家贺屋兴宣关系非凡,直接影响着其敌视中国、亲近台湾的政治立场。另外,1972年成立的"青岚会"成员中川一郎、石原慎太郎、中尾荣一、滨田幸一、玉置和郎、藤尾正行等人,也都是从佐藤时代"出类拔萃"的。"台湾帮"的第二代掌门人佐藤荣作上台伊始,就公开发表了鼓吹"两个中国"的言论,他说:"中国也重要,国府也重要。国府虽小,但是联合国的常任理事国。信守国际信义岂能无视这一点。站在国际信义的观点上必须信守这一点……与中国大陆进行贸易与人员交流,交流归交流,但不能进一步以中

---

① 陈奉林:《战后日台关系史》,第176页。

国和国府相替代"。① 1967年9月初，佐藤出访台湾，成为继岸信介后战后第二位访问台湾的日本总理。在与蒋介石的会谈中，佐藤对中苏关系的破裂幸灾乐祸，认为"中苏对峙可以减轻日本西方与北方的压力"，并希望蒋介石集团能够在争取美国归还冲绳问题上助言。蒋介石对佐藤来访予以高度评价，在联合公报中称，"两国鉴于中日之间传统友谊关系，在政治、经济、文化方面日臻密切，感觉满意，并同意两国间继续此项合作"云云。佐藤也表示，"此次亲善访问，是为了理解相互的历史与文化，以友好的气氛进行会谈，增进两国的友好和理解"。② 1969年11月，为了尽快解决冲绳归还问题，佐藤率一干人等访问美国，与尼克松进行了多次会谈，在《尼克松-佐藤联合声明》中，除了涉及冲绳归还等问题外，还特意插进我国台湾和韩国条款，其中有，"（日方强调）美军在远东地区的存在是维持地域安定的强大支柱……双方特别关注朝鲜半岛依然存在的紧张状态，日方极高评价联合国对维持朝鲜半岛和平做出的努力，认为韩国的安全对于日本的安全至关重要"。同时，日方认为"维持台湾地域的安全与和平是日本安全的极重要的因素"，"冲绳的归还，不应影响美国承担和实施包括日本在内的防卫远东各国的国际义务"等（称之"台湾条款"）。③ 而此时的日本国内，与中国恢复邦交、断绝同台湾的外交关系的舆论已经呈现上升势头，台湾条款的插入，不仅说明佐藤政权的"亲台情结"，也反映了佐藤之流继续敌视大陆中国的固执心理。他却没有料到，在《尼克松-佐藤联合声明》发表后的八个月，尼克松竟踏上访问中国的路程，这无异于向日本执政当局的头上敲一闷棍。然而，佐藤依然我行我素，本来应该水到渠成的中日恢复邦交一直拖延到田中角荣内阁成立才得以实现。

由于佐藤敌视中国的顽固立场，在他任期内的七年多时间里，中日关系较池田内阁时期大踏步倒退。诸如多次拒绝中国党政及民间代表团访日；破坏中日正常经济贸易，拒绝中国进口设备利用日本输出入银行贷款，致

---

① 陈奉林：《战后日台关系史》，第188页。
② 同上书，第202页。
③ 藤本一美、浅野一弘：《日米首脳会談と政治過程》，龙溪书舍，1994，第215页。

使几项重大贸易合同流产；干扰中国访日友好团体的正常活动，甚至动用警察非法搜查日中友好协会总部、日本国际贸易促进会，逮捕积极主张恢复中日邦交的日本友好人士等。更有甚者，自民党当局还向日本"恢复日中邦交联盟"会长藤山爱一郎祭起杀手锏，对藤山率领超党派议员联盟代表团访华，同中国中日友好协会签署关于恢复中日邦交共同声明一事，竟以其违反党纪为名，予以停职处分（缓期执行），一时被当作"政治丑剧"成为日本社会的笑柄。①

日本当局的政治态度等于给右翼势力发出信号，各右翼团体及反华势力纷纷活跃起来，掀起了一系列排华反共亲台的浪潮。除了上面提及的右翼暴徒破坏中国经济贸易展览活动外，1967年9月，日本读卖新闻社、日本"佛教传道协会"等团体不顾中国人民和日本友好人士的反对，竟然邀请西藏分裂主义头目达赖喇嘛访日，怂恿其在日本各地从事反华反共活动。1967年2月，一批反华分子在中国旅日华侨学生居住的善邻学生会馆挂上"日中友好协会"的招牌，实则进行反华反共活动，理所当然地受到中国旅日华侨学生的指责和抗议。这伙人竟然纠集大批暴徒殴打中国旅日华侨学生，造成多人受伤的"善邻学生会馆事件"。事后，这伙人竟倒打一耙，污蔑该事件为"中共暴力事件"，还发行《日本与中国》小册子，故意颠倒黑白，掩盖事实真相。1967年9月，佐藤访问台湾期间，一伙右翼暴徒在警察策应下袭击了位于惠比寿的廖承志办事处驻东京联络处，打伤我驻日工作人员、记者，故意挑起事端，破坏中日正常经济贸易关系。1967年11月，中国东方红杂技团到日本各地巡回演出，受到日本广大民众的热烈欢迎。然而，北海道一批仇华分子竟然勾结警察破坏正常演出，甚至非法绑架同他们据理力争的东京华侨总会的工作人员。1968年9月15日，"大日本爱国党"数名暴徒向停泊在冈山县水岛码头的中国货轮"新安号"挑衅，狂呼口号，攻击中国和中国共产党，激起当地民众的愤慨。进入1972年，

---

① 日本中国友好协会（正统）中央本部编《日中友好运动史》，吴晓新等译，第113、114页。

迅速恢复中日邦交的舆论已经在社会各界形成不可遏止的势头。为了挽救台湾的命运，右翼巨头笹川良一频繁往来于日本与台湾之间，煽动台湾国民党政权与"台独分子"合作，推行所谓的"国台合作"运动，鼓噪台湾各派势力联合起来共同抗御中国。当年3月，美国总统尼克松成功访华的消息刚刚传出，一部分右翼团体再也按捺不住内心的忧虑，立即出动街宣车涌到惠比寿中国中日贸易备忘录办事处（即廖承志办事处）驻东京联络处的门前，利用高音喇叭污蔑和攻击中国，狂叫"台湾不是中国人的台湾"等等，气焰十分嚣张。

　　针对佐藤政权和右翼反华势力的反共排华攻势，中国政府在团结日本对华友好的政治家、各团体和广大民众的基础上，采取及时揭露、抓住实质、孤立和打击一小撮反动势力的策略，不失时机地向日本民众和全世界爱好和平的人民传播中国政府和中国人民的正义之声。在佐藤执政时期，以《人民日报》和新华社为阵地，相继发表了一系列有分量的政论文章，诸如《佐藤政府在联合国扮演什么角色？》（《人民日报》1964年12月12日观察家文章）、《佐藤政治犯必须取消"吉田信件"》（《人民日报》1965年2月12日评论员文章）、《日本军国主义势力野心不死》（《人民日报》1965年2月19日评论员文章）、《佐藤政府反动面目进一步暴露》（《人民日报》1965年4月8日评论员文章）、《佐藤政府必须承担破坏中日贸易的责任》（《人民日报》1965年5月10日评论员文章）、《加强友谊，共同战斗》（《人民日报》1965年8月24日社论）、《在日本人民中是绝对通不过的》（《人民日报》1965年11月8日社论）、《热烈欢迎日本青年朋友们》（《人民日报》1965年11月16日社论）《日本反动派亲美反华自白书，评佐藤1月28日在国会的施政演说》（《人民日报》1966年2月4日观察家文章）、《此路不通——警告佐藤政府》（《人民日报》1966年3月29日社论）、《日本人民反美爱国斗争的新风暴》（《人民日报》1968年4月11日评论员文章）、《佐藤反华决没有好下场》（《人民日报》1968年4月19日评论员文章）、《佐藤政府反共反华，只能为美帝殉葬》（1968年8月10日新华社东京消息）、《日本军国主义复活的铁证——评佐藤政府所谓"防卫白皮书"》(《人民日报》1970年11月1日评论员文章)、《一个危险的信号》(《人民日报》1970年12月4日评论员文章)、《决不容许美日反动派掠夺我国海洋资源》(《人民日报》1970年12月12日评论员文章)、《佐藤的拙劣表演》(《人民日报》1972年3月3日评论员文章)等。另外，1966年12月12日，《人民日报》还刊登了毛泽东主席的题词："日本除了亲美的垄断资本和军国主义军阀以外，广大人民都是我们的真正朋友"。这些文章最大限度地孤立了一小撮与中国人民为敌的反华势力，注意团结和争取绝大多数的日本民众，并及时地揭露美日勾结亲台反华的嘴脸，对于提醒、启发和帮助日本民众辨明是非，认清日本当局的本质具有一定的积极意义。

第四章　新保守主义时代的右翼及其影响

第一节　中曾根内阁的新保守主义

一　中曾根康弘的"战后政治总决算"

从20世纪70年代末开始，随着日本经济大国化的实现，朝野上下掀起了一股新保守主义的思潮，主张改变1955年以来保守主义的"五五体制"，驾驶日本航船向政治和军事大国的方向航进，从此，日本进入新保守主义时代。新保守主义所代表的是超国家主义和极端民族主义的倾向和思潮，他们否定东京审判，否认战争的侵略性质，拒绝战争反省、赔偿和谢罪，鼓吹修改宪法，建立自主的防卫体制，煽动政府官员"公式参拜靖国神社"等。这一切，也就成为80年代以来右翼运动的目标和方向。

1978年12月，大平正芳上台组阁，他在施政演说时说："战后30余年，我国为了求得经济的发展，一往无前地迈进，取得了显著成果，根据我国对世界的作用和责任，必须认真地展开内外施策"。这以后，他又多次在国会上指出，"（日本）必须分担与我国国际地位相称的责任和作用"，"为了维持基本的国际秩序，我国应该负起符合其国际地位的责任，发挥其作用"。[①] 从大平口口声声强调"国际贡献"的演说中可以看出，从大平政

[①] 吉田茂：《激動の政治百年史》，日本国会年鑑編纂会，1992，第438、439页。

权开始，走政治、军事大国道路的新保守主义萌芽已经显露，也可以说是自民党政权迈向新保守主义的第一步。

1982年11月，经过铃木善幸的过渡内阁，战时曾任皇家海军军需官的中曾根康弘上台组阁，标志着新保守主义正式登场。中曾根上台伊始，就抛出了"战后政治总决算"的口号，主张清算战后以来的"经济主义政治"，促进"国际国家日本的形成"。① 其具体的战略构想和政策主张反映在以下几个方面：

一是积极承担"国际责任"，确立日本在国际上的政治大国地位。中曾根多次强调，日本正处在"重大的转换期"，日本应该"为人类的和平、繁荣做出积极贡献，在国际社会上享有名誉的地位"，"之所以提倡建设国际国家日本，是考虑到我国在国际社会上地位的提高，寄予我国的期待和要求也将增加"。② 1983年，中曾根在群马县的一次讲演中，更明确地用"政治大国"的概念取代了"国际地位"和"国际贡献"。他说，"要在世界政治上加强日本的发言权，不仅增加日本作为经济大国的分量，而且增加作为政治大国的分量"。③

二是加强日本的防卫力量，建设一个"强大的日本"。1983年1月，中曾根在访问美国时公开宣称，"日本列岛的全部或日本本土要像不沉的航空母舰那样，第一目标是必须构筑能够对抗苏联轰炸机侵入的防卫屏障；第二目标是完全和充分地管理日本列岛周边的四个海峡，不让苏联的潜艇和他国的海军舰队通过；第三目标是确保和维护海上交通线的安全……确保关岛到东京、台湾海峡到大阪之间的交通线"。④

三是突破了防卫开支不超过GNP 1%的限制。日本自战后以来，始终坚持防卫开支不超过GNP 1%，可是，这一限制被中曾根内阁打破。1986年2

---

① 世界和平研究所：《中曾根内阁史》，世界和平研究所，1995，第31页。
② 吉田茂：《激動の政治百年史》，第479、483、490页。
③ 金熙德：《日美基轴与经济外交》，第94页。
④ 保阪正康：《戦後政治家暴言録》，第138、139页。事后，有记者采访中曾根，问问："四个海峡除了津轻、对马、宗谷海峡外，另一个海峡指的是哪里？"这里的"另一个海峡"自然是指台湾海峡。中曾根含糊其辞："我没有讲具体海峡的名字，是指为了本土防卫需要护卫海峡。"出处同，第140页。

月，中曾根内阁通过了1987年度防卫开支数额，首次达到GNP的1.04%。此后，日本历届内阁的防卫开支都有增无减，其绝对额甚至跃居世界前几位。

四是主张修改宪法。早在50年代初，中曾根就曾上书麦克阿瑟，指责美国式宪法是"强加在日本头上的束缚"。他组阁后更明确地表示，"（日本）法律、制度都不完善，宪法也是如此"，"我个人是改宪论者，我考虑需要就宪法进行研究"，应该"打破禁区"，所以，在1983年1月22日的自民党大会上，明确把"改宪方针"列入自民党的决议中。①

五是公开参拜靖国神社。1985年8月15日，继1982年8月15日铃木善幸总理大臣率阁僚（以个人名义）参拜靖国神社后，中曾根作为战后第一位以官方名义参拜靖国神社的总理大臣，迈进了靖国神社的大门，首开战后日本总理大臣在日本战败日"公式参拜"靖国神社的先河。②

六是主张从思想意识上进行教育改革。1984年2月6日，中曾根在国会上提出"教育改革的视点"，要求"教育制度、教育内容的多样化、弹性化，并要重视家庭教育和社会教育，追求适应国际国家日本国民的教育国际化"，他还要求教育要立足于"转变国民意识"，"日本人必须达到自信和具有民族自豪感"，"造就新的具有自信心的日本人"，而且，这种自信"必须从理解传统体制和历史开始"。③

综上不难看出，大平内阁以来，特别是中曾根组阁以来，自民党传统的保守主义路线被逐渐修正，以追求政治大国和军事大国为目标的新保守主义出台，它刺激了战后以来对侵略战争一直不认账、不谢罪、不反省的极端民族主义情绪，为复活军国主义史观提供了国内的政治氛围，并把右翼势力的注意力吸引到攻击东京审判，反对战争反省，反对"谢罪史观"，

---

① 渡边治：《政治改革と宪法改正——中曾根康弘から小沢一郎へ》，青木书店，1996，第334页。
② "公式参拜"是前内阁规定的几条规则，即必须在参拜簿署明正式官衔、乘坐公车、以公款支付"献花料"、以神道仪式参拜等。
③ 〔美〕倍利：《日本的问题》，傅曾仁译，台北，金禾出版社，1996，第105、107、108页。

美化侵略战争上来。

二 第二次攻击教科书逆流

战后以来，日本朝野上下的右翼势力都力图在教育问题上重走皇国主义教育的老路，先后掀起了三次攻击教科书的逆流。第一次是在1955年，民主党（自民党前身）发行了一套题为《令人忧虑的教科书》的小册子，向国会提出《教科书法案》和《新教育委员会法案》，蓄意恢复战前的教育制度。由于当时正值战后恢复经济建设时期，加之日本国民对经历过的战争记忆犹新，对日本走回头路的警惕性甚高，因此指责民主党"倒行逆施"，民主党的意图未能得逞。

1982年7月，铃木内阁教科书审定机关在审定教科书时，授意各编辑出版部门将1983年高中历史教科书中的"侵略"改为"进出"，对南京大屠杀等战争罪行也进行了淡化处理，引起中、韩、朝等亚洲国家的强烈抗议和反对，日本国内也掀起抨击政府及有关当局的运动，日本现代史称"第二次攻击教科书逆流"。后来，迫于国内外的压力，日本政府拿出一个《近邻诸国条款》，表示在教科书问题上"应从国际理解和国际协调的角度加以考虑"，事件才稍有平息。

然而不出4年，1986年5月27日，在文部省教科用图书审定调查审议会第二部会上，由"保卫日本国民会议"编写的高中教科书《新编日本史》获得了"合格"通过，又引起国内外舆论的关注和批判。"保卫日本国民会议"（简称"国民会议"）成立于1981年10月27日，是由文化、教育界右翼学者、教师以及财界、宗教界人士组成，原外交官加濑俊一为议长。该团体主张修改宪法第九条、建立军队、海外派兵、实现集团自卫权等。所以，老牌右翼组织生长之家、胜共联合、神社本厅等都汇于它的旗下，并在全国范围内组建起"县民会议"，作为下属支部开展活动。

1983年12月，国民会议决定着手编写教科书，成立了由30多人组成的编纂委员会，其中多数是文化教育界右翼团体"日本教师会"、"教科书正常化国民会议"、"朱光会"、"天皇在位60年奉祝会"的发起人或骨干成员，如稻川诚一、小堀桂一郎、村尾刚、结城睦郎、山口康助、坂本夏男、宫田正彦、小笠原春夫等。还有一些人是原文部省教科书审定官员，如"编纂者"之一的朝比奈正幸是原文部省教科用图书审定调查审议会委员；"监修者"村尾次郎是原文部省日本史教科书主任调查官，此人从1956年到1979年一直担任斯职，家永三郎的日本史教科书被审定为"不合格"时，该人正是担当调查官；另一名"编纂者"山口康助，也是当时的担当调查官，他们对排斥家永教科书，审定为"不合格"起到了重要作用。由此可知"监修者"和"编纂者"们的政治立场和"学术"立场了。编纂会成立后，他们确定了几条编纂方针，分别是："古代史部分，不仅仅利用考古资料，而且要通过神话使学生理解日本的建国"；"要培养对皇家的敬意"；"在近现代史上不能把日本片面地编写成加害者"。①

国民会议的教科书获得通过后，《朝日新闻》立即发表评论，指出该教科书"是改宪派编写的教科书"，"在教科书中礼赞《教育敕语》"，是"复古味道的日本史"，并提出其中有800多处错误或需要修改的问题。② 接着，中、韩、朝都发表了严厉的批判文章或讲话，指出"遗憾的是日本文部省再次伤害了中国人民和亚洲各国人民的感情，我们对于歪曲历史事实，美化侵略战争的任何言论、行动，无论过去、现在、未来都断然反对"，中国政府还正式向日本驻中国大使馆递交了备忘录，要求日本方面"必须认真处理这个问题，采取迅速有效的措施纠正错误的内容"。③

在国内外的强烈呼吁下，5月30日，为了掩世人耳目，文部省对该教科书提出了300余处修改要求。6月10日，又就南京大屠杀等历史事实提出6处修改要求。6月27日，再次提出68处修改要求。但是，因为该教科书从根本上歪曲历史，美化侵略战争，如果不彻底纠正其指导思想和编纂方针，无论如何修改也无济于事。所以，日本外务省亚洲局要求承担出版印刷的原书房中止出版合同。

---

① 堀幸雄：《戦後の右翼勢力》，第257页。
② 《朝日新聞》1986年5月28日。
③ 《朝日新聞》1986年6月5日、1986年6月10日（晚刊）。

对文部省的修改要求，国民会议于7月1日召开"紧急运营委员会"，会议决定"断然拒绝"，因为"教科书是件大事"。7月3日，再次发表了态度强硬的意见。这以后，由监修者村尾次郎出面与文部省交涉、斡旋和协调，经过一番讨价还价和部分修改，7月7日，文部省最后批准该教科书"合格"。而其中关于"天皇神格化"问题、"大东亚战争"的表述问题以及对亚洲诸国的加害问题等，仍继续坚持着编纂者的意见。7月16日，中国政府外交部发言人指出，"教科书的基调是隐瞒和遮盖侵略战争，（中国方面）碍难满意"。①

1986年6月8日，《每日新闻》发表社论，指出该教科书"从整体看，如同战前的教科书一样。对于战争，尽可能不表述日本的加害性，教科书代表了主张掀起纠偏教科书运动的人们的意见"，"围绕复古教科书的出台，将不可避免地带来一些隐患。第一，在教育领域里，带有如此露骨意识的例子前所未有，临时教育审议会关心的是教育改革的问题意识，继承了时代的错误；第二，教科书的内容不吸收历史学的研究成果……文部省实行的是双重标准，敢于让这样的教科书合格，难道不该追究文部省的责任吗？第三，教科书'自国中心主义'的基调，应该是我国教育必须克服的对象，现代日本应从反省战争出发，应该教育的是战争的伤痛，失去这个基本点，历史教育就不能成立。利用这样的教科书与现代的教育观相悖"。②

三 文部大臣藤尾正行"失言"的背后

1986年7月25日，在文部省通过国民会议教科书两周后，中曾根内阁的文部大臣藤尾正行在会见记者时说："东京审判是否正确？从当时到现在一直有许多人抱有疑问"，"有意见认为是根据'事后法'审判的……东京审判如何考虑也没有正当性，是一种暗黑的审判"。③ 对于刚刚通过的国民会议的教科书，藤尾认为，在世界史上，从来没有他国对别国的教科书提

---

① 《朝日新聞》1986年7月17日。
② 《每日新聞》1986年6月8日。
③ 保阪正康：《戦後政治家暴言録》，第152页。

出疑议，抨击中、韩、朝等国干涉日本的"内政"。藤尾的发言公开后，立即遭到亚洲各国的强烈抗议，7月26日，韩国《东亚日报》和《中央日报》分别发表文章，指责和抗议藤尾的"妄言"。7月29日，首尔市民在日本大使馆门前举行了抗议游行和静坐示威。韩国政府发言人指出，藤尾发言是"日本和韩国1965年恢复邦交以来的最大事件"。在亚洲国家的抗议下，中曾根不得不对藤尾发言"带来的误解和不快表示遗憾"，并派出外务省亚洲局长前往韩国表示"遗憾之意"。① 然而，藤尾却对邻国的抗议置之不理，称"没有谢罪的理由"，甚至更加放肆地大放厥词起来，在各种公开场合说什么"官方参拜靖国神社是正确的，必须更正只有日本是侵略（国）的错误的历史观"，"我不认为东京审判是正当的"，"教科书问题和靖国神社问题的根子都在东京审判"，"南京事件和（广岛）原子弹轰炸哪个规模大？所以，必须重新考虑东京审判的性质和意义"，"日韩合并是基于伊藤博文和高宗的协议进行的，也许协议是在压力之下，但是，我认为韩国方面也有责任，如果不合并，能保证清国和俄罗斯不向朝鲜半岛伸手吗？""战争责任究竟是什么？是开战责任，还是败战责任？如果是败战责任应由（日本）国内审判，对外或支付赔款，或割地。因（靖国神社）合祀A级战犯就反对官方参拜，这是后来提出的理由，问题在于如何认识A级战犯"。②

身为政府高官的藤尾正行，毫不负责任地大放厥词，令世人瞠目结舌，理所当然地遭到国内外的严重抗议和声讨。9月8日，中曾根不得不动用"首相罢免权"，罢免了藤尾正行的文部大臣之职，这在日本战后史上，是继1953年农业大臣广川弘禅被罢免后的第二人（广川因反对吉田茂而被革职）。

发人深省的是，从藤尾开始，政府高官们似乎是早有约定，一个接一个地跳出来表演，出现了前所未有的"失言大臣"现象。所以，有必要分析一下藤尾正行"跳出来"的背景。首先，不能忽略的大背景是进入80年代以后日本政治的右倾化，向政治大国、军事大国迈进的意图几乎成为执

---

① 孙政：《战后日本新国家主义研究》，人民出版社，2005，第241、242页。
② 堀幸雄：《戦後の右翼勢力》，第363、364页。

政党和政府要员的共识，也被各右翼势力所拥戴，其中的焦点问题之一是对战争的认识，即是坚持"大东亚战争肯定论"，还是认真地反省谢罪。战后以来，自民党政权从来没有对战争问题有过清醒的认识，这之中，既有老右翼对战败的耿耿于怀，也有战后一代极端民族主义的滥觞。所以，否认战争责任，拒绝战争反省、赔偿和谢罪等，是政府当局用来铺垫通往政治大国、军事大国之路的第一块基石。

再从藤尾的个人背景看，有资料证实，藤尾原本就是自民党右派"青岚会"的成员，该组织信奉天皇制，特别是对天皇的《教育敕语》顶礼膜拜，主张以"日之丸"作为教育原点，恢复日本的战前教育。藤尾还是自民党内的"鹰派"和"亲台派"，"一直采取反中国的姿态"。[①] 此前，自民党曾提出一项《靖国神社国家护持法案》，主张恢复战争时期国家护持靖国神社的措施，该法案受到国会大多数议员的反对，连续5次被国会否决。时为众议院内阁委员长的藤尾正行却抛出一个《表敬法案》，其中心内容是"天皇、皇族、首相、众参院议长、最高法院院长以及政府、国会要员应该'公式参拜'靖国神社；外国来宾要参拜靖国神社；自卫队要举行仪式参拜"等。[②] 这一法案一出笼就遭到强有力的抵制，但是，"自民党遗族议员协议会"却把它当作《藤尾私案》予以承认，[③] 作为敦促国会通过《靖国神社国家护持法案》的敲门砖。1975年8月15日，三木武夫就是依据《藤尾私案》，成为8月15日这一天首次参拜靖国神社的总理大臣（以私人名义）。接着，中曾根于1985年8月15日，公然以官方名义"公式参拜"了靖国神社，引起右翼的一片喝彩。可是，到了1986年8月，中曾根在国内外的抗议声中，未敢冒天下之大不韪踏进靖国神社，引起党内外右翼势力的强烈不满。加之在教科书问题上，中曾根内阁的态度并不令右翼满意，被指责"容忍外国的干涉"。所以，藤尾正行在这个时刻跳了出来，认为中曾根的

---

① 保阪正康：《戦後政治家暴言録》，第154页。
② 《每日新闻》1975年3月7日。
③ "私"在日语中可译为"我"，这里的"私"即个人，在法案未获国会通过前，往往称作"私案"。

"两个让步"背离了本人提出的"战后政治总决算"的宗旨。可以说,藤尾的大放厥词,既代表了右翼势力在参拜靖国神社和教科书问题上的立场,宣泄了右翼的主张,又意在向中曾根内阁施压,敦促政府当局以更大的步伐向右转。

还有一点不容忽视的是,藤尾的背后有政府要员中右派政治家的支持。7月31日,在藤尾首次大放厥词后不久,自民党部分议员组成一个"国家基本问题同志会"(简称"同志会"),发表趣意书称,"最近以来,不断有外国对我国的外交、内政进行不当干涉,比如'公式参拜'靖国神社问题、教科书问题,直接抵触(日本)国家的存立",公开表示支持藤尾正行的发言。藤尾被罢免后,同志会更是屡屡展开攻势,向内阁发难。可见,藤尾的大放厥词绝不是个人行为,它是日本政治右倾化的标志之一,是右派政治家刮起战争翻案歪风的重要信号,它不仅诱发政府要员一个个跳出来做政治冒险,也激发了社会各界及右翼势力的极端民族主义和超国家主义情绪。

第二节 新保守主义时代右翼运动的新动向

一 右翼改宪运动的新战略

修改宪法、制定自主宪法是右翼复出后奋斗的目标之一。但是,随着局势的变化,特别是右翼组织形态、成分的改变,加之修改宪法并非一朝一夕的事情,右翼也开始转换策略:一是收敛过去的激进方式,尽可能通过合法的手段进行;二是不再孤立和脱离群众地"单打独奏",而是注意发动群众,竭力向群众和民间层渗透;三是不再采取激烈的反体制、反政府行动,而是同国会、执政党要员及实力派联合,以图实现改宪的目的。前述"保卫日本国民会议"(简称国民会议)就是采取了以上的策略。该团体是以"实现元号法制化国民会议"为母体组成的,除一批极右派学者参与外,还有一些政界、财界要员参加,如自民党要员竹下登、永野茂门(1994年口吐狂言的羽田内阁的法务大臣)都参加了这个组织。国民会议在推进实现元号法制化后，改变方式，先从基层入手，着眼于运动地方议会，待促进地方议会通过改宪决议案后，再向国会施压，以此作为敦促国会的筹码。

为此，国民会议制定了《展望宪法运动三年构想》，内中指出，"宪法运动是长期而持续的运动，所以，必须阶段性地进行"，《构想》预定1981年开展两项工作，分别是："通过防卫教育就修改宪法展开广泛的启蒙教育；推进启蒙教育的母体是县民会议，所以要促进国民会议的结成"。1982年的计划是："在全国47个都道府县和3000个市町村组织县民运动，推进和平和安全，达成地方议会决议"。1983年的计划为："取得县以下地方议会决议运动的成果，推进县民会议和市町村民会议的组织力，召开'县民总崛起大会'，唤起舆论；在本年众参两院选举及地方统一选举之际，向各政党提出国民运动的政策，实现改宪派势力的一大集结"。可见，国民会议的改宪运动已不局限于大轰大嗡，而是首先在组建各地方国民议会上下功夫，不仅在全国各都道府县建立起国民会议组织（支部），而且在3000多个市町村也成立了支部组织。这样，从下到上控制了相当势力后，再运动地方议会做出决议，通过地方议会的决议"唤起舆论"，向国会施压，其组织手段、规划、策略都是此前右翼运动不能比拟的。

在宣传问题上，国民会议也大动了脑筋，并以庞大的财力为后盾，展开了切实的步骤。他们明确规定要围绕三个方面对现行宪法进行批判，即"围绕确立防卫体制进行宪法批判"，"通过教育正常化运动进行宪法批判"，"通过宣讲制定宪法的过程进行宪法批判"等。具体方法：一是利用电影吸引群众，扩大舆论，放映由他们编辑拍摄的《保卫被威胁的北方》、《思考·修改现今的宪法》、《日本的生命线》、《日本的安全保障与宪法》等影片；二是掀起推动地方议会做出改宪决议的运动；三是利用多种形式发展各地的国民会议组织。通过上述的组织活动和切实手段，国民议会准备把包括反共在野党在内的三分之二以上的国会议员会聚在国民会议的大旗下，还要争取70%以上的民众加入到改宪派队伍中来，最后实现改宪的目标。[①]

[①] 大野達三：《昭和維新と右翼テロ》，新日本出版，1981，第321、322页。

在国民会议的运动下，最先做出改宪决议的议会是别府市议会，以 21 票赞成、9 票反对通过。这一"成果"极大鼓舞了右翼的士气，1982 年 5 月 2 日，国民议会召开"是改宪还是护宪"的讲演会，不仅有右翼势力参加，还邀请了主张护宪的社会党代表到会，目的是把护宪派置于改宪派的靶子之下，争取更多的民众，扩大改宪派的影响。

除国民会议外，几乎所有的右翼团体都是积极改宪派，还有些团体如全爱会议、大日本生产党等也都拿出一个私拟的宪法草案，一时间，改宪的声浪此起彼伏，形成 80 年代改宪的高潮。

二 从《靖国神社国家护持法案》到促进官方参拜靖国神社运动

围绕靖国神社问题，日本遗族会是最强烈主张"国家护持"或官方参拜的右翼团体。1962 年 8 月，被东京国际军事法庭判处无期徒刑（1955 年被日本政府特赦）的 A 级战犯，战时历任近卫、东条内阁的大藏大臣以及"北支那开发会社"总裁等职的贺屋兴宣接任日本遗族会会长。不久，被判绞刑的 A 级战犯板垣征四郎之子板垣正出任遗族会的事务局长，该人曾任日本帝国军队的少尉军官，直接参加过侵略战争。于是，日本遗族会的贺屋－板垣体制得以确立，并长期主宰遗族会达 15 年之久，使遗族会从"利益团体"转变成"压力团体"，即以靖国神社"国家护持"和靖国神社官方参拜为主要目标，借用自民党的政治资源，联合各右翼团体，不断地向执政当局施加压力，以实现上述两大目标。

由于遗族会同自民党建立了千丝万缕的关系，加之遗族会拥有号称 800 万之众的会员，他们把竞选作为斗争手段之一。一是通过竞选把自己的利益代表直接送进国会，如首任会长长岛银藏，事务局长德永正利、板垣正，常务理事尾十秀久，以及靖国神社奉赞会事务局长大谷藤之助等人都是借助遗族会的力量当选为国会议员；二是把遗族会作为拉拢选票、集中选票的阵地，日本称作"票田"，在一定程度上控制着各党派入主国会的比例。

1962 年 8 月，贺屋兴宣上任不久，抛出《靖国神社国家护持要纲》，中心内容是实施靖国神社的国营化，这等于倒退到战争时期靖国神社国家管理体制，明显违背宪法"政教分离"的原则。翌年10月，他们又公开发表《靖国神社法案要纲》，展开了敦促自民党、政府及各级议会、地方自治体通过法案的大规模运动。

1963年，为了促进《靖国神社国家护持法案》通过，遗族会成立"关于靖国神社国家护持委员会"，自民党的"遗族议员协议会"也与之相呼应，于当年的12月20日成立了"关于靖国神社国家护持小委员会"（初任委员长为田口长治郎，继任者村上勇，又兼遗族会副会长），并表示接受和支持遗族会关于靖国神社国家护持的提案。1964年3月27日，自民党又成立了"关于靖国神社国家护持小委员会"（委员长山崎巌）。随即，两个小委员会开始运作，经过与众议院法制局的协商，于1966年1月形成《战没者等彰显事业团法案要纲》。与此同时，遗族会与自民党"遗族议员协议会"等议员团体共同协力，在全国范围内掀起签名运动，前后征集到2000万人签名同意靖国神社实行国家护持。1966年5月20日，以法制局长三浦的名义向自民党"遗族议员协议会"小委员会提交了《战没者等彰显事业团法案要纲》，并表示"该法是为了表达国民对战没者的感谢之意，在发扬和彰显其遗德的同时，显现日本民族原本希望和平的正确姿态"。[1]

这以后，法制局又先后提出《关于靖国神社国家护持之件》、《靖国神社法案（要纲）》。自民党的小委员会也先后提出《山崎私案》和《稻叶私案》。

1969年3月6日，在上述法案的基础上，自民党政调会拿出一个方案，称《自民党政调会长私案》，这就是自民党提交国会讨论的方案。这样，从1963年开始，在遗族会的推动下，以自民党名义出台的《靖国神社国家护持法案》经过6年的酝酿，于1969年6月30日正式提交国会，一场围绕着靖国神社问题的大论战在朝野上下掀起。

早在该法案未正式提出之前，朝野和社会各界就掀起了强烈反对法案的群众性运动，社会、公明、民社、共产等在野党纷纷发表声明，指责法案明显违背宪法，公然践踏"政教分离"原则，是将日本拉向反动和倒退

---

[1] 靖国神社問題特別委員会編《国家と宗教》，日本基督教団出版局，1978，第21頁。

的法案。日本宗教界各团体也站出来反对，其中有日本宗教联盟、全日本佛教会、新日本宗教团体联合会、日本基督教协议会、日本基督教团、净土真宗本愿寺派、大本教、创价学会等 67 个团体，纷纷组织教友展开了静坐、示威、游行、集会、请愿、签名等大规模的反对法案的斗争，并且联合发表了反对该法案的共同声明。这样，在自民党向国会提交法案前后，先后有 377 万民众签名反对法案，各类群众性集会、示威等活动此起彼伏，对自民党的法案形成了强大的压力。

是时，执政的佐藤内阁正被一项关于大学运营的临时措施法案搞得焦头烂额，又面对朝野内外的反对压力，只好将法案压了下来，使之成为一纸废案。

1970 年 4 月 14 日，自民党再次向国会提出法案，但因当局正面临以十年为期的安保条约是延续还是撤废的重大抉择，执政当局唯恐因法案问题增加同在野党的对立，影响安保条约的顺利通过，不得已又把法案压了下来，法案第二次成为废案。

1971 年 1 月 22 日，自民党在国会尚未召开之时第三次提出法案，准备抢先赢得主动。但进入 4 月后，自民党在东京和大阪知事的竞选中双双失败，党内空气一时低沉。为敦促自民党议员在国会上力争通过法案，遗族会对自民党议员进行了一次问卷调查，在回答的 45 人中，有 29 人对能否争取在野党支持面现难色。这使遗族会颇感不妙，遂由会长贺屋兴宣出马，于 5 月 14 日会晤了佐藤荣作，为的是给这位自民党总裁打气。然而在会谈中，遗族会的代表急于求成，出言不逊，佐藤面现愠色，结果不欢而散。① 另外，也是在这一天，名古屋高等法院判处三重县津市一起关联"政教分离原则"的诉讼案胜诉，这一结果无疑是给《靖国神社国家护持法案》当头一棒。② 5 月 24 日，自民党的第三次法案只是在国会上陈述了理由，并未

---

① 靖国神社問題特別委員会编《国家と宗教》，第 30、31 页。
② 但是在 1977 年 7 月，日本最高法院终审时认为"地镇祭"并不违宪，"为了施工的安全不能视为宗教"，"国家干预也没有关系"。见中村政则等《過去の清算》，岩波书店，1995，第 126 页。

付诸讨论，结果，这次提案又以"废案"的形式画上句号。

1972年1月28日，在自民党准备第四次向国会提交法案前，自民党总务会长中曾根康弘在总务会上说，"由于历次靖国神社法案通过的困难，应进一步研究取得在野党赞成，进而对英灵实行国家护持的办法"，① 日本将之称作"中曾根构想"。同年3月7日，中曾根出席遗族会等右翼团体召开的"靖国神社法成立促进大会"，在会上重复了"中曾根构想"的意旨，表示应转换思想，寻求包括在野党赞成的祭奠英灵的办法。这里的"中曾根构想"当然不是否定《靖国神社国家护持法案》，而是鉴于该法案明显违宪，碍难获得国会认同，主张分阶段地进行"英灵彰显"和"公式参拜"，这也是后来中曾根以总理大臣的名义"公式参拜"靖国神社的先声。

1972年5月22日，自民党还是将法案提交了国会，同第三次的命运一样，这次提案只是宣讲了提出法案的理由，并未付诸讨论，法案第四次沦为"废案"。

以上四次法案提交国会都是在佐藤荣作内阁时期，结果都以"废案"而告终。

1972年7月，田中角荣登台组阁，转过年的4月27日，自民党第五次将法案提交国会。为了促使国会通过，促进派前前后后做了大量工作。田中亲自出马，宣称这是"最后的机会"，② 并指定内阁委员长具体运作。此前的3月，自民党"遗族议员协议会"联合遗族会等右翼团体召开"靖国法必成国民大会"，内阁委员长及自民党干事长联合235名自民党国会议员，在会上发出呼吁，宣称即使辞去议员也要促进法案的通过，摆出了一副不通过法案绝不罢休的架势。5月25日，众议院就法案展开讨论，并强行通过，但在参议院遇到了强大的阻力。7月5日，遗族会发动遗族代表前往自民党本部静坐、示威、绝食，要求自民党务必促成法案的通过。与此同时，各在野政党、社会团体、新闻机构也举行了声势浩大的反对法案运

---

① 田中伸尚等：《遺族と戦後》，岩波新书，1995，第220页。
② 靖国神社问题特别委员会编《国家と宗教》，第33页。

动。7月19日，自民党在参议院发表提出法案的理由。9月2日，参议院就法案进行审议投票，在野党为表示抗议拒绝出席，参议院竟强行审议，遭到在野党的强烈反对和社会舆论的谴责。在骑虎难下的态势下，参议院议长只好宣布法案"冻结"。

1973年末，参议院议长宣布法案"解冻"，自民党又蠢蠢欲动。1974年3月13日，内阁委员长德安实藏宣称，即使解散众参两院，也要促成法案的通过。4月12日，该法案首先获得内阁的通过。5月25日，众议院也强行通过了法案。这一事态引起在野党和社会各界民众的不安和强烈反对，一个大规模的反对法案运动又蓬勃掀起。结果，在参议院审议时未获通过，6月3日，国会宣布该法案再成"废案"。

自民党前后5次向国会提出靖国神社国家护持的法案，都以失败而告终，这不仅给坚持国家护持法案的右派政治家、右翼团体当头一棒，而且直接影响到自民党的参议院竞选。7月7日，参议院进行选举时自民党大败，只获得比在野党多7票的席位，也宣告了《靖国神社国家护持法案》的彻底破产。

但是，自民党顽固派以及遗族会等右翼团体并没有偃旗息鼓。1975年3月5日，自民党转换"战术"，又抛出一个《靖国神社表敬法案》（以下简称"表敬法"），主张政府总理大臣必须官方参拜靖国神社。因为这一法案是以内阁委员长藤尾正行的名义提出，所以又称《藤尾私案》。从此，靖国神社问题又转向是否赞同官方参拜靖国神社的国内外纷争。

应该说，在《靖国神社国家护持法案》破产后，促进内阁总理及阁僚迈进靖国神社参拜侵略战争的亡灵，成为右翼社会新的奋斗目标，也被自民党顽固派首肯和支持。1978年10月17日，厚生省秘密批准将东条英机等14名A级战犯纳入靖国神社的"英灵簿"予以"合祀"，更刺激了右翼推进政府高官公式参拜靖国神社的运动，截至1980年2月，计有16个县级议会采纳了"实现公式参拜"的意见书，向中央政府进言，敦促政府高官公式参拜靖国神社。

1980年7月23日，遗族会头面人物村上勇、板垣正等人面晤铃木善幸首相，要求铃木务必在 8 月 15 日公式参拜靖国神社，并将每年的 8 月 15 日定为"英灵日"。随即，自民党"靖国关系三协议会"也积极行动起来，甚至建议把"公式参拜"条款列为党的"公约"。结果，8 月 15 日这天，铃木率领 18 名阁僚集体参拜了靖国神社，并在参拜簿上署名"内阁总理大臣"。事后，当局碍于反对党和民众的抗议，宣称是以"个人名义"参拜。但是，铃木及其阁僚集体参拜之举等于向海内外宣示了政府当局的倾向，遗族会很是满意，称"几乎所有的阁僚都去参拜了，是个大的成果"。①

中曾根内阁成立后，在公式参拜靖国神社的问题上迈出了更大的步子，特意组成一个"靖国问题小委员会"，由老牌右派、法务相奥野诚亮担任委员长。奥野在铃木等阁僚集体参拜靖国神社后，就"放言"称："公式参拜并不违宪"，"中国和韩国在参拜靖国神社问题上多嘴是不可思议的"。② 不久，他主持的小委员会拿出一个"见解"（称"奥野见解"），结论意见是"内阁总理大臣代表国家，时常拜访靖国神社理所当然，（参拜时）署名内阁总理大臣，却以私人名义参拜已引起议论，多数人希望署名内阁总理大臣，以官方名义进行官方参拜"。③ "奥野见解"得到了自民党会议的肯定。

为进一步推动政府首脑公式参拜靖国神社，1984 年 8 月 13 日，遗族会发动 47 个都道府县的 132 名战争遗孤代表在靖国神社举行绝食请援活动，绝食者手捧战死者遗像，头缠白布条静坐绝食，要求以总理大臣为首的政府官员务必在 8 月 15 日公式参拜靖国神社。与此同时，遗族会也出动街宣车，在东京都内四处鼓噪，散发传单，呼吁舆论的声援，各家新闻机构纷纷涌向靖国神社，竞相报道绝食现场情况。自民党"靖国关系三协议会"也派代表前往"慰问"，共同演出了一场绝食 50 个小时的闹剧。但是，由于和平反战团体的坚持斗争，这一年的 8 月 15 日，政府高官没敢贸然以官方名义前往参拜。

进入 1985 年，遗族会利用战后 40 周年的机会发起更大攻势，敦促中曾

---

① 阪垣正：《靖国公式参拜の総括》，展転社，2000，第 22、25 页。
② 保阪正康：《戦後政治家暴言録》，第 24 页。
③ 阪垣正：《靖国公式参拜の総括》，第 85 页。

根首相务必在 8 月 15 日以总理大臣名义迈进靖国神社。自民党"靖国关系三协议会"连续十余次召开"关于阁僚参拜靖国的恳谈会",反复强调"公式参拜与政教分离原则并不冲突,多数国民支持","追悼战没者是人类普遍的自然感情,国家和政府机关代表国民参拜理所当然,而且,多数国民和遗族都把靖国神社当作追悼战没者的中心设施,盼望首相和阁僚公式参拜"。① 终于,这一年的 8 月 15 日,中曾根康弘堂而皇之地以总理大臣的名义首开战后公式参拜靖国神社之先河,获得了右翼的一片喝彩声。

除遗族会外,还有一批右翼团体从基层县市入手,自下而上展开促进官方参拜靖国神社运动。1983 年 3 月 7 日,右翼团体正气塾两名成员突然闯进长崎市议会会场,不由分说就对议员冈正治大打出手,冈正治猝不及防,被打伤入院,正在进行的议员会议也被搅扰得只好中断。事情起源于 1972 年,长崎县当局制定了《支付慰灵碑管理维护补助金要纲》,规定每年用一部分公款支付县内慰灵碑、忠魂塔的维护管理费。按着政教分离的宪法原则,用公款支付慰灵碑、忠魂塔等宗教设施维护管理费用属于违宪,冈正治等议员虽然提出异议,但属少数派,遭到否决,以后十数年来,当局一直依此《要纲》每年拨款实施。1982 年 3 月 24 日,大阪府地方法院就箕面市利用公款支付忠魂碑费用诉讼案判处违宪。冈正治等议员也向长崎地方法院提出诉讼,状告长崎县当局的违宪行为。当年 10 月 4 日,法院举行第一次听证会,遗族会、乡友会(旧军人组织)、正气塾等右翼团体成员涌进会场,对冈正治等原告侮辱谩骂,说什么"非国民"、"卖国贼"、"巴嘎牙路"等。1983 年 2 月 28 日,几辆正气塾的街宣车跑到冈正治工作的长崎教会前,用高音喇叭指名道姓谩骂冈正治是"国贼","忠魂碑是纪念为天皇战死的英灵,亵渎战死者,对天皇陛下不敬者是卖国贼,冈正治滚出长崎"等。② 这以后,右翼的街宣车隔三岔五出动攻击谩骂,连续长达 40 余天之久,最后,终于发生了暴徒闯进议会会场粗暴伤人的事件。

---

① 堀幸雄:《戦後の右翼勢力》,第 251、252 页。
② 社会評論社編《右翼テロ》,社会評論社,1990,第 60、62、66 页。

无独有偶，在广岛也发生了一起慰灵碑事件，不过，与长崎慰灵碑享受政府公费补贴不同的是，广岛的慰灵碑却是遭到了右翼的践踏和破坏。原来，广岛的"原子弹被害者慰灵碑"是1965年8月全国各地民众为悼念广岛原子弹死难民众集资修建的。碑文上写道："为什么／发生了这一天／为什么／现在还在继续／不能忘记／把此憎恨／化作誓言"。右翼对碑文的内容很反感，认为碑文中的几个"为什么"是"怀疑圣战"，另对其中的"憎恨"一词也极为反对。所以，1989年7月末的一天，大日本爱国党成员岛村成就等人破坏了该碑，并把残碑抛弃在和平公园南面2公里处的空地上。同样的慰灵碑却有两种不同的遭遇，其实质依然是皇国史观的幽灵在作怪。

三 昭和天皇即位60年纪念活动与"大尝祭"

1986年是昭和天皇即位60周年。各右翼团体决定借此机会掀起大规模的纪念活动，以此宣扬他们的天皇主义。所以，从1985年初开始，右翼成立了"奉祝天皇陛下在位60年委员会"，当年11月13日，又在武道馆召开"奉祝天皇陛下在位60年国民集会"，呼吁要将"奉祝运动扩展到全国，掀起一个关于日本民族和天皇制的大启蒙运动"。[①] 政府当局也准备举行大规模的纪念活动，但在具体时间上，政府方面决定在1986年4月29日（昭和天皇生日）召开"纪念式典"，而右翼却认为，在天皇生日这一天举行活动，"无视日本的历史和传统，歪曲皇室的实质"，主张在实际即位的11月10日举行。后来，官方抬出天皇，声称选择这一天是"陛下的圣断"，右翼这才闭上了嘴巴。为了大造声势，右翼出动街宣车到闹市宣传，散发传单，出版宣传品，美化昭和天皇的"伟业"。与此同时，左翼过激派团体也展开了反宣传，组成反皇室游击队等恐怖组织，喊出"粉碎天皇在位60年式典"的口号，与右翼针锋相对。结果，两派势力不断发生冲突，甚至发展到利用燃烧瓶、手枪、炸弹等凶器交火。1986年4月29日，在政府举办的"纪念式典"上，右翼团体为压制左翼过激组织，制造了"桧町公园炸弹事

---

① 日本警備実務研究会編《右翼運動の思想と行動》，第132页。

件"。此后，又连续发生了 8 月 27 日的"向皇居和北之丸公园射击事件"、9 月 5 日的"前进社纵火未遂事件"、10 月 23 日的"焚烧日之丸旗事件"等一系列恐怖事件。

1989 年 1 月 7 日，昭和天皇死去，明仁即位，改年号为"平成"。按着旧皇室典范的规定，除举行"大丧之礼"和"即位之礼"外，还要举行"大尝祭"，即新君即位后的秋日，要用新产的稻米祭祀天照大神，并与天照大神共尝稻米，这样，"天皇灵"就会进入天皇的肉体之中，获得天皇资格，象征着"天孙降临"。显然，这种带有神国主义色彩的仪式违背政教分离的宪法原则，受到宪法维护派和广大民众的反对。右翼却把举行"大尝祭"当作回归战前体制的最好时机，频频发动攻势，宣称"包括大尝祭在内的皇位继承仪式不是宗教行为，而是国事行为"，敦促自民党政府必须按照旧例实行"大尝祭"。其中，最为活跃的还是"保卫日本国民会议"。

早在昭和天皇病危期间，国民会议每日向各基层组织发布昭和病情的快报，还在各地设立了 9254 处"见舞记账所"，① 征集了 222 万人签名。昭和天皇死后，国民会议立即做出三项决议："一周内停止各种娱乐活动；到大丧之礼日揭扬吊唁旗；防止左翼的蠢动"。又同自民党右派议员团体"国家基本问题同志会"、"皇室问题议员恳谈会"等联合召开"遵循传统举行皇室仪式国民集会"，强硬要求政府必须依照旧例进行各种仪式活动。

面对两种对立的舆论，政府当局倾向右翼的主张，但为了避免违宪之嫌，采取了"折中之策"，宣布"大尝祭是以收获水稻为中心的我国古老传统，天皇即位后首先把新稻供奉皇祖和天神地祇，是为了国家和国民安宁，祈祷五谷丰登的仪式"，"但不能否认带有宗教仪式的特点"，所以，"作为国事活动是困难的"，转而又称"大尝祭""同国事紧密相关，具有公事的性格，其费用由宫廷费支付是正当的"。② 当局虽然浮皮潦草地承认"大尝祭""带有宗教仪式的特点"，但问题的关键是同意以国费支付所有费用，

---

① "见舞"意为探视、探望，"记账"就是签名、献金或写下祈祷病人康复的话语。
② 堀幸雄：《戦後の右翼勢力》，第 270、271 页。

这是右翼最为期盼的，它意味着可以动用国费或公款支付宗教活动费用，打破了宪法规定的政教分离原则，为右翼鼓动用公款建造、维护慰灵碑，公式参拜靖国神社等开拓了一条道路。结果，仅"大尝祭"一项就耗资14亿日元，其中建造"大尝宫"就花去9亿日元。

对于反对"大尝祭"的民众运动，右翼一如既往，采取暴力手段进行威胁、恫吓或压制。1990年4月22日，发生了维新塾事务局长木村武士开枪威胁菲利斯女学院大学校长弓削达的事件，因为该大学和另外三所基督教派的大学反对举行"大尝祭"之类的宗教活动，所以遭到右翼的嫉恨。

两次与天皇有关的右翼运动，充分暴露了战后右翼的天皇主义情结，他们竭尽溢美之词歌颂昭和的"丰功伟业"，却对昭和天皇的战争责任只字不提，相反，谁若试图追究天皇的战争责任，都要受到他们各种形式的攻击。另一方面，由于昭和天皇的死去，也在一定程度上解除了不能追究天皇战争责任的禁区，包括天皇在内的战争责任问题，日益成为日本社会逐渐尖锐化的问题之一。

四　右翼对追究战争责任运动的抵制和破坏

1981年，森村诚一的《恶魔的饱食》问世，加之此前新闻记者本多胜一的《中国之旅》的发行，在日本引起了不小的震动。战后以来一直被隐瞒的731细菌部队残忍地实施人体实验、研制细菌武器和实施细菌战，以及侵华日军在中国各地所犯下的令人发指的罪行，一下子暴露在世人面前，新一轮的追究日本战争责任、向被害国家及人民谢罪赔偿的和平反战运动又在日本掀起。

从80年代初开始，东京、大阪、京都等地的市民团体自发掀起"为了和平的战争展"活动，展示侵略战争的实态、原子弹的悲剧、战时民众的生活、战争责任等问题。1982年，731细菌部队战争罪行展以及南京大屠杀展开始在日本各地巡回展出，此外，大阪还举办了"15年战争加害、被害、抵抗展"，埼玉举行了"为了和平的埼玉战争展"。一时间，追究战争责任，披露战争罪行，不让侵略战争重演的话题成为市民运动的主流，也遭到右翼的极度嫉恨和反感，他们千方百计予以捣乱和破坏。

1989年5月，栃木县和平反战团体在举办"战争责任写真（照片）展"的活动中，遭到右翼的无理刁难和开枪威胁恫吓。5月22日，右翼团体"忧志会栃木县本部"得知和平反战团体要在鹿沼市文化中心举办"战争责任写真展"，立即出动街宣车进入鹿沼市，攻击"写真展"是"告发和反对昭和天皇"，"昭和天皇没有战争责任"，必须停止展出等。随后，他们又正式向市长和文化中心负责人递上《停止借用会场劝告书》，准备釜底抽薪，制止写真展活动。市长和文化中心负责人迫于右翼的压力，不敢将会场借出。展出主办团体无奈，又准备借用西那须野町的公民馆，但也遭到拒绝，使写真展活动无法如期进行。后来，和平反战团体成立"抗议侵害言论、集会自由"的市民组织，同右翼势力进行不妥协的斗争，并准备于9月2日在小山市市民会馆举行写真展活动。但从8月24日起，小山市民会馆就不断接到恐吓电话，威胁展出部门一旦展出的话，就予以撕毁云云。8月25日，右翼街宣车上了街面，在小山市散发传单，攻击展出活动是"赤化暴力革命"，又对小山市和会馆发出《中止劝告书》，试图袭用在鹿沼市使用的办法破坏写真展活动。但是，主办团体顶住压力，不予屈服。8月28日，包括关东地区的一些右翼团体纷纷出动，集合了22辆街宣车，在小山市展开更大规模的攻势，摆出一副不破坏写真展绝不罢休的架势。9月2日，写真展如期展出，十余辆右翼宣传车围在会场周围破坏捣乱。更严重的是，当日晚，右翼竟向会场发射数发4.5毫米口径的枪弹，威胁主办团体和前来参观的观众，这场"战争责任写真展"不得不在遗憾中提前落幕。

类似事件不仅发生在栃木县，其他各地也有过。1998年2月，针对东京都准备建设和平纪念馆的动议，大日本爱国党、大行社等团体连日举行街头抗议示威活动，反对"基于自虐史观的错误历史认识而进行的展示，莫如改为慰灵展设施"。仅大行社就搞了80余次"批判东京和平纪念馆街头宣传日"，平均每月9次，出动560多人次，160余车次。全爱会集结10余个团体，出动20多台街宣车，上演一出反对建设和平纪念馆的闹剧，抨击建设纪念馆是"亵渎战没者及遗族"，"是亵渎东京大空袭的死难者"。更

第四章 新保守主义时代的右翼及其影响

典型的例子是长崎市长本岛等的被刺事件。1990年1月18日,长崎市长本岛等在市政府门前上车之际,右翼团体正气塾成员尻和美突然闯上前来,不由分说开枪击中本岛,本岛身负重伤险些丧命。此事缘于1988年12月7日,本岛在县议会会议上回答共产党议员的质问时说:"我认为天皇是有战争责任的",这一发言引起右翼的哗然。右翼团体立即行动起来,出动街宣车散发传单,拨打恐吓电话威胁本岛收回发言。据《长崎市长记录》载,"接到从市议会、自民党县联、右翼以及全国各地的大量的抗议和威胁,市秘书课、电话交换室、守卫室每天都昼夜不停地响着电话铃声,市长公馆也是如此,电报、电话、信件、明信片铺天盖日一般飞来","大量的街宣车涌来,造成交通阻塞,噪音和恐怖的年末寒岁给市民带来了麻烦"。① 从中可以想象到右翼势力的猖獗。

本岛事件发生后,国内正义力量一致声讨,长崎市成立了"要求言论自由长崎市民会",发表《关于本岛发言与言论自由的市民声明》,并征集382313人在声明书上签字,捍卫每一个市民的"言论自由权"。本岛事件也说明,在日本,正确认识战争责任问题的障碍不仅来自上层,民间右翼势力的反动能量也不可低估。

第三节 中日恢复邦交后的蜜月期与第一次波折

一 中日恢复邦交后的蜜月期

1972年9月25日,接替佐藤荣作就任内阁总理的田中角荣,在"尼克松访华冲击"下,率领外相大平正芳一干人等,踏上了访华之旅,这是新中国成立后日本第一位在任总理的访华。9月29日,双方经过一系列谈判签订了《中华人民共和国政府日本国政府联合声明》,宣布"中华人民共和国和日本国之间迄今为止的不正常状态宣告结束","日本国政府承认中华

---

① 社会評論社編《右翼テロ》,第47页。

人民共和国政府是中国的唯一合法政府",日本政府"充分理解和尊重中国政府关于台湾是中华人民共和国领土不可分割的一部分的这一立场"。另外,出于中日两国人民友好关系的考虑,中国政府宣布"放弃对日本国的战争赔偿要求"等。这样,新中国成立以来中断23年之久的中日邦交宣布恢复。从这时开始到1985年中曾根康弘"公式参拜"靖国神社,中日关系迅速升温,经历了13年之久的蜜月期,主要反映在以下几个方面:

一是政治、经济、文化、科技等领域的全方位交流合作与发展。中日邦交正常化后,中日之间很快签署了贸易、航空、海运、渔业、海底电缆等一系列有利于双赢的各项协定,中日政府、企业、团体、民间的交流迅速扩大,仅贸易额一项,到1985年,从中日恢复邦交前的11亿美元猛增到186亿美元,为恢复邦交前的16.9倍。中日之间互访的人数以及互派留学生的数量也逐年增加,两国间的科学技术合作以及文化领域的交流也都呈现出可喜的局面。

二是《中日和平友好条约》的签订。1974年9月,中国外交部副部长乔冠华在联合国大会期间,与日本外相会晤,双方就尽快签署《中日和平友好条约》达成意向性意见。这以后,中日双方在"反霸条款"等问题上产生了一些争议,苏联方面也横加阻拦,苏联共产党总书记勃列日涅夫甚至给福田赳夫首相发出亲笔信,"牵制日中条约的谈判","但日本方面对此置之不理",并放弃了原来反对附加"反霸条款"内容的主张。[①] 1978年8月12日,日本外相代表日本政府在北京签署了条约。同年10月,邓小平副总理前往日本互换条约批准书,标志着中日关系进入一个新的历史时期。《中日和平友好条约》明确指出,"缔约双方应在互相尊重领土主权和领土完整、互不侵犯、互不干涉内政、平等互利、和平共处五项原则的基础上,发展两国间持久的和平友好关系","缔约双方确认,在相互关系中,用和

---

① 五百旗头真:《战后日本外交史(1945~2005)》,吴万虹译,第134页。另,后来中国方面尊重日方的意见,在和平友好条约的"反霸条款"中,附加有"不影响缔约各方同第三国关系的立场",即"第三国条款"。

平手段解决一切争端,而不诉诸武力和武力威胁"。① 这是中日两国期盼世代友好、永不再战的法律条款保障,意味着两国睦邻友好关系开启一个新起点。

三是中日两国领导人高层互访,推动了两国关系的正常发展。中日恢复邦交以来,到1985年前后,先后有邓小平副总理、华国锋总理、赵紫阳总理、胡耀邦总书记、彭真委员长访日,日本也有田中角荣、大平正芳、铃木善幸、中曾根康弘等历任总理访华。两国政府高层人物的互访促进了中日关系的正常发展,解决了两国之间的一些重大问题。如邓小平副总理访日互换了中日和平友好条约。胡耀邦总书记访日时与日方共建了"中日友好21世纪委员会",这一组织至今仍然发挥着联络两国青年、夯促中日友好的重要作用。

四是日本的援华ODA对中国现代化建设发挥了重要作用。1979年12月,日本总理大平正芳访华时宣布,为支持中国的改革开放和现代化建设,向中国提供日元贷款和技术合作,包括日元贷款及无偿资金援助、技术援助等两个部分,简称ODA（Official Development Assistance）。从1979年到1983年,第一批日元贷款为3309亿日元（年利率3%）,援助中国港口、铁路、能源、商品等6个项目。截至2006年上半年,日本政府累计向中国政府承诺提供日元贷款协议金额达32078.54亿日元,中国实际利用日元贷款约为23864.13亿日元。此外,中国还累计接受日本政府的无偿援助资金1376亿日元（截至2005年数字）。② 尽管对华ODA援助含有各种限制,也掺杂有某些政治化因素,但是毋庸置疑,这些巨额日元贷款对于中国现代化建设起到了显而易见的促进作用。

二 围绕历史问题的第一次波折及中国对策

如前所述,1982年7月,铃木善幸内阁教科书审定机关在审定教科书

---

① 张蓬舟:《中日关系五十年大事记》第五卷,第437页。
② 《中日经贸合作回顾与展望》,人民网,2007年4月7日。另,或许因统计方法的不同,有些资料与上述数字略有出入。

时，授意各编辑出版单位将1983年高中历史教科书中的"侵略"改为"进出"，引起中、韩、朝等亚洲国家的强烈抗议和反对。后来，迫于国内外的压力，日本政府拿出了一个《近邻诸国条款》，表示在教科书问题上"应从国际理解和国际协调的角度加以考虑"，事件才稍有平息。

然而，教科书事件刚刚平息不久，1985年8月15日，中曾根康弘又公然以总理身份参拜靖国神社，首开战后总理"公式参拜"靖国神社之先河。由于靖国神社并非寻常意义的追悼设施，而是彰显侵略战争"英灵"的宗教机构，宣扬"大东亚战争肯定论"的顽固堡垒，激发极端民族主义情绪的教化阵地，因此引起中、韩等亚洲国家的不满。1985年8月22日，在中曾根康弘"公式参拜"靖国神社后，新华社发表了题为《侵略战争的性质不容模糊》的评论文章，指出："日本内阁成员8月15日正式参拜靖国神社的行为，模糊了日本军国主义发动侵略战争的性质，伤害了中国人民和亚洲人民的感情，也是世界上一切曾经经历过这场人类浩劫的民族和人民所不能接受的。希望日本政府能够尊重历史，绝不容许模糊这场战争的性质和责任，而应引以为戒，不再重蹈覆辙"。

8月27日，中共中央政治局候补委员、书记处书记姚依林在回答日本驻京记者时说："40多年前日本军国主义发动的侵略战争，使包括中、日两国人民在内的亚洲各国人民受到了很严重的损害。日本政府成员正式参拜供奉着包括日本甲级战犯在内的靖国神社，伤害了蒙受侵略战争之害的各国人民的感情。这个行动不能不引起中国人民的关注"。①

事件发生后，中曾根康弘一再表示，此次靖国参拜"绝不是恢复战前的国家神道，复活军国主义和超国家主义……希望外国的诸位能理解我们的宗旨"。② 此后，中曾根再没有以总理名义迈进靖国神社，靖国参拜事件也似乎落下了帷幕。然而，中曾根内阁确立的新保守主义路线已经在日本的政治社会产生了影响，战后以来一直对战败耿耿于怀、寻机为战争翻案

---

① 转引自《中华人民共和国国史全鉴》(8)《外交卷》，中央文献出版社，2005，第381页。
② 田中伸尚：《靖国の戦後史》，第166~168页。

的一部分政治家、右翼势力再也按捺不住内心的骚动，趁机纷纷跳了出来。最先登台的就是中曾根内阁的文部大臣藤尾正行，他也是战后日本第一位"失言大臣"，结果在国内外舆论的压力下，中曾根不得不将其解职。岂料，树欲静而风不止，1986年5月27日，日本文部省教科书审定机关又通过了右翼团体"保卫日本国民会议"编写的高中教科书《新编日本史》，再度引起国内外舆论的关注和批判。

事实告诉人们，从20世纪80年代中曾根康弘提出"战后政治总决算"，向政治、军事大国目标迈进开始，日本的政治趋向明显向右倾斜。反映在战争责任和历史认识问题上，诋毁东京审判，否认南京大屠杀等一切战争犯罪，攻击现行的历史教科书，出版歪曲历史的教科书等浊浪此起彼伏，一直没有停息。因此，激起亚洲战争被害国家和民众的极大愤慨，一批受害民众毅然拿起法律武器，向日本政府提出赔偿诉讼，掀起一场持续至今的民间受害赔偿诉讼运动。

应该提及的是，韩国广岛原子弹受害者首先登上日本法庭，理直气壮地向日本国家提出受害赔偿诉讼。随之，韩国社会各界掀起轰轰烈烈的声援和支持民间受害索赔运动，并展开日本战争犯罪的调查。1991年12月，韩国被强制慰安妇金学顺挺身而出，站在历史的审判台上，勇敢揭露日本军的丑恶行为，也使战争时期日本强制征用从军慰安妇的罪行暴露在光天化日之下。随之，中国台湾、香港以及大陆的战争受害者也纷纷向日本政府提出索赔诉讼。很显然，亚洲民间受害者诉诸法庭的根本出发点是为了批驳日本当局及右翼势力荒谬的历史观，受害索赔只是斗争的手段，并非是最终或唯一目的。但是，日本有关当局挥舞"国家无答责"、"个人无申诉权"、"超过时限"等三条大棒，将亚洲民间受害者诉讼一概拒之门外，更激发了亚洲受害民众的不满。右翼社会趁机添油加醋，恣意歪曲，诬蔑亚洲民间受害索赔的真实目的，致使日本同亚洲民众之间产生心理隔阂和相互不信任感，带来亲近感恶化，互信度降低，甚至恶性循环的不良后果。

鉴于日本司法机关反复强调中国在联合声明中宣布放弃"索赔"的承诺，中国政府领导人明确表态，中国政府在联合声明中宣布放弃赔偿要求，是"为了中日两国人民的友好",但不等于放弃民间赔偿的要求,希望日本妥善处理好亚洲民间被害问题。应该说,这一方针起到了间接支持中国民间被害诉讼的作用,同时,作为维护中日关系的缓冲措施也是得当的。

更值得肯定的是,由于中日恢复邦交后的第一次波折主要呈现在战争历史认识问题方面,透视出日本部分政治家和右翼社会战争史观的谬误,也提醒中国有关部门必须重视中华民族抗日战争的历史以及反映日本侵略战争罪行和中国人民苦难的历史,所以从80年代中期开始,各有关部门开始兴建涉及抗日战争内容的纪念场馆。1985年,南京市首先建立起南京大屠杀遇害同胞纪念馆。1987年,中国人民抗日战争纪念馆也在七七事变的爆发地北京卢沟桥附近的原宛平县城遗址落成。另外,沈阳九一八事变纪念馆、长春伪皇宫陈列馆(现称伪皇宫博物院)、山西武乡八路军太行纪念馆、江苏盐城新四军纪念馆、台儿庄大战纪念馆等有关抗日战争的纪念场馆相继落成。日军731细菌部队罪行陈列馆、抚顺战犯管理所、大连刑务所、东北抗日联军纪念馆等场所也得到扩建或重新布展。这些纪念场馆充实和丰富了中华民族爱国主义教育的内容,同时也是以活生生的真实历史回击日本右翼社会的谰言,教育和启发中外民众反对战争、追求和平的场所。这是面对日本社会战争责任意识淡漠、中日恢复邦交后出现的第一次波折,中国对日政策中最值得圈点的一笔。可以断言,如果80年代中国方面忽略这些场馆的建设,在日本总体保守化和政治右倾化的今天,中国方面将失去许多有力的实物证据,使人类历史应该共同汲取的负面财富在时间的消磨中逐渐淡化或消失。

第五章 1990年代知识界右翼团体的出现及其影响

第一节 日本政治总体保守化及右倾化趋势

一 自民党《大东亚战争的总括》的出笼

1993年8月，由于自民党"黑金政治"的腐败，加之泡沫经济崩溃的责任等问题，自民党在大选中失败，结束了战后38年来"一党独大"的局面，沦为在野党。8月10日，新党领袖、新任总理大臣细川护熙在回答记者的提问时说："我个人认为那场战争是侵略战争，是错误的战争"。细川讲话无疑是对执政38年来自民党战争观的否定和挑战，于是在朝野上下引起轩然大波。讲话的第二天，自民党"靖国关系三协议会"联合召开了紧急会议，形成一个向细川提出"抗议"的决议。接着，三协议会决定成立"历史研讨委员会"，① 推举原防卫厅长官山中贞则为委员长，板垣正为事务局长，"失言大臣"奥野诚亮、樱内义雄、藤尾正行以及先后担任过政府要职的田村元、原田宪、桥本龙太郎、武藤嘉文、斋藤十郎为顾问，参加人员计有自民党众议院议员76人、参议院议员29人，合计105人。宗旨是听取、讨论"专家、学者们关于大东亚战争的见解，收集有关资料，成文发

---

① 当时自民党成立的这一团体命名为"歴史検討委員会"，"检讨"一词在日语中有研讨、审核的意义，为避免与中文"检讨"的现今习惯用法产生矛盾，这里译为"历史研讨委员会"。

行"，"经费由靖国关系三协议会提供"。[①] 1993年10月19日，历史研讨委员会邀请东京大学教授小堀桂一郎（现任教于明星大学）做了题为《冲击败战国史观》的讲演。并从这一天开始，截至1995年2月16日，先后邀请了19名讲演者，进行了20场讲演（其中中村粲讲了两次）。1995年8月15日，正值日本战败投降50周年之际，自民党历史研讨委员会将19名讲演者的讲稿汇编成册，题为《大东亚战争的总括》（以下简称《总括》），由展转社出版。

这部《总括》采用大开本，446页，洋洋数十万言，是一部以"学术研究"为名，全面否定战争的侵略性质，美化殖民统治，吹捧天皇法西斯主义，攻击东京审判，排斥战后50年来日本学术界研究成果的劣作，又是一部无视历史基本事实，颠倒是非曲直，甚至无中生有、歪曲捏造的劣作。在19名讲演者中，有5人是当年的帝国军人，曾任少佐、中队长、司令官秘书等，亲身参加过侵略战争；从当时的年龄段来看，70岁以上者8人，60岁至70岁者5人，50岁至60岁者5人，50岁者以下者只有1人，可见，大多数是受过天皇法西斯教育熏陶的一代；另外，从职业和研究方向区分，19人中只有5人是历史学者，其他是政府官员或文化教育界人士。显而易见，自民党邀请讲演者是有选择性和倾向性的，即全部是"大东亚战争肯定论"者。就学术而言，他们并非都是致力于历史研究或教学的学者，他们的"研究"当然不能代表日本的学术界，也不具备权威性，不过是各类侵略战争否定论的大杂烩罢了。

《总括》共分四个部分，分别是：（1）通向大东亚战争的路程。收有中村粲、总山孝雄、松本健一、上衫千年的文章。（2）大东亚战争的终结与亚洲。收有江藤淳、西部迈、名越二荒之助、中岛慎三郎的文章。（3）占领与东京审判。收有佐藤和男、西尾干二、田中正明、富士信夫、高桥史郎的文章。（4）在终战50年之际。收有小堀桂一郎、冈崎久彦、大原康男、出云井晶、安村廉、长谷川三千子的文章。最后的结束语由板垣正

[①] 自民党歴史検討委員会编《大東亜戦争の総括》，展転社，1995，扉页。

执笔。

二 "战后50年国会决议"的出台和右翼的闹剧

1994年6月,自民党在大选中重返政坛,与社会党组成联合政权,这也是战后以来自民党同竞争老对手社会党的第一次合作,由社会党首村山富市出任首相。自战后以来,社会党一直是反对安保条约、抨击侵略战争、主张战争反省的政党,在面临战后50周年之际,社会党极力要将那场战争画上句号,进而丢下历史包袱跨入新世纪。这样,在社会党的极力斡旋下,日本国会于1995年6月9日通过了一个"战后50年国会决议",题为《以历史为教训,重申和平决心之决议》(又称"不战决议"),全文如下:

> 本院值此战后50年之际,向因战争而牺牲的全世界战没者献上追悼之诚意。
> 在世界近现代史上出现过许多殖民地支配及侵略性行为,我们认识到我国过去的行为给予他国国民,特别是亚洲诸国国民的苦痛,表明深深的反省之念。
> 我们必须对过去的战争超越历史观的不同,谦虚地学习历史,建筑和平的国际社会。本院表明,决意在日本国宪法揭示的持久和平的理念下,同世界各国携手,开拓人类共生之未来。

从这份闪烁其词的《决议》可以看出:一是日本最高权力机构并没有承认战争的侵略性质,通篇看不到"侵略战争"的字样,只是浮皮潦草地提了一句"侵略性行为"或"过去的行为"。二是把"英美同罪论"塞进决议中。把日本发动的侵略战争放在"世界近现代史上出现过许多殖民地支配及侵略性行为"之中,言外之意是日本同欧美各国一样,只不过做了"殖民地支配及侵略性行为",如要追究责任人人有份。三是回避了战争责任和战争赔偿问题。《决议》通篇没有就战争责任提只言片语,更没有对战争赔偿问题做任何承诺,反而用"超越历史观的不同"来模糊战争责任和是非界限。所以，这份《决议》根本不会得到亚洲人民的认同，甚至只能激发亚洲人民对日本的不信任感。

然而，就是这样的一纸决议也遭到了自民党、新进党（从自民党分化出来的政党）和社会右翼势力的强烈抵制。在投票表决时，最大的在野党新进党全员缺席，共产党投了反对票，自民党议员中也有相当数量之人或缺席或投了反对票。结果，《决议》仅以出席议员的微弱多数勉强通过。

自民党的多数议员认为《决议》是"自虐的历史认识"，早在1994年11月就成立一个"终战50年国会议员联盟"，有212人参与其中（当时自民党参众两院议员总数为296人），奥野诚亮为委员长，板垣正为事务局长，其方针是坚决反对"国会反省、谢罪决议和不战决议"，宣称，"值此终战50年之际，我们对以前那场大战中，怀着自存自卫和亚洲解放之愿而献出宝贵生命的200余万战没者及战祸牺牲者表示慰灵和感谢之诚意——要纠正战后占领政策和左翼势力的鼓动带来的、单方面对我国断罪和自虐的历史认识，基于公正的史实，解明历史的走向，以期恢复日本及日本人的名誉和自豪。为此，国会的反省、谢罪和不战决议，是承认战后被歪曲的历史，为我国前途带来祸患、绝不能容忍的决议"。①

新进党也成立一个"传播正确历史国会议员联盟"，由小泽辰男任会长，有50多人参加，他们认为，"今天，我们作为独立主权国家存在之事实，意味着前次大战的赔偿、谢罪已经结束——谢罪是践踏了先人们的努力和名誉，也使我们肩负残暴无道德民族的标签永劫不得解脱"。②

在民间，以"保卫日本国民会议"、"日本遗族会"和"奉答英灵会"等右翼团体为主体成立起"终战50周年国民委员会"，推举原日本驻联合国大使加濑俊一为会长，青山大学教授佐藤和男为副会长，盗用国民的名义，展开了大规模的反对国会决议的右翼运动。1995年3月16日，该委员会召开"阻止谢罪、不战决议紧急集会"，邀请奥野诚亮到会讲话，奥野大

---

① 津田道夫：《南京大虐殺と日本人の精神構造》，社会評論社，1995，第244页。
② 笠原十九司：《戦争肯定論、免罪論の軌跡と現在》，東京歴史科学研究会編《人民の歴史学》第128号，1996年6月，第3页。

放厥词说:"搞侵略战争的是英美,我们是在与英美战斗,而不是同亚洲作战",① 呼吁右翼团体立即行动起来,阻止国会决议的通过。接着,委员会采取自下而上的方法,把运动重点指向基层,敦促各地方议会做出《追悼战没者决议》,同国会《决议》分庭抗礼;同时发动民众签名抵制国会《决议》。这样,在国会表决《决议》前,该委员会征集到500余万人签名,其中有285名国会议员。运动了25个都道府县级议会做出了《追悼战没者决议》。除上述活动外,委员会还于1995年5月29日召开了"亚洲共生祭典大会",邀请了13名亚洲国家或地区的"代表",国内出席者达万人,大会的宗旨是"追悼为大东亚战争与亚洲独立而献出宝贵生命的全亚洲战没者"。会上,被邀请的亚洲"代表"(不过是当年日本侵略战争的协力者或其遗属)无耻地歌颂日本对亚洲的"解放战争",到会的政府要员、右翼头目及右翼学者也高唱"大东亚战争肯定论"的滥调,煽动朝野上下阻止国会《决议》。

委员会还制作了许多歌颂和美化战争的影片,如《独立亚洲之光》、《自由亚洲的荣光》等,出版发行了《走向自由和独立之路》、《亚洲共生祭典》、《亚洲共生祭典报告集》、《终战50周年国民运动报告集》、《世界裁判东京审判》等图书,还在名古屋建立一座"亚洲共生之碑"。

1995年3月13日,宫城县盐釜市通过了一项《反省侵略战争的决议》,内中着眼于两点:一是必须严肃认识本国侵略战争的历史;二是必须对国内外战争受害者谢罪和赔偿。然而,遭到右翼势力的强烈反对和抗议。从3月16日开始,市内十几家右翼团体频频出动,声称"为国家而战,不是侵略",向议会施加压力。后来,该市议会迫于压力,于3月29日召开临时议会,宣布撤回《反省侵略战争的决议》,改成悼念战没者的决议,该议会议长称,"撤回决议的背景,不能不说是受右翼的影响,实在遗憾"。②

---

① 铃木邦男:《新右翼——民族派の歷史と現在》,彩流社,1998,第246页。
② 同上书,第252页。

第二节　知识界右翼团体的形成及其活跃

从 90 年代初开始，随着日本政治右倾化的加剧，在文化教育、新闻出版及其他知识学术界涌现出一批带有极端民族主义倾向的团体，这里统称之为知识界右翼团体，在日本又被称为历史修正主义团体或历史篡改派。他们从反"自虐史观"、反"暗黑史观"的立场出发，极力否定战争的侵略性质，推卸日本的战争责任，否认日本的战争犯罪，并展开了教科书"改恶"运动，[①] 编写发行歪曲历史的教科书，掀起了一股历史修正主义的逆流。

不过，知识界右翼同传统右翼或新右翼还是有区别的。从严格的意义来说，知识界右翼并不具备传统右翼或新右翼中的某些特性，特别是在崇拜暴力、反政府、反体制、反秩序、反民主等方面，他们并不付诸实际行动，也不赞同右翼的过激行为。但是，知识界右翼的思想却同传统右翼，特别是新右翼的主张极其相似，他们代表的极端民族主义和超国家主义思潮是右翼势力共同追逐的理念。所以，称他们是右翼派别中的"思想右翼"并不为过。而且，进入 21 世纪以后，他们在日本社会的影响力日益扩大，又同执政党中的新保守主义、新国家主义思潮合拍，并且得到社会右翼的赞同和支持，因此，他们的运动并不单纯局限于"思想"范畴，同时也付诸蛊惑和煽动民众、敦促和影响政治当局的政策制定和实际运作。加之他们以"作家"、"学者"、"教授"、"评论家"、"名记者"等"知名人物"的面目出现，扮出一副"爱国"、"忧民"和"痛心疾首"的姿态，又利用公开发行的右翼保守刊物阐述其主张，与右翼团体动辄出动街宣车大吵大嚷截然不同，更具有诱惑性和欺骗性，因而蒙蔽了一部分民众，一跃成为 90 年代后社会右翼运动的主流。不仅如此，还有些知识界右翼和社会右翼

---

① "改恶"一词是日语，即在历史教科书中尽量模糊战争性质、推卸战争责任、淡化日本的战争犯罪，日本称之"改恶"，这里原文引用。

勾搭连环，甚至有些团体就是建立在右翼团体的基础之上，如"南京大屠杀虚构说"始作俑者田中正明组织的"历史修正协议会"，就是在右翼团体"胜共联合"的摊子上成立的，中村粲组织的"昭和史研究所"也与右翼团体有着不可分割的"血缘关系"。

一　"自由主义史观研究会"及其"教育改革"主张

"自由主义史观研究会"（以下简称"自研会"）的核心人物是原东京大学教育学部的教授藤冈信胜。从1988年开始，藤冈发起"授业法网络"运动，呼吁进行一场"近现代史教育的改革运动"，并在明治图书编辑部的《社会科教育》杂志上连续发表抨击战后教育的文章，认为日本战后的历史教育始终受"东京审判史观"、"共产国际史观"和"马列主义史观"的"束缚"，历史教育的结果是"培养反日的日本人"，是"自虐史观"、"暗黑史观"和"反日史观"的产物（关于"自虐史观"等后章详述），所以，必须重新编写一部日本近现代史，重现日本历史上的"光和影"。

1995年7月，他发起成立"自研自由主义史观研究会"，成员多为日本小学和初高中历史或社会科教师。宗旨是改革日本的历史科教育，彻底扭转教科书中的"反日"、"自虐"倾向，主张用"自由主义史观"来研究历史，解释历史现象。藤冈把他的"自由主义史观"的内涵概括成四句话，即：健康的民族主义；写实主义和现实主义；不受任何意识形态的拘束；批判官僚主义。按着这四句话，藤冈对日本近现代史的基本走向做了如下限定：

第一，明治维新是日本在西方列强的压力下，回避殖民地化的危险，创建国民国家的伟大的民族主义革命。

第二，明治前半期的经济发展，基本上是由于发挥了民间的活力，自由主义经济政策的成功带来的。从这个意义上说，认为日本的近代化是自上而下之说值得怀疑。

第三，如果没有俄国威胁这一远东安全保障问题，日本不会成为军事大国。日清战争（中日战争）、日俄战争是远东战略环境下日本不得不战的自卫战争。

第四，日俄战争后，随着美国敌视日本政策的出笼，日本犯了战略选择错误，对朝鲜半岛的对策是否有其他选择有待进一步探讨，在摸索走过曲折道路的同时，日本出现种种政策性错误，其结果是走向毁灭的大东亚战争。

第五，关于战争的原因，只是日本"恶"的"东京审判史观"和日本"一点也不恶"的"大东亚战争肯定论"都是片面的。哪个方面应负什么责任，应根据战争的经过进行实证的究明，决不能先验地下结论。①

藤冈口口声声反对"先验地下结论"，却把明治以来日本对外扩张的历史限定为"自卫战争"，他的"理论根据"是：

1. 国益至上原则

藤冈称，"因为我们是日本人，当然首先要站在日本国益和日本的立场上来考虑问题，所以，必须明确地把本国的生存权和国益追求权作为出发点"。正是"从国益追求权"的立场出发，藤冈津津乐道日本强迫朝鲜开港是"采用了倍里同样的方法，第一次成功地实现了自主外交交涉"。② 对日俄之间争夺中国东北的不义战争，藤冈定义为，"新生的年青国家日本，拼死力抗衡世界一流的军事大国俄国，并将其打败，乃是伟大的祖国防卫战争"。③ 依同样的"推理"，藤冈从日本的地理位置考虑，认为"为了日本的国益，必须确保朝鲜半岛"，所以，中日甲午战争也是"祖国防卫战争"。可见，藤冈氏研究历史事件的出发点和落脚点都紧紧围绕着"日本的立场"和"日本的国益"，即便跑出海岛同他国一战，也是"祖国防卫战"，至于其他国家的国益和民族的权益则不在他的视线之内了。

---

① 藤冈信胜：《污辱の近现代史》，德间书房，1997，第77~80页。
② 藤冈信胜：《教科书が教えない历史》，产经新闻社，1996，第一卷开头语部分及"日本と米国"部分。倍里（也有的译作佩里、倍利等），首次驶进日本海域的美海军舰长，用武力强迫日本开港，日本史称"黑船事件"。
③ 藤冈信胜：《世界史のなかの日露战争への道案内》，《近现代史の授业改革》第2号，明治图书编辑部编《社会科教育》别册。

2. 战略性思考原则

藤冈认为，日俄战争后，由于美国敌视日本的政策，日本在战略选择上走了一段"曲折的道路"，但是，为了"日本的国益"，"不得已走向毁灭的大东亚战争"。为此，他提出一个"战略思考原则"，主张要"重视国际环境"，强调"理性的批判过程"。在他制定的教科书编写三原则中，其中之一就是要求分析"日本在国际环境的包围中是怎样走的，应该鲜明地描绘出其曲折的历史，在外压和国际环境的变化中日本以什么样的战略对应"。① 他认为，日本历史上最成功的"战略思考"是日俄战争，由于英国给日本一个"最适合的战略环境"，因而，"幕末以来日本的安全保障问题全部得到解决"。日俄战争后，日本"在原理上选择了错误的战略"，但那是因为"美国对日舆论的决定性恶化"，日本为了打破"ABCD 包围圈"，为了保卫自己的南方"生命线"，才"不得已与美国开战"，所以，"大东亚战争"也是"自卫战争"。藤冈及"自研会"成员就是按着这种荒唐的"战略思考原则"来启发学生们学习历史。有学者批判藤冈的"战略思考"具有"把日本发动的战争正当化的意义"，② 也是"自由主义史观重要的构成要素"。③

3. 历史真实相对说

在如何认识日本军队非人道的战争犯罪问题上，藤冈及"自研会"成员完全站在战争罪行否定派的立场上，矢口否认南京大屠杀的历史事实，否认从军慰安妇的强制性。然而，事实就是事实，是任何人无法抹杀掉的，身为东京大学教授的藤冈应该心知肚明，于是他又炮制一个"历史真实相对说"，声称"历史上的真实只是相对的，对于社会上有争议的事情不能片面地教给学生，要让学生们自由地思考，去讨论双方的意见，这才是历史教学的方法"，"只片面地讲授日本的加害，使之产生对日本人的厌恶感，夺去日本人的自豪和自信，这就是'自虐史观'，作为讲授的中心，应该是

---

① 藤冈信勝：《污辱の近現代史》，第 221 页。
② 吉田裕：《現代歷史学と戦争責任》，青木書店，1997，第 244 页。
③ 奈良歷史研究会：《戦後歷史学と自由主義史観》，青木書店，1997，第 115 页。

日本人引为自豪的历史"。① "即使依据事实，也要从引发国民自豪的视点去讲授历史的多面性"。② 对此，有日本学者对藤冈氏提出质疑，指出藤冈氏的历史教学"不是学问性真理，而是出于某种政治目的，即培养从属于国家政策的国民"。③ 藤冈氏"历史教育的重点不是追求真理，不过是教化国民罢了"。④ 另有学者一针见血地抨击藤冈的谬说是"充分夸耀大日本帝国历史的积极面"，旨在"提高日本国民的国家主义和民族主义情绪"。⑤

二 "新历史教科书编纂会"与《国民的历史》

"新历史教科书编纂会"（以下简称"编纂会"）于1996年12月2日发表创立声明，正式成立于1997年1月30日，会长为电气通信大学教授西尾干二，副会长为藤冈信胜、涛川荣太，其成员除教育界人士外，还包括作家、记者、评论家、画家以及日本大型企业、财界的头面人物，办有会刊《史》，拥有会员7000余人，号称万人，在全国设有49个支部，是知识界右翼团伙中最大的一派。该会在创立声明及趣意书中称，"近年来，历史教育的谬误不仅未得到纠正，相反越来越陷入歪曲混迷的状态，甚至将日清、日俄战争都视为侵略亚洲的战争，证据不充分的从军慰安妇强制说也被收入教科书中……使日本人失去自身历史的意义"，"本会旨在致力于恢复本国的历史，编撰具有良知的，能传给下一代自信的历史教科书"，"为了21世纪的日本孩子们，我们决意编写新的历史教科书，从根本上改革历史教育"，"战后的历史教育，是让日本人忘掉应该继承的文化和传统，失去日本人的自豪，特别是置日本子子孙孙于持续谢罪、如同罪人一般的命运"。⑥

"编纂会"成立后，其社会活动的规模远远超过做学问的规模，所以，

---

① 松岛栄一、城丸章夫：《自由主义史観の病理》，大月書店，1997，第251页。
② 《読売新聞》1997年2月27日，第9版。
③ 松岛栄一、城丸章夫：《自由主义史観の病理》，第78页。
④ 永原慶二：《国民の自国史象と歴史学、歴史教学》，《歴史科学》（東京）第148号，1997年3月。
⑤ 土屋武志：《歴史教育をとりまくナショナリズム論》，《戦後歴史学と自由主義史観》，第178页。
⑥ 《周刊金曜日》1996年12月3日号。

他们除了戴两副有色眼镜，即"自虐史观"和"暗黑史观"来认识历史外，能够提出的"理论观点"大体如下：

1. 民族差别观和人种战争说

"编纂会"及其成员在各种场合都忘不了强调日本民族的"优秀"，比亚洲近邻任何国家都具有"优秀的传统"，是"亚洲唯一维持独立的国家"。它的趣意书中这样声称："日本从古代就孕育了文明，孕育了独自的传统，日本在任何时代都与世界的先进文明合拍"，"我们的父母、祖先就是这样毫不松懈地努力，才有今天世界上最安全、富裕的日本"。西尾干二在《国民的历史》一书中，更是毫不掩饰地阐述了这个观点，竟然毫无根据地称日本的绳文文明"要比世界四大文明还要悠久"。① 后来任副会长的高桥史朗也效尤会长的"创新精神"，著文称，日本就是靠"大东亚战争"，才从"欧美500多年帝国主义列强的殖民地支配中解脱出来"，② 令日本学界瞠目结舌。因为，从帝国主义对外扩张的19世纪算起，迄今充其量不过一百多年，只好把哥伦布航海时代也计算在内，才能凑上高桥的500年之说，学术界评价其"历史认识过于粗杂"。③ 仅就其做学问的科学态度言，也足以令人齿冷了。

还应该指出的是，西尾至今仍对中国和朝鲜持蔑视和歧视态度，他在与藤冈信胜共著的《国民的麻木》一书中称，"冷战结束后的东亚逐渐返回到日清战争（即中日甲午战争）前的状况，用西方的标准看，中国和朝鲜不懂得文明，和150年前一样，是个没有近代化的国家，（他们）老大自居，不懂得文明，又持有武力，不听劝说，在这样的状况下，日本直接面临着如何自存自立的局面"。④ 1982年教科书事件后，日本政府考虑到教科书的国际影响问题，在审定教科书条例中附加一项《近邻诸国条款》，表示要慎重对待曾被侵略、蹂躏的亚洲诸国的意见。"编纂会"大为不满，认为

---

① 西尾干二：《国民の歴史》，産経新聞社，1999，第64页。
② 《SAPIO》1995年7月26日号。
③ 松岛栄一、城丸章夫：《自由主义史観の病理》，第102页。
④ 西尾干二、藤冈信勝：《国民の油断》，PHP研究所，1996，第236、237页。

《近邻诸国条款》是教科书问题的"诸恶之源",发表声明称,"任何国家都有自己独自的历史,有着不同的历史意识,我国的历史认识如果同民族主义刚刚兴起的近邻诸国接近,只能给我国带来屈服的结果"。① 从中我们可以品味出,"编纂会"根本没把亚洲诸国放在眼里的"大和民族的孤傲"。

和"自研会"的观点类似,西尾认为,日俄战争后,美国对黄种人日本的胜利"抱有拒绝的感情",所以,是"美国首先把日本当作假想敌国",日美战争是"侵略国家美国继西部开发的印地安扫荡战,菲律宾征服战之后,白种人征服黄种人的战争延长线",所以,日美战争的责任是六四开或七三开,即美国应负六分或七分的责任。②

关于日俄战争,西尾认为,日本的胜利是"扼制沙皇南侵的亚洲人种的胜利",俄国"野蛮、非文明,且持有武力,日本为了自存自立,必须面对重大的局面","必须孤立地应对所有的野蛮"。③ 有学者认为,西尾鼓吹人种战争、民族差别的实质是"把国民的注意力引导到美化民族的历史",是"着眼于进行民族净化的战争",是一种"已经超过警戒线的民族净化史观"。④

2. 战争无正义和非正义之说

2001年3月,由"编纂会"编写、扶桑社出版的历史、公民教科书内容被披露出来,内中荒唐反动,受到国内外舆论的强烈谴责和批判。"编纂会"甚为不满,出面搞了一个记者招待会,西尾在会上称,"战争根本没有正义和非正义之说,与道德也毫无关系,不能讲是日本正确,还是美国正确","战争虽然是悲剧,但是碍难区分善恶",战争是"国家与国家之间国益冲突的结果,用政治不能解决,最终手段就是战争,当时的日本不能选择与美国不战而败的道路",所以,"日美战争是必然的结果",因为美国"封锁威胁了日本"。西尾接着称,"编纂会"编写的教科书"绝不能下侵略

---

① 《産経新聞》1997年6月27日。
② 《産経新聞》1997年6月27日。
③ 西尾干二、藤冈信胜:《国民の油断》,第237页。
④ 高橋哲哉:《戦後責任論》,講談社,1999,第121、122页。

战争这个定义,随随便便用(侵略)这个词是恶作剧般的感情论",因此,我们的教科书用了"所谓侵略战争这个概念"。① 在记者招待会上,西尾还大谈"解放战争说",认为"大东亚战争"的结果,"使印度、缅甸、菲律宾、越南、柬埔寨和老挝等国独立","彻底改变了第二次世界大战后的版图,这是毫无疑问的事实,是历史的足迹"。② 西尾还把他的战争无正义和非正义之说也编进了"新"历史教科书中,只是在审查后删除。

3. "战争犯罪不只是日本","战胜国也是军国主义"

在上述记者招待会上,西尾还就战争犯罪问题大发了一番议论,他称,"日本也许确实有战争犯罪,但是,在日本的历史上既没有人种灭绝,也没有大屠杀,不仅如此,我们编写的教科书中,还要指明日本与德国结盟之际,曾提出反对人种差别的方针,还要告诉学生们,(日本)曾帮助过犹太人"。接着,他提出,"在战争中没有任何国家不犯有战争犯罪,战胜国也不例外"。③ 数年前,在出席自民党历史研讨委员会的讲演会上,西尾就发表谬论称,"战争犯罪不只是日本,战胜国也不例外……任何国家只要参加战争就会有战争犯罪,美国向日本投掷原子弹就是明显的战争犯罪,可是美国作为整体而言不是犯罪国家,只是偶尔或有时做过犯罪事情的国家","战争中的日本也不是犯罪国家,不过是做过犯罪事情的国家,这种犯罪也是因为场合而不得已的"。④ 可见,西尾的"战争犯罪观"是人人有份,半斤八两,当然也就不该追究日本的战争责任。

西尾还有一个理论,即"军国主义不是败战国的属性","美国、英国都有发动侵略战争的动机","侵略战争不是败战国历史上特有的东西","如果说军国主义和侵略战争是罪恶的话,如果不正视战胜国的动机之恶,从这个地球上消灭'恶'的理想就必然破灭"。所以,"我们必须明白,战

---

① "新しい歴史教科書をつくる会"编《新しい歴史教科書誕生》,PHP研究所,2000,第26、27页。
② 同上书,第27页。
③ 同上书,第28页。
④ 自民党歴史検討委員会编《大東亜戦争の総括》,第232、233页。

胜国也好，战败国也好，现在完全是对等的"。①

4.《国民的历史》批判

1999年，西尾推出一部大部头的专著《国民的历史》，上至日本的远古神话，下至战后美国对日本的占领，洋洋800余页，据说已发行60余万部，成为战后以来人文科学书籍中最畅销的图书之一。这部《国民的历史》彻底推翻战后以来日本历史学界的一切定说，甚至包括战前、战时史学界有关日本远古史、古代史、文化交流史的论点。单就历史分期而言，西尾氏把日本史仅划成"古代"和"近代"两个时期，令日本学术界咋舌惊诧。因该书内容涉猎广泛，内中观点又极其"标新立异"，因篇幅关系，本书摘其主要观点剖析如下：

（1）历史反映人们的意识，我们不能受史料的制约，应该活用史料，许多历史学者认为靠事实、实证的积累而得出客观历史的认识是毫无意义的。

（2）历来的日本历史都把日本描写成后起步的国家，在古代是学习中国的先进文化，在近代是学习欧美的先进文化，这是根本错误的，日本未从中国和欧美引进先进文明之前就早已形成了独自的高度文明。

（3）日本历史从《魏书·倭人传》的记述开始是大错特错的，日本从绳文、弥生到今天，已形成了一万年有余的历史和文明。

（4）日本历史的时代划分应划为"古代"和"近代"两个时期为妥。

（5）日清、日俄战争是抗拒帝国主义列强对朝鲜、中国的侵略压力，日本以勇气和气概而战，日韩合并从当时考虑是合理的，把这称作日本帝国主义是极其荒谬的。

（6）大东亚战争是围绕太平洋的霸权，国家与国家之间的冲突，日俄战争后，美国最先把日本当成假想敌国，对日歧视、人种差别、压迫逼迫，日美战争责任是六四开或七三开。

（7）由于战后的占领政策，形成了英美＝民主主义＝善、日德＝法西斯主义＝恶的模式，把战争界定为正义和非正义是错误的。战后教科书只是战

---

① "新しい歴史教科書をつくる会"编《新しい歴史教科書誕生》，第104页。

胜国一方的观点，欧美帝国主义比日本更残酷，东京审判史观和占领政策把自虐史观压给日本人，又被历史学者所接受。①

《国民的历史》观点荒谬反动，可以说是历史修正主义的代表作之一，且发行量极大，危害不能小觑。为此，日本"教科书真实与自由联络会"组织22名有影响的历史学家，对《国民的历史》的荒谬进行了批判，并出版了《彻底批判"国民的历史"》一书，严厉指出《国民的历史》是战后皇国史观的"翻版"，是"向战后历史学的危险挑战"，是"从狭隘的国家主义、民族排外主义、国粹主义、军国至上主义的立场出发"，"没有历史学修养之人的发泄"。②

三 中村粲与"昭和史研究所"

中村粲是独协大学教授，历史学者，1996年春，以右翼团体"胜共联合"的有关人物为骨干组成了"昭和史研究所"。中村长期以来仇视中国，反对中日恢复邦交，因此受到台湾当局的青睐，台湾当局多次邀请其访台。他还每年率领学生去自卫队"体验生活"，去伊势神宫朝拜，又与原关东军高级参谋草地贞吾、A级战犯板垣征四郎之子板垣正等人合作，通过广泛募捐在金泽市建立起一座"大东亚圣战大碑"。中村还写有一首《大东亚圣战之歌》，灌成唱片到处散布。中村的代表作是《走向大东亚战争之路》，也是其他历史修正主义团伙和右翼政治家、团体极为推崇的"经典"。该书洋洋600余页，包括日本的大陆政策、日俄战争、日美对抗、第一次世界大战、"支那"的赤化、满洲事变、卢沟桥事件、ABCD包围圈、东条内阁等方方面面（其主要观点后章详述）。

四 "日本历史修正协议会"

否认日本在侵略战争中犯下的一切战争罪行，是学术界右翼的共同特

---

① "教科書に真実と自由を"連絡会：《徹底批判"国民の歴史"》，大月書店，2000，第19、20頁。
② 同上书，第143页。

征，其焦点又集中在否认南京大屠杀、否认强制从军慰安妇等几个问题上。其中，"自研会"和"编纂会"侧重攻击慰安妇问题，否认南京大屠杀则由"日本历史修正协议会"担当。该会成立于1996年，总部设在京都，并在东京、大阪、京都、横滨等城市设有支部。骨干成员有田中正明、板仓由明、富士信夫、铃木明等人。田中正明曾任南京大屠杀责任者松井石根的秘书，对日本战败投降一直耿耿于怀，特别对松井石根战后被处决如丧考妣，所以纠集了右翼团体"胜共联合"的部分干将和当年的帝国军人，采取颠倒黑白、混淆是非的手段，大张旗鼓地翻战争的案。1984年6月，他抛出《南京大屠杀的虚构》，全面否认南京大屠杀的存在，成为学术界历史修正主义的鼻祖之一。

此外，该团体还先后推出《教科书没有讲授的历史观》录像集（6册），内中收录有藤冈、田中、中村等6人的讲演，以及《帕尔博士的日本无罪论》、《南京事件的总括》、《真说·南京攻防战》、《松井大将与兴亚观音》等。特别是进入90年代以后，否定南京大屠杀的著述出现高潮，除各种小册子、宣传品、文章外，仅公开出版的图书就达数十种，如《南京大屠杀的彻底检证》（东中野修道，展转社）、《南京屠杀的大疑问》（松村俊夫，展转社）、《南京大屠杀是这样编造的》（富士信夫，展转社）、《新南京大屠杀的虚构》（铃木明，文艺春秋）、《南京事件第60年的真实》（中村粲，正论社）、《拉贝日记检证》（亩本正己，帛社）、《质问亡国之徒》（石原慎太郎，文春文库）等（后章详述）。

五　日本舆论会及其他

该会成立于1990年，原参议院议长木村睦男为名誉会长，柴田正为会长，片冈正己、三论和雄为副会长，中村粲、佐藤和男、田中正明、小堀桂一郎、名越二荒之助、加濑英明等学术界右翼骨干都是该会的成员。该会的宗旨是专门攻击"只把日本断罪为侵略者、加害者的反日新闻机构"，对"错误报道"南京大屠杀、从军慰安妇等事件的朝日新闻社实行"监督"、"纠正"、"斩断其偏向报道"等。实际上，朝日新闻社等新闻机构不过是比较客观地尊重历史，同时，比较注意中国、韩国等受害国的反响，所以，成为舆论会攻击的目标，被指责"身为日本人为什么否定自己的历史，为什么无视国益、道德，搞什么谢罪活动"等。

该会的副会长片冈正己（评论家）特在《正论》杂志上开辟一个专栏，题为"朝日新闻的战后责任"，连篇累牍地攻击朝日新闻社。比如，细川讲话发表后不久，产经新闻社立即发表社论猛烈抨击，而朝日新闻社却发表了相反的意见，认为细川讲话"迈出了打消亚洲国家对日本不信任的第一步"。片冈大加鞭答，指责朝日新闻社"无视讲和条约、日中友好条约、日韩基本条约的意义"，日中关系正常化"说明历史问题已经解决，冷战结束后再强调日本的战争责任是没有道理的"。1994年5月初，针对法务大臣永野茂门"南京大屠杀并不存在"的谬言，朝日新闻社发表社论抨击，指出南京大屠杀"是不可否认的历史事实"，"否认侵略战争是历史的逆流"，并要求政府罢免永野。片冈对永野"遭受朝日、每日等新闻社的非难、攻击，不得不辞职"打抱不平，抨击朝日新闻社"对历史不逊和傲慢"，"是对自国的自虐、对英灵的亵渎"等等。①

除以上团伙外，还有："纠正偏向教科书国民会议"。代表四方捻。1997年4月8日，出动150余辆右翼街宣车，在大阪掀起"统一行动"，向大阪书籍出版社等部门抗议教科书"自虐内容"。

"青年学生座谈会"。会长小田村四郎。1997年2月，在东京掀起从教科书中删除慰安妇内容的运动，后发展成全国性团体。

"全国教育问题研究会"。1996年8月，会同"自研会"掀起攻击教科书的运动，当年11月，把主要矛头对准各地方议会，敦促地方议会通过削除"自虐史观"教科书的决议，并主张修改"教育基本法"，提出改恶的"教育基本法案"。

"要求纠正历史教科书会"。由"昭和史研究所"代表中村粲出面组织，小山和伸为运营委员长，定期在产经会馆（产经新闻社所有）召开讲演会、

---

① 俵义文：《教科书攻击の深层》，学习の友社，1997，第43页。

座谈会之类，经常到场的讲师除中村粲外，还有"编纂会"、"自研会"等团体的成员入江隆则、小田村四郎、小堀桂一郎、大原康男、高桥史朗、名越二荒之助、富士信夫、渡部升一等人。该团体定期集体参拜靖国神社。

"东京教育再兴网络"。东京都知事石原慎太郎的御用组织，1999年5月结成，代表石井公一郎，主张实施新道德教育，培养健全的爱国心，严肃教员规则等，曾就国歌、国旗法制化和教科书改恶等事宜向都议会、都教育委员会施加压力，与"编纂会"、"自研会"、"日本会议"、"正论会"等攻击教科书团体携手互动，与东京都自民党、民主党组织也有密切联系，其本部就设在"自研会"内。

"教科书改善联络协议会"。会长三浦朱门，2000年4月成立，是"自研会"的后盾团体，提出的口号是"给孩子们好的教科书"，在全国各地设有支部，发行双月会刊，免费发给会员。

"广岛教育改革网络"。由"编纂会"广岛支部同广岛地区攻击教科书团体联合组成，攻击"偏向、自虐的教科书"，要求地方议会改革教科书采用制度，并同山口等邻县攻击教科书团体协同行动，在日本的中国地区（即广岛、山口、鸟取、岛根、冈山等县）有一定的声势和影响力。

"教育再生地方议员百人与市民会"。1999年1月成立，以关西地区为活动舞台，以地方议员为骨干，主张"教育改革正常化"，"从日教组的错误教育中解救学生，是地方议员的义务和权利"，"现在的学校缺乏再生和自净能力"，所以要"从学校外部进行必要和适当的运作"等。"编纂会"、"自研会"是该会的主要赞助团体，此外，狂言日本需要发展核武器的西村真悟以及中村粲、三轮和雄（舆论会）等人也出现在该会的赞助名单上。

另外，还有由日本右翼教师组成的"日本教师会"，攻击NHK的"思考NHK报道会"，盗用日本国民名义组成的"终战50周年国民委员会"，以彰显印度法官帕尔为名，行否定东京审判之实的"日印亲善会"，由日本陆军士官毕业生为主组成，歌颂美化东条、松井的"保卫兴亚观音会"，以及"东京二三区考虑教育会"、"日本政策研究中心"、"保卫孩子家长会"、"纠正战争资料偏向展示会"、"纠正教科书亲子会"等等。

第三节 "正论派言论人"的出场及其谬说

20世纪90年代以来，日本还涌现出一批颇有影响力的"个体"右翼学者，他们有比较显赫的社会地位，诸如教授、作家、学者、新闻记者、评论家、律师、画家等，大多是社会各界的"知名人物"。他们中有些人也参与或组织了各类学术界右翼团体，但他们的"名气"与藤冈信胜、西尾干二有所不同，往往不是因为组织或参与团体活动而得来的，而是以"独立人"的身份，针对颇为敏感的历史教科书、靖国神社、强制慰安妇、南京大屠杀、领土纠纷以及日本同亚洲各国的关系等问题著书立说、发表文章，表达反共仇华的立场及极端民族主义情结，成为知识界右翼运动中一支不可小觑的势力。由于他们经常在产经新闻社创办的《正论》以及文艺春秋社的《诸君》等带有明显右翼倾向的杂志上发表文章，故他们又自称为"正论派言论人"。[①] 更紧要的是，他们同传统右翼、新右翼以及知识界右翼的活动方式均有区别，往往是以"独立人"或"自由人"的面目出现，而且，他们的"大作"或"论文"又是通过合法的出版机构或媒体传播开来，俨然成为某个研究领域的专家和学者，更容易被民众所接受，所以在干扰和破坏日本同亚洲各国关系方面起到了不可低估的作用。

一 渡部升一的"日本国益说"

渡部升一是上智大学名誉教授，是日本学术界颇有影响力的重量级人物，著有《国益原论入门》、《从国益的立场》、《日本的傲慢、韩国的傲慢》、《太阳照样升起》、《新忧国论》等。他还组织一个"日印亲善会"，任该会的理事长，打着日印亲善的幌子，以"彰显"东京审判中投反对票的印度法官帕尔为名，攻击东京审判"本质上是复仇"，"东京审判不属于国际审判，不过是美国占领行政的措施之一"等。美化东条英机的电影

[①] 小堀桂一郎：《それぞれの歴史観》，《正論》（別冊），産経新聞社，2006，第74页。

《自尊》制作成员加濑英明、田中正明、名越二荒之助等人都是该会成员。

渡部升一在许多著述中反复强调日本的"国益",甚至主张不惜践踏和无视他国的国益。1997年他出版了一部题为《新忧国论》的著作,开头称,"支那经常讲日本过去侵略支那的事情,可是却没有认识到支那现在的侵略,西藏人的语言和文化与支那人根本不同嘛,维吾尔人、满洲人也是如此。可是,日本有势力的媒体及相当数量的政治家,经常虚报日本过去的恶事,把针尖说成棒槌。但对现在支那的恶事却像拉上拉锁一样,明显热心于支那和韩国的国益……(他们)不仅对日本的国益毫不关心,还在媒体上攻击热心国益之人","战后的日本,给忧国或谈论国益之人贴上'右翼'的标签"。① 渡部在这里模仿某些西方殖民主义者的声调,肆意污蔑作为民族统一国家的中国是个"侵略国家"。在后来的章节中他又进一步大放厥词:"支那侵略西藏,至今完全吞并了西藏,因此西藏掀起很激烈的独立运动。但支那方面实行报刊管制,具体情况不十分清楚。尽管,民族不同、语言不同的十四世达赖喇嘛作为国家元首存在着,却被驱逐,西藏被吞并,这难道不是非法侵略吗!然而,这一切在日本的历史教科书中都没有记载。满洲族的满洲也置于支那的侵略之下,满洲族几乎灭绝"。② 这里,令人难以理解的是,渡部以"忧国"为题的著作理应阐述他的"国益"主张,为何一下子转移到煽动西藏独立以及中国其他少数民族独立的立场上?不言而喻,其狐狸尾巴暴露出旨在煽动官民各界干涉中国内政的阴暗心理。

另外,在这部书中,渡部还围绕钓鱼岛主权问题攻击中国。他说:"支那政府宣告'尖阁诸岛是本国的领土',同任何国家不商量随意颁布领海法,这正是中华思想在作祟,把自国当作世界的中心,是'华',周围都是夷狄戎蛮的世界观,现在的支那还是这样的国家"。③ 渡部在书中十分赞赏国会议员西村真悟擅自登上钓鱼岛的举动,不惜篇幅为西村大唱赞歌。

---

① 渡部升一:《新憂国論》,德間書店,1997,第3页。渡部等"正论派言论人"在他们的著述中几乎都使用蔑称中国的"支那"称谓,为保持原貌,这里原文引用。
② 同上书,第193页。
③ 同上书,第103页。

第五章　1990年代知识界右翼团体的出现及其影响

渡部升一对中国的仇视在《新忧国论》中随处可见，在其他场合他也从不放弃攻击中国的机会。2005年7月的《WILL》杂志编纂一辑《再见！自虐史观》专集，其中收录渡部升一题为《中国的厚颜无耻让流氓无赖也目瞪口呆》的文章，① 内容十分恶毒。他在开篇中说："由于中国发生的反日游行，日本大使馆和总领事馆等外交设施受到损坏……本国民众攻击这些建筑物，不但不加阻止，反而指责受攻击的国家一方。这样的言行，无论怎么说都不是文明国家的所作所为。因此，仅从这一事件看，就可以知道中国还是一个没有达到文明水准的国家，跟它打交道的时候应当注意这一点"，"说'日本发动了侵略中国的战争'，指责'（日本首相）参拜祭祀甲级战犯的靖国神社'，中国的这些非难，不过是对《日中友好条约》已经解决了的问题旧事重提。所谓和平条约，本来就是一种谅解，双方相互发动战争，各有各的说法，通过这个条约把过去的事情了断。因此，签订条约以前的事情就不能旧事重提了……中国这个国家，水准在流氓无赖以下，把流氓无赖与中国相比，对流氓无赖也是很失礼的事情，流氓无赖会生气的"，"中国、韩国……无论多么的'同文同种'、'一衣带水'，也是不懂媾和条约意义的野蛮国家"。② 上述一席话可以充分说明渡部氏从骨子里对中国的仇视，以至发展到口无遮拦、破口大骂的地步。

对日本发动侵略中国的不义战争，渡部氏全盘否定其侵略性质。他认为，"日本是为自卫而战"，"（面对）欧美和俄国的武力威胁，正是为了摆脱十分危机的状况，才进行了日清、日俄战争。日清和日俄战争是日本的防卫战争，是对白人统治世界的抵抗运动"，"从日清、日俄战争到第二次世界大战，日本的战争从广义上说是自卫战争，是以自卫为基调而进行的战争"。③ 不仅如此，渡部氏还把日本发动七七事变、掀起全面侵华战争的

---

① 渡部在这篇文章中使用了"ヤクザ"一词，在日语中有流氓、无赖、赌徒、地痞之意，是日本社会最被鄙视的人群。
② 《WILL》2005年7月号，转引自赵军《日本社会与日本右翼》，广东人民出版社，2007，第137页。
③ 渡部升一:《新憂国論》，第198、199页。

责任推到中国共产党的身上。他说："1937年7月7日,日本支那驻屯军步兵第一联队在卢沟桥北方的龙王庙附近演习时,是谁向他们开了数十枪?以后几次连续开枪的又是谁?是毛泽东部下指挥的中共军队。中共军为了让日军和蒋介石的军队作战,向双方射击。日军和蒋介石的军队落入了圈套,双方都认为是对方开的枪,实在是险恶。……这就是卢沟桥事件的真相"。① 渡部氏的胡言乱语完全没有任何史实或史料根据,只是凭着主观臆测妄下"结论",包括日本主流史学界也对这种论调嗤之以鼻。

渡部氏还认为,日本的近现代史必须"重新构筑"。他在一篇文章中说:"战后日本近代史再构建过程中遇到两大障碍",一是"占领政策,麦克阿瑟最初占领日本时期,以民主主义对法西斯主义的模式……出于日本人性恶说的考虑";二是1932年共产国际制定的纲领,"否定明治以来日本的历史","强调日本近代史的阴暗面"。② 渡部认为,由于这两个障碍,"形成日本的阴暗史观,直到今天仍然一直深入到义务教育的末端,日本的一切都是恶……受这样的历史教育的敲打,丧失自豪感是当然的"。为此他主张:"首先要立即抛弃歪曲近代史的占领政策和32年纲领,按照日本的说法构筑日本的历史"。③

那么,渡部氏所谓的"日本的说法"是什么呢?他解释道:"比如,不论是日清战争（甲午战争）,还是日俄战争,其背景只要看一看宣战大诏就一清二楚了。日清战争的诏书是要求韩国独立,日俄战争的诏书是对俄罗斯南下入侵朝鲜半岛的抗议。因此,必须按照这些诏书（的意旨）构筑历史"。④ 依渡部看来,解释战争的性质、原因等必须以当时天皇颁发的诏书为依据,因为"诏书和日本政府的声明才真正代表了日本国民的意志"。渡部为进一步论证自己观点的"正确",以美、英等国的历史教育为例,称

---

① 渡部升一:《新憂国論》,第204页。
② 渡部升一:《ゆがんだ近代史再構築の提言》,《正論》1996年10月号,第56、57页。这里所谓的共产国际纲领,系指1932年共产国际制定的《关于日本形势及日本共产党的任务纲领》。
③ 同上,第58页。
④ 同上,第58页。

"现实政治中有许多不光彩的事情,无论美国,还是英国,尽是些不光彩的事情。但他们的历史教育尽拣好听的话说"。美国"如果尊重史实,美国的历史是从屠杀印第安人开始的,他们屠杀印第安人,掠夺其土地,出发点是强盗行为。但直到最近,西部剧中还把印第安人说成是恶者,掠夺他们土地的侵略者是正义的,把强盗和被害者颠倒过来"。① 这里,渡部施展了一个障眼法,把美国的开国史同日本的侵略史等同起来,很容易蒙骗一部分不了解历史真相的青少年。

二 小堀桂一郎的"东京审判史观"

小堀桂一郎是明星大学教授,从事比较文学和比较文化研究,并非史学研究者。早在20多年前,小堀作为右翼团体"保卫日本国民会议"高中历史教科书的编写者之一,参与右翼团体的教科书"改恶"运动。1986年,他们编写的《新编日本史》被文部省审定为合格,引起国内外舆论的强烈抨击,日本战后史称"第二次攻击教科书逆流"。这以后,小堀又着手编纂《东京审判驳回、未提出的辩护资料》,即把东京审判时被国际军事法庭驳回和未提出的资料收集起来,专门选择日本律师为战犯和日本战争犯罪辩护的内容编辑成书,试图作为推翻东京审判的"依据"。小堀著有《古典的智慧袋》、《锁国的思想》、《昭和天皇论》以及《再见!败战国史观》等。1993年,自民党历史研讨委员会邀请一批右翼学者讲演,后汇编成《大东亚战争的总括》,小堀是被邀请的讲师之一,讲演题目是《剖析败战国史观》。

小堀认为,东京审判依据的是"事后法","追究战争犯罪必须有规定其罪的法律条文。在没有法律条文的情况下,任何战胜者想把战败者认定为'罪人'予以断罪,在法理上是不可能的。1945年9月到12月间以'A级'嫌疑逮捕的军人、政治家们,裁定他们之罪的法律在哪里?是1946年1月23日才颁布的《远东国际军事法庭条例》,该条例提出'对和平罪'、

---

① 渡部升一:《ゆがんだ近代史再構築の提言》,《正論》1996年10月号,第58、59页。

'对人道罪'和通例的（违反）国际法规战争犯罪"，"扰乱和平，蹂躏人道，无论罪孽如何深重，但只是道德问题，把条例当作追究违反者之罪的实定法律，在技术上是无理的。而且是先逮捕嫌疑者，然后再制定追究其罪的法律，是顺序颠倒。即以'事后法'断其罪，这与罪行法定主义的文明之仪背道而驰"。①

接下去，小堀瞄向"东京审判史观"，称东京审判的结果"如同瘴气污染着我国的教育界、思想界、历史学界，以及关于国家和国际关系的思考方法，而且，这种毒害仍然持续着"，"'东京审判史观'历经战后40多年仍然像幽灵一样徘徊"。② 他指责日本的一部分政治家"不学习，没觉悟"。并举例说，在1985年10月28日执政党首脑会议上，"自民党干事长发言说，中国提出的问题点是（靖国神社里）祭祀着A级战犯，为什么要祭祀东条原首相呢？"对此，小堀很是恼火，指责这位干事长"真是不学习"，"祭祀着护国英灵的靖国神社春秋两季都要举行合祀祭，难道对合祀的内容都不知道吗？还是一点都不关心？"接着，小堀又把矛头指向时任自民党副总裁的二阶堂进，称他在同中国驻日本大使会谈时，"竟然坦率地说，不知道（靖国神社里）合祀着东条原首相，还说十分理解中国人民的感情，我个人是反省的"。小堀批判二阶堂进与那位干事长同样"不学习和不关心"，指责"（二阶）究竟要反省什么？又为什么要反省？""日本政府高官不了解的事实，遥远的北京政府却了解，形成了明显的对照，这不仅说明北京方面热心日本国内问题的研究，实际上是日本的新闻记者传达的，直言之就是教唆"。③ 小堀甚至虚张声势地夸大"东京审判史观"的"负面影响"，声称"东京审判史观的束缚会发生亡国的事态"，"只要日本政府和国民不摆脱东京审判史观的紧箍咒，来自邻国对靖国神社问题的监视就会无休止

---

① 小堀桂一郎：《さらば敗戦国史観》，PHP研究所，1992，第56、57页。实际上，《远东国际军事法庭条例》是在1945年1月19日制定的。——作者注
② 小堀桂一郎：《さらば敗戦国史観》，第79、94页。
③ 同上书，第79、95、96页。

第五章　1990年代知识界右翼团体的出现及其影响

地持续下去"。①

围绕 1985 年中曾根康弘参拜靖国神社事件，以及 1986 年有小堀参与的《新编日本史》的出笼，小堀对媒体和社会各界的抨击予以反击，指责这是"一部分日本人煽动中国干涉（日本）内政"，"中国……干涉内政事件反映了中国国内对立的问题，同时也是日本国内纠纷的反映……一部新编辑的高中日本史教科书的出现，邻国外交部通过日本外务省插手文部省内部，演成外交问题，真是一个奇妙的事件"，"昭和 60 年（1985 年），围绕公式参拜靖国神社发生的干涉内政事件也是这样……是一部分盘踞在大众社会的宗教家、反国家运动家、亲中国派的报刊，对靖国恳谈会的报告书不满，对提高国民的靖国神社崇敬感不快，与左翼政党纠合在一起搞的鬼，他们以下层社会的怨恨、不满、嫉妒为动力，操纵使之转化成政治运动势力。如果读了报纸上刊登的社会党访华团与中国共产党总书记会谈要旨，日本社会党书记长的言论，用过去的话说只能给他冠上一个国家叛逆的名字"。②

在自民党历史研讨委员会炮制《大东亚战争的总括》期间，小堀也参与了自民党组织的讲演会，他一开头就炮轰当时的总理细川护熙，认为细川关于战争侵略性质的讲话"不是历史认识上的肯定或否定问题，而是一个思想问题，是保持四十几年经常潜在、深刻、尖锐的思想问题"。他指责细川发言"激起了广大国民的愤慨，也是对大东亚战争中倒下、在靖国神社祭祀的 230 万英灵的侮辱"。他还认为，由于"细川的轻率行为"，使久来未能解决的"思想问题"，毋宁说是"思想斗争"得到了"最终定论的好机会"。他主张抓住这个"机遇"，"十万火急，现在就要立即着手解决"。为此，他对沦为在野党的自民党在这个节骨眼组成"历史研讨委员会"十分满意，并挖苦细川道："从反面言，这或许是细川的功绩之一吧！"③

小堀主张，日本发动的对中国及亚洲诸国的战争不应称为"侵略战

---

① 小堀桂一郎：《さらば敗戦国史観》，第 79、112、113 页。
② 同上书，第 72、73 页。靖国恳谈会是中曾根参拜靖国神社前成立的组织，令其"研究"靖国参拜是否违宪，该会后来拿出的报告书称"并不违宪"。
③ 自民党歴史検討委員会編《大東亜戦争の総括》，第 330 页。

争"，而应称为"先制攻击战争"。他说，"日本自己承认是他国领土的掠夺者，实在是不幸"，"事变进行过程中日本军确实军事占领了各地，但那是战斗的必然结果，没有掠取（外国）领土的性质，更重要的是，日本没有掠取（外国）领土的意图"。① 此外，小堀氏又列举了欧美诸国曾把菲律宾、越南、印度尼西亚等国纳入殖民地的历史，然后抛出"亚洲解放论"，称："这能说是日本侵略了东南亚吗？（日本军）作战的对手并非是那些地域的亚洲人，而是占据那些地域的英国人、美国人、荷兰人，正是日本军把他们驱逐出去"，"也就是说，他们才是名副其实的侵略者"。其实，小堀的"亚洲解放说"丝毫没有什么新意，不过是拾人牙慧而已。

接着，他对旧金山和平条约做起文章，指出内中的第11条，即"日本国接受国际军事裁判所以及设在日本或国外的联合国战争犯罪法庭的审判……"中的"审判"一词属于"误译"，应该译作"判决"。他称："这不仅仅是单词置换的误译，从条文的文脉来看，这里应该是'判决'，而不是'审判'"。他认为，旧金山和平条约之所以列出这一条款，是担心"日本恢复独立后，日本政府取消所有战争犯罪裁判所的判决，将拘禁的犯人一齐释放"。所以，第11条款"不是要求（日本）承认以东京审判为代表的所有军事审判团体，服从其判决理由"，只是为了让日本"肩负起让犯人服刑"的职责，"防止将战争犯罪的囚人一齐释放"，从而伤了联合国的"脸面"。② 很显然，小堀氏之所以抛出"误译"说，实际上是为自我解释旧金山条约做铺垫。因为，时至今日，绝大多数日本学者、国民都认为，日本政府通过旧金山条约的签字，表明其正式承认了东京审判的结果，这对于小堀等极力想推翻东京审判的人来说，无疑是最大障碍，他们于是在"审判"和"判决"这两组单词上做文章，似乎用"判决"一词就可以否认日本接受东京审判的事实和结果。

小堀还抛出一个更荒谬的观点，他认为"中国没有任何权力对日本的

---

① 自民党歴史検討委員会编《大東亜戦争の総括》，第335页。
② 同上书，第334、335页。

战犯进行审判"。他认为，旧金山条约第 23 条中列举了签字批准该条约的各个国家的名字，"中华民国也好，中华人民共和国也好，都没有名列其中，因为两国在代表权问题上产生分歧，① 没有向旧金山和平会议派遣代表，因此也没有参加会议，当然就没有签字批准该条约。按照条约第 25 条规定，北京政府虽然对战争损失享有赔偿请求权，但在审判战犯被告问题上没有向日本政府申明自己立场及主张的任何权利"。② 小堀为自己的这一"发现"很是兴奋，带有庆幸的口气说："和平条约第 25 条简直是预想到日本与中国之间的事情，考虑到日本不能受到不正当的内政干涉而制定了这一条款"。③ 事实上，小堀在这里搞了一个偷梁换柱的把戏，故意曲解旧金山条约第 25 条。我们不妨先把第 25 条引用如下："本条约所称盟国应为曾与日本作战之国家，或任何以前构成第二十三条中所指的国家的领土一部分之国家，假如各该有关国家系已签署及批准本条约者。除第二十一条之规定外，本条约对于非本条所指盟国之任何国家，不给予任何权利、权利根据及利益；本条约之任何规定也不得有利于非本条所指盟国而废弃或损害日本之任何权利、权利根据或利益"。④ 很清楚，这里的"非本条所指盟国之任何国家，不给予任何权利、权利根据及利益"系指"除第二十一条之规定外"，那么，第 21 条规定的内容是什么呢？条约的第 21 条明确规定："虽有本条约第二十五条的规定，中国仍得享有第十条及第十四条甲款二项所规定的利益"。⑤ 而第 10 条和第 14 条甲款二项的规定是，日本必须放弃在中国的所有特权和利益，必须对战争受害国予以战争赔偿等。所以，尽管中国没有参加旧金山会议，没有在条约上签字，但仍然享有要求日本战争赔偿的权利。至于第 25 条最后一段文字："本条约之任何规定也不得有利于非本条所指盟国而废弃或损害日本之任何权利、权利根据及利益"，更

---

① 注意，这里小堀故意对中国大陆和台湾使用"两国"这一用语。
② 小堀桂一郎：《さらば敗戦国史観》，第 101、102 页。
③ 同上书，第 102 页。
④ 法学教材编辑部编《国际关系史资料选编》下，武汉大学出版社，1983，第 266 页。
⑤ 同上书，第 264 页。

不能成为小堀排斥中国审判日本战犯权力的理由。因为审判战犯是美、苏、英、中等大国在波茨坦宣言中明确申明的，是联合国为了防止战争重演而进行的正义审判，中国也派出检察官和法官自始至终参与了审判的全过程。更重要的是，审判日本战犯根本构不成"损害日本之任何权利、权利根据及利益"。相反，正是东京审判使日本彻底放弃战争，步入战后和平民主的历史进程。

三 佐藤和男对国际法的歪曲

佐藤和男原是青山院大学的教授、法律学者，曾著有《国际法现代文献解说》、《国际经济机构的研究》、《宪法九条·侵略战争·东京审判》以及《世界审判东京审判》等。1995年，为反对村山内阁做出《不战决议》，佐藤伙同"日本遗族会"、"报答英灵会"等右翼团体组成一个"终战五十周年国民委员会"，由原日本驻联合国大使加濑俊一为会长，佐藤为副会长，打着"日本国民"的旗号，展开一场声势浩大的抵制决议运动。并在国会决议未通过之前，征集了500余万人签名反对，运动和敦促25个都道府县议会通过了与国会决议背道而驰的《追悼战没者决议》。1996年，该委员会解散之际，还由佐藤监修，出版了《世界审判东京审判》一书。

在自民党历史研讨委员会组织的讲演会上，佐藤也是被邀请者之一，他的讲演题目是《东京审判与国际法》。一开头，他十分感叹地说：眼下日本的学生"对近现代史的知识十分贫乏，而且，其贫乏的知识内容又受到极度的歪曲……不能不认为是个怪现象，连美国或欧洲的学者都很难理解，现代的日本人，特别是年轻人持续地受自虐史观的教育和洗脑"。佐藤认为，造成"自虐史观"的原因有三条："一是日本国家及政府被麦克阿瑟蒙蔽，把本来国际法规定的'有条件终战'当作无条件投降；二是战斗状态结束后，长达七年的联合国军的军事占领，占领军利用检阅制度彻底压抑和剥夺了国民的言论和表现自由；三是在没有言论自由的情况下……东京审判宣布东条等七人绞刑以及判定日本自昭和3年（1928年）以来，强烈

第五章 1990年代知识界右翼团体的出现及其影响

抱有国家性侵略意图,给亚洲各地带来侵攻战争的惨祸,主观断定日本是犯罪国"。① 佐藤氏在分析了"自虐史观"产生的三大原因后,摆出一副国际法专家的面孔对东京审判展开了抨击。

首先,佐藤氏认为日本接受《波茨坦公告》是"有条件终战"。他称1945年4月,罗斯福死后杜鲁门上台,制订了日本本土登陆作战计划。然而,冲绳一战"给美国以极大打击,冲绳县民与军队结成一体抵抗,结果使战斗时间大大延长,美军遭受了意料之外的多数死伤",在这种情况下杜鲁门认为,如果展开日本本土决战,美国有可能付出"死伤百万人"的代价,于是,杜鲁门考虑应制定"不太伤害日本名誉又使之能够接受的终战条件",遂命令原驻日大使起草方案,这就是《波茨坦公告》的雏形。接着,杜鲁门又派使者会晤斯大林,斯大林也理解"如果进行日本本土决战,(美方)将付出极大牺牲",同意采取"有条件终战的形式,无论如何让日本接受投降,使日本彻底非武装化,然后即可按照我们的意愿改造日本,实现与日本无条件投降相同的结果"。② 佐藤氏煞有介事地讲述完公告形成过程后,议论道:"当今国际法学者普遍认为,战胜方和战败方在商定投降之时,如果互相商定了若干条件,则不能视作无条件投降","日本不是无条件投降,而是有条件终战或者有条件投降","具体地说,《波茨坦公告》中的第十三条是要求日本军队无条件投降……所以,是军队无条件投降,作为国家是有条件终战,这是国际法上的正确解释"。③ 按照佐藤氏的说法,因为日本接受的《波茨坦公告》中包含有十三项条款,等于"互相商定了若干条件",自然属于"有条件终战","不能视作无条件投降"。明眼人不难看出,佐藤氏反复在"有条件"或"无条件","国家投降"或"军队投降"上做文章,无非想为日本挽回一些"面子",进而落到否认这场战争的侵略性质。他对与会的自民党议员说:"以国会议员为中心的政治家们,如果认为日本是作为国家(政府)无条件投降的话,那就是践踏了有条件终

---

① 自民党歴史検討委員会编《大東亜戦争の総括》,第202页。
② 同上书,第205、206页。
③ 同上书,第206、207页。

战，践踏了帝国陆海军将士们（包括神风特攻队、回天特攻队——括号原文）用重大牺牲和献身换来的奋斗和奋战的成果，如此说并不过分"。

随后，佐藤氏把话题转向战后，他指责美国占领军的检阅制度"剥夺了言论自由"。他称，美国占领军总司令部（GHQ）在占领期间颁布了30项禁令，"这些检阅制度起到了对日本人洗脑的作用"，"侵害了日本国民的基本权利，使日本国民困顿"。"包括日本现行宪法，也是美国人参与下制定的"。佐藤认为，这是一部"感觉不到日本民族固有历史、传统、价值观和文化特点的占领宪法……是以军事力为背景强加给日本的，当时的日本政府如果不接受，天皇的地位就受到威胁，占领军是以不正当的胁迫手段把宪法压给日本"。[①] 诚然，以美国为主的联合国军在占领日本期间，始终把美国的国益放在第一位，做出许多违背亚洲人民和世界和平力量意志的事情，如庇护昭和天皇免受战争责任追究，扶植亲美派右翼保守势力，压制和平进步力量等。但是公道地说，GHQ 帮助日本摆脱战后危机，恢复经济各业，推行民主制度，尤其帮助日本政府制定了放弃战争、永不再战的和平宪法也是世人共识的，可以说至今大多数国民还是支持和维护这部宪法的，这也是战后日本对世界和平的最大贡献。佐藤指责宪法是美国强加于日本的产物，其目的当然不仅仅限于宪法的内容，其着眼点还在于抨击由于检阅制度而酿成的"战败国史观"，称它给日本带来了"恶劣的影响"，以至"出现了日教组，把马克思主义的教条和色彩塞进教科书中，使传统的日本观念不能在青年一代中健全发展"。[②] 这该是佐藤氏对 GHQ 最为恼火之处。

佐藤氏还对战后日本的新闻舆论机关做了评论。他指责《每日新闻》、《朝日新闻》"至今还视占领军禁止的问题为禁区"，却对《产经新闻》情有独钟，赞扬产经新闻社一俟占领军撤出，便"迅速从占领军检阅制度的后遗症中摆脱出来"，"其次是读卖（新闻）"。[③] 人们都知道，产经新闻社

[①] 自民党歴史検討委員会编《大東亜戦争の総括》，第214页。
[②] 同上书，第217页。
[③] 同上书，第217页。

第五章 1990年代知识界右翼团体的出现及其影响

是宣扬"大东亚战争肯定论"的一家新闻机构，除《产经新闻》外，它还创办一份《正论》月刊，在这份杂志里，我们可以经常看到否定战争侵略性质，否认日本战争罪行，诋毁东京审判，攻击中国的一些文章。佐藤氏等许多学术界右翼学者则是这些文章的炮制者，难怪佐藤氏要为它唱一番赞歌。

此外，佐藤对"侵略"一词的"研究"也下了一番功夫。他称："东京审判并没有判决日本发动了侵略战争，日本只是 aggression，确切地说，东京审判判决日本搞了侵攻战争"，即"不属于防卫战争的战争，是不当的攻击性的战争"，"侵攻战争在国际法上不属于犯罪，无视国际法定为犯罪，把日本战时领导人定为战犯处刑，实际是联合国玩弄国际法的卑劣政策"。① 对于佐藤氏颇有发明的"侵攻说"有两点是需要辨明的。一是 aggression 一词确切翻译的话，应译成"侵略"还是"侵攻"？佐藤解释说，日文中"侵略"一词的意义是"没有正当理由对他国施加暴力，掠夺领土或财物"，而 aggression 一词里"没有掠取、掠夺的意思"，它的意义是 unprovoked attack，即"未受挑衅而进行攻击"或"不当的先发攻击"。如果单看 aggression 一词，内中确实有"攻击"之意，同时还有更深一层的意义，那就是"挑起争端发动战争"，即"侵略"之意。东京审判采用 aggression 一词，其意明显在于后者，正因为如此，才裁定日本犯有侵略战争罪（破坏和平罪）。退一步言，如果东京审判认定日本的战争行为是"侵攻"，为什么不采用佐藤称之同义的 unprovoked attack 一词呢？二是迄今为止，除佐藤以外，还没有一位

《正论》发行的批判东京审判的专集

---

① 自民党歴史検討委員会編《大東亜戦争の総括》，第210、211页。

海内外学者对东京审判的用语提出过质疑，aggression 一词无论译成日文，译成中文，抑或当年远东国际军事法庭使用该词的初衷，都应该是"侵略"，这已成为定论，并为海内外学者及社会各界所共识。事隔半个多世纪之后，佐藤站出来挑东京审判的字眼，其终极目的无非是为"日本无罪"分辩。他举例说，英国在世界上曾拥有许多殖民地，当这些殖民地受到攻击时，为了防卫而进行的战争当然是"自卫战争"，比如"在独立的埃及，设有万国苏伊士海洋运河会社，英国是大股东，当苏伊士运河的安全受到威胁时，即使属于在外国土地上的权益，以实力保护之亦属自卫行动"。佐藤用 50 年代发生在苏伊士运河的那场纠纷，来类比 30 年代的中国东北。他接着说："依据朴次茅斯条约，日本在满洲的合法权益受到国际阴谋势力唆使，中国民族主义过激运动威胁之时，为了保护本国正当权益的满洲事变，本质上是日本的防卫战争"。为此，他对关东军爆破南满铁路、嫁祸东北军大不以为然，他说："日本没有必要玩弄那些小花招，鉴于合法权益受到威胁的整体状况，（日本）有充分的权力采取自卫行动"。① 言外之意是，日本没必要像关东军那样搞什么小动作，完全可以大大方方、堂而皇之地"侵攻"中国，来"保护日本的合法权益"。佐藤的观点及其主张真是连老军国主义分子也该自愧弗如。

佐藤氏在讲演中摆出国际法"权威"的架势，称"日本国民大体上不了解国际法，尤其是战时国际法，只是自虐地看待本国的战争"。② 为此，他先是对 1907 年荷兰国际和平会议形成的《关于开战条约》解释一番，他说："1930 年以来，该条约已不适合兵器的现实和科学的进步，内容陈腐化……日本攻击珍珠港，其终极目的是发动正当的自卫战"，"战争从本质意义上言，有攻击战争和防卫战争之分，本质属于防卫战争，现象上也有可能先发攻击，比如邻国边境驻有百万军队，判断其有可能进入本国，以碍难防卫为理由先行攻击也是不得已的"。他又进一步解释道："国家之间

---

① 自民党歴史検討委員会编《大東亜戦争の総括》，第 211 页。
② 同上书，第 220 页。

即使事实上发生了武装冲突，但是，如果双方均没有'战争意思'，不认为是正式战争的话，在国际法上不被认为是战争，支那事变就是这种情况"。①人们知道，卢沟桥事变以后，中日双方都没有正式发表宣战布告，其中原因许多国内外学者均有评论，这里毋庸赘述。可笑的是，佐藤氏把"支那事变"称作双方均无"战争意思"，因此不能解释为战争，是忘却了当年战争狂人"三个月消灭中国"的铮铮狂言，还是对长达八年之久涂炭生灵的战火视而不见？如果连这场人类历史上罕见的大战都不视为"战争"的话，那么，在佐藤氏的眼里，还有被称作"战争"的事件吗？

对 1928 年欧美诸国（包括日本在内）签订的《不战公约》，佐藤的解释更有"新意"，他说：(《不战公约》)"在现实上没有法的意义，战争无论攻也好，守也好，都是合法的，这种见解直到第二次世界大战"，"《不战公约》规定了侵攻战争，即进行不当的攻击战争视作国际不法行为……何谓国际不法行为呢？就是违反国际法的行为，搞了不法行为的国家有损害赔偿或恢复原状的责任。但是，违反国际法犯罪同不法行为是必须区别开来的概念，不法行为中特别重大、恶劣、严重侵害了国际社会的法益，即依据法律保护的利益，还要事先依据国际条约或国际惯例认定的犯罪，才是国际法上的犯罪"。佐藤氏按照自己的"解释"得出的结论是：日本发动的战争根本不是什么"犯罪"，东京审判是占领军"无理地引用《不战公约》，不当地扩大解释"的结果，"大东亚战争的结果，使亚洲有色民族从欧美诸国的殖民地中解放出来，理应给予极高评价"。②

综上不难看出，佐藤氏执意按照主观愿望来"解释"国际法，并非是在研究、探索国际法产生的历史背景、内容、缺陷及其作用，而是为了从国际法角度上推翻东京审判，翻历史的案——事实正是如此，他在文章结尾直言不讳道："我认为，东京审判被判决的所谓 A 级战犯，是在毫无根据的犯罪污名下所受到的不当刑罚，他们是为了祖国的殉难者，是为了国家

---

① 自民党歴史検討委員会编《大東亜戦争の総括》，第 220、221 页。
② 同上书，第 221~225 页。

大义而殉难的"。① 这便是佐藤氏歪曲国际法的根本目的所在。

四 上坂冬子的历史观

上坂冬子是位对日本近现代史饶有兴趣的女作家，其作品也大多涉及战争历史问题，如《巢鸭监狱第 13 号铁窗》、《活体解剖——九州大学医学部事件》、《被遗忘的日本人妻子们》、《想变成贝类的男人——新潟直江津俘虏收容所事件》、《被遗忘的妻子——BC 级战犯密录》、《幸存的人们》、《靖国神社问题应该打上休止符》、《历史不能歪曲》等。从上面的作品可以看出，上坂冬子多年来致力的"研究"和写作题材大多涉及战争历史问题，那么，她究竟持的是什么样的历史观呢？以下我们来分析她的《历史不能歪曲》，便可得知她的历史观为何物了。

上坂在《历史不能歪曲》的前言中写道："最近以来，日本反复地道歉和反省，风波不息，无法摆脱，如同奇妙的恶弊缠身，作为国家也好，个人也好，在必要的场合可能需要反省和谢罪。可是，对于日本没有区别的低三下四，寻求妥协的庸俗姿态，我是难以忍受的。比如美国，就不轻易地道歉"，"当我们回顾过去的时候，首先想到的是时代的潮流，应该置身于当时的潮流去考虑。战争也好，侵略也好，都是罪恶的，可是，从日中战争爆发到太平洋战争，仅凭日本的本国意志能够制止战争吗？"② 在上面这段话里，上坂冬子的历史观和战争观已经初露端倪。

上坂的《历史不能歪曲》涉猎的内容较多，与历史观有关联的内容计有慰安妇、强制劳工、民间战争受害赔偿诉讼、战争反省与谢罪、日本战后 50 年国会决议、南京事件、日本和平宪法等问题。上坂认为，在慰安妇问题上，日本和美国不同，没有"差别意识"，"当时美国不仅与日本作战，也同德国、意大利为敌，但他们只是把日本人或日系人强制收容在收容所里，明显的有差别"。日本则不同，"无论是日本女性，还是朝鲜半岛出身

---

① 自民党歴史検討委員会编《大東亜戦争の総括》，第 226 页。
② 上坂冬子：《歴史はねじまげられない》，講談社，1997，第 2、3 页。

第五章 1990年代知识界右翼团体的出现及其影响

的女性，都作为从军慰安妇采用"，"当时日本对嫁给朝鲜半岛男性的日本女人颁发表彰状……奖励'内鲜结婚'。善恶另当别论，在这样的时代潮流中，无论日本内地女性，还是朝鲜半岛出身的女性，都征募从军慰安妇"。① 上坂这段话的意思很明显，即"朝鲜半岛"的女性和日本女性一样，因为没有"差别"，受到的是"平等"待遇，所以，招募慰安妇也应该"平等"、没有"差别"地招收。上坂把"平等"和"差别"等字眼用在招募慰安妇上，实在是牵强附会、强词夺理。而且，其中还掩盖了一个重要的事实，即被强制充当慰安妇的女性中，中国、朝鲜以及菲律宾籍女性的数量远远超过日本女性，这一点不知她该做何解释。上坂后面的论述更是无理硬要辩三分，她说："日本没有对朝鲜半岛的女性差别对待……直到败战之前，朝鲜半岛置身在日本的权益之下，生活在那里的人们依照日本的国策行动是履行义务。在这样的时代背景下，多数日本女性和朝鲜半岛女性'没有差别'地作为从军慰安妇被征用，慰安日本军队，并获得报酬"，"韩国人慰安妇的说法是错误的，当时，以朝鲜半岛南半部为领土的韩国在地球上并不存在，使用韩国人慰安妇这样的字眼是错误的，正确的说法应该是原日本人从军慰安妇"。② 在上坂的意识里，"朝鲜半岛女性"充当慰安妇是必须履行的"义务"，因为她们一直生活在日本的"保护"（权益）之下，是"原日本人女性"，理应去"慰安"日本军队，而且获得了"报酬"。上坂的说法不仅是"慰安妇商业说"的再版，而且故意混淆殖民地同宗主国之间的殖民与被殖民关系，进而推卸日本的战争责任和赔偿责任。

接着，上坂对强制中国和朝鲜劳工发表了一番"高论"。上坂认为，"强制连行③是后来有意识制造的词语，正确的写法应该是从中国或朝鲜'征用'，有人调查没有找到强制连行的名簿，因为以这种名目（制作）的名簿并不存在。当时，没有去战场的日本成年男女也是'征用'对象，对

---

① 上坂冬子：《歴史はねじまげられない》，第43、44页。
② 同上书，第53、54页。
③ 强制劳工或强掳劳工在日本称作"强制连行"，即采取强制手段把劳工掳走。

中国和朝鲜人也是依此处理"。① 人们知道，战争时期，尤其是太平洋战争爆发后，日本为了解决财力、物力和人力的危机，仅从中国就强掳4万余劳工，这些人大部分是中国军队俘虏及抗日根据地或游击区的民众，他们被强掳到日本后受到非人的待遇，过着牛马不如的生活，因此爆发了诸如花冈暴动等重大事件。上坂对这些历史已经定论的事实采取绝对不承认主义，硬把押到日本的中国劳工说成是与日本人同等待遇的"征用"，透视出其顽固的殖民主义者立场和为侵略战争辩解的固执理念。上坂接着说："柏林墙已经拆毁，苏联也已经消失，可是，日本在亚洲的位置依旧是老样子，日本对亚洲诸国进行的侵略战争，对方作为受害者被固定下来，日本经常被强烈要求道歉是不可思议的，对历史事实的追究难道怠慢了吗！"② 这里，上坂毕竟还是承认了日本的侵略战争性质，但对加害与被害关系的"固定"表示不满，更对被害国家及民众要求日本"道歉"表示无法理解。她认为，日本在处理战争责任问题上已经做得足够了。她这样说："举一个例子，败战的日本按照联合国的指示夺走1068名战犯的性命，这不是战后处理又是什么？被处刑者中包括朝鲜半岛和台湾人，现在有人向日本要求赔偿，这些处刑者是联合国判断下处置的，没有追问日本责任的道理"，"我不否认日本过去犯的错误，可是，战争审判及旧金山和平条约已经解决了问题，如果真心希望亚洲友好，应该清楚地明确已经解决的问题和没有解决的问题，明确区别应该谢罪的问题和不应该谢罪的问题"。③ 上坂摆出一副"认真"解决问题的表面姿态，实际是把日本与亚洲各国交恶的责任推给亚洲各国，诸如"亚洲各国一遇事情就追究天皇的战争责任，把日本当成一个无视国际条约的国家，还有人不断提出未能解决或迟误对殖民地的战后补偿，用这样的视角来看这个时代，至少，我是感到遗憾和意外的"。④

在后面的篇幅里，上坂将"战争的本质"作为一小节继续她的论述。

---

① 上坂冬子：《歴史はねじまげられない》，第49页。
② 同上书，第49页。
③ 同上书，第50、51页。
④ 同上书，第50、51页。

她先是针对原内阁总理宫泽喜一的一段话进行了评论。1992年宫泽访问韩国时说，"想到（慰安妇）的辛酸苦痛令人胸中阻塞"。上坂对这句话很反感，她说："我作为了解战争的日本人想说的是，体味辛酸苦痛的不仅仅是慰安妇，不是有人（指战死者——笔者注）在战争时期就完结了生命了吗？在战后，又有超过千人的健康的日本人，作为战犯被夺去生命，宫泽难道忘记了被强迫谢罪的事实了吗？参战的所有国家都体味了用笔墨写不尽的艰难和苦痛，因为这是战争"。① 这里，上坂故意混淆加害与被害的关系，把被处刑的战犯同受害的慰安妇相提并论，甚至把侵略国家与反侵略国家也等同起来。既然都在战争中经受了苦难，彼此彼此，时至今日就不必再谈什么赔偿、谢罪之类，这该是上坂的内心独白。为了给自己的谬说提供"依据"和铺垫，上坂不惜大段引用原文部大臣、因"失言"下台的岛村宜伸的话："战争不是空洞的，人类的理性、人类的伦理观等完全被战争所否定，杀掉对方是为了自己的安全……关于侵略战争，如果议论是否给对方带来了麻烦，或者还有其他什么都是可以的，但是，世界有几千年的历史，上溯到什么时候为妥呢？如今，仅战后出生的人就达2/3，已经进入完全不知道战争的时代，偏偏还要把过去翻腾出来，一一进行谢罪的做法合适吗？""至少，如果我们意识到错误，变换形式做出国际贡献以为补偿，从某种意义上说，这也是一种补偿，这也是为了向前看"。② 上坂很是赞同岛村等右派政治家的言论，与此同时，她又不失时机地把矛头指向主张正确认识战争责任问题的原社会党首、内阁总理村山富市。她说："村山富市首相是个无谋的人……对他国的批判过于谦虚，却无视本国的民意，一般称之为卖国"，"利用日本的软弱（外交），政府中连续涌现出一些人，认为战争责任反省得不够充分"。③ 上坂在这里影射的"一些人"除了社会党阁僚和议员外，还包括一些有良心的、主张反省谢罪的政治家。不过遗憾的是，

---

① 上坂冬子：《歴史はねじまげられない》，第58页。
② 《朝日新闻》1995年8月10日，转引自上坂冬子《歴史はねじまげられない》，第65、66页。
③ 上坂冬子：《歴史はねじまげられない》，第69、75页。

这些人绝非像上坂夸大的那样"连续涌现",尤其是近年来,在日本执政党团队里,持有与岛村宜伸类似观点的阁僚、议员或政治家却是"连续涌现"。相反,在执政党政治家中,正确认识战争责任之人却是稀罕如凤毛麟角。

1995年6月,日本国会通过《以历史为教训,重申和平决心之决议》。该决议虽然表示了"反省之意",但是措辞暧昧,有意回避了诸如战争性质、战争责任、战后赔偿等许多原则性问题。尽管如此,仍然受到右翼势力的猛烈攻击,上坂也没有作壁上观。她认为,"围绕不战决议的论争,过多地带有冷战时代的印痕,长期以来,是鹰派还是鸽派,是保守还是革新,是亲美还是亲苏,我们反反复复地进行着游戏般的争议,对不战决议的赞成与否是这些争议的延长线……政治家们应该意识到如何吹起号角唤起舆论","自民党突然抬举社会党(首)当了总理,当上总理后就需要弥补许多裂痕,如承认了自卫队和日之丸,这使我感到茫然,意识到(他们)左右摇摆,摇摆的结果是不战决议","据说要在不战决议前再加上'谢罪'二字,这越发令我反感……从败战后的第一年起,在整整5年的时间里,健康的日本人作为战争的代价被夺去了生命……不仅在日本国内,在南方的一些国家以及中国,以战争审判的名义被枪杀或受绞刑的日本人超过千人,日本才迎来和平","谢罪、谢罪,已经舍弃生命完成谢罪的日本,还要怎样的谢罪?从任何观点看,我都反对谢罪、不战决议"。[1] 上坂表达上述观点后,反其道而行之,竟表示要提出另一份提案,即恢复战犯名誉的决议。她说:"在提出不战决议的同时,战后日本受到不公正的战争审判,战争犯罪人因此获得了污名,应该做出决议恢复其名誉。战争审判不配冠以审判的名义,作为战争犯罪人被处刑者应该删去'犯罪人'三个字,并向国内外宣布","今后,日本应该把战犯处刑者视为公务死,我相信,这同日本今后政治方向的转换相关"。[2] 到这里,我们应该了解上坂的历史观和战争

---

[1] 上坂冬子:《歴史はねじまげられない》,第99~101页。
[2] 同上书,第101、225页。

观究竟为何物了。尽管，她在文中多次不得不承认战争的侵略性质，但是，她却从根本上反对东京审判，否认日本战犯的战争罪行，同时又把战争责任推给他国，甚至是全世界都有份。她借用曾任官房副长官石原信雄的话说："战争有各种原因，不幸的事态是难以避免的，从这一意义上说，所有的关系者，全世界的人们都应该反省，战争责任问题要经过几十年、几百年才能得出正确的判断"。① 当然，这也是上坂的观点。

五 谷泽永一与《恶魔的思想》

谷泽永一是原关西大学教授，从事文学史研究，著有《"正义的伙伴"——谎话连篇》、《古典的读法》、《人间通》、《恶魔的思想》等。1996年2月，日本クレスト出版社为他发行了一部题为《恶魔的思想》的著作，前述上智大学名誉教授渡部升一为该书写了一段推荐词，题为"世纪大发现"。渡部在文中说："'世纪大发现'常常指自然科学而言，但在日本现代思想史方面，确实可以称作'世纪大发现'的著作是谷泽先生写出来的。日本的伟人们，荣获文化勋章的文化人、学者们，为什么鄙视、侮辱日本和日本人？为什么不断地吐出一些卑躬屈膝的言论，解开这个谜的关键性钥匙，终于发现了！这就是1932年共产国际制定的纲领。共产国际指责一国的历史，除了日本以外再没有他国。然而，为什么直到今天人们还不明了？为什么邪恶的精神束缚持续到今天？不读这部书就不能了解昭和的思想史——不夸张地说，这是日本人必读的书！"②

那么，这部被渡部升一奉为"世纪大发现"的著作究竟有什么"惊人"的货色？不妨先浏览一下该书的目录。全书共13章，第一章阐述了"恶魔思想"诞生的原因，指出共产国际1932年纲领是"反日日本人的圣典"，战后以来，日本一直受到斯大林和苏联的"紧箍咒"的束缚。其他12章分

---

① 上坂冬子：《歴史はねじまげられない》，第99页。
② 谷沢永一：《悪魔の思想——"進歩の文化人"という名の国賊12人》，クレスト社，1996，封尾页。

别攻击被谷泽称作"进步文化人"的日本各界学者,其中包括大内兵卫、鹤见俊辅、丸山真男、横田喜三郎、安江良介、久野收、加藤周一、竹内好、向坂逸郎、坂本义和、大江健三郎、大塚久雄等12位颇有名气的日本思想家、哲学家以及历史学家等。

谷泽氏先在第一章抨击共产国际1932年制定的《关于日本形势及日本共产党任务的纲领》(以下简称1932年纲领),认为该纲领指责日本"正在进行帝国主义强盗战争","日本垄断资本主义是绝对主义的军事封建帝国主义",对外奉行"军事冒险主义","日本资本主义是在反动军事、警察(制度)的基础上,继承封建制的遗产建立起来的"。而日本的"左翼文化人"对该纲领毫无批判地接受,"奉为天下至上的圣典","视同天神赏赐的圣典一般顶礼膜拜"。尤其是"至今已经过去60多年,我国的左翼人仍然没有一个人对该纲领有过只言片语的批评"。为此,谷泽下结论称,"日本的左翼文化人……全都是迷于邪教的异端之辈","战后60年来,我国的左翼人、进步文化人以及现代的反日日本人,他们笔下对近代日本的批判,全都是忠诚地遵照1932年纲领指示的方向……这些人概莫能外,全都是1932年纲领的奴隶"。① 这里,谷泽别有用心地把日本战后和平反战运动同国际共产主义运动等同起来,把日本战后自觉反省历史,探讨日本法西斯主义的形成和发展,总结历史教训的学术活动归结为受1932年纲领的影响。表面上看,谷泽是在批判1932年纲领,实际是在抨击战后和平反战运动的同时,把"责任"推卸给共产国际,故意给正视历史、敢于否定日本过去、抨击军国主义的学者或文化人戴上一顶"红帽子",进而炮制一个根本不存在的"共产国际史观"。

谷泽攻击的第一个对象是东京大学教授、法政大学校长大内兵卫。他抨击大内是"战后日本学术界、舆论界的大佬",是"历史伪造家"。指责大内兵卫在一次访问中国期间,"享受了北京的盛宴后"说:"日本对

---

① 谷沢永一:《悪魔の思想——"進歩的文化人"という名の国賊12人》,第29、30、31、33页。

中国的战争责任至今没有清算,应该认真地戴上荆棘之冠乞求(中国)原谅"。另外,大内在一些文章中还指出:"日本点燃了第二次世界大战的战火。当时日本以苏联为假想敌,把满洲攫取到手,作为攻击苏联的基地。其后又入侵中国大陆,打破了世界的均衡。德国、意大利已入侵他国,被侵略的国家联合起来,(最后)意大利、德国、日本先后接受波茨坦宣言无条件投降","日本通过明治、大正、昭和时代(积淀)的强盗根性,即军国主义如不立即纠正,日本则不能放开手脚出现在世界面前"。① 谷泽对大内的战争认识和"清算说"十分恼火,所以给大内冠上一顶"历史伪造家"的帽子。他愤愤地说:"说我国没有清算战争责任,盛气凌人地辱骂所有的日本国民是罪人,他(指大内)狂傲得不得了","说日本是挑起第二次世界大战的元凶……是任何历史学家连想都想不到的'大发现'","即使是编造谎言、制造狗屁理由、历数日本罪恶的非法的东京审判,也没有断定是日本挑起了第二次世界大战的战火","在世界面前辱骂日本是世界上最恶的国家,简直是卖国贼的狂言",是"历史的极端伪造"。②

谷泽气势汹汹地斥责大内兵卫后,又把矛头对准同志社大学教授鹤见俊辅。鹤见先生曾以"十五年战争说"在日本史学界有一定的影响,他认为,从1931年九一八事变到七七事变,再到太平洋战争,日本对外发动的侵略战争是连续性的,其间有着密不可分的联系。谷泽在《恶魔的思想》一书中指责鹤见是"日本罪恶论的海外宣传家",把苏联的一切都说成是"善",日本的一切都说成是"恶"。谷泽列举鹤见的"罪状"有三点:一是在海外讲学时,在讲述战后日军俘虏被押往西伯利亚充当劳役时说,"据苏联政府和日本政府的统计,抑留西伯利亚的57万5000名日本俘虏中有5

---

① 大内兵卫:《ソ連中国旅日記》,岩波新書,1956,第63页;大内兵卫:《全面講和の立場から》,《世界》1956年11月;大内兵卫:《日本と中国》,《世界》1965年8月,转引自谷沢永一《悪魔の思想——"進步的文化人"という名の国賊12人》,第54、60、61页。
② 谷沢永一:《悪魔の思想——"進步的文化人"という名の国賊12人》,第61、62页。

万5000人死去，这也是从苏联对日宣战到日本宣布投降发生的8天战斗的代价"。① 谷泽对"代价"一说分外恼火，斥责鹤见"把（西伯利亚）抑留正当化，把死亡当成正当的代价，对日本人的抑留和死亡不抱有同情和气愤"，"在鹤见看来，日本国民遭受历史上空前的残暴虐待，竟是日本人必须付出的'代价'，57万数千人被抑留，5万数千人死亡，一句话竟免除了共产主义苏联的一切责任。按照鹤见的'洞察'，我国民遭受被害的责任完全被免除。所有的一切，日本人都是恶的"。② 其实，明眼人从上述字语中可以看到，鹤见在这里提及的所谓"代价"，不过是意在说明日本对外发动的侵略战争给日本人民带来的负面影响和牺牲。谷泽故意偷换概念，无非是想混淆是非，煽动民众对进步学者以及苏联的不满罢了。

谷泽给鹤见列举的第二条罪状是"煽动'日本是无条件投降'的谎言制造者"。鹤见曾在一部著作中批驳右翼作家江藤淳的日本"有条件投降说"，认为"无论是联合国还是日本，都把1945年8月15日视为日本的无条件投降……从1945年8月到1946年间日本发行的所有报纸、杂志所刊载的都是这种见解"。③ 谷泽也是日本"有条件投降说"的坚持者，其出发点是对日本的战败耿耿于怀，因此抨击鹤见的认识是"无常识的错误"，"看了报纸和杂志，或者今天的电视，就赞同其意见，这种点头附庸的劣根性，不可能把握住时代的真实"。

谷泽列举鹤见的第三条"罪状"是"诅咒日本的经济发展"。缘于鹤见曾在一部著作中批评日本在发展经济的同时忽视了环境保护，甚至有些跨国企业为了逃避国民对公害的抗议，"在韩国或菲律宾等国建立工厂，向这些国家输出公害"。④ 鹤见指出的现象本来是不容分辩的事实，也是提醒当

---

① 鹤见俊辅：《戦時期日本の精神史》，第141、134页，转引自谷沢永一《悪魔の思想——"進步的文化人"という名の国賊12人》，第74~76页。
② 谷沢永一：《悪魔の思想——"進步的文化人"という名の国賊12人》，第76页。
③ 鹤见俊辅：《戦時期日本の精神史》，第220页，转引自谷沢永一《悪魔の思想——"進步的文化人"という名の国賊12人》，第80、81页。
④ 鹤见俊辅：《戦時期日本の精神史》，第199页，转引自谷沢永一《悪魔の思想——"進步的文化人"という名の国賊12人》，第84页。

第五章 1990年代知识界右翼团体的出现及其影响

局不仅要注意保护国内的环境，更要考虑到全人类的生存环境，这在今天已经成为全世界人民的共识和共同追求的目标。谷泽却借题发挥，把一顶顶帽子戴到鹤见的头上，诸如"鹤见从心里憎恨日本人"，"憎恨经营者，贬低技术者，污蔑劳动者，把国民当成混蛋"，是一位"公害越严重越拍手高兴的反日本人派"等。①

谷泽攻击的下一位对象是战后著名思想家、理论家丸山真男，针对的内容是丸山关于日本法西斯的论述。丸山认为，日本法西斯运动与纳粹德国有所区别，"纳粹是驱使工人阶层作为法西斯运动的主体，而在日本法西斯主义的意识形态中，比起小工业者和农民，工人阶层受到轻视"，"日本是以中间阶层作为运动的主体"，但是，"日本的法西斯运动也具备世界法西斯意识形态的共同特性"。丸山又把中间阶层分成两种类型，第一种类型是小工厂主、土木业建筑业者或承包商、小商店主、小地主以及上层自耕农、中小学教员、村町官员、下级官吏、僧侣、神官等。第二种类型为城市工薪阶层、文化人、记者、自由职业者（教授、律师）以及大学生等。丸山认为，日本的法西斯主义运动是以第一种类型的人员，即"中间阶层"和"小市民阶级"作为社会基础。

这里，且不论丸山真男关于日本法西斯主义社会基础的论述是否得当，问题在于，谷泽是坚决否认日本存在法西斯主义的右翼学者，这才是他抨击丸山的症结所在。谷泽说："丸山论说中核的主要部分，是从正面指责'国民的中间层'"，"弹劾的对象是'国民中间层'的全体"，"那么，丸山为什么如此憎恨'国民中间层'的所有的人呢？他憎恨的出发点在于，'国民中间层'在各个领域虽然势力不大，但是属于社会的有力者，（丸山）对这样的实情碍难允许，内心藏匿着隐痛"。② 谷泽进一步抨击道："丸山描绘的是现实社会在统制和压抑下遭受地狱般痛苦的时空，昭示我国社会是在邪恶的恶魔罗刹的支配之下，暗示日本必须进行社会改革，并以此来吸引

---

① 谷沢永一：《悪魔の思想——"進歩的文化人"という名の国賊12人》，第84页。
② 同上书，第98页。

自己的信徒","统制和压抑论,不过是丸山真男在战争末期体验的短期军队生活所轻易得出的联想"。"退一百步一千步说,我国的中间阶层在当时顺从'时局',或者没有反抗国家的方针或行动,难道就应该作为罪责进行弹劾吗!"所以,"中间阶层说""是对国民极其不负责任的污蔑","是毫无根据的诬告","必须撤回"(其观点)。①

  一直对东京审判耿耿于怀、抨击东京审判"非法"、"无法"的谷泽,每当听到肯定东京审判的言论,必定要火冒三丈,跳出来大批一番——原东京大学法学教授、曾任日本最高法院长官的横田喜三郎成为谷泽笔下的被讨伐者,原因就在这里。东京审判期间,横田喜三郎曾出版一部《战争犯罪论》,从法学的角度肯定东京审判的积极意义,支持东京审判对战犯的判决。横田认为,不战条约及其他国际法条约,"已经宣布侵略战争属于国际犯罪","几乎所有的国家都强烈地认为侵略战争是国际犯罪,这是不容置疑的"。② 谷泽反驳道:"东京审判属于私刑",(因为)"世界上不存在审判战争犯罪人的法律,所以这一审判不能成立","法律精神的根本理念是事后立法无效,这是牢固的理念,是常识中的常识","东京审判没有法律,后来编造理由,进行了甚至包括死刑在内的审判,如同(美国)西部剧的私刑"。③ 接着,谷泽把矛头指向横田,说道:"为了使东京审判合理化出现了奇特的人物……编造狗屁理论唱起赞同歌,最早进行'独唱'的不是外国人,而是日本人,这个人叫横田喜三郎","横田喜三郎的《战争犯罪论》是毫无道理的胡言乱语罗列,横田不知耻,也不听外界舆论,最早讨好占领军的欢心,为的是确立自己在战后学术界的卓越地位"。随后,谷泽越发口无遮拦,甚至破口大骂起来,诸如(横田)"是不知人间廉耻的标本",日本人中"卖身投靠阿谀占领军的第一号人物","为了自己的腾飞,蹂躏法律精神的家伙"等等。④ 不难看出,谷泽对东京审判痛恨到什么程度。

---

  ① 谷沢永一:《悪魔の思想——"進步的文化人"という名の国賊12人》,第100~102页。
  ② 横田喜三郎:《戦争犯罪論》,有斐阁,1947,第98页。
  ③ 谷沢永一:《悪魔の思想——"進步的文化人"という名の国賊12人》,第112、113页。
  ④ 同上书,第114、115页。

第五章 1990年代知识界右翼团体的出现及其影响

诺贝尔文学奖获得者大江健三郎也是谷泽攻击的对象之一。1995年8月，大江健三郎在《朝日新闻》发表文章称："我认为，日本之所以没有切实地对中国予以谢罪和补偿，理由是对现在及将来中国的发展，作为日本人未能接受正面的劝告"。① 这一下如同呛动了谷泽的肺管，他旁征博引，从人与人之间关系到国家之间关系，论述一番后竟把矛头指向中国和韩国，攻击"支那与韩国不采取正常的外交手段，通过政治领袖的放言谈话，舆论界的舞文弄墨，以及蛊惑国民声音的动员仪式，随意地辱骂我国，是因为他们还没有成长为现代国家"。接着，谷泽又分析原因道："第一，他们自己也清楚地意识到，他们的说法得不到国际外交界的承认，缺乏合理的论据；第二是不期待理性的、合理的解决，企图以随意敲竹杠、勒索的非合法手段攫取利益"。② 谷泽的这段话十分恶毒，不仅仍然重复战争时期蔑视中国的称谓（支那），而且污蔑中国和韩国是仍然停留在19世纪的"野蛮"国家，是动辄敲诈勒索他国的"无赖国家"。接着，谷泽开始向大江开火，攻击大江的"补偿说""实际意味着献金"，是"充满暧昧和矛盾的理论"，"大江健三郎鼓噪的谎言是献金论和奉纳论……是一流的骗术"，"大江健三郎把我们的祖先视为恶者，把当代的我们当成愚者"。谷泽进一步煽动读者对大江"这样的人敬而远之，蔑视他的存在"。③

由谷泽的狂妄和骄横使然，在他的攻击对象里，还包括著名文学评论家竹内好先生。他抨击竹内好是"铁杆反日的日本人"，是"北京政府忠实的代理人"，是"彻底的日本传统否定论者"。④ 谷泽为竹内列举的罪状是："对近现代的支那崇敬得不得了，以尊重和称赞现代支那的思维为杠杆，随意地胡言乱语，对谩骂我国充满热情，任何事情都是支那正确和清醇，同出色及必须尊敬的支那相比，日本肯定比之不及"，"竹内的一生始终是支

---

① 大江健三郎：《初心のファクス》，《朝日新闻》1995年8月21日。
② 谷沢永一：《惡魔の思想——"進步的文化人"という名の国賊12人》，第272页。
③ 同上书，第275、277、278页。
④ 同上书，第207、208页。

那在日本的代言人"等等。① 谷泽列举的"证据"是,1966年,竹内曾在一篇文章中批判"日本领导人把日本引向大东亚战争的道路",并表示当时的心情是"绝望","真想流亡去什么地方"。② 战后,竹内还在一些文章中批判美日勾结排华反共的种种行为,对中国的核试验表示理解等等。谷泽于是得出竹内是"北京政府代言人"的结论,报以"诽谤"、"谎话连篇"等言辞予以抨击,谩骂竹内"把自己的身心都出卖给北京政府,从内心发出敌视和轻蔑日本民族的异邦人的声音","作为现代支那的研究者只是徒有虚名,却圆满地成功了,他对支那的古典文学并没有研究,也没有学习支那的历史,是一个不学之人,他并不懂得支那学中最重要的关键之处,即长期传统培植出来的支那的国民性,通俗地说,是对支那人品性的理解。因此,即使多多少少对支那有些探究的人都会一笑了之。可以心平气和地说,(竹内)愚蠢得很","竹内好为了毁誉日本的传统,玩弄极端侮辱的语言,贬低和歪曲历史,其动机与其他反日的日本人毫无二致"。③ 其实,正是谷泽不惜玩弄最极端的语言,甚至不顾身份骂街式的言论,暴露出他内心的空虚和软弱。

谷泽攻击的另一个对象是上智大学医学博士、教授加藤周一。谷泽给他安的"罪名"是"把祖国出卖给苏联的A级战犯",是"进步文化人的麻醉师"。④ 加藤周一曾对日美同盟关系表示非议,1995年1月,他在《朝日新闻》发表文章说,"日美合体使日本成为美国的一个州",并对日语假名拼写美国外来语表示异议。1981年,加藤周一还在一篇文章中对芬兰的中立政策表示赞许,他说:"从政治、军事、经济、文化方面考察,芬兰从苏联独立出来,西方习惯称芬兰是以'从属'苏联为前提,如果不是错误,也是极端地夸张","所谓的'芬兰化',是与超级大国比邻的小国为了本国的独立和安全,所采取的合理的手段之一,为了彻底地贯彻无核三原则,

---

① 谷沢永一:《悪魔の思想——"進步的文化人"という名の国賊12人》,第209页。
② 竹内好:《連載トップ対談》(21),《周刊朝日》1966年5月27日。
③ 谷沢永一:《悪魔の思想——"進步的文化人"という名の国賊12人》,第216、217、222页。
④ 同上书,第191页。

第五章　1990年代知识界右翼团体的出现及其影响

缓和地域的紧张局势，所采取的政策应该更加广泛，从这个意义上解释'芬兰化'，其前提和理论对于条件不同的国度也具有积极的意义"。① 加藤的这段文字很明显，不过是对芬兰中立政策的一种肯定，并不带有主张（芬兰）"从属"苏联的意图。谷泽却妄加推断认为，加藤的"说教"是"卖国贼的极致"，是"让日本成为苏联的附属国"。批判加藤影射日本"应该与美国脱离……中立、中立、完全中立，与美国彻底绝缘，这就是加藤周一医师赏赐的药方"，"加藤的文章不是对世界其他国家的忠告，而是对日本国民的劝告和怂恿"。以下，谷泽不惜笔墨陈述芬兰与苏联之间的历史瓜葛，强调（芬兰）"国家如果不抗战则不能获得独立"，斯大林时代与芬兰签订的"友好条约"不过是一张"钢铁编织的蜘蛛网"，"所谓友好实质是对苏联的从属"，"苏联（对芬兰）使用了统制东欧的同样方法"等等。② 最后，谷泽给加藤下的定义是："加藤周一制造谎言欺瞒国民，想让我国尽早成为苏联的附属国，为了实现这一目的，不惜采取欺诈的行径"。谷泽甚至耸人听闻地说："如果我国妄想保持严格的中立，放弃日美安保条约，对于苏联正是垂涎已久的礼物，苏联一定会刻不容缓地进驻和占领日本"。③ 这是谷泽亲美反共的立场表露，也是攻击加藤的根本目的所在。

谷泽在《恶魔的思想》一书中抨击的对象还有出版家安江良介、学习院大学讲师久野收、东京大学名誉教授坂本义和东京大学及法政大学教授大塚久雄、九州大学教授向坂逸郎。谷泽分别给这些人戴上了若干顶帽子，诸如"进步文化人的总代理"（安江良介）、"自称进步文化人的小丑"（久野收）、"否定近代日本的国贼"（大塚久雄）、"最没有责任的左翼教条主义者"（向坂逸郎）。谷泽还把这些人统称为"言论界执牛耳的卖国贼"，"所谓卖国贼，即出卖国家者，背叛国家者，背叛国家即是背叛国民，蔑视国民。为此，日本国民应该蔑视这些卖国贼"。④ 一言以蔽之，谷泽在《恶

---

① 加藤周一：《"フインランド化"再考》，《朝日新闻》（夕刊）1981年8月4日。
② 谷沢永一：《悪魔の思想——"進歩的文化人"という名の国賊12人》，第194～200页。
③ 同上书，第204页。
④ 同上书，第12页。

魔的思想》一书中发泄的是对日本战后坚持和平民主发展道路的抵触和质疑，对知识界以及社会各界掀起的和平反战运动的极端不满，对国际社会批判和追究日本战争责任的耿耿于怀，并因此迁怒于知识文化出版各界的"进步文化人"，甚至不惜采用人身攻击的手段，必欲一吐心中的"恶气"而后快。

不仅如此，谷泽永一还写了一部《叱责日本》，从日本的总理到日本的政治，乃至媒体、教育界、学术界等都在他的指责之下，俨然摆出一副教师爷的架势，评头品足、说三道四，似乎天底下没有值得他称颂的事情。谷泽还在这部书中对中国政府大加鞭笞，污蔑中国政府的合法性，诅咒中国政府"同清王朝崩溃的类型一样"，"北京政府会静悄悄地消失"等等，①以此宣泄反共仇华的顽固情结。

六 中岛岭雄的中国观

中岛岭雄是日本颇有名气的"中国学"学者，从事现代中国学的研究，著述甚丰，诸如《北京烈烈》、《中国的悲剧》、《香港·移走的城市国家》、《中苏战略·日本的选择》、《中国这样变化》等。准确地说，中岛与传统右翼或新右翼有别，与藤冈信胜、西尾干二、小堀桂一郎、渡部升一等学术界右翼的活动方式也不尽相同，但是，在战争责任、中日关系、两岸关系等重大问题上，中岛的观点与上述人等惊人的相似。以下，仅就他的几部近作予以介绍和分析。

2006年，中日两国共同历史研究启动之前，为了给参与共同研究的日本学者"出谋划策"，文艺春秋社组织35名右翼论客编写了一部《识破历史的谎言——日中近代史的35处争论点》，从甲午战争到战后中日关系，列出35处"争论点"，对近代日本发动的侵略战争性质、战争责任、战争犯罪以及围绕台湾、西藏等问题在内的中日关系进行了反主流的评述，全盘否定近代以来日本对外发动的侵略战争性质，充分肯定"大东亚战争"，

---

① 谷沢永一：《日本を叱る》，講談社，1992，第196、197页。

并对中国内政问题肆意攻击,甚至公开鼓吹台湾、西藏独立等。中岛岭雄是这部书的主编,并撰写了开头语,题为"历史的谎言与真实",分四个小题目,分别是"历史认识与真实之间的可怕隔阂"、"历史认识与赎罪"、"关于历史解释的自由"及"历史的清算"等。

中岛岭雄一开头就写道:"日中之间对近现代史的认识有很大的差距。中国的看法和解释带有过多的政治性意识形态的内容,通过学术性考证能否得以纠正,时至今日我仍然看到许多距离。从最近的日中关系来看,历史认识的不同越来越偏离真实,这并非是毫无关联的问题,而是为日中之间的外交关系和民间交往埋下了阴影,绝不可等闲视之"。接下来中岛称:"中国对于近现代的日中关系史,从甲午战争、日俄战争到所谓的十五年战争,以至到战后60年的今天,一直是用'日本恶'的历史观来看待,并最大限度地夸大中国的被害,是追究他人型的被害者史观,对民众特别是年轻人进行彻底的反日教育。另一方面,日本一直存在着赞同被害者史观、自己追究自己型的自虐史观,这样,被害者史观和自虐史观在日中双方的某些领域产生了共鸣,一些媒体也随梆唱影,严重地歪曲了历史,这种状况不能再搁置下去了"。①

中岛认为,中日之间历史认识问题之所以产生如此大的差距,责任在中国方面,"是任何事情都以自我为中心的'中华思想'的翻版和反映,这种现象是战后60年来国家建设中,日中之间差异过大的根本性起因","从甲午战争、日俄战争到日中战争,关联日中关系的近现代战争,在检验其真实的同时,站在现在的时点上、用现在的尺度去总结战争的全貌是一个很大的认识谬误。不能忘却战争发生的历史背景、国际环境以及当事者的认识。因此,胜者不仅不能单方面地对败者断罪,也不能不问被害者的自己责任,只去追究加害者。"② 中岛把责任推卸给中国以后,又做了一番"解释",借用李鸿章的话称中国"传统的自缚性过强","传统的束手束

---

① 中岛岭雄:《歴史の嘘を見破る——日中近代史の争点35》,文芸春秋,2006,第9、10页。
② 同上书,第10、11页。

脚",而日本却是"顶住西欧列强的压力,拼死地开展近代化","从中可以看出中国文化绝对主义的固执,继续在传统世界四平八稳地度过。由于历史时间的内容不同,带来的是中国失败、日本成功的结果,这就是历史的真实"。① 这里,中岛的论说并没有什么"新"意,不过是重复"文明"对"野蛮"的陈调,摆出一副"天降大任,拯救于斯"的姿态,把日本对外发动的侵略战争说成是"文明"对"野蛮"、"先进"对"落后"之战。

随即,中岛围绕"历史认识与赎罪"问题展开了议论。他称,中国"文化大革命"期间,他曾到过广州采访一位老妇人,了解日本战争罪行问题。这位老妇人向他讲述了丈夫被日军杀害,自己侥幸逃脱的过程。中岛称:"当时我的心情很沉重"。但后来,他不知从哪里得到消息,说这位老妇人是"中国当局专门为外国人准备的'发言人',于是,我心中的某些赎罪感急速地枯萎了"。写到这里,中岛借题发挥说,中国"揭露日本军国主义的血腥暴行,是出于意识形态的政治意图","许多日本人,特别是知识分子和'国籍不明'的日中友好人士,直到今天明显同一部分或许多政治家连带在一起,容忍被害者史观和自虐史观交织在一起。另一方面,中华人民共和国以革命的名义,牺牲了许多人民,并不断侵略周边的少数民族地区,实现自己的膨胀,却一直没有被追究。其结果,中国巧妙地掌握了操纵日本的外交术,就像今天的靖国神社问题那样,其态度愈发强硬"。② 这里,中岛不是去认真核实老妇人口述的经历是否属实,而是毫无根据地臆断老妇人是"官方"指派,想借此推翻日本的一切战争罪行,把中国的战争受害化为乌有。不仅如此,他又不失时机地攻击中国,把西藏等问题凸显出来,以泯灭日本的战争罪责。其实,中岛施展的手段还是旧套路——右翼学者攻击南京大屠杀受害者做"假证"使用的就是这种手段,结果被诉诸法庭,落了个灰溜溜的下场。中岛在大肆攻击中国后没有罢笔,

---

① 中岛岭雄:《歴史の嘘を見破る——日中近代史の争点35》,第12页。
② 同上书,第14、15页。这里的"国籍不明"的日本人指的是勇于追究日本战争罪行、敦促日本政府反省谢罪、坚持中日友好的日本人。中岛认为这些人替中国等被害国说话,不能算作日本人。

又把矛头转向台湾，指责台湾国民党政权时期"同大陆一样，强调日本的中国侵略和抗日战争，多年的国民党色彩未能予以擦拭，明显同前总统李登辉、现总统陈水扁等台湾本省人亲日的日本情结大相径庭"。是时，中岛也许预料到陈水扁政权即将坍塌，不无忧虑地说："只要台湾的媒体依然由外省人主导，就绝对不会亲日，另外，台湾的政治主流如果转移到国民党，预示着台湾的对日姿态将发生变化，这一点应预先提示"。① 中岛的这席话，再明确不过地吐露出他的"台独"情结。

在第三小节里，中岛就"历史解释的自由"阐发一番"高论"。中岛认为，"历史的解释有各种各样，至少，应该允许有多种解释的广阔坐标"。他具体列举了几个事例。一是韩国义士安重根暗杀伊藤博文事件。中岛借用李登辉的话称赞伊藤博文："日本在西乡隆盛和伊藤博文的领导下，迅速实现了现代化"，但是韩国却称安重根是"抗日运动（义兵运动）的战士"。第二个例子是二战时期法国维希政权——贝当内阁的作用问题。中岛称，"现在法国史学界也出现了关于该内阁的作用是否仅限于充当纳粹德国爪牙的议论，在当时那种极限的情况下，毋宁说由于维希政权的存在，使法国遭受的战争被害变为极小化，即维希政权的存在是否也有一定的历史作用"。第三个例子是汪精卫政权。中岛认为，"汪精卫被当作汉奸来认识，这样的处理是否合适？即使中国坚持这样的评价，由于这一问题概括了日中关系史的全部，是认真展开议论、不可回避的问题，可以说，对这些问题加以剖析的时间过程已经充分了"。② 除第一个例子外，中岛明显为汉奸傀儡政权开脱，为历史转折关头投靠敌人的丑恶人物辩白。如果依照中岛的观点，如此"自由"地去解释历史，那么，人类历史将失去鉴别的标准，那可真是黑白不分，香臭不辨，是非完全颠倒了。

最后部分，中岛就"历史的清算"进行了阐述。他认为，"在日中关系这一两国间的国际关系中，以加害者和被害者的单纯模式的历史解释，必

---

① 中岛岭雄：《歴史の嘘を見破る——日中近代史の争点35》，第15、16页。
② 同上书，第17、18页。

须予以再研讨"。① 然而，他并没有就此命题予以阐述，而是把矛头对准中国，污蔑中国人民解放军是"压制国内少数民族的暴力机构"，攻击中国对西藏和新疆"是永远的侵略者、加害者"。② 很显然，中岛之所以肆意诋毁中国的民族政策，目的是把中国也拉进所谓"加害者"的行列，煽动日本当局和国民"追究"中国的"加害责任"。果然，他在后面的段落中指出，"中国方面对可恶的过去，只想用辉煌的中国革命加以决算，直到前些年，还强调'毛泽东思想普照世界'，中国希望自己片面的主张一直继续下去"。在抨击中国后，中岛对日本做了肯定的评价："日本自明治维新以来从步入现代化的苦斗出发，在第二次世界大战中全面失败，特别是遭受两次原子弹轰炸的悲剧和西伯利亚羁留的悲惨体验，通过美国占领的战后改革，直到今天，在重视那些巨大牺牲的同时，把自己严格的运作刻记在同时代的历史上。日本人由于战争的被害接受了战争的悲剧，但没有转化为对外的民族主义，而是出色地解决了战争责任和战后责任问题"。③

在中岛看来，日本只是一个战争"被害国"，诸如两次原子弹轰炸、西伯利亚羁留、美国占领等等，日本俨然是一个遭受"重大牺牲"的国度。而且，即使这样，日本没有"转化为对外的民族主义"，又"出色"地解决了战争责任和战后责任问题。相反，中国却一直没有清算"可恶的过去"。经过这番演绎，中岛没有忘记为侵略战争唱赞歌，他说："日本对满（洲）、对华政策的本身，不应否定一切，其中不仅有一些探索亚洲主义者思想的源流，还有兴亚的浪漫和理想，这也是事实。再上溯到甲午战争和日俄战争，在欧洲登陆亚洲的国际环境下，让亚洲步入新世界，谋求自身的解放，这种历史的冲动是不可否认的"。④ 中岛老调重弹，把"亚洲解放说"翻了出来，为日本的侵略战争歌功颂德，骨子里还是不承认战争的侵略性质。最后，中岛得出"结论"："中国不断地强调日本的侵略，对于中国自身的

---

① 中岛岭雄：《歴史の嘘を見破る——日中近代史の争点35》，第19页。
② 同上书，第20页。
③ 同上书，第21、22页。
④ 同上书，第21页。

第五章 1990年代知识界右翼团体的出现及其影响

责任，应该从自身进一步检讨现代化的负遗产，并开辟一条克服它的道路，不能自我封闭前进的道路。作为日本必须要说的是，应该对中国这样的历史认识提出问题和批判，只有这样，才能打开日中之间真正对话的渠道"，"历史的'算账'绝不能单方面地进行"。① 在中岛看来，日本唯一的"责任"是要以"文明"、"先进"国家的身份"指导"中国，必须对中国的历史认识"提出问题"，而日本自身的责任却丝毫不见诸文字。倒是中国方面应该"进一步检讨"、"克服"，不能"自我封闭"，否则，就不能打开"中日之间真正对话的渠道"，其责任当然应该由中国来承担。这就是中岛岭雄编辑《识破历史的谎言》一书以及做开场白的根本意旨所在。

1995年，邓小平病危前后，中岛岭雄推出一部《中国这样变化——没有邓小平的危险大国的深层》。从书名就可以看出隐藏在中岛内心深处的"中国威胁论"的影子。该书从邓小平病危的消息写起，臆测邓小平去世后中国将推行"非邓小平化战略"，"邓小平去世后的中国，将陷入政治问题极多的状况"。② 随后，中岛按照自己的臆断，在毫无事实和资料依据的基础上凭空猜测、主观想象，"预测"中国经济改革、开放体制将出现"危机"，"臆断"中国将实施"非邓小平化"，"分析"香港回归后中国的走向、台湾问题以及两岸关系、中国"新法西斯主义"的可能性以及未来的中日关系等。

该书的前半部分，中岛用了许多笔墨"分析"中国的经济改革体制，他认为，中国的经济改革存在许多问题：一是"政治方面顽固地阻塞开启民主化、多元化的道路……所以，大陆沿海经济特区和开放城市虽然经济获得急速发展，但'向钱看'遮住大众的眼睛，成熟的'市民'几乎不存在"；二是中国的经济发展是"泡沫式"的膨胀，缺乏现代化的社会和经济基础；三是"中国经济成长的另一面，是显著的军事化，不仅表现在对外强硬的军事战略和军事膨胀倾向，而且不能否定在国内治安方面发挥的作

---

① 中岛岭雄：《歴史の嘘を見破る——日中近代史の争点35》，第23页。
② 中岛岭雄：《中国はこうなる——鄧小平なきあとの危険な大国の深層》，講談社，1995，第38页。

用。必须指出的是国家和社会正在进行显著的军事化"。为此，中岛得出"结论"称，"后邓小平时代'改革、开放'体制的危机将越发深刻"。① 诚然，在1995年的当时，中国的改革开放仍处在摸索前进的阶段，出现这样或那样的问题并不奇怪，中国政府也十分愿意听取国内外有识之士的批评或建议。问题在于，中岛是戴着一副有色眼镜来挑剔中国的改革和开放，他对中国经济的持续发展心里总不是滋味，更不希望中国能够顺利实现现代化的目标，所以故弄玄虚，煞有介事地夸大中国的军备问题，旨在吸引国内外的舆论把目光盯在中国的军事现代化上，营造一个中国经济发展将对亚洲或世界和平构成"威胁"的假象，这才是他"热衷"中国改革开放的本意。

随后，中岛对"后邓小平时代"中国的"权力构造"进行了"分析"，所利用的资料除了中国各大报刊刊载的人事变动消息外，还有许多道听途说的"小道消息"。在此基础上，中岛对以江泽民为代表的中共第三代领导人以及政坛人物逐一进行了评价，得出的"结论"竟是："现今中国的权力构造极其脆弱，在这样脆弱的体制下，不难想象，失去邓小平这一后盾的江泽民，将长期处在中国社会、经济矛盾的旋涡之中"，甚至武断"江泽民体制能否持续两年未必可知"。他认为，摆在中国领导人面前的有两大课题：一是1996年台湾地区领导人选举，二是1997年香港回归。中岛武断："中国卷进近邻的国际政治社会之中，仅汉民族社会的巨大变化，将给予江泽民体制及中国民众各种各样的渗透力，我想会动摇江泽民体制"。② 中岛不负责任、信口开河的武断已经被今天的事实粉碎得体无完肤。然而，作为日本现代中国学的著名专家，应该知晓结论产生在充分资料支撑的基础上，这该是最起码的研究手段和研究方法。问题是，中岛不仅戴着一副有色眼镜，内心恐怕还怀有对社会主义中国由来已久的敌视。这从他对香港回归的"评论"也可略见一斑。

---

① 中島嶺雄：《中国はこうなる——鄧小平なきあとの危険な大国の深層》，第78~81页。
② 同上书，第116页。

第五章 1990年代知识界右翼团体的出现及其影响

中岛对香港回归后实行"一国两制"提出质疑，他认为，"中国随着领导人交替屡屡改变政策，一个政治、经济政策持续5年都不可能，因此，中国（对香港）的政策50年长期不变是不可能的"。① 接着，中岛对香港最后一任总督彭定康的"民主化提案"予以高度的评价，称彭的提案是"具有极其纪念意义的出色提案"，"提案内容之丰富，闪烁着英国议会民主主义制度的面目"，"表明名誉的英国最后留给香港的是民主主义信念"。甚至说，彭定康的提案应该"镶在玻璃罩里在大英博物馆展示，刻下历史的足迹"。② 中岛一面对彭定康提案大加褒奖，一面极力贬低中国政府的政策，污蔑中国"违反中英合意"，"明显违背中英合意书和香港基本法"。甚至妄加"预测"称："中英交涉时保证的'港人治港'，可能要变成'京人治港'，最后是'红人治港'（'红'，即'共产党人治港'），香港回归后能否维持50年现状值得极大地怀疑"。③ 香港回归祖国不仅是海内外华人盼望已久的心愿，也显示了世界和平和进步的趋势。然而，中岛却表现出特别的"醋意"，在香港尚未回归中国的两年前，就站在殖民主义者的立场上指手画脚，说三道四，主观怀疑"一国两制"，炮制不着边际的"红人治港说"。如今，香港回归已经超过10年，不知中岛氏对今日香港令人瞩目的变化、发展和进步作何感想？对当日的"高论"又该做什么"补充"？

中岛岭雄还是一位积极支持"台独"势力，鼓噪"两个中国"、"一中一台"的右翼学者。他在这部书中称："'一中一台'在现实的国际舞台已经确立了牢固的地位，这是毋庸置疑的……发展的亚洲在被（世界）瞩目的阶段，如果忽视台湾的存在，则不能称之为亚洲、太平洋时代"，"很清楚，国际社会承认北京和台北是'两个中国'或'一中一台'的现实存在"。④ 不仅如此，中岛还对当时台湾"总统"李登辉大加赞赏。他说："在成长的亚洲最成功的样板是'台湾经验'，台湾的现状是不能否

---

① 中岛岭雄：《中国はこうなる——邓小平なきあとの危険な大国の深層》，第119页。
② 同上书，第121、122页。
③ 同上书，第123页。
④ 同上书，第141、142页。

定的"、"李登辉是亚洲第一流的政治家"、"我敢极端地说,像李登辉这样的政治家如果成为全中国的领导者,中国在同世界的协调中该获得如何的发展。当然,前提是中国政治体系的解体"。① 中岛对李登辉近乎肉麻般的吹捧,骨子里是对中华人民共和国的敌视,热衷并期盼"台独"势力的"崛起",实现其分裂中国的目的。正因为如此,他希望"中国香港化"和"广东语经济圈"蓝图能够在福建和台湾之间实现。他认为,福建省开放以来台湾的魅力充斥着福建,为此,他设计了一个"从福建省的台湾化到中国的台湾化"的美好蓝图,称"今天台湾经济、社会的影响已非当年的武力反抗,而是社会反抗和经济反抗,正波及对岸的福建省"。但是,他又指出:"当前的中国,只要置于中国共产党的独裁体制下,经济圈的形成当然有限制,但是,不久后总有一天,如果脱离了中国大陆独裁体制的羁绊,福建省和台湾的一体化则能轻易地进行"。② 这里,中岛完全忘却了自己的"学者"身份,竟然以煽动的腔调公开鼓动颠覆中国的体制,其内心深处对中国及中国共产党的仇视心理则可略见一斑。

七 官僚学者冈崎久彦的"大东亚战争史观"

冈崎久彦出生在中国大连,历任日本外务省调查企画部长、外务省情报调查部长、驻沙特和泰国大使等要职,著有《政变的政治学》、《国家与情报》、《亚洲半个世纪的和平》、《从悔恨的世纪到希望的世纪》、《币原喜重郎与他的时代》、《重光·东乡与他的时代》、《与渡部升一对谈》、《必须热爱自己的祖国》等。冈崎从政界退役后成立一个冈崎研究所,搜罗相关人士从事日本近现代史以及外交史的研究,在朝野上下有一定的活动空间和影响。2002 年,冈崎主持编写了一部《百年遗产——日本近代外交史》,首先在《产经新闻》上连载,开篇题为《以明亮的眼睛观察历史,用时代的尺度把握真实》。冈崎认为,日本战败后不久,"现代日本的原点回到败

---

① 中岛岭雄:《中国はこうなる——邓小平なきあとの危险な大国の深层》,第 145、152、158 页。
② 同上书,第 152、156 页。

战的废墟，认为过去是不值得思考的和忌讳的"，"直到今天，日本的近代史被各种偏向史观所肢解"，"偏向史观与共产主义势力的战略完全一致，即以日本军事弱势化为最大目的。即使占领结束，由于国际共产主义势力和国内左翼对国民的渗透，形成了战后的偏向史观。以这一史观为背景，60、70年代安保反政府运动十分狂热，为了制止这一现象，进入80年代后又形成自虐史观，这一次是日本方面诱导或呼吁外国干涉"，"特别是即使没有左翼倾向的人们，由于战争和败战之苦过于残酷，反反复复出现历史善恶是非论的史观，指责'是谁挑起无谋的战争'，'谁是恶的'等"。①

冈崎一气提出了"偏向史观"、"自虐史观"和"历史善恶是非论"等三种史观。且不论这些史观是否在日本的各个历史时段里真实存在，至少，冈崎把它们列举出来，说明他对此三种史观都是持批判态度的。随后，冈崎表示，要尽自己的所能"追求历史的真实"，"所谓历史是国家和个人尽各自力量生动营造出来的大潮流，战争或和平都是从中产生的，即使有战略的是非或外交的巧拙，却不能以伦理的是非善恶来论述"，"历史是那个时代人们的努力积蓄，对那个时代的人物，不能用现在的尺度，而应该用他生活的那个时代的尺度去衡量，通过追踪其努力的轨迹再现历史的真实"。② 那么，冈崎是用什么样的史观来"再现历史"的呢？冈崎从美国舰队"倍里来航"的1853年写起，到1952年美国结束对日占领，所以用"百年"来诠释日本的近代外交史。因篇幅关系，我们仅从九一八事变开始，来解析冈崎是如何把握1931年以后的历史的。

冈崎从张学良继承父位谈起，他称："张学良被任命为继承者后，立即发电向蒋介石表示恭顺之意，决定在满洲揭起中华民国的青天白日国旗"，"在以后的历史里，通过反日运动，挑衅日本引发满洲事变的是他（指张学良），后来在西安事件中促成国共统一战线，引发支那事变的还是他。之所以一步步逼迫日本走向战争和失败，为的是讨还杀父之仇，这是他的坚定

---

① 冈崎久彦：《百年の遺産——日本近代外交史》（1），《産経新聞》2002年4月1日。
② 同上，《産経新聞》2002年4月1日。

信念，如此说并不过分"。① 原来，冈崎就是这样"把握历史"的，把九一八事变的责任一下子推到张学良的身上，认为张学良为了报父仇，才把日本"一步步逼向战争"，甚至导致最后的失败。此外，冈崎还认为九一八事变的另一个原因是济南事件后，"国民党政府亲日势力弱化，亲英美派的王正廷取代外交部长，推进恢复国权外交"，中国"在国民党领导下，以'排日侮日'作为推行国策的手段"，"在不给予日本行使武力口实的范围内，对在留邦人，特别是对女性、儿童吐吐沫、扔石头、殴打等，实行欺凌日本人使其无法在满洲居住的政策"。说来说去，冈崎把日本发动九一八事变、侵吞中国东北的责任完全推到中国身上，日本竟成了"受害者"，经过如此这般地演绎，冈崎得出的结论是："满洲建国后，反对的声音消失，即使是稳健派也在满洲国既成事实的前提下提倡国际协调，与其说是右倾化和军国主义，莫如说从事变前的形势看，没有其他更现实的选择，这是任何人都有目共睹的"。②

这就是冈崎"用时代的尺度"把握的九一八事变的历史，不难看出，他始终把日本的国益作为检验一切的原点，只要对日本国益有利就是合理合法的，即使行使武力也是"现实的选择"。至于被侵略、被奴役国度和人民的遭遇则在他的"尺度"之外，应该说是一种"另类"的强盗逻辑。

再看冈崎对七七事变是如何"把握"的。冈崎下结论认为："作为支那事变发端的1937年7月7日的卢沟桥事件，无论是战略，还是战术，一切都是支那方面挑起的"，"或许是中国国民感情的爆发，或许是中国共产党系的战略，总之，完全是中国方面挑起的"。③ 冈崎如此武断地下结论，却没有任何史料作为支撑，不过是老调重弹，把中国的"排日侮日"再数落一番。他说："从1936年起中国的气氛确实发生了变化，弥漫着与日本一战的气氛。在这种氛围下，连续发生日本水兵、船员、在留邦人被杀害事件。当年8月的成都事件，包括两名新闻记者在内的三名日本人被殴打杀害

---

① 冈崎久彦：《百年の遗产——日本近代外交史》（40），《产经新闻》2002年5月18日。
② 同上。
③ 冈崎久彦：《百年の遗产——日本近代外交史》（48），《产经新闻》2002年5月28日。

事件……蒋介石秘录中已预感到在 10 月爆发战争，如果日本强硬地让中国屈服，'只有一战，不能表示屈服'，可见，西安事件未爆发时就已经抱有这样的决心"。① 众所周知，日本霸占中国东北后野心膨胀，继续向华北渗透，制造华北事变，全面侵华战争已经迫在眉睫，这已被全世界爱好和平的人们所洞察，作为中国政府和人民进行抗战准备无可非议。然而，冈崎的"时代尺度"却是日本举起狼牙棒，中国只能硬着头皮去迎，否则就是"弥漫与日本一战的气氛"，战事若起责任当然在彼，这就是冈崎的"尺度"。冈崎又称，"包括卢沟桥事件在内的 1936 年、1937 年的各个事件，日本没有进行秘密的谋略工作，东京审判也没有追究这方面的问题"，"从日本的军纪，以及过去的工作手法看，卢沟桥事件日本绝对没有开枪的可能性"。② 冈崎试图通过否定"谋略说"来推卸发动全面侵华战争的责任。接着又强调，事变发生后日本坚持"不扩大方针"，但中国方面挑起"广安门事件"及"通州事件"，在这样的情况下，"是在中国的所有邦人被杀害？还是放弃多年经营的事业返回日本？抑或是（选择）战争？此外再没有选择的余地"。③ 总之，冈崎对七七事变把握的"尺度"仍然是为侵略战争辩解，把责任推给中国，同时告诉读者当时的日本别无选择，只有战争才是唯一的手段，为侵略战争戴上一顶"正当化"的帽子。

那么，冈崎对日本发动的太平洋战争又是用什么样的"尺度"来把握的呢？冈崎在这一小节里用的题目是"大东亚共荣圈——战争的目的是解放亚洲"。他列举关于太平洋战争的两种对立史观，一是侵略战争史观，一是"亚洲解放史观"。他认为，"如果从明确的动机言，是自卫战争"，"第二次世界大战后，新兴的独立国家一个接一个地加入联合国，他们的感受是相同的，即终于实现了在他国面前对等的国格"。④ 接着，冈崎热情洋溢地讴歌"大东亚圣战"，他说："大东亚战争的目的是解放亚洲，当时的任

---

① 冈崎久彦：《百年の遗产——日本近代外交史》（48），《产经新闻》2002 年 5 月 28 日。
② 同上。
③ 同上。
④ 冈崎久彦：《百年の遗产——日本近代外交史》（54），《产经新闻》2002 年 6 月 4 日。

何日本人都不怀疑……日本国民都怀着必胜的信念"，"另一方面，亚洲各国发现日本呈现颓败势头时，因为是依赖日本实现独立的，如果日本失败则有被剥夺独立的危险，于是转向对抗日本，为的是营造对独立有利的形势"。这里，冈崎炮制了一个天大的谎言，硬把太平洋战争说成是"解放亚洲"的战争。事实上，在日本发动太平洋战争时发布的宣战布告里，为了给不义之战冠上冠冕堂皇的"名号"，不过是使用了"自存自卫"的字样，根本没有把"解放亚洲"考虑在内。更不可思议的是，冈崎竟把亚洲人民的抗日活动解释为日本呈现出败势的结果，污蔑亚洲国家"见风使舵"，从中也可以透视出冈崎内心的龌龊。

之后，冈崎评价"大东亚战争"的两点"主要贡献"：一是"显示了有色人种战胜白种人的事实，这是20世纪日俄战争以来出现的第二次"；二是"把日本人的战争方法告诉了（亚洲）人们。缅甸人在殖民地时代连刀具都禁止携带，日本在东南亚通过普及民族语言，激励民族意识，培训当地自治组织和军队，不仅是军事技术，也培养敢斗精神……当地人亲眼看到白人的懦弱和溃败，学习到日本的战争方法，使任何恢复殖民统治的企图都成为不可能"。[1] "亚洲解放说"几乎是右翼学者的通论，一提到所谓的"大东亚战争"，他们必定如数家珍般地提到战后菲律宾、缅甸、印度、印度尼西亚等亚洲国家的独立，并把这一"功绩"记在"大东亚战争"的功劳簿上。原东京大学校长、历史学者林健太郎批驳道："大东亚战争肯定论者"认为，"战争的结果给亚洲各民族带来了独立，事实上（独立）是在日本战败以后，战争时日本并没有让他们独立，虽然让菲律宾和缅甸成立了'独立政权'，但是在军事上由日本驻军掌握全部权力，还不能称之为独立国家。更奇怪的是，'亚洲解放论者'只提东南亚民族，却无视近邻的朝鲜民族和中国民族"。[2] 林健太郎一针见血的批驳，把冈崎等人的"亚洲解放说"驳个体无完肤。

---

[1] 冈崎久彦：《百年の遺産——日本近代外交史》（54），《産経新聞》2002年6月4日。
[2] 林健太郎：《教科書で書くべき歷史》，《正論》（別冊）第4号，2006年12月，第112页。

第五章 1990年代知识界右翼团体的出现及其影响

同其他右翼学者一样，冈崎对东京审判持批判的态度，而且破例用两个小节来阐述他的"高论"。他认为，"东京审判在法律方面的缺陷很多，沿袭了半年前在纽伦堡进行的审判"，"对德审判的最大动机是对犹太人的种族屠杀，而日本与种族屠杀毫无关系，却照搬纽伦堡审判，（日本）不过在战争时有越轨行为，即使南京事件也不能升格为有种族屠杀意图的大屠杀事件，这种无理的后遗症一直延续到今天"。① 冈崎对东京审判的评价是，"按照和平时期法治国家的标准来看这次审判，如同法学系一年级大学生（进行的）尽是瑕疵的审判"，"审判的唯一方法是按照检察官的预想，凡符合预想的证言采用，不符合的驳回……如南京事件采用的都是检察官方面的证言，帕尔法官一一指出其证据和证人的粗糙"。② 东京审判过程中，印度法官帕尔站在祖国长期被英国殖民主义者统治、对殖民统治者抱有天然敌视的立场上，认为最早推行殖民统治的欧美国家也有责任，因此提出"免罪说"，帕尔的意见理所当然地被大多数坚持正义的法官否决。却没有料到，若干年后，帕尔的个人意见竟然成为右翼学者用以攻击东京审判的石头。冈崎引用帕尔的话说，"把战败者立即杀掉的古代，与我们的时代相隔几个世纪，依据胜者的定义进行的审判，等于把几个世纪的文明抹杀"。冈崎又引用另一位外国人的话说："纽伦堡审判是非正义的，是复仇的表现，处刑战犯是美国历史上的污点，并且在日本重演了同样的错误"。③

冈崎还用"世界上最恶的审判"这一醒目的标题来抨击东京审判。他借用一位荷兰法官的话说："这次审判是历史上最恶的伪善"，"如果开这样的审判之风，我绝对禁止自己的儿子去当兵。如果日本被置于这样的审判之下，美国恐怕还要与日本进行战争"。④ 冈崎称，这番话是荷兰法官在审判结束后对自己的网球友讲的话。至于这位荷兰法官是否讲过这样的话无

---

① 冈崎久彦：《百年の遺産——日本近代外交史》（67），《産経新聞》2002年6月19日。
② 同上。
③ 同上。
④ 冈崎久彦：《百年の遺産——日本近代外交史》（68），《産経新聞》2002年6月20日。

从考据。不过，我们有理由怀疑，本来就戴着有色眼镜的冈崎，难免在其中添油加醋，或者断章取义，或者各取所需。接着，冈崎又用"谁是战争的牺牲者"的醒目标题来吸引读者的眼球。他认为，"东京审判最大的缺陷，是被处死者直到今天仍然受着屈辱的战犯对待"。在他看来，战争最大的牺牲者应该是那些被处刑的战犯，"包括东条英机在内的 A 级战犯都是忠良的臣僚"。① 所以，他不惜笔墨记述旧金山条约签订后日本掀起的释放战犯运动，"包括社会党左右两派在内一致通过对战争审判刑死者的遗族给予恩给和年金（退休金）"。因为"按照日本的国内法，战争审判的刑死者不是罪犯，应该认定为战争牺牲者，当时的国民没有提出任何反对（意见）"，而且，"政府在选择靖国神社祭祀对象时，逐渐对战争审判被处刑者予以合祀，这样，战争审判刑死者的英灵才获得安住之地"。②

在对待中日关系问题上，冈崎是一位亲台反共反华的顽固派。在中日恢复邦交 20 周年之际，冈崎写了一篇文章，声称若想保持"日中关系的真正友好，必须克服迎合（中国的）姿态"。多年来，长年从事外交工作的冈崎一直同"台独"势力走得很近，反对恢复中日邦交。他称"日本是个自由民主的国家，绝不会有走军国主义的可能性"，可是，"中国却没有可能同美国等自由圈（国家）缓和及协作，我们必须充分了解和探索构筑安定国家关系的方法"。他呼吁日本政府和民间"必须注意中共对日本错误印象的言行……准确传达正确的判断和意志，才能建立真正的友好关系"。③ 接着，冈崎又去攻击日本的媒体，他称："日本的新闻是卖身，从不做反对北京政策的报道……必须指责这种职业道德的羞耻。问题是不仅日本国民付出牺牲，也涉及民主主义同盟国美国的国益"。他批判日本媒体墨守成规，是"战争及占领时期延续下来的言论统制的缘故"，"败战后占领军传播'真相是这样的'，当时国民很反感，但随着时间习惯了。更严重的是东京

---

① 冈崎久彦：《百年の遺産——日本近代外交史》（68），《産経新聞》2002 年 6 月 20 日。
② 同上。
③ 冈崎久彦：《中国との真の友好築く条件——克服すべき迎合姿勢》，《産経新聞》2002 年 9 月 15 日。

审判史观，成为报道和教育的主流思想，反反复复进行亲华报道，封杀反对的言论，使国民的意识发生很大变化"。① 冈崎认为"日本政治思想的主流"出现两种错误倾向：一是"亲中国的就是进步的、和平主义的；亲台湾的就是右翼、反动、军国主义的"；二是"与共产国家友好就是爱好和平的、进步的；与反共政权亲密的就是法西斯"。冈崎举例称"田中真纪子、河野洋平的思想里就浓厚地遗留着这些残渣，前李总统的签证问题就是反映"。田中真纪子是田中角荣的女儿，一度出任外相，主张坚持中日友好的方针，河野洋平也是一位主张中日友好的自民党政治家。台湾李登辉访日时遭到拒签是否与二人有关无从考据，但一向对"台独"情有独钟的冈崎将李被拒签归罪于二人，并指责这是"单纯的冷战时期国际政治的基本构造"。其实，明眼人都知道，无论是中日恢复邦交前，还是恢复邦交后，日本国内的反华亲台势力始终十分嚣张，除了执政党及一部分握有实权的政治家外，包括冈崎在内的右翼学者的推波助澜也难辞其咎。而且，日本的媒体更不像冈崎批判的那样，完全是"对华友好"的一面倒，《产经新闻》、《正论》、《诸君》等报刊的政治态度就很能说明问题。冈崎还故作玄虚地表示"担忧"，"我始终担心动摇日美同盟的基础"，"新闻和知识分子的言行让我体会到这种危惧"。为此，冈崎主张，"在靖国问题、历史认识问题等方面，还存在着迎合中国的倾向，只有把这些全部克服，才具备构筑真正的日中友好的基础条件"。②

2008年5月，台湾国民党势力重新执政，冈崎对民进党"台独"势力的下野怀有兔死狐悲之恸。他在《正论》杂志组织的一次恳谈会上讲，"台湾国民党政权带来的问题，将是日本长期的最大课题，中国尽管降低了军事统一台湾的可能性，但国民党政权也许要持续10年以上，中国将利用这一机会动员所有手段向台湾施加压力。但10年后中国的经济将陷于崩溃，

---

① 冈崎久彦：《中国との真の友好築く条件——克服すべき迎合姿勢》，《産経新聞》2002年9月15日。
② 同上。

或者出现大不景气,这样的可能性也极大"。① 从这段酸溜溜的话语中可以看出冈崎内心的"台独"情结以及敌视中国的阴暗心理。

八 西部迈的反谢罪主张

西部迈是月刊《发言者》的主编、评论家,曾任东京大学教授,著有《思想史的相貌》、《步入蜃气楼》等。2005年自民党历史研讨委员会编辑出版的《大东亚战争的总括》一书中,收录了西部的讲演文,题为《日本人的历史认识——围绕着细川首相的"侵略发言"》。西部迈认为,"第二次大战结束前,世界上并不存在审判'侵略'的道德体系和国际法","那场战争,叫大东亚(战争)也好,叫太平洋也好,是侵略战争这个说法我怎么也没能想到。听到那个发言,我冷静地思考,'侵略'这个词并不一定是坏的意思,当然也没有别的好的意义,我对'侵略'下个简单的定义就是:最初发动武力则称之为'侵略'。具体来说,卢沟桥事件是谁开的枪啦,珍珠港事件是被引诱所致啦等②,有各种各样的说法,排除这些说法,如果把国家形式最初发动的武力称为'侵略'的话,(对)中国方面也好,太平洋方面也好,那是侵略的,可是,我并不认为'侵略'就是坏的东西,也不需要谢罪,这是必须明确的","从道德上言,正如许多人认为的那样,亚洲已成欧洲及白人殖民帝国的侵略之地,日本的政治、经济又被ABCD包围圈扼制,太平洋战争首先是为了反抗这些,虽然不能说是百分之百(正确),但是,基本上是正确的"。③ 西部氏这些言论前后矛盾,令人费解,但有一点是明确的,即:"侵略"并不坏,谢罪不需要,日本也不负有侵略战争的责任。为了解释这一观点,西部接着说下去:"我想说的是,至少,第二次世界大战终结之前,既没有裁判'侵略'的道德责任或道德体系,也不存在一个法律体系,这是必须确认的……作为国际法裁判

---

① 《產経新聞》2008年5月14日。
② 20世纪90年代以来,有些日本学者望风扑影,拼凑资料,臆造美国为了参战故意露出破绽,让日本偷袭珍珠港的谎言。西部显然是站在这个立场上。
③ 自民党歷史検討委員会编《大東亜戦争の総括》,第129页。

第五章 1990年代知识界右翼团体的出现及其影响

'侵略'的法律不存在"。① 这便是右翼学者提出的所谓"东京审判无法可依说"。

当然，他们的"无法可依说"是完全站不住脚的。第一次世界大战结束后，西方大国在巴黎召开一次和平预备会议，组成一个"战争开始者责任及刑罚执行委员会"，美、英、法、意及日本各出二人，波兰、比利时、罗马尼亚等五国各出一人，组成一个"十五人委员会"，该委员会提出的报告书明确规定了四项内容：一是策划战争者之责任；二是关于违反战争法规及惯例；三是个人责任；四是裁判机构的组成及手续。该报告书得到包括日本在内的参加国的一致通过。1919年6月28日，凡尔赛公约签字，在这份公约中，明确规定有对战争犯罪、个人责任的制裁条款。这以后，经由华盛顿会议、海军军缩条约及九国公约签字。1928年8月，不战公约也得到包括日本在内的西方大国的认同。所以，第一次世界大战以后侵略战争属于国际犯罪，进行侵略战争的国家要追究其战争责任，已经得到国际社会的公认。尽管一战以来的国际法不可避免地存在一些幼稚之处，二战结束后一些国际法（如《国际军事审判所条例》1945年8月）又临时拟定，这也是无可指责和非议的。第二次世界大战是人类历史上最残酷、最广泛、最长久的一次世界范围的侵略与反侵略战争，除了参照第一次世界大战以来有关国际公约以外，由参与反侵略战争的国家和民族制定惩办战争犯罪法案顺理成章，这是正义惩办邪恶的必然，也是历史进步的必然，更体现了法律存在的本质意义。西部迈等一批学者对第一次世界大战以来存在的国际法视而不见，偏要吹毛求疵，又一次告诫人们，日本战败投降后，老军国主义分子不服气、不认账、不反省的阴魂未散。

西部在散布"无法可依说"后，对东京审判发起了攻击，他认为，"东京审判是单纯的复仇仪式……因为在这个国际社会里，支撑它、使它正当化的法律并不存在，没有法律的审判本来就是没道理的，我的结论就是：那是'复仇的仪式'"，"'复仇'这个东西古往今来就有，今后还会持续。

---

① 自民党歴史検討委員会编《大東亜戦争の総括》，第130页。

同日本的战争牺牲人数对比，美国是微乎其微的，可是，前提他们是战胜国，战胜国对战败国的最后复仇，尽管说成是文明，或者是法治社会、法治国际，但那样简单、纯粹的法治社会是不成立的，在法律的背后，相应地存在着同某种集团性感情相对抗的东西，这种复仇的感情和行动不可能彻底从这个世上消失，因此，战胜国把中国拉了进来，以这种形式完成了复仇……不管怎么样，即使日本是侵略，对这种复仇的感情也不能谢罪，我们必须要把这一点看得透彻"。① 如果把上述一大段话解释开来，至少可以看出两点：第一，西部认为日本接受东京审判冤枉得很，是战胜国出于"复仇感情"的"复仇仪式"；第二，对战胜国的"复仇审判"不应该谢罪，因为中国、朝鲜、韩国的"复仇感情"还要长期持续下去，即使经过了法律审判也无济于事。

西部还对"细川讲话"予以猛烈的抨击。他说："一个国家的总理在公开场合谢罪，假如没有公认的道德和法律做根据，这种公开的谢罪发言，只能给世界大众带来混乱。我认为很不像话……如果归纳社会上认为（细川讲话）很不像话的人们的意见，一是对战争牺牲者遗族的情绪不以为然；二是一旦这样认识和拍板的话，赔偿金问题就会接踵而来，招惹出这些是非来有什么好处呢！"所以，（细川）"谢罪发言是对日本人历史认识、历史感觉的全面挑战，是思想性的犯罪"，"公开谢罪是把（日本）过去的历史丢进无止境的深渊里，将大幅度地损伤国民对日本国民历史的敬意……对先人们创造的历史进行分析、评价、解释，既是我们的权利，也是我们的职责，可是，对这些历史谢罪，是从基本上轻蔑历史的态度，不能不说是'思想性犯罪'，甚至可以说是'思想性的野蛮行径'"。② "细川讲话"发表以后，遭到自民党及社会右翼团体的强烈反对，也有些学者撰文抨击。细川在一片攻击声中，不得不纠正其讲话，把"侵略战争"改称为"侵略性行为"。在众多的抨击声中，唯有西部的抨击最为"上纲上线"，因为，指

---

① 自民党歴史検討委員会编《大東亜戦争の総括》，第130、131页。
② 同上书，第131、132页。

责"细川讲话"是"思想性犯罪","思想性的野蛮行径"或许绝无仅有。

九 樱井良子的"日本危机意识"

樱井是一位女性记者,著有《纳粹犯罪·血友病患者的悲剧》、《日本的危机》、《宪法是什么》等。曾参与日本媒体组织的中日学者辩论会,是一位颇有影响的女性"正论派言论人"。

樱井在许多著述中都对日本的"危机"表示出特别的"担忧"。在一次出席4名"正论派言论人"对谈时,樱井强调,"现在日本最大的事情是日本国应该具备的姿态,尤其在国际社会中,为什么要以中国及韩国为轴?难道日本想作为中国的属国存续下去?还是坚决明确地建设一个独立国家的日本?是当今日本政治的抉择","战后日本不是一个安全型的国家,把国民的财产交给外国,这是什么改革?即使购买天然气也是在其他国家规划下进行的,日本的现状是各商社各自行动、你东我西,在经济利害得失领域,日本没有国家战略"。① 乍听起来,樱井的这番话煞有介事。其实,她发出这番议论的目的是寄希望强硬派政治家的出现,在靖国神社、宪法改正、教育基本法改正等问题上,对中国和韩国采取强硬态度。她抱怨日本的政治家和财界人物,"去中国时不仅没有充分表达日本的国家意志,相反是点头哈腰接受中国的意向,向中国表示'回国后不去参拜靖国神社'"。② 为此,她寄希望岸信介的外孙安倍晋三继任总理后,能够继承岸信介的遗传因子,采取对中、韩强硬的态度。然而,安倍上台以后考虑到日本同亚洲的关系,本来一直坚决主张官方参拜靖国神社的安倍却表示了暧昧态度,这使樱井分外失望,不免有些"眷恋"小泉时代,认为"小泉外交政策唯一可以圈点的是在(任职)最后的8月15日参拜了靖国神社,不然的话会是一个惨淡的结果"。③ 随即,她鼓动安倍政权应该"在所有领域

---

① 樱井良子等4人对谈:《岸信介のDNAをもっと磨け》,《諸君》2006年11月号,第28、33页。
② 同上,第34页。
③ 同上,第38页。

果断地拉开独立国家的大幕","应该堂堂正正地在大祭惯例日去参拜,今年的秋天和明年的春天去参拜两次"。① 在樱井看来,日本至今还算不上一个"独立国家",原因是日本政府对中国和韩国过于软弱,不敢在参拜靖国神社等问题上"堂堂正正"地表明日本的立场,至此,我们可以明白樱井的"担忧"或"危机"究竟为何物了。

  2006年7月,小泉下台之前,樱井在《诸君》发表了一篇文章,更明确地阐明了她的上述观点。文章开篇就点出,"小泉纯一郎对中国外交的最终评价,是(今年)8月15日能否去参拜靖国神社","作为日本国的总理大臣,肩负着向那些为了国家(死去)的人们进行慰灵的责任"。② 看得出,樱井对日本总理参拜靖国神社很在意,并把这一举动视为对中国外交政策的重大"突破"。为此,她很欣赏小泉上任以来连续参拜靖国神社的举动,认为"小泉已经突破了屈服中国不当压力的现实,这一点应该给予极大的评价","如果有损同中国的关系,那是中国的责任,应该正当地反驳,因为靖国(神社)是支撑日本国的精神支柱"。③ 那么,樱井是如何对中国"正当地反驳"的呢?她是这样说的:"日中关系之所以不能顺利发展,原因在于中国内部的权力斗争,以靖国神社等历史问题作为口实"。她甚至用带有威胁的口吻"提醒"中国:"必须认识到日中关系已经走进窄胡同,从需要日本技术、经济援助的角度看,尽管有靖国问题,中国也应该意识到,当前正是构筑建设性日中关系的时期。这条路线之所以遭到否定,原因在于中国内部的权力斗争,在于摇摆不定的中国自身问题","正因为中国陷于混乱,日本绝不能动摇"。④ 接着,樱井把原《人民日报》一位记者的"新思维"搬了出来,再拼凑一些道听途说的小道消息,为她的"中国内部权力斗争说"提供注脚,呼吁日本首脑人物在靖国神社问题上"既不能动摇,也不必胆怯……堂堂正正地去实施日本的战略"。文章的结尾,樱井寄

---

  ① 樱井良子等4人对谈:《岸信介のDNAをもっと磨け》,《諸君》2006年11月号,第38页。
  ② 樱井良子:《小泉政権への"最後の審判"》,《諸君》2006年8月号,第50页。
  ③ 同上,第50页。
  ④ 同上,第51页。

希望小泉在离任前的8月15日，"必须参拜靖国神社，能够确确实实看到首相的身影。那么，首相就完成了自己的职责，为自己的任期抹上一笔善终的绚丽"。① 樱井的"靖国情结"之深从此可略见一斑。

2006年，中岛岭雄主编的《识破历史的谎言》出版，樱井也是参与者之一。她把朝日新闻社列为攻击对象，称"日本媒体不去认真地审查中国、韩国以及北朝鲜的奇言怪论，相反却与中、韩、朝异口同声，《朝日新闻》是其中的代表"。② 樱井认为，"朝日新闻社的本质是依附左翼的气质"，(在日本)"马克思主义仍以各种形式存在，比如反对修改宪法，反对社会差别，反对修改教育基本法等"。③ 樱井先用一顶红帽子为朝日新闻社定性，进而把朝日新闻社的客观报道拉进意识形态范畴，借以否定日本的侵略战争性质以及战争责任等问题。

人们知道，在对待日本战争犯罪和战争责任问题上，近些年来，朝日新闻社做出了一些比较客观的报道，这无异于触动了坚持"大东亚战争肯定论"的"正论派言论人"的神经，他们在无法否定日本战争犯罪事实的无奈下，抓住所谓的"误报"等问题对朝日新闻社展开攻击。樱井批判朝日新闻社"即使发现有不公正的报道也绝不明确地道歉"。④ 这里，樱井举出两个例子，一是《朝日新闻》对NHK变更慰安妇节目的报道属于"失误"，二是1982年报道日本教科书将"侵略"改为"进出"属于"误报"，"但是直到今天，(朝日)对自己的误报完全不承认"，"朝日一直利用扰民的噪音想让对方屈服"。⑤ 的确，围绕上述两个问题，朝日新闻社至今仍然坚持自己的报道是公正、客观的，这使樱井等人如鲠在喉，每遇时机就要发泄对朝日新闻社的不满。樱井认为，"战后朝日的论调为什么出现偏向呢？这是因为在组织上与上层人物的价值观有关联，为了升迁提拔，记者

---

① 樱井良子：《小泉政権への"最後の審判"》，《諸君》2006年8月号，第53页。
② 樱井良子：《朝日の"言葉のチカラ"を信用できない理由》，《諸君》2006年7月号，第40页。
③ 同上，第49页。
④ 同上，第51页。
⑤ 同上，第52页。

们煞费苦心……（朝日）上层人物评价记者不看素质，而看是否符合朝日流派的奇异的价值观，以此来评价部下……今天的朝日对自己的错误从不坦率地承认，误报、虚报，逃脱解释责任，从这一点看，与战前和战争时期的朝日没有什么两样"。①

2008年6月，正论杂志社在群马县召开一次"恳谈会"，樱井应邀出席，并发表了题为《被逼迫改革的日本》的讲演，反复强调她的修改宪法和自卫队法的主张。樱井摆出一副忧国忧民的姿态，大唱"中国威胁论"的调门，攻击中国"坚持扩军路线，推进以合并台湾为目标的南进路线"。为此，樱井又"担忧"起来，她呼吁听众必须有警戒感，"如果台湾海峡成为中国的内海，必须考虑到日本运油船的通过问题，因为中国控制着（日本）命脉"。她主张日本的军事课题是"必须以自己的力量保护国民和领土的安全"，必须修改宪法第九条和自卫队法。讲演中，她还对福田内阁进行了抨击，批判福田内阁"没有向中国挑明和申述日本的国益"。②

在日本，颇有影响的"正论派言论人"当然不仅局限于上述几位，由于篇幅关系略去。

第四节　知识界右翼与上层社会及传统右翼的关系

1990年代以来，日本右翼运动的主流转向以知识界右翼为主体的阶段，他们之所以在一个时期"盛极一时"，因为他们的运动方式与那些经常以高音喇叭招摇于市，大吵大喊，惹得民众反感的社会右翼不同。表面上看，他们的运动带有"文明"的标签，他们的论调又带有"学者"的味道，他们的攻击矛头又正是部分政治家们的所思所想，因此获得政府、议会、执

---

① 樱井良子:《朝日の"言葉のチカラ"を信用できない理由》，《諸君》2006年7月号，第53、54页。
② 《群馬〈正論〉懇話会　櫻井よしこさん講演〈9条改正すべきだ〉》，《産經新聞》2008年6月7日。

政党中的部分政治家集团以及财界的支持，同时也得到社会右翼的强有力支持。

一 同政治家集团和财界的默契

"自研会"成立之前，为了反对国会做出的"战后50年国会决议"，自民党成立一个"终战50周年国会议员联盟"（后更名"光明日本国会议员联盟"），由"失言大臣"奥野诚亮为会长。在此前后，自民党议员还成立有"靖国关系三协议会"、"考虑日本前途和历史教育新议员联盟"以及"考虑历史教科书问题超党派会"等。这些由执政党政治家或官僚组成的团体毫无顾忌地打出"大东亚战争肯定论"的旗号，公开批判"东京审判史观"，宣扬反"自虐史观"、反"暗黑史观"的政治主张。1995年8月15日，自民党推出《大东亚战争的总括》一书，其中大多数执笔者是"自研会"以及后来的"编纂会"、"昭和史研究所"、"正论会"的成员，这也是90年代以来学术界右翼与自民党合作的发端。此后，这些人经常受政治家团体的邀请，或到会讲演，或同政治家共同集会，尤其藤冈信胜、西尾干二、中村粲、田中正明等人更是屡受邀请。奥野诚亮曾直言不讳地说："好容易出现了从日本立场考虑（问题）的学者"，"藤冈先生讲出了我以前讲过的话，我们是心息相同的"。① 奥野这番话说明了政界官员同知识界右翼团伙之间的关系。

知识界右翼由于同政界、财界串通，不仅扩大了影响力，而且在财力上也获得了强有力的支持。这从"编纂会"的会员名单上引人注目的大财团、大银行、大会社的名字就可以一目了然，诸如鹿岛建设、三菱重工、住友金属、三菱银行、横滨银行、昭和飞机工业、日野自动车等，有数十家之多。难怪西尾的《国民的历史》出版后，"编纂会"动员全国会员以免费的形式到处散发，东京某居民区，所有居民都收到邮寄来的免费书。东

---

① 俵義文：《教科書攻擊の深層》，第51页。

京中野区，教育长在召集区属学校校长开会时，也免费向与会者发放了该书。① "编纂会"如此慷慨，没有强大的财力支持是不可思议的。据粗算，这笔费用当超过一亿日元。可见，"'编纂会'的教科书'改恶'运动确实受到保守政党和财团的强有力庇护"。②

而且，"编纂会"教科书的通过也说明了执政当局的政治倾向。2000年7月28日，森喜朗在第149次临时国会的讲演中，把"教育新生"和"教育委员会的任务"列到日本"新生计划"中的"最重要位置"上，表示要"倾听国民的议论，坚定积极地推进改革"。同年8月8日，在参议院预算委员会上，有议员提出质疑，质问森喜朗所称的"教育委员会的重要任务是否包括选择教科书问题"，因森喜朗缺席，官房长官明确申明："各教育委员会有责任适当地选择教科书，从这个意义上说，必须认识到这是个重要的课题"。③

9月13日，文部省根据政府的方针，召开各地方教育委员会委员长、教育长会议，会后下发了《通知》，就采用教科书提出主观意见，明确表示反对"学校推荐的方法选择教科书"，决定由各地方的教育委员会"负责采用"。④ 等于给各出版社戴上一道"紧箍咒"，即如果各出版社编写的教科书不被各地教育委员会采用，教科书无疑成为废纸，出版社将遭受重大经济损失。

更紧要的是，由于第三次攻击教科书逆潮的猖獗，内中已明显渗透政府和政治家的意志，这是任何出版部门都心知肚明的。1999年12月，一家出版社社长接到首相官邸打来的电话，希望这家出版社在记述从军慰安妇时"要慎重处理"。⑤ 这该是最明显的例证。

不仅如此，近年来直接负责教科书问题的文部（科学）大臣，在各种

---

① "教科書に真実と自由を"連絡会編《徹底批判"国民の歴史"》，大月書店，2000，第303页。
② 同上书，第303页。
③ 张海鹏、步平：《日本教科书问题评析》，社会科学文献出版社，2002，第160页。
④ 同上书，第160页。
⑤ 俵義文：《危ぶない教科書》，第41页。

场合都毫无例外地表明了希望"教科书改恶"的意图。1998年6月8日，文部大臣町村信孝说过，"教科书缺乏整体的平衡，特别是明治以来的历史，否定的要素过多"，"今后在教科书的审定上，或在编写阶段，（希望）能够考虑到平衡的问题，此外，即便在最后采用阶段也有改善的余地"。这席话再清楚不过地反映了官方的态度和采用教科书的倾向。1999年1月，按着文部大臣的指示，文部省官员督促各出版社"务要考虑（教科书）的平衡问题"，"希望编写者加以修改"。① 在这种压力下，东京书籍、教育出版、帝国书院等三家出版社"主动"提出，把教科书中从军慰安妇的"从军"、"强制"等词句删去。

"编纂会"的教科书审定合格后，文部科学大臣町村信孝面对中、韩和国内各界的抗议呼声，一再发表讲话，表示"编纂会"的教科书是"经过有自信的审定，不能推翻它"，"碍难进行修正"等。自民党"考虑日本前途和历史教育新议员会"也指责中、韩等国"明显地干涉内政"，并向首相森喜朗进言，要求政府"排除国内外政治的介入，堂堂正正进行教科书的审定作业"。② 东京都知事石原慎太郎也站出来为"编纂会"辩护，声称教科书的审定"涉及日本的主权，教科书正在编纂作业时，还不是外国插嘴的时候"，"外国对教科书表示强烈担心是僭越"，"要确保教科书采用的公正性和透明度"等。③

知识界右翼不仅同政府上层人物串通一气，还运动和敦促地方议会做出反对现行教科书，清除"自虐史观"、"反日史观"的决议。截至1998年3月，经他们运动的35个都道府县中，有10个县级议会（省级）采纳或部分采纳了他们的"陈情"，另有42个市区町村级议会也不同程度地采纳了他们的意见书或宗旨书。

2001年6月，"编纂会"教科书被审定合格通过后，为推进"编纂会"教科书的采用率，自民党部分国会议员同民主党部分议员联合组成"超党

---

① 俵義文：《危ぶない教科書》，第41页。
② 《産経新聞》2001年3月7日。
③ 《産経新聞》2001年3月10日。

派议员联盟·考虑历史教科书会"，连续召开集会、讲演会，利用权力干预和鼓动各都道府县教育委员会采用"编纂会"的教科书，甚至联络警察，下发通知，抵制市民运动。① 2002年1月，为配合修改教育基本法的政府决策，自民党在政治调查会内成立"教育基本法研讨特命委员会"，自民党大员麻生太郎任委员长，森喜朗为总顾问，历届文部大臣为顾问，还吸收了"自研会"的头面人物高桥史朗，以及知识界右翼团体的骨干参加，研究修改教育基本法的基调方针。除上述团体外，在自民党内，还有"日本会议国会议员恳谈会"、"终战50周年国会议员联盟"等组织。可见，执政的自民党政权一心要把日本拉向"日本主义"、"皇国主义"的旧路，政府决策的右倾化势必对教育界产生不可估量的影响，日本教科书问题屡起风波也就不奇怪了。

二 社会右翼团体的呼应和支持

知识界右翼与社会右翼合作的最明显例证是电影《自尊》（美化东条英机、否定东京审判的电影）的出笼，由右翼团体青年自由党（其头目中村功也是"编纂会"成员）出巨资，田中正明、名越二荒之助、加濑英明等人积极参与策划。另外，中村粲的"昭和史研究所"的办公地址也是青年自由党提供的。

在教科书"改恶"运动中，各右翼团体也一直站在前列。1996年7月1日，大日本爱国党、新生日本协议会总本部等7个团体出动街宣车到文部省门前示威，在会见文部省官员时质问教科书的"问题"，如"卢沟桥事件不是日本制造的"，"不能片面光说日本的恶"，"南京事件被害的人数没有定论，不能断定是20万，还是30万"，"慰安妇不是强制，是商业行为"等。随后，街宣车又驶往市区煽动鼓噪。当年7月到8月间，大阪"纠正偏向教科书会"等团体连续出动街宣车向出版教科书的出版社（除扶桑社外）

---

① 俵義文：《教育基本法改悪を強行する布陣をしいた小泉第二次改造内閣》，日本の戦争責任資料センター―編《戦争責任研究》2000年第42号，第69页。

递交《公开质问书》，指责他们的教科书是"反日的教科书"。9月7日，"保卫日本国民会议"发表《关于国民运动的紧急提议》，号召国民立即行动起来，掀起"从教科书中删除从军慰安妇"的运动。而且，在《公开质问书》中详细记载了7家出版社的地址、社长姓名、电话及传真号码等，向出版机构施加压力的意图不解自明。

10月29日，"全日本爱国者团体会议"（全爱会）集结会内团体出动40余辆宣传车，包括大型客车和卡车，围攻东京的各家出版社（支社），高呼"某某社是巴嘎社"、"从教育界滚出去"、"从日本滚出去"、"代表者（负责人）滚出来"、"宰了他们"、"不许编写错误的教科书"、"教科书修改前我们还要来"，等等。而且，从这一天起，全爱会每逢每月最后一个周二，都要举行这类活动，直至各家出版社"改恶"了教科书，他们才满意收兵。1996年12月，一部分教科书执笔者与藤冈信胜就教科书的历史真实问题进行公开辩论。会后，除藤冈以外的发言人都收到了恐吓信，其中，投送恐吓信的右翼成员中，有一位就是枪击长崎市长本岛等的行凶者之一。1996年12月，中学教科书执笔者及东京书籍、大阪书籍、日本书籍、教育出版等几家出版社都收到署名为"冥土飞脚"的恐吓信。信封里还装有出版社社长及教科书执笔者家庭住宅的照片，表示对这些人家庭状况了如指掌，随时可以向他们施暴。信中说"出版带有自虐偏向的教科书，已构成颠覆国家阴谋罪，虽然六法全书（汇集日本法律的文书集——著者注）中没有记载，可是，在民族的血中写有"，其威胁和恫吓的腔调跃然纸上。在此之前，右翼团体还到处散发传单，扬言要"歼灭亡国的教育者"和"偏向的卖国势力"，向坚持客观编写教科书的出版社和执笔者施加压力。①1997年1月，日教组召开会议时，右翼团体出动街宣车捣乱，还打出标语牌："学习藤冈史观！"② 更有甚者，右翼团体竟然使用暴力手段恫吓威胁坚持教科书"改善"的学者、教师和普通民众，把带有子弹的威胁信之类寄

---

① 《朝日新聞》（夕刊）1997年1月24日。
② 俵義文：《教科書攻擊の深層》，第49頁。

到这些人的家中，甚至威胁他们的家族。1997年2月以来，右翼团体大行社以及暴力团组织山口组展开每周3天的示威活动，凡是藤冈、西尾等人点名批判的教科书出版社，都在他们的攻击之列，并把藤冈、西尾等人攻击教科书的语言当作行动口号。1997年4月8日，大阪120余家右翼团体800余人，出动220余辆街宣车，掀起了更大规模的反对"自虐教科书"的街头宣传活动。他们围在出版机关和朝日新闻社的附近，强烈要求出版部门删去从军慰安妇的内容，称"从军慰安妇是左翼记者们编造的，没有强制行为"，[1] 呼喊"把从军慰安妇从教科书中删除"，"砸烂大阪书籍出版社"，"从军慰安妇是商业行为"，"不能否定父祖辈的历史"，等等。[2]

---

[1] 義见勇：《教育と右翼》，《治安フォーラム》1998年12月号，第33页。
[2] 俵义文：《教科書攻擊の深層》，第46、47页。

第六章　围绕历史问题右翼运动的攻击矛头及其影响

第一节　第三次攻击教科书逆流

随着日本政治右倾化的加剧，知识界右翼的活动已不仅仅局限于著书立说，他们开始把触角伸向社会，有组织、有意识、有目的地展开一系列的社会活动。他们中的一些人把历史教科书问题作为突破口，在编纂、出版篡改历史的教科书的同时，与政府高官、经济界和实力派人物勾结在一起，利用他们的政治影响力和财力，来散布自己的主张；甚至不惜同社会右翼势力沆瀣一气，借助他们的实力扩大知识界右翼的影响；再就是把触角直接伸向社会基层和各个团体，尤其是各级学校，试图利用他们编写的历史教科书干扰正常的教学秩序，改变历史教学的模式。在这样的前提和基础上，他们掀起了日本战后史上第三次攻击教科书的逆流。

一　第三次攻击教科书逆流的背景

毋庸置疑，20世纪80年代中叶，中曾根内阁新保守主义出台，"失言大臣"的出现，官方参拜靖国神社，以及渲染皇国史观的高中历史教科书《新编日本史》被审定通过，上述一系列逆潮流而动的方针和举措，为第三次攻击教科书逆流开辟了政治空间。

这以后，接替中曾根组阁的自民党政权，几乎毫无例外地继承和"发扬"了中曾根的新保守主义路线，加速了日本政治、军事大国化的步伐，诸如通过架空宪法的"PKO法案",对安保条约赋予"新定义",出台《日美防卫合作新指针》、《周边事态法》及相关法案,国歌、国旗法制化,成立以修宪为目的的宪法调查会等,证明中曾根的继承者们比他走得更远。

另外,90年代初日本的泡沫经济出现崩溃,日本经济高速发展的神话破灭,国内经济长达十余年徘徊不前,甚至出现负增长。倒闭、被兼并的会社与日俱增,金融业破绽百出,证券市场持续低迷。加之政治家、官僚腐败案件屡见不鲜,失业率增高,社会犯罪尤其是青少年犯罪连连突破战后最高纪录,社会的不安定带来民众对日本前途的担忧,对自民党政权的疑惑和对政治的不信任感……日本列岛上空弥漫着令政府和政治家们颇感头痛的阴云。为此,政治家们频频抛出日本改造计划,诸如小泽一郎的《改造日本计划》,石原慎太郎的《对美国说不》、《战胜日本》,中曾根的《新的保守理论》、《构筑新日本的思想》(合著)等等。尽管他们为解救日本配制的药方各有千秋,但是,有一点是一致的,那就是"恢复日本'普通国家'的面目"(小泽一郎),呼吁国民"团结一致",对"国益进行再定义","必须具备日本人的自豪和自信"(石原慎太郎)等。一句话,就是旨在把国民的视线从国内转向国外,把低落、困惑、徘徊的国民情绪引导到超国家主义和极端民族主义的意识上来,从而跳出国内政治、经济、社会、文化等各方面的低谷,并在国际上重新装扮日本的国际形象,扩大日本的国际影响力。

所以,进入90年代以来,日本政界不断有各类人物登台表演,散布"大东亚战争肯定论",美化侵略战争,否认战争责任和战争罪行。排除那些由于历史渊源,战后以来就一直否认战争责任的老保守派、老右派政治家,战后一代的"失言大臣"、"失言政治家"、"新生代政治家"也屡出不鲜。值得注意的是,他们的谬说始终贯穿着反"自虐史观"、反"反日史观"、反"暗黑史观",其根本意图在于彻底否认日本历史上的一切罪恶,激励和恢复国民的"自信"和"自豪",重振"大和民族"昔日的"雄风"。

综上不难看出,80年代以来,特别是进入90年代以后,日本政治的迅

第六章 围绕历史问题右翼运动的攻击矛头及其影响

速右倾化为第三次攻击教科书逆流提供了适宜的政治空间，换句话说，第三次攻击教科书的逆流泛起正是迎合了日本政治右倾化的需要。

从客观背景看，1991年，战争时期被强制充当从军慰安妇的韩国妇女金学顺勇敢诉诸法庭，控诉日军惨无人道和灭绝人性的罪行，理直气壮地向日本政府提出赔偿、谢罪和恢复名誉的诉讼。金学顺之举如同爆炸性新闻使战后被隐匿的从军慰安妇问题暴露在光天化日之下，引起举世的瞩目和轰动，也引起日本社会各界的震惊。一时间，慰安妇问题成为追究日本战争责任问题的一个焦点。1993年8月，日本外相发表讲话，承认从军慰安妇在"强制状态下的痛苦"，"多数是违反了个人的意志"。这样，到了1996年春，在无可辩驳的历史事实面前和反战和平运动的压力下，日本中学教科书开始出现从军慰安妇的内容，这也是战后以来日本首次把从军慰安妇编入教科书中。

以删除慰安妇内容为进攻点，知识界右翼首先揭开了第三次攻击教科书的序幕，他们坚持认为，"从军慰安妇是商业性公娼行为"，"强制慰安妇纯属捏造"，教科书中出现慰安妇内容"对学生没有益处"，意味着日本人"好色、淫乱、愚劣"，[①] 坚持要把从军慰安妇内容从教科书中删除。并在进行学术活动的同时，展开了一系列与学者身份不符的社会煽动和蛊惑人心的活动。1996年7月20日，"自研会"在全国范围内展开"从教科书中删除从军慰安妇"的攻势，并召开"自研会"全国成员大会，中心内容是慰安妇问题。当年9月10日，"昭和史研究会"代表中村粲拜会自民党总务会长盐川正十郎，要求其出面敦促文部省删改教科书内容。随即，又在东京九段靖国会馆召开"要求订正教科书紧急国民会议"，会后还组织人员到国会和霞关一带游行。产经新闻社也从9月27日开始，连续14期发表藤冈及"自研会"成员的文章，为历史修正主义鼓劲打气。刚刚成立的"编纂会"也于1997年1月21日，由西尾、藤冈、高桥史朗（"编纂会"副会长）、涛川荣太（"编纂会"顾问）、小林善纪（漫画家）等7人出面，以

---

① 藤冈信胜：《污辱の近现代史》，第39、40、49页。

"编纂会"名义与文相小杉隆会谈，质问政府官员"是否持有爱国心"，强烈要求文部省删除教科书中慰安妇的内容。①

紧接着，"编纂会"在全国范围内募集会员，召开全国或地方性的"学术讨论会"、讲演会，散发传单、小册子，并着手编写"新"历史教科书。有数据统计，从1996年6月至2000年，"编纂会"仅在各大中城市就召开了560次之多的"学术讨论会"或座谈会，仅1999年一年的保守统计，就达250余次，② 可以说除去节假日，几乎每天都有类似活动。藤冈氏更是四处奔波讲演，有媒体记载的场所除东京、大阪等大城市外，还有名古屋、静冈、高松、广岛、冈山、熊本、福冈、和歌山、旭川、札幌、甲府（山梨县）、松山（爱媛县）等，可以说，日本列岛各地都留下了他活动的身影。与此同时，藤冈及其"自研会"成员编写的《教科书没有教过的历史》、《被污蔑的近现代史》，西尾的《国民的历史》、《国民的麻木》（与藤冈共著），小林的漫画集《战争论》、《台湾论》等相继出版发行，这些通篇洋溢着"大东亚战争肯定论"和"大和民族傲慢"的历史修正主义图书，一时间充斥着各家书店，发行量达数十万之巨。

二 教科书"改恶"运动的恶果

知识界右翼掀起第三次攻击教科书逆流的根本目的是修改教科书，在日本，又称作教科书"改恶"运动，即删掉教科书中有关侵略和战争犯罪

右翼漫画家小林善纪美化战争的《战争论》

---

① 松岛荣一、城丸章夫：《自由主义史観の病理》，第27页。
② "教科書に真実と自由を"連絡会編《徹底批判"国民の歴史"》，第296页。

的内容，增加歌颂天皇主义、军国主义的内容，使教科书倒退到战争时期的"国史"标准。由于"编纂会"、"自研会"、"昭和史研究所"、"日本舆论会"、"正论会"等知识界右翼团体对当时教科书的恶毒攻击，加之政府当局的倾向和意旨，8 家发行中学教科书的出版社，除扶桑社外，其他 7 家出版社的 2002 年度教科书都大打了折扣，内容出现了令人震惊的大倒退，即不同程度地出现了模糊战争性质、回避战争责任、淡化战争罪行、抹杀正义呼声的"改恶"倾向。其"改恶"的主要内容包括以下几个方面。

一是删除了"从军慰安妇"的记述。在 1997 年度的教科书中，7 家出版社都记述了从军慰安妇的内容，有些出版社还提出慰安妇的赔偿诉讼问题，强调了慰安妇的"强制性"。可是，2002 年度的教科书，只有 3 家出版社做了记载，其中只有一家明确提出"慰安妇"的字眼，另外两家只是提了"慰安设施"，所包含内容也大大削减。

二是对南京大屠杀做淡化处理。1997 年度的教科书，7 家出版社都记述了南京大屠杀事件，其中 6 家出版社用了"南京大虐杀"或"虐杀"，①一家用了"南京事件"，被屠杀的人数多采用"十数万人以上"、"20 万人"、"中国方面记述 30 万人"等形式。2002 年度的教科书中，仅有 3 家出版社用了"虐杀"的字眼，其他出版社只用"杀害"或"杀死"，即不再用"屠杀"来表述，称"南京事件"的出版社达 4 家。关于被屠杀的人数，只有 2 家出版社具体标明了数字，其他出版社只用了"多数"、"大量"等含糊词句，或者用加注形式标明"被害人数没有定说"等。

三是删除"三光"作战、731 细菌部队人体实验的内容。对于侵华日军在中国实施惨无人道的杀光、烧光、抢光的战争罪行，1997 年度的教科书中，有 5 家出版社做了记述。而 2002 年度的教科书只剩下一家做了记载，其他各社都删除了该内容。731 细菌部队的人体实验罪行则从 2002 年度所有的教科书中完全删除。

四是关于"侵略"的用语。1997 年度的教科书中，7 家出版社均用了

---

① 虐杀：日语，即屠杀之意。

"侵略中国"、"侵略朝鲜"、"侵略亚洲"等词句。2002年度的教科书，只有一家出版社在标题上用了"侵略中国"和"15年侵略战争的开始"的表述方式，其他出版社都回避了"侵略"的字眼，变成"向中国进出"、"日中战争"、"太平洋战争"、"北支事变"、"第二次世界大战"、"战争的扩大"等词句，完全回避了对战争性质的表述。

五是对殖民统治罪行的暧昧表述或删除。1997年度的教科书中，有4家出版社记述了日本统治朝鲜，掠夺中国东北人民土地，强掳朝鲜、中国劳工，强迫殖民地人民参拜神社，实施"皇民化"运动等殖民统治的内容。2002年度的教科书做了大幅度的削减，有些出版社干脆全部删除。

六是削减了对亚洲各国的加害内容和亚洲人民的抗日内容。1997年度的教科书，有3家出版社记载了朝鲜、台湾等殖民地人民的抗日斗争，有4家出版社记载了对亚洲各国人民的镇压内容。2002年度教科书则把抗日斗争内容全部删除，只有一家出版社简单记载了对朝鲜"三一运动"的镇压。另外，只有一家出版社提到"弹压中国系居民"，其他出版社都把对亚洲各国的战争犯罪内容删除。

三 "新历史教科书编纂会"教科书的出台

2000年4月，由"编纂会"编写的历史、公民两册教科书送交文部省审定。这套教科书完全按着西尾、藤冈等人的历史观，把日本对外发动的侵略战争美化成"大东亚战争"，鼓吹吞并朝鲜"符合国际法原则"，宣扬日本对殖民地的"开发"和"建设"，美化天皇制的词句也是通篇可见。"编纂会"对这套教科书沾沾自喜，自诩为拥有"五大特色"，诸如"体现（日本人）献身、公共心、勇气、勤勉的美德"，"让学生们理解（战争时期）日本所处的立场，并对先人们的不断努力怀有敬意"，"重视传统的语言，极力避免'支配'、'抵抗'等特定看法的语言，战争称谓尊重当时使用的'大东亚战争'"等。[①]

---

① 新しい歴史教科書をつくる会：《新しい歴史教科書誕生》，第38、39页。

那么,"编纂会"编写的教科书究竟是个什么样的货色呢?以下,仅就《新历史教科书》做分析。

1. 对学习历史目的的歪曲诠释

《新历史教科书》的序篇是"何为学习历史",内中称,"学习历史不只是了解过去的事实",还"要学习过去的人们对过去的事实是如何思考的",所以,"不能以现在的基准来判断过去的不公平或不公正","过去的各个时代有着各个时代的善恶(观)和幸福(观)"。[①]"编纂会"的目的很明显,那就是误导青少年学生抹杀是非功过的界限,从历代统治者的立场去认识和解释历史。《新历史教科书》还称:"由于时代、民族、人的不同,考虑和感受的方法也不同,所以,很难把一个事实简单、清晰地描绘出来",比如,"华盛顿是美国建国的伟人,但对于英国却不一定是伟人,在英国的教科书中,直到今天也没有出现华盛顿的名字,独立军被当作反乱军来对待"(第7页)。"编纂会"以如此荒唐的双重标准来评价历史,无疑是对历史科学的亵渎。按照他们的逻辑,对朝鲜半岛的殖民统治,应按照伊藤博文当时的主张来理解,殖民统治就成了"合理"。对华侵略战争,也要从日本政府"膺惩暴支"的政策考虑,战争性质就变成了"不是侵略"。同样,南京大屠杀、从军慰安妇、731细菌部队人体实验、化学武器作战等战争犯罪也通通可以否认。这种历史认识的随意性完全践踏了历史科学的严谨和规律。

另外,在序篇中,执笔者还宣扬一个更荒谬的"历史不可知论",内称:"之所以说学习历史不一定要了解过去的事实,是因为过去的事实是严密的,正确地了解它是不可能的,比如,何年何月何日发生了什么事件,谁死去了,在事实上是可以证明的……但是,这不是历史,要思考这些事件为什么发生,死去的原因及产生的影响是什么"。这是典型的主观唯心主义的说教,如果青少年学生接受这样的教育,身心健康必将遭受严重的伤害。

[①] 新しい歴史教科書をつくる会编《新しい歴史教科書》,扶桑社,2001,第6页。以下凡引用《新しい歴史教科書》不再特别注明,只在正文中标明页数。

2. 违背历史真实，宣扬"大和民族优越论"

众所周知，古代日本从中国和朝鲜半岛吸取了大量的先进文明，但是，"编纂会"教科书的执笔者却千方百计要抹杀或淡化这个历史事实，故意拔高和渲染古代日本文化的"悠久性"、"独立性"和"创造性"，这样的事例在教科书中随处可见。比如，教科书故意贬低中国古代文献对日本的记载，称《汉书》中的"倭、奴绝不是好的意义的文字"（第32页），《魏书·倭人传》"不过是历史家想象的记载"，"记事不能说准确"（第33页）。再如，公元6、7世纪，日本向中国派出大批"遣隋使"、"遣唐使"以及留学生、留学僧等，学习中国的文化和先进的典章制度等，促进日本比较成功地进行了大化革新，同时，在汉字的影响下，形成了日本今天的文字，这是包括日本在内的中外史学界不争的事实，也是日本历来各种版本的教科书中不可或缺的重要内容。然而，《新历史教科书》却偏偏回避这一重大历史事实，只是蜻蜓点水般地在几处出现"遣隋使"、"遣唐使"的字样，却反复地强调："日本吸收大陆的文明，但没有失去固有的文明"，"我国谦虚地向中国学习文明，但决不附属，此后一直没有改变，这是古代日本的基本姿态"（第45页），"在东亚，除了日本，没有哪个国家一边学习中国，一边独自制定出法律"（第54页）等。其他如"大和朝廷的古坟比埃及的金字塔和秦始皇的坟墓都要大"（第35页），日本文字的出现"只是借用相应中国语发音的文字"，日本人"无视中国语的发音……发明了训读"（第59页），"脱离中国文明的影响，向社会和文化的形成又迈进一步"（第71页）等，不一而足。可见，执笔者完全不顾历史事实，处心积虑为日本古代文明"添彩"，进而宣扬"大和民族"的"优越"。

3. 鼓吹"神国史观"和"皇国史观"

《新历史教科书》用了整整9页的篇幅大量收录了所谓的日本远古神话。应该说，任何民族都有自己的神话传说，教科书中适当记入本民族健康、向上的神话无可非议。但是，《新历史教科书》的神话却是带有特殊意义的"神国史观"和"皇国史观"的货色，如"日本武尊"、"神武东征"、"天照大神降临"、"三种神器"、"天孙人种"等，几乎都是军国主义时代

《国史》教科书的翻版,是日本当局愚弄民众为侵略战争卖命、为天皇效忠的麻醉剂,也是歧视亚洲、凌驾殖民地人民之上,奴役和压迫殖民地人民的卑劣借口。不仅如此,《新历史教科书》还把明治天皇的《教育敕语》全文登载,称颂《教育敕语》是"教育近代国家的国民孝敬父母,在非常时期为国效力的姿态和素质,直到1945年终战前,被各学校使用,构成近代日本人格的脊梁"(第215页)。日本人民应该不会忘记,在战争时期,每逢学校活动总要先请出《教育敕语》,在天皇的肖像前,由校长恭恭敬敬地宣读,然后是"天皇万世一系"、日本是"天孙人种"、"大东亚圣战必胜"之类的鼓噪,那些所谓"学徒出阵"的青少年,也正是在《教育敕语》的宣读声中,被送上前线充当炮灰。另外,《新历史教科书》还用了2页篇幅大讲"日之丸"和"君之代"的由来,称"日之丸"和"君之代""被广大民众喜爱",广为"普及并作为习惯而肯定下来"(第187页)。事实上,由于日本的国歌和国旗同军国主义、侵略战争、殖民统治等密切相关,它带给包括日本人民在内的全世界人民痛苦、血腥的记忆,所以,它既不被日本人民"喜爱"和"普及",也受到全世界人民的反对,尽管日本国会强行通过了"国歌国旗的法制化",但是,至今仍然受到大多数国民的反对和抵制。"编纂会"无视大多数国民的意志,把上述早被历史淘汰的垃圾重新搬进教科书中,执笔者的意图昭然若揭。

4. 歧视中国、朝鲜,为明治政府的对外侵略扩张政策张目

《新历史教科书》的第42节以"鸦片战争的冲击"为题,歧视中国、朝鲜的内容随处可见。比如,"在朝鲜,危机意识淡薄","在战争中失败的中国人,并不像日本人那样感到吃惊和受到冲击"(第174页),鸦片战争后,中国人"对自国文明的自信没有动摇"(第175页),中国和朝鲜"没有充分认识欧美列强的威胁","对列强的威胁,没能充分的对应",等等(第185页)。《新历史教科书》利用上述一类文字在歧视、贬低中、朝的同时,一是为了烘托日本当局应变的"高明"和"心细"(第184页)二是为侵略朝鲜、中国制造借口。教科书附有一幅东亚的地图,说"朝鲜半岛就像从大陆伸向日本的一只拳头,如果朝鲜半岛被敌对日本的大国支配,就会成为攻击日本的最好基地，岛国日本的防卫就要陷于困难"（第216页）。这里，教科书先是设下一个伏笔，把朝鲜的地理位置视作对自身的"威胁"，然后又把侵略朝鲜的原因推给朝鲜，说"朝鲜拒绝日本开港的劝告"（202页），所以，日本部分决策人物才提出"征韩论"（第202页）。而对于近代史上日本策划的侵略朝鲜的"江华岛事件"（第200页），以及朝鲜的"壬午事件"和"甲申事件"（第217页）等，教科书完全篡改了历史真实，丝毫没有提及日本的责任，相反，还称中国的北洋舰队"对日本施加压力"（第217页）。

对日本侵略中国、朝鲜的甲午战争（教科书中称"日清战争"），教科书故意掩盖其侵略战争的性质，竟以朝鲜地理位置对日构成"威胁"为借口，声称"俄国的西伯利亚铁路已着手修建，威胁迫在面前……日本必须加强军备"（第216页）。另对战争的评价是"日清战争是欧美式近代立宪国家日本同中华帝国的对决……清失败于新兴的日本，古代以来持续的东亚中华秩序崩溃"（第219页）。

对日俄两个帝国主义争夺中国东北和朝鲜的日俄战争，教科书先是搬出"弱肉强食"（第220页）的谬论，接着又说"俄国增强满洲兵力，在朝鲜北部建设军事基地，日本如果默视，就不能对付俄国在远东的军事力"，所以，"政府决意同俄国一战"（第222页），"关系到（日本）国家的存亡"（第220页）。最后，教科书评价日俄战争是"有色人种的日本战胜了当时世界最强大的陆军大国俄罗斯白人帝国，给世界受压抑的民族以无限的独立希望"（第223页）。

从教科书对上述两场侵略战争的记述和评价，可以得出结论，《新历史教科书》完全无视历史事实，随心所欲地按着反动的战争观和历史观来解释历史，这样的教科书一旦搬上课堂，其产生的恶劣影响是可想而知的。

5. 美化殖民统治，推卸战争责任

《新历史教科书》称，日本吞并朝鲜是"为了防卫日本的安全和满洲的权益，警戒英、美、俄三国扩大对朝鲜半岛的影响力"，甚至说，"韩国国内也有一部分接受合并的声音"。还美化"韩国合并后，日本在朝鲜实施铁路建设和灌溉设施，进行开发，开展土地调查"（第 240 页）等等。同样，对九一八事变后日本炮制的伪满洲国，教科书也美化说："满洲国以五族共和、建设王道乐土为口号，由于日本重工业的进入，取得了经济的成长，中国（指关内——著者注）人口显著地流入"（第 268 页）。

教科书还把第一次世界大战以来日本对外发动的一系列军事侵略行动或归结于对方"反日"、"抗日"，或归结于"共产主义威胁"，从而为日本帝国主义侵略政策辩护。最明显的例证是用了近一页的篇幅立个专题为"中国的排日运动"，内称："中国的民族主义抬头，又受暴力革命的苏联共产主义思想影响，带有过激的特点，排斥日货，袭击日本人的排日运动活跃"（第 263 页）。另外，对中国"五四运动"则定义为"北京的学生掀起抗日运动，并扩大到各地"（第 249 页）。日本发动侵略中国东北的九一八事变也是因为"中国人的排日运动越发激烈，妨碍列车的事件频发，加之北有苏联的威胁，南有国民党势力的波及"（第 266 页）等等。一句话，日本之所以发动战争，责任都在对方，这同日本当年的官方宣传如出一辙。

再就是"共产主义威胁说"。教科书用"共产主义和纳粹抬头'一节，把共产主义运动与纳粹等同起来，说苏联"选择了一党独裁的道路"，是"独裁国家"，"斯大林利用秘密警察和强制收容所，处死了大批人"（第 260 页）；而"希特勒和斯大林一样，利用秘密警察和强制收容所，进行大批的杀戮，纳粹同苏联共产党一样，是随心所欲左右国家意志的强大的权力机构"（第 261 页）。教科书之所以提出"共产主义威胁说"，也是为发动侵略战争寻找借口。在"日本出兵西伯利亚"一节中，教科书这样说："日本对共产主义的革命势力，比起对美国还抱有强烈的警戒心，同样，欧洲诸国也对共产主义抱有恐怖心"（第 247 页）等。

6. 篡改和歪曲第二次世界大战的历史

日本作为第二次世界大战的战争策源地之一，对人类历史最持久、最残酷、最不人道的战争负有不可推卸的责任，这已是历史的结论。可是，《新历史教科书》却丝毫没有涉及战争的责任问题，反而大肆渲染中国"排日"和"共产主义威胁"，为日本的侵略战争提供口实。此外，教科书还布下了一个个迷魂阵，先是在"日美关系"一节中，大讲美国制造"人种差别"，"制定法律，反对和厌恶优秀、勤勉的日本移民"，美国"1907年就制定了将来与日本作战的战争计划"（第257、258页）。英国"按着美国的强硬意旨，废弃了日英同盟，给日本的未来投下了阴影"（第259页）等等。接下来，又在"经济封锁逼迫日本"一节，称"美、英、中、荷诸国共同在经济上逼迫日本，形成了ABCD包围网"，"日本政府考虑到如果答应他们的要求（指无条件撤出中国——著者注）就意味着对美屈服，所以，最终决定对美开战"（第274、275页）。这样，把学生引导到战争原因是受"ABCD包围"、出于"万不得已"的错误认识。

对九一八事变，教科书称是"日本陆军的驻外部队关东军掀起的战争"，"与日本政府的方针无关"，"国民热烈支持关东军的行动"（第266、267页）。李顿调查团也认为，（中国人在）"满洲的不法行为威胁了日本的安全，承认日本在满洲的权益"（第268页）。对七七事变，教科书故意模糊"第一枪"的责任者，内中是这样记述的："7月7日夜，在北京郊外的卢沟桥，不知什么人向正在演习的日本军开枪"，很显然，执笔者在这里玩了一个瞒天过海的伎俩，目的还是要把战争责任推给中国。

另外，教科书还在许多场合大肆美化这场战争，把"自存自卫说"和"解放亚洲说"塞进教科书中。如"日本战争的目的是自存自卫和从欧美的支配下解放亚洲，建设大东亚共荣圈"（第277页），"大东亚会议"发表了"大东亚共同宣言，表明了日本的战争理念"，"提倡各国独立自主，各国提携发展经济，废除人种差别"（第280页），"由于日本军队进出南方，成为亚洲诸国早日获得独立的契机"（第282页），等等。

7. 隐匿日本的战争罪行和殖民统治的罪恶，颠倒加害与被害的关系

日本在这场战争中，对亚洲各国人民犯下了重大罪行，诸如残酷镇压殖民地人民的反抗、实施"大检举、大逮捕、大屠杀"、强掳劳工、强制从军慰安妇、"三光作战"、实施化学战和细菌战、毫无人性的人体实验、"创氏改名"、疯狂的经济掠夺等等。可是，《新历史教科书》对这些重大罪行完全隐匿不提，而对无法回避的事件或是避重就轻，或者狡辩抵赖。最典型的是"南京大屠杀事件",教科书在"日中战争"一节中,用括号的形式在"占领南京"的字样后面记述道:"当时,由于日军,在民众中出现多数死伤者"(第270页)。另在"远东国际军事审判"一节中称:"东京审判认定日中战争中,日军占领南京时,杀害了多数的中国民众,关于这一事件的具体实态,在资料上有疑点出现,有各种见解,直到今天仍在争论中"(第295页)。教科书的这番话不过是"南京事件虚构说"的翻版。事实上,"编纂会"的头面人物西尾干二、藤冈信胜、小林善纪等人都多次在公开场合否认南京大屠杀的存在,教科书当然要反映他们的观点,只是为了应付审定,才故意用一些模糊的文字,给学生的思想认识造成混乱。

《新历史教科书》在隐匿日本战争罪行的同时,又大力渲染日本在战争中如何"被害",如"多数的日本士兵和民间人牺牲,第二次世界大战末期,苏联侵入满洲,施加暴行,杀害和掠夺日本市民,又把包括俘虏在内的60万日本人押到西伯利亚,强制过重劳动,约一成人员死亡。还有美军对日本的无差别轰炸,投放原子弹,造成庞大的死伤者"(第288页)。

8. 攻击东京审判,否认战争的侵略性质

《新历史教科书》用了两页篇幅对东京审判进行评述,却只提到远东国际军事法庭判处日本犯有"对和平罪",对另两项"反人道罪"和"违反国际法的战争犯罪"根本没有提及。又说,"历来国际法的历史上,没有对和平有罪"(这一罪名),"法官都是从战胜国选出的,审判期间,检察官提出的证言多被采用,而辩护方提出的证言多被驳回。东京审判时唯一的国际法专家印度的帕尔认为这次审判缺乏国际法依据,主张被告全员无罪,可是,GHQ禁止帕尔的意见书发表,另外,也不允许一切对审判的批判。今天,仍有从国际法怀疑其正当性的见解",由于东京审判"使日本人对自国的战争产生罪恶感,影响到战后日本人的历史观"(第294、295页)。东京审判尽管存在这样或那样的缺欠,但是,东京审判毕竟揭示了人间正义,同时在规范今天的国际关系上也起到了重要的作用。至于教科书中提到的印度帕尔的意见,不过是帕尔本人出于本国受西方殖民统治的历史考虑,表示的个人见解，结果被多数意见否决。教科书不去陈述多数人的意见和法庭的结论判决，只在帕尔意见上做文章，甚至别有用心地标榜帕尔是"唯一的国际法专家"，西尾还伙同他人搞了一个"帕尔彰显会"，目的很清楚，就是要用当年被否决的帕尔意见，推翻东京审判的结论，为战争亡灵鸣冤叫屈，为侵略战争张目。

靖国神社内设立的帕尔彰显碑

《新历史教科书》一面攻击东京审判，一面在许多场合混淆战争的性质，把战争犯罪推到所有交战国的身上。如，"在战争中，没有哪个国家能够控制不虐待和杀害非武装民众"。其后，教科书用了一句"日本也不例外"（第288页），轻轻几个字，把日本的战争罪行淡化过去。教科书还着意提到纳粹对犹太人的屠杀，说"这与战场上的战争牺牲者有区别……这是纳粹德国的国家意志而计划进行的犯罪，不是用战斗杀害"，"日本虽然与德国同盟，但也有日本人帮助了犹太人"（第288页）。教科书之所以强调纳粹犯罪的"特殊性"，目的是把日本同纳粹德国区别开来，否认日本法西斯的存在。

9. 吹捧昭和天皇，敌视中国和共产主义运动

《新历史教科书》用了2页篇幅以"昭和天皇——与国民同行的生涯"为题，把昭和天皇描写成一位具有"认真、诚实的人品"，"与各国友好和

亲善"，"在激荡的昭和时代，倾其一生与国民同行"（第306、307页）的"明君"。大量的史料证实，战时的昭和天皇作为陆海军大元帅，日本国的最高元首，对策划和发动1931年以来的侵略战争负有不可脱卸的责任。可是，教科书只字不提天皇的战争责任，还为天皇辩解道："因为天皇是立宪君主，考虑到不能介入政府和军部决定的事情，所以，也有违背意志予以承认的时候"（第306页）。另一方面，又大赞天皇的"圣断"，才促日本接受"波茨坦宣言"，结束了战争。同时，还用大段文字讲述了一位68岁的老妇人在昭和天皇"驾崩"时的伤感。甚至借用麦克阿瑟的日记，说麦氏也为昭和天皇的人品"感动"，"给我（指麦氏）很大的震动"，"其充满勇气的态度震撼到我的内心深处"（第307页），等等。教科书执笔者对天皇和天皇制的一往情深可以略见一斑了。

在《新历史教科书》里，还不时可以看到敌视中国，攻击共产主义的恶毒语言。如，"斯大林支配下的苏联，也在世界各地杀害了为数众多的人"（第289页），"中华人民共和国成立的第二年，军队进入西藏，多数西藏人牺牲"（第297页），"苏联和中国把日本当成假想敌国，结成中苏相互援助条约"（第297页）。这些文字不仅信口开河，恶毒中伤，还直接涉及中国内部的民族关系，赤裸裸地鼓吹"西藏独立"。另外，在"迎接21世纪"一章中，教科书竟然有所指地把未来世界的"不安宁"归结为"共产主义的残渣、宗教和人种的对立"（第317页），把矛头直接对准坚持社会主义道路的中国。而对日本的未来，教科书称，"可以当作（日本）理想和模范的外国已经没有了，现在是日本人必须用自己的双脚站立的时代"（第319页），其"大和民族的傲气"跃然纸上。

当然，《新历史教科书》的谬误和反动绝不仅限于上述几个方面，由于它从根本上否认战争侵略性质，歌颂天皇主义和军国主义统治，从头到尾充满战争时期《国史》幽魂的货色，除了彻底废弃，别无他策。

顺便提及的是，2009年4月，第三版的《新历史教科书》又获得麻生内阁的文部科学省的合格通过，只是由于"编纂会"发生内讧，甚至引发一场官司，原来的扶桑社拒绝出版该教科书，改由自由社出版发行，该教科书的内容不仅没有丝毫修改，相反增添了"修改后的教育基本法的理念，以及尊重公共的精神"（藤冈信胜语）等。①

第二节 知识界右翼否认南京大屠杀罪行的谬论

日本军队在侵华战争中犯下的南京大屠杀罪行，是日军最惨无人道的集中体现，迄今为止仍在世界范围内产生极坏的影响。因此，20世纪70年代以来，围绕南京大屠杀事件等日本战争犯罪问题，日本学术界一批右翼文人打着"学术研究"的幌子，先后三次掀起了否认南京大屠杀的逆流，试图以谎言和谬误抹杀日本的战争罪行，因此也遭到国内外社会各界的强烈抨击。

一 关于南京大屠杀事件论争的简单回顾

1. 70年代的论争

日本学术界围绕南京大屠杀事件是否真实的论争是从20世纪70年代开始的。早从1966年起，早稻田大学教授洞富雄先生就开始了南京大屠杀问题的调查和研究，并于1967年出版了《近代战史之谜》，其中用较大篇幅记载了南京大屠杀事件。1971年，朝日新闻社记者本多胜一出版了《中国之旅》，内中揭露了侵华日军在中国的战争罪行，战后以来一直被当局掩盖的包括南京大屠杀事件在内的日军反人道罪行一下子暴露在光天化日之下，引起了海内外尤其是日本社会各界的震惊。接着，洞富雄先生的《南京事件》（新人物往来社，1972）问世，《南京事件》不仅是洞富雄先生的第一部研究南京大屠杀的代表作，也是战后日本史学界关于南京大屠杀事件的第一部专著，内中详细考证和揭示了惨绝人寰的南京大屠杀事件，并得出结论认为，日军从1937年末到1938年，在南京至少屠杀20万中国军民，进一步使这起被封锁二十余年的重大历史事件的真相再现。

---

① 《産経新聞》2009年4月9日。

第六章 围绕历史问题右翼运动的攻击矛头及其影响

侵华日军惨无人道的行径被曝光，无疑是对那些拒不承认战争责任、拒绝反省谢罪的朝野上下右翼保守势力的一记最沉重耳光。于是，首先站出来的是被称作"超保守派"的作家铃木明。1972年，铃木明在《诸君》杂志上发表了《"南京大屠杀"的虚构》等一系列文章；次年又将这些文章编辑成《"南京大屠杀"的虚构》一书公开出版（文艺春秋社，1973），①攻击本多、洞富雄的著述"能够证实南京大屠杀的资料并不存在"，属于"捏造"，还通过一些随军记者和参战官兵的"目击证言"，以及一部分断章取义、牵强附会的"资料"，得出南京大屠杀是"虚构"的结论。1975年11月，战争经历者山本七平将他在《诸君》杂志上发表的连载文章编辑成《我所在的日本军》（上、下）出版，诬称"南京大屠杀"是"无稽之谈"。于是，两种观点展开了第一次交锋。

为回击"虚构派"的谰言，1973年以来，洞富雄又先后编纂出版《日中战争史史料第8卷·南京事件1》、《日中战争史史料第9卷·南京事件2》（河出书房，1973）、《对南京大屠杀"虚构化"行为之批判》（现代史出版会，1975），本多胜一出版了《笔的阴谋》（潮出版社，1977）。这些史料和著作如同重磅炮弹，从史料到研究都对"虚构说"予以了体无完肤般的批驳，"虚构派"除了重复旧调以外，没有其他"新鲜"史料应对，只能招架一时草草收场。

2. 80年代"虚构派"的反扑

进入80年代，日本新保守主义路线出台，中曾根内阁明确提出"战后政治总决算"的口号，日本开始向政治、军事大国的目标迈进。在这样的政治背景下，"虚构派"的阵容有所扩大，不再是铃木明等人"孤军作战"，先后又有田中正明、渡部升一、富士信夫以及秦郁彦、板仓由明等人登场，围绕南京大屠杀是否真实展开了激烈的争辩。曾任松井石根秘书的田中正明于1984年抛出《南京事件之虚构》（教文社），渡部升一和村上兵卫为其

---

① 铃木明是日本学术界南京大屠杀"虚构派"的第一人，他的著作题为《南京大虐杀の幻》，"幻"一词有虚幻、传闻、似是而非等意，这里按照史学界的习惯译为"虚构"。

作序。关于渡部已在前文提及，村上兵卫曾任近卫师团的中尉，亲身参加过侵略战争，著有《再检证·何为大东亚战争》等。由这样的两个人为田中助阵，当然唱的是同一个"虚构说"的调子。田中在书中以松井大将的日记为主线，污蔑南京大屠杀事件是"东京审判戏剧性导演出来的"，是为了"别有用心地证明日军的惨无人道",[①] 法庭采用的证言都是"伪证"，攻击洞富雄使用的史料都是"伪证"编造出来的"传闻"或"谎言"。田中还对进城日军大加美化，称官兵们都执行了松井司令官的指示，"行动时军纪严明，秩序井然",[②] 因此不会发生什么"大屠杀"，包括中国的军事报告"根本未提及大屠杀之事"，"如果有传言中的那种几万、几十万的大屠杀，中国共产党是不会沉默"云云。[③] 1985年12月，田中又在《正论》杂志发表题为《九问"南京大屠杀纪念馆"》的文章。到了1987年，他再抛《南京事件的总括·否定屠杀派的15个论证》（谦光社）。短短三年时间里，田中的著述"丰硕"，成为否定派的领军人物。然而就在这时，人们发现，田中于1985年发表在《历史与人物》上的《松井大将的阵中日记》中有900多处错误，其中有故意篡改的内容，于是引起舆论界的大哗，后来证实果然是田中在松井日记上做了手脚，田中的"虚构说"自然受到人们的质疑，其做"学问"的态度也令人齿冷。

除田中外，还有一位评论家阿罗健一，1985年在《正论》杂志发表一篇《谜一般的"崇善堂"及其实态》，声称"崇善堂埋葬队埋尸统计纯属捏造"。接着，此人又出版了《采访南京事件·日本人看到的南京大屠杀事件》（图书出版社，1987），全盘否认南京大屠杀事件的存在。

值得注意的是，这个时期出现了一批"少数派"，即认为南京大屠杀的受害人数在几千人到几万人之间，代表人物是拓植大学教授秦郁彦（原千叶大学）。1986年，秦出版了《南京事件》一书（中公新书），同年，又发

[①] 田中正明：《"南京大屠杀"之虚构》，军事科学院外国军事研究部译，世界知识出版社，1985，第17页。
[②] 同上书，第199页。
[③] 同上书，第43页。

行了《南京事件·"屠杀"的构造》（中公新书）。秦认为，日军在南京"共杀死包括俘虏在内的中国人 4 万人左右"（最初他认为被害人数为几千人）。他还有一个重要的观点是，日军屠杀"便衣队"不违反国际法。这里所谓的"便衣队"不过是放下武器逃难的官兵，"少数派"故意把这些从战场上撤退下来，或者换上百姓服装的官兵称作"便衣队"，寓指这些人仍没有放弃抵抗，所以"处置"他们并不违反国际法。同秦郁彦一样，还有一位板仓由明，在 80 年代中期发表了《"南京大屠杀"数字的研究》，认为日军攻陷南京后，南京城内及江宁县共死亡百姓 1.5 万人，士兵 3.2 万至 3.5 万人，其中南京城百姓死亡数字为 0.5 万人，士兵为 0.8 万人，合计约 1.3 万人。他也认为，日军在南京处置"便衣队"并不违法。可见，所谓的"少数说"不过是无法否认那些铁证如山的证据，利用各种手段把被害人数压低，再通过"便衣队说"来掩盖日军暴行。还有，板仓由明虽然被称作"少数派"，其实，他与"虚构派"同坐在一条板凳上，"虚构派"的各种活动都有他的身影。对比起来，秦郁彦和板仓由明似有区别，前者毕竟承认日军在南京有"屠杀行为"，至少是"过激行为"，有时也讲一些真话，而后者则认为被屠杀的都是"便衣队"，并不违反国际法，也不属于战争犯罪。

面对"虚构派"的反扑，坚持事实求是的史学界人士没有退却，而是积极出击。1984 年，洞富雄、藤原彰、本多胜一、笠原十九司、言田裕、井上久士等学者组织一个"南京事件调查研究会"，定期召开研讨会，交换资料、切磋认识、出版著书，用史料和真实回击"虚构派"的谰言。这一时期，先后有洞富雄的《决定版·南京大屠杀》（现代史出版会，1982），南京事件调查研究会的《南京事件现地调查报告书》（一桥大学吉田裕工作室，内部版，1985），青年学者吉田裕的《天皇军队与南京事件》（青木书店，1986），洞富雄的《南京大屠杀的证明》（朝日新闻社，1986），洞富雄与藤原彰、本多胜一合著的《思考南京事件》（大月书店，1987）、《到南京大屠杀现场》（朝日新闻社，1988），藤原彰的《新版·南京大屠杀》（岩波书店，1988），本多胜一的《被审判的南京大屠杀》（晚声社，1989）以及《走向南京的道路》（朝日文库，1989）问世。此外，还有洞富雄编辑的《日中战争·南京大屠杀事件资料集（一·二卷）》（青木书店，1985）。这些著作和资料集以丰富、翔实和确凿的史料，把一幕幕血雨腥风的历史悲剧再现在世人面前，并针对"虚构派"的论调一一予以批驳，大壮了大屠杀肯定派的阵势。

此外，一部分参加过南京战斗的官兵也站了出来，勇于揭露日军在南京的所作所为。如曾根一夫的《南京屠杀与战争》（泰流社，1988），东史郎的《召集兵体验的南京大屠杀》（青木书店，1987）等，他们把亲身经历的南京大屠杀事件呈现在人们面前，戳穿了"虚构派"的谎言。另外，还有下里正树的《被掩盖的联队史·下级士兵看到的南京事件的真相》以及《续·被掩盖的联队史·中队队员们看到的南京事件的真相》（青木书店，1987，1988），通过参战士兵的回忆揭露南京大屠杀事件。更令"虚构派"颇为尴尬和具有讽刺意义的是，1988年，旧军人团体"偕行社"准备编辑一部《证言·南京战史》，编辑者的初衷是想通过参战士兵的证言否定南京大屠杀的存在，却没有料到征集到的证言里竟披露了日军杀害俘虏和无辜百姓的事实，仅"偕行社"的《南京战史》中，记载屠杀俘虏的累计人数就有16000余人之多。[①] 参与编辑的加登川幸太郎也不得不承认，南京大屠杀是真实存在的，他表示，日军在南京"对中国人民非常残忍，应该道歉"。此外，一批旧军人的战史资料中也都出现了日军屠杀无辜的场面。如这个时期相继问世的《熊本兵团战史》、《福知山步兵第20联队第三中队史》、《若松联队回想录》、《步兵第36联队战友会志》等资料都部分记载了日军在南京大屠杀的罪行。

3. 90年代至今，论争的反复与尖锐化

进入90年代，两种观点的论争告一段落，"虚构派"在铁一般的事实面前一度偃旗息鼓。南京大屠杀确实存在，日军在南京屠杀无辜民众20

[①] 参见吉田裕《南京事件の全貌》，《前卫》（日本共产党主办）1998年1月号；《南京事件調查研究会第二次会議の講演》（未刊稿），1999年6月5日。

第六章　围绕历史问题右翼运动的攻击矛头及其影响

万人以上这一历史真实在日本社会几乎得到普遍的认同。因此，1993 年 10 月 20 日，东京高等法庭判决家永三郎教科书诉讼案时，明确裁定文部省删改家永教科书中"南京大屠杀事件"以及"奸污妇女行为"的内容属于违法，这一判决表明，日本的司法机关也不得不正式承认日军在南京的罪行。

正是这个原因，从这个时期开始，日本的教科书出现"改善"趋势，即日本的小、初、高中历史（社会）教科书中比较客观地记载了南京大屠杀等日本战争罪行。

教科书的"改善"趋势刺激了部分政治家以及知识界右翼的神经。1994 年 5 月，法务大臣永野茂门跳了出来，胡说南京大屠杀是"虚构"，遭到包括日本国民在内的正义力量的一致谴责，成为战后第一位因为否定南京大屠杀而跌到台下的政治家。1995 年 8 月，自民党历史研讨委员会编辑出版了全面肯定侵略战争的《大东亚战争的总括》，其中收录了田中正明等人的南京大屠杀"虚构说"，表明了部分政治家否认南京大屠杀的立场。于是，许多知识界右翼团伙（如"自研会"、"编纂会"等）在这种氛围下破土而出，针对南京大屠杀等日本战争罪行问题采取一概否定的手段，发起了又一轮攻势，其声势之大、气势之凶、著述之多都是前所未有的。分别有渡部升一的《历史的读法》（祥传社，1991），亩元正巳[①]的《真相·南京事件——检证拉贝日记》（文京出版，1998），板仓由明的《南京事件真是这样吗?》（日本图书刊行会，1999），富士信夫的《南京大屠杀是这样炮制出来的》（日本图书刊行会，1995），大井满的《炮制的南京大屠杀》（展转社，1995），东中野修道的《"南京屠杀"的彻底检证》（展转社，1998），松村俊夫的《对南京大屠杀的大疑问》（展转社，1998），铃木明的《新"南京大屠杀"的虚构》（飞鸟出版社，1999），石原慎太郎的《质问亡国之徒》（文春文库，1999），西尾干二、藤冈信胜的《国民的麻木》

---

① 亩本出身于"帝国军人"，南京事件时任日军独立轻装甲车队队长，战后曾任防卫大学教授。

(PHP 出版，1996），藤冈信胜、东中野修道的《"被遗忘的大屠杀"的研究》（祥传社，1999）、《南京事件的全体像——"南京屠杀"彻底检证》（社团法人国民会馆，1999）、《"南京屠杀"研究的最前线》（展转社，2002，2003），竹本忠雄的《再审"南京大屠杀"——向世界控诉怨案》（明成社，2000），北村稔的《探求"南京事件"，恢复其真实面目》（文春新书，2001），田中正明的《否定屠杀的论据·南京事件的总括》（展转社，2001），阿罗健一的《"南京事件"48 名日本人的证言》（小学馆，2001），田中正明的《朝日的内幕·中国的谎言》（高木书房，2003），富泽繁信的《南京事件的核心——数据解明事件真相》（展转社，2003），小林善则的漫画《战争论》（幻冬社，2003）等。可以说是铺天盖地，气势汹汹，根本目的就是企图用墨写的谎言掩盖血写的事实。

2000 年 1 月 21 日，东京高等法庭判处《东史郎日记》构成所谓的"名誉毁损罪"，右翼团伙趁势渲染"南京大屠杀并不存在"。

2000 年 1 月 23 日，日本社会各界的右翼团伙聚集在大阪国际和平中心，召开一次所谓"20 世纪最大谎言——彻底检证南京大屠杀"的集会，把战后以来第三轮否定南京大屠杀的闹剧推向高潮。

针对"虚构派"的进攻，大屠杀"肯定派"予以了有理有力的回击，从 90 年代至今，先后推出的主要专著和史料有：洞富雄、藤原彰、本多胜一合作出版的《南京大屠杀的研究》（晚声社，1992），泷谷二郎的《目击者的南京事件——被发现的马吉牧师的日记》（三交社，1992），笠原十九司的《亚洲的日本军》（大月书店，1994）、《南京难民区的百日——看到屠杀的外国人》（岩波书店，1995）、《南京事件》（岩波书店，1997）、《历史事实如何认定、如何讲授——检证 731 部队、南京屠杀事件、从军慰安妇》（教育史料出版会，1997）、《南京事件与三光作战》（大月书店，1999）、《南京事件的日日夜夜》（大月书店，1999）、《德意志外交官家看到的南京事件》（与吉田裕合作，大月书店，2001），津田道夫的《南京大屠杀与日本人的精神构造》（社会评论社，1995），小野贤二、藤原彰、本多胜一的《记录南京大屠杀的士兵们》（大月书店，1996），藤原彰的《南京的日本

第六章　围绕历史问题右翼运动的攻击矛头及其影响

军——南京大屠杀的背景》（大月书店，1997），由平野卿子翻译的拉贝的《南京的真实》（讲谈社，1997），吉田裕的《天皇的军队与南京事件——另一个日中战争史》（青木书店，1998），藤原彰的《如何看南京事件——日、中、美学者的检证》（青木书店，1998），南京事件调查研究会编辑出版的《南京事件资料集 1·美国方面的资料》、《南京事件资料集 2·中国方面的资料》（青木书店，1992）以及《南京大屠杀否定派的 13 个谎言》（柏书房，1999）。

此外，许多学者还在各类杂志上发表了大量的文章，证实南京大屠杀事件是不可否认的历史真实。

同时，一些新闻记者也参与了南京大屠杀事件的调查和研究。1996 年，记者小野贤治整理出版了《记录南京大屠杀的皇军士兵们——第 13 师团山田支队士兵的阵中日记》（大月书店），小野氏用了 8 年时间逐一走访了生存的原步兵第 65 联队的士兵，记录整理了 200 余份证言，收集到 24 册阵中日记，结果证实，日军占领幕府山炮台之际，杀害的俘虏人数同中国在该地设立的纪念碑记载的 5 万 7000 人的数字几乎相同。[①]

二　"虚构派"的主要观点

矢口否认南京大屠杀事实存在，甚至胡言被杀害人数为"零"的"虚构派"，能够摆到桌面上的"证据"根本没有任何说服力，也没有一件确凿的史料可信。概括起来大体还是那些老调重弹。

一是在南京当时的人口数量上做文章。关于南京的人口问题，经中外学者的研究和考证，证实当时人口在 100 万人左右。但"虚构派"硬说南京人口不过 20 万，实在抵赖不过后竟称，如果屠杀 30 万人"至少需要两颗原子弹"，而当时日军的武器装备不可能办得到，"即使杀一人用一颗子弹就需要 30 万发，当时战略物资短缺，日军岂能为了屠杀百姓浪费宝贵的武

[①] 古厩忠夫：《"感情記憶"と"事実記録"を対立させてはならない》，《世界》2001 年 9 月号，第 140 页。

器弹药呢!"①

二是谎称南京陷落后"大量难民返城，人口急速增加"，说明日军军纪"严明"，"没有大屠杀"。田中正明称："从（1937年）12月到第二年1月，日军发出16万张'良民证'，还不包括60岁以上10岁以下的老幼，总人数当在25万到27万人"，"如果有日军的屠杀，南京市民的人口应该减少，但实际上并没有减少，反而急速地增加……如果到处是尸体，血流成河，为什么难民还要陆续回到这个恐怖的城市呢?"②

三是硬说"没有任何人目击到尸骨如山"。这里的"任何人"是指参战的日本官兵、战地记者、摄影师、评论员等，称他们"没有一个人看到屠杀情景"。阿罗健一出版的《南京事件·48名日本人的证言》，称他采访过的"48名日本人中没有一个人看到南京大屠杀"，③ 这正说明他的采访对象是有选择性的，即那些对战败耿耿于怀、至今还津津乐道"大东亚圣战"的顽固派。事实上，证实南京大屠杀确实存在的参战官兵绝不在少数，却不在阿罗氏的采访之列。

四是攻击东京审判"凭传闻资料就做了判决，没有任何直接证据"。因为东京审判揭露了日军在南京的暴行，这是"虚构派"最为恼火的，所以攻击东京审判是他们的重要手段之一。富士信夫在他的《我所见到的东京审判》一书中，攻击东京审判采纳的证言都是"传闻"，"完全不可信"，法庭"无视辩护方提出的证据"等。④

五是宣称"百人斩"是捏造的新闻。"虚构派"强调，"百人斩"是出于鼓舞士气编造出来的，日本军刀是工艺品，不是实用品，不可能斩杀百人。又说参与"百人斩"的两个人一个是炮兵一个是副官，不可能参加白刃作战。战后被处刑的向井敏明之女向井千惠子利用特殊的身份，不断撰写文章，甚至利用诉讼手段，为其父翻案。

---

① 竹下一朗：《南京大屠杀并不存在》，2000年12月8日，载http://teikoku-denmo.jpn.cn。
② 田中正明：《南京事件の総括・否定虐殺の15个論拠》，谦光社，1987，第143页。
③ 阿罗健一：《南京事件·48人日本人の証言》，小学館，2002，第314页。
④ 富士信夫：《私の見た東京裁判》下，講談社，1988，第551页。

第六章 围绕历史问题右翼运动的攻击矛头及其影响

六是诬蔑崇善堂等慈善团体埋葬尸体的数量"不可信"。阿罗健一称，他最近发现了"新"的史料，是一份《民国24年度南京市政府行政统计报告》，内中对崇善堂的业务记载为施舍、救抚、保婴等项。于是乎，阿罗以为发现了"新大陆"，称这份报告证明崇善堂"没有从事葬仪和掩埋的业务"。另有一份《中华民国27年度南京市概况》，其中崇善堂的业务也"与处理尸体无关"。阿罗凭着这些"新资料"就得出一个荒唐的结论，即：因为崇善堂没有掩埋尸体的业务，崇善堂埋葬尸体的数量自然"不可信"。

七是主张日军杀害"便衣兵"属于战斗行为。"虚构派"对"便衣兵"的定义是打扮成普通民众，但没有放弃抵抗甚至发动暴乱的中国军人，屠杀"便衣兵"不违反国际法，属于"正当战斗行为"。

八是宣扬"中国溃兵杀害和抢掠了中国民众"。小林善纪在《战争论》的漫画里，描绘了一批国民党官兵"化装成日本兵，大肆掠夺、强奸、放火"的画面，声称是"中国军队把责任推给了日军"，[①] 然而却没有任何证据资料。

九是污蔑南京大屠杀的照片多是"伪造"。"代表作"是东中野修道等人编写的《检证南京事件的证据照片》（草思社，2005）。东中野修道还成立一个"南京事件研究会照片分科会"，组织人马专门对证实大屠杀事件的143幅历史照片（另一说为139幅）进行"考证"，最后得出的结论竟是：现已公开的南京大屠杀的照片多是"伪造"或"拼接"的，"没有一枚能够证明南京大屠杀的照片"。[②]

"虚构派"一面否定大屠杀照片的真实性，一面搬出当时随军记者为粉饰太平所拍的日军士兵给中国人理发、日军"保护"农民在棉田劳动、日本军医给中国人看病等照片，称这些照片才是"第一手资料"，企图借此说明南京秩序的"安定"、日军军纪的"严明"等，但明眼人一眼就能洞察其中的虚假。

[①] 小林善纪：《战争论》，幻冬舍，1998，第44、45页。
[②] 东中野修道等：《南京事件"证拠写真"を検证する》，草思社，2005，结束语部分。

十是肆意攻击和污蔑被害人和证人。东史郎案件的背后，有"虚构派"作祟是众所周知的，东史郎案件败诉后，"虚构派"欢呼雀跃，宣称此案的胜诉证明南京大屠杀事件"子虚乌有"。还有，以松村俊夫为代表的"虚构派"为了全盘否认南京大屠杀的事实存在，竟肆意诬蔑李秀英、夏淑琴是"假证人"，做的是"假证"，引发一场关联南京大屠杀是否真实存在的诉讼，最后松村等人以惨败结束了这场诉讼。

除上述观点外，"虚构派"还吹嘘攻占南京的日军"军纪严明"；马吉牧师的证言和纪录片是"假造的"；朝日新闻社"对中共一面倒"，应该对"伪造"南京大屠杀事件负责；张纯如的著作是"反日宣传的伪书"（藤冈信胜语）；等等。

三 "虚构派"的最近动向

进入21世纪后，"虚构派"一改以往死不认账、信口雌黄的伎俩，开始围绕国际法做起文章，大体有以下几种手段：

1. 歪曲解释国际法，进而否定南京大屠杀事件的存在

随着南京大屠杀的证据和史料不断被挖掘出来，"虚构派"也感到难以否定日军在南京的所作所为，于是在国际法上做起了文章，其代表作是小室直树和渡部升一合著的《封印的昭和史》。在这部书中，小室等二人认为，按照国际法的规定，投降成为俘虏应该是双方的一种"契约关系"，对方的指挥官必须"正式申请投降"，另一方则有权决定是否受降。但在南京战中，对方的司令官唐生智逃跑，"也就失去了正式申请投降的责任人"，这样，"杀掉已经投降的中国兵也没有关系"。小室等二人又搬出日军的《战阵训》，称日军没有投降之规定，指挥官也没有下令投降的权力。所以，"在南方战场上很多日军玉碎，想投降的日本兵要被杀掉"。按照他们的"解释"，在南京被俘的中国士兵不能称为"俘虏"，因为中国军队的指挥官没有向日方"正式申请投降"。而且，由于日军没有投降之规定，所以也不接受对方士兵放下武器当俘虏，杀掉这些人找不出"违反国际法的根据"，也符合日军的《战阵训》规定。

法学研究者佐藤和男也认为，"把士兵和民众严格分离，将化装的支那兵处以死刑是不得已的，因为不可能通过军事法庭审判"，"在当时没有能力审判众多的便衣兵"。另外，"为了避免在城市普通民众面前处死便衣兵，可以把他们带到其他地方执行"，"搜查和处死潜伏的败兵不能认为是违法的屠杀"。①

对于小室、佐藤等人的谬说，"肯定派"学者予以一针见血的回击，指出按照当时国际法的惯例规定，凡处死交战时期的罪人，"不经审问就处刑是国际法禁止的行为"，"未着军装和徽章，又不携带武器，即使是抵抗日军者（假如是便衣队）"，"对其处刑也必须履行军事法庭的手续"，"必须依据军事法庭的判决来进行"，"在战地随意杀戮属于轻视生命，是容易使无辜民众蒙冤的行为"。②

2. 在南京的中国军队"不具备交战资格"，所以不适用于国际法

东中野修道在《彻底检证"南京大屠杀"》一书中，片面引用海牙会议通过的《关于陆战法规惯例的规则》，认为交战军队必须具备四个"资格"：一是必须有对部下负责的指挥官；二是从远处可以观望到佩戴的特殊徽章（服饰），以示同普通民间人的区别；三是公开携带武器，不能隐匿；四是战斗中必须遵循战争法规惯例。东中野认为，只有具备这四种条件的军队才具备"交战资格"，被俘时才能认定为俘虏，才能得到人道的待遇。接着，东中野话锋一转，称战斗时中方指挥官唐生智逃走，"失去"了第一项"资格"。中国军队脱去军装、丢掉武器、逃进难民区，又失去了第二、三项"资格"，所以"违反了交战法规"，"中国的军队就被排除在国际法之外"。经过如此荒谬的演绎，东中野得出的结论是，中国军队已经失去了交战的"资格"，因此不能用国际法来衡量和裁断南京战斗，日军屠杀放下武器的"便衣队"也不违反国际法。

这里需要指出的是，东中野采取的是瞒天过海的伎俩，片面引用和歪

---

① 佐藤和男：《南京事件と戦時国際法》，《正論》2001年3月号，第317页。
② 南京虐殺調査研究会編《南京虐殺否定論13のウソ》，柏書房，1999，第164、167页。

曲了当时的陆战法规。事实上，当时的国际法规明确规定了游击队、民兵、义勇军之类的民众武装也同样适用于国际法，其首领即使没有政府任命仍然生效，在交战过程中如果被俘也必须履行国际法的原则，即使那些隐匿武器、暗中抵抗的人员也必须交由军事法庭审判，这是不容逾越的法律程序，更不能以中国军队指挥官脱离战场为借口滥杀无辜。

3. 把放下武器的士兵称为"游击队"，制造大屠杀合理说

以上两种论调都是歪曲或片面套用国际法的样板，还有一种论调是赤裸裸地否定和无视国际法的存在，甚至信口雌黄，把放下武器的士兵称为"游击队"，我们可以从小林善纪的漫画《战争论》中找到它的原型。小林在《战争论》中公然宣称，"便衣队即游击队"，是"未穿军装同民间人没有区别的士兵"，国际法规定"可以杀游击队"，因为"游击队采取极其卑鄙的手段"。这里，小林故意混淆概念，把放下武器的中国士兵称为"游击队"，所以可以任意宰割，这比其他"虚构派"的"便衣队说"更进了一步。本来，"便衣队说"就是"虚构派"否认大屠杀的借口，事实上，南京被占领后并不存在什么"便衣队"，这从众多战争经历者的证词中可以找到根据。据偕行社的《证言·南京战史》载，日军第9师团第7联队副官回忆，所谓便衣队"就是失去战斗意志、放下武器、脱掉军装、逃进难民区的中国士兵"，"他们几乎没有什么抵抗"。然而，日军却把他们从难民区中搜捕出来，其鉴定标准只是靠推测，比如头上有戴帽子痕迹、目光奇怪、南方口音等，到后来，凡是年轻人都被抓走。小林把"便衣队"升级成"游击队"，胡言屠杀游击队不违反国际法。其实，当时的国际法也承认了游击队（包括义勇军之类的民众武装）的交战资格，规定对处刑者必须经由军事法庭，根本没有可以随意屠杀游击队的条款。

4. 屠杀溃逃兵正当说

南京陷落后，大批难民和溃逃士兵在逃亡途中，被日军炮轰和机枪扫射丧命者不计其数，这种典型的非人道行径当时就受到国际舆论的谴责。然而，"自研会"的领军人物藤冈信胜却主张，对逃跑的敌人必须杀掉，因

为如果不杀掉他们，他们还会返回战斗序列反扑。所以，他认为南京大屠杀事件中被无辜杀害的中国人数为"零"。① 与藤冈一样，东中野修道也持这种观点，他的结论是南京大屠杀事件中被屠杀人数只有 41 人。

5. "虚构派"内部的分歧

"自研会"头面人物藤冈信胜死硬到底，硬说南京事件中被屠杀的人数为"零"，还同"大东亚战争肯定派"中村粲争执起来。中村粲认为占领南京的日军士兵既有"光明的一面，也有阴暗的一面"，"光明面"是"很快恢复了社会治安"，"阴暗面是不能否认有屠杀俘虏行为"，"也殃及了部分民众"。藤冈为此大批中村粲，中村粲则发表文章回击，劝藤冈"回归常识"。② 海军出身的军事评论家奥宫正武在南京陷落后曾进入南京，他写了一部《我所见的南京事件》，承认他所见到的被屠杀者至少有 5 万人。他指名批判藤冈信胜，称："日本有藤冈这样的人日中关系不能友好！"③ 此外，"少数派"的秦郁彦同中村粲、渡部升一、板仓由明等人之间，田中正明同中村粲之间也常有争议。板仓由明曾在杂志上发表署名文章指责秦郁彦，并"忠告"秦："支持和为曾根（一夫）辩护，为秦氏的学者生涯留下了污点"。④ 秦氏尽管是南京大屠杀"少数派"代表人物，但是，他还毕竟承认"日军在南京制造大量'屠杀'及各种非法事件是不可动摇的事实，笔者作为一名日本人，也想从心里向中国人民道歉，我确信，如果没有这样的认识，不会有今后友好的日中关系"。⑤

---

① 《諸君》杂志社編《まぼろし派・中間派・大虐殺派三派合同・大アンケート》，《諸君》2001 年第 2 期，第 183 页。
② 中村粲：《『南京事件』の論議は常識に帰れ》，《正論》1999 年第 5 期。
③ 吉田裕：《南京事件——虐殺否定派の動向》，1999 年 6 月 5 日，在"南京事件调查研究会"第二次总会上的报告（未刊稿）。
④ 《月曜評論》1997 年 10 月 5 日。秦郁彦认为，参加南京战的老兵曾根一夫撰写的《私記・南京虐殺》和《続私記・南京虐殺》可信，所以在媒体上予以推荐，因此受到"虚构派"的质疑和攻击，文中所谓"支持和为曾根辩护"即指此。
⑤ 秦郁彦：《南京事件》，中公新書，2002，第 244 页。

第三节　小泉参拜靖国神社风波及右翼势力的催动

20世纪80年代中曾根康弘以总理名义正式参拜靖国神社后，由于社会各界的强烈反对，加之自民党陷于"黑金政治"、泡沫经济崩溃、社会问题如山等一系列问题的困扰，一度跌下政坛。因此，在一个较长的时段里，日本各届内阁总理暂时停止了官方参拜靖国神社的闹剧。直到1996年，自民党重返政坛，内阁总理大臣桥本龙太郎于当年的7月29日，继中曾根后成为第二位官方参拜靖国神社的总理大臣，打破了中曾根后十几年官方停止参拜靖国神社的"沉寂"。[①] 2001年4月，"新生代"政治家小泉纯一郎登上总理大臣的宝座，到2006年卸任，在职期间竟然不顾国内外的强烈反对，连续六次以官方名义参拜靖国神社，致使日本同亚洲各国的关系陷于异乎寻常的困顿、尴尬和紧张局面。在小泉固执坚持参拜的逆流浊浪中，知识界右翼是小泉参拜的积极支持者和狂热鼓动者，他们为战后首位在靖国问题上持强硬态度的小泉鼓噪喝彩，并炮制各种歪理和谎言编织出一张官方参拜"合理、合情、合法"的舆论魔网，把一批不明真相的民众笼罩在这张魔网下，使日本国内极端民族主义情绪空前膨胀。

一　小泉第一次参拜及舆论攻势

2001年8月7日，靖国参拜"推进派"国会议员发起成立了"敦促小泉首相实现参拜靖国神社超党派国会议员有志者会"（简称"有志者会"，会长保冈兴治），有42名国会议员出席了成立仪式，其中除3名自由党议员、1名保守党议员外，其余都是自民党议员，另有63名各界"代表"出席，其中包括民主党和无党派议员。在成立仪式上，发起人之一、自民党广报本部长中川昭一致辞称："作为首相在8月15日去靖国神社，感谢为国

[①] 事后，桥本龙太郎跑到沈阳拜访了"九一八事变展览馆"，此后在任期间，没有前往靖国神社参拜。

第六章　围绕历史问题右翼运动的攻击矛头及其影响

捐躯的先人们……是极正当的事"。执政党之一的保守党政调副会长小池百合子也表示："遵守每一个公约是小泉实现改革的第一步"，"不能听外国的不去参拜（靖国神社）"。还有些议员指出，小泉在参加竞选时承诺要参拜靖国神社，"如果不去参拜，那就应该重新进行一次选举"，① 言外之意是小泉如果不去参拜，下次选举将有所考虑。

与政界的动作呼应，"民间"也成立起"支持小泉首相参拜靖国神社国民集会"，由前面提及的官僚学者冈崎久彦为会长。8月8日，该会在东京宪政纪念馆召开大会，参加者1000余人，"有志者会"也出席助威，并要求在当日同小泉直接会面，敦促其务必在8月15日参拜靖国神社。

随着8月15日日本战败投降日的临近，小泉究竟是否前往参拜？何时参拜？执政党内部议论纷纷。为了统一执政党的思想，8月10日，小泉纯一郎在首相官邸同执政三党的干事长会晤，就参拜靖国神社问题交换意见。据悉，三党的干事长"考虑到近邻诸国的担忧，希望首相熟虑再熟虑"，所以，这次会晤没有公布最后的统一意见，小泉只是表示，"希望容本人思考判断"。②

8月13日下午，小泉纯一郎与自民党干事长山崎拓在首相官邸会谈，对外称，"关于小泉参拜靖国神社的时间，将在本日内决定"。其实，早在8月11日，小泉就通过秘书向靖国神社捐献了献花料3万日元，并要求神社在8月19日之前将花束等一应准备齐全，另在献花台上明确写上"献花内阁总理大臣小泉纯一郎"的字样。③ 这说明，小泉决

日本东京街头出现的主张官方参拜靖国神社的传单

---

① 《每日新闻》（东京朝刊）2001年8月8日。
② 《每日新闻》（东京朝刊）2001年8月11日。
③ 《每日新闻》（东京朝刊）2001年8月13日。

定冒天下之大不韪去参拜靖国神社了。

8月13日，小泉纯一郎终于打破自桥本龙太郎以来内阁总理停止参拜靖国神社的"沉寂"，在神社人员的引导下，正式以"日本内阁总理大臣"的身份迈进靖国神社的拜殿。此前，神社祭司为他举行了神道洁净仪式，其中包括用垂着紫红色纸花彩的竹条，在首相头上挥动，这是一种典型的神道仪式。总理以公职身份接受这种神道教"洗礼"，"明显地违背了宪法政教分离的原则"。①

当天，为了应付国内外舆论，小泉纯一郎就参拜靖国神社发表了讲话，表达了四层意思：一是承认日本的侵略战争给亚洲人民"带来不可估量的损失和苦痛"及"难以愈合的伤痕"；二是战死者奠定了"日本和平繁荣"的基础；三是"发出和平的誓言"；四是解释未选择8月15日参拜的理由。② 表面上看，小泉的讲话似乎不带有肯定"大东亚战争"的意图，而且打着为了"和平"的招牌。但是人们知道，靖国神社特有的性质和功能决定了官方参拜的负面影响和特殊意义，它的直接结果是助长了右翼社会肯定"大东亚战争"、否认东京审判、为战犯鸣冤叫屈的气焰，是对亚洲人民的感情伤害，而且事实证明，小泉参拜靖国神社的结果并没有给亚洲带来和平与和谐，相反却使日本同亚洲各国的关系陷于低谷。

由于小泉的"率先垂范"，8月15日这天，小泉内阁的防卫厅长官中谷元、经济产业相平沼赳夫、农相武部勤、总务相片山虎之助、国家公安委员长村井仁等5人集体参拜了靖国神社。参拜后中谷氏对记者说："国务大臣中谷元是有心的日本人，（我）是作为人来参拜的"。③

自民党"全员参拜靖国神社国会议员会"所属的89名议员也在这一天集体参拜了靖国神社。另外，从7月开始，经济财政担当相竹中平藏、金融担当相柳泽伯夫、财务相盐川正十郎等阁僚也先后参拜了靖国神社。

小泉及其内阁成员公开参拜靖国神社再度引发国内外的强烈反响和抨

---

① 《新快报》2001年8月22日。
② 《每日新闻》2001年8月13日。
③ 《产经新闻》2001年8月15日。

击。中、韩、朝等亚洲国家对小泉之举提出强烈抗议，日本国内已掀起追究小泉参拜靖国神社的"违宪诉讼活动"。然而，小泉对国内外的抗议呼声置若罔闻，右翼势力则欢呼雀跃，推波助澜。一时间，靖国神社问题闹得沸沸扬扬，成为影响日本同亚洲各国关系正常健康发展的重要障碍之一。

二 靖国诉讼、富田日记风波及右翼势力的推波助澜

小泉公然以总理大臣的身份参拜靖国神社，明显违背了宪法规定的政教分离的原则。2001年11月，大阪、松山、福冈等地居民以小泉和靖国神社为被告，向地方法院提起靖国参拜违宪的诉讼。接着，东京、千叶、那霸（冲绳）等地也提出了诉讼。2004年2月27日，大阪地方法院认定小泉"以总理大臣的身份"参拜靖国神社属于"公"的行为，但回避了是否违宪的判决；2004年3月16日，松山地方法院驳回原告的赔偿请求，也没有对小泉参拜是否违宪做出判决；另外，那霸（冲绳）和东京地方法院对小泉靖国参拜均没有明确做出是否违宪的判断，同时驳回原告赔偿要求。

针对小泉参拜靖国神社的行径，中国台湾以高金素梅为团长的236名原告拿起法律武器，向日本法庭提出赔偿诉讼。战争时期，日本驱动3万多名"高砂义勇队"士兵进入南洋作战，许多人魂断异乡。战后，靖国神社将部分"高砂义勇队"的战死者列入祭祀名簿。原告团认为，"将凶手与被害者同置一处的做法，是对台湾原住民族最大的污辱与伤害"，"控诉小泉的参拜行为给日本殖民统治下遭受苦难的被害者及其子孙造成无比的痛苦"，要求向每名原告支付1万日元的精神损失费。2004年5月13日，大阪地方法院认为，小泉参拜是"基于宪法保障的个人信教自由权利，并非公务活动"，[①] 驳回了台湾原告团的诉讼。

在这些违宪诉讼案例中，唯有福冈地方法院的判决认为小泉参拜属于违宪。2004年4月7日，福冈地方法院判决认为小泉"参拜是以公的身份，相当于宪法禁止的宗教活动"，属于"违宪"，但驳回原告的赔偿请求。这

---

① 《中国青年报》2004年5月14日。

是日本地方法院对小泉参拜靖国神社唯一的一次"违宪"判例。

对于福冈地方法院的判决,日本各家媒体纷纷发表社论表明态度。《朝日新闻》的社论指出,"靖国神社具有军队宗教设施的特点,曾起着军国主义精神支柱的作用","日本宪法禁止国家进行宗教活动……在政教分离这一点上首相参拜有违宪之嫌,(小泉)应该坦率地倾听司法机关违反宪法的警钟"。[①]《每日新闻》的社论指出,"靖国神社是东京招魂社的前身,是与国家和战争有特殊关系的神社","如果继续进行司法机关判定的违宪行为,违反了公务员有尊重宪法义务的宪法第99条","首相应该诚挚地接受"。[②]《产经新闻》则发表了与上述两家报刊相反的意见,社论称,(福冈)"判决实际是暗地里支持设立无宗教国立设施的主张,可是,这种替代靖国神社的构想受到许多遗族和国民的批判,事实上,福冈判决偏离了特定主义","福冈靖国诉讼是反对首相参拜靖国神社的僧侣、牧师、市民运动家以及在日韩国、朝鲜人在各地掀起的诉讼之一,是利用审判的一种政治运动","尽管做出违宪判决,但是靖国神社作为追悼战没者的中心设施不能改变,希望小泉首相堂堂正正地继续参拜靖国神社"。[③]

就在国内外媒体高度关注小泉连续参拜靖国神社事件的时刻,2006年7月20日,《日本经济新闻》爆出一则颇具震动力的消息,题目是《A级战犯靖国合祀 昭和天皇不快感》。报道称:"1988年昭和天皇对靖国神社合祀A级战犯表示了不快感。'所以,我(指天皇本人)从那时起不去参拜,这是我的心情',这一席话是当时对原宫内厅长官富田朝彦讲的。7月19日,《日本经济新闻》从获得的富田日记中得知这一信息。自1978年A级战犯合祀以来,昭和天皇再没有去参拜,(当时)理由不明。"

"昭和天皇明确说明了不去参拜靖国神社的理由,这是第一次发现保留这一发言的文件,证实了昭和天皇不去参拜是因为合祀A级战犯的推断。"

"战后,昭和天皇八次参拜了靖国神社,最后一次是1975年11月……

---

① 《朝日新闻》2004年4月8日。
② 《每日新闻》2004年4月8日。
③ 《产经新闻》2004年4月8日。

第六章　围绕历史问题右翼运动的攻击矛头及其影响

当今的天皇自 1989 年即位以来一次也没有去参拜。"①

披露天皇不再参拜靖国神社的《富田日记》的有关报道

《富田日记》的公开在日本社会引起强烈的反响。自民党原干事长加藤弘一在会见记者时认为，"以天皇发言记录为契机，在面对总选举之时，围绕靖国神社问题，会引起重新的议论"。自民党副总裁山崎拓在会见记者时说："一部分政治家认为，参拜靖国神社问题不应作为外交问题处理，而是内政问题"。②众议院议长河野洋平就《富田日记》表态说："后小泉时代，靖国神社成为焦点是理所当然的。继任者应该向学者请教历史认识问题，而不是以自己的判断为依据"。厚生劳动大臣川崎二郎说："我作为政治家的想法是期待 A 级战犯分祭"。民主党干事长鸠山由纪夫说："这是对那场战争最为后悔的天皇陛下的意见，我们应该尊重这个意见。我希望小泉纯一郎首相能够重视这一事实"。③

面对内阁多数成员对官方参拜表示出来的担忧，以及尊重天皇意见的

---

① 《日本经济新闻》2006 年 7 月 20 日。
② 《朝日新闻》2006 年 7 月 21 日。
③ 中新网，2006 年 7 月 31 日。

态度,小泉仍无悔改之意,他评价 A 级战犯合祀后昭和天皇不去参拜的举动是,"我想陛下是出于各种各样的考虑","我不认为那是问题"(指 A 级战犯合祀问题)。围绕是否"分祀"的问题,小泉表示,"作为政府还是不表态为好"。他还宣称,自己参拜靖国神社不受《富田日记》的影响,"没有影响。这一问题是内心问题,不是可以强制的,谁都有这个自由"。①

小泉参拜靖国神社后,受到国内外的一致谴责,然而,他执意参拜靖国神社的立场没有丝毫转变,而是再三再四地迈进靖国神社的大门,摆出了一副我行我素、旁若无人的架势。2005 年 6 月 1 日,众议院议长河野洋平邀见曾担任过总理大臣的海部俊树、宫泽喜一、村山富市、桥本龙太郎、森喜朗等人,就小泉参拜靖国神社以及中日关系问题交换意见。河野认为,小泉参拜是中日关系恶化的重要原因之一,建议小泉在参拜靖国神社问题上"应该慎重再慎重"、"从今以后停止参拜靖国神社"。与会要员也一致认为,中日关系如此下去"不是一件好事","还是不要去参拜"。当日,河野向小泉转达了自己和几位前总理的意见。小泉称,"此前就了解河野议长的想法,本人会做适当的判断"。

6 月 3 日,首开战后总理官方参拜靖国神社先河的中曾根康弘在东京的一次讲演中说:"把 A 级战犯'分祀'是最现实的解决办法,如果这样做需要时间,停止参拜是最好的决断","为了日本国家的全体利益,重要的是应考虑到参拜会产生什么样的影响"。②

另据《朝日新闻》5 月 28 日、5 月 29 日的民意调查,有 49% 的民众要求小泉停止参拜,小泉内阁支持率也由年初的 45% 下降到 33%。

然而,小泉仍然置国内外舆论于不顾,在卸任前竟然选择在 2006 年 8 月 15 日第六次走进靖国神社,也为他的政治执政期画上了句号。当天,原自民党干事长、众议员加藤纮一在电视节目中批评小泉的行为"使日本的亚洲外交近乎崩溃"。岂料,就在当天下午 5 时 55 分,位于山形县鹤冈市大东町的加藤纮一老宅突然发生火灾,约 340 平方米的木造建筑物全部被烧毁。两个小时

---

① 《日本经济新闻》2006 年 7 月 20 日。
② 《朝日新闻》2006 年 6 月 3 日。

第六章 围绕历史问题右翼运动的攻击矛头及其影响

后火被扑灭。现场发现一名腹部有刀伤的 50 多岁男子,警方怀疑该男子放火后企图剖腹自杀。① 案件审理时被告辩护律师称被告的犯罪动机是"为了保卫祖国"。被告称他的目标还包括日本经济同友会的代表干事北城恪太郎,众议院议员山崎拓、古贺诚,以及《日本经济新闻》报社。被告还供称,为刺杀北城,2005 年 5 月购入菜刀,甚至到北城家打探过,但由于戒备森严而放弃。②

加藤纮一老宅被焚事件只是右翼社会狂热鼓吹官方参拜靖国神社的一场小小闹剧。以推崇天皇制为宗旨的右翼势力一直把靖国神社视为彰显武士道精神、弘扬"八纮一宇"的"圣地",所以对小泉连续参拜的姿态表示支持和欢迎。然而,他们寄希望的是日本总理应该在 8 月 15 日前往参拜。小泉在竞选时也曾表示要在 8 月 15 日参拜,但前五次都避开了 8 月 15 日这一天,不免又使右翼感到失望,连连发动各种攻势,敦促小泉务必在 8 月 15 日参拜靖国神社。而且,从小泉上台的 2001 年到 2006 年期间,每逢 8 月 15 日,各右翼团体纷纷在靖国神社亮相,着旧军装、扬太阳旗、趾高气扬的参拜队伍均超过往年,右翼的如此"气势"显然同政治家的行为密切关联。

2013 年 5 月日本老兵在靖国神社参拜　　"大东亚圣战大碑"护碑会的宣传品

---

① 《中国青年报》2006 年 8 月 16 日。
② 人民网,2007 年 1 月 12 日。

三 知识界、舆论界右翼的"靖国情结"

小泉参拜靖国神社不仅受到右翼社会的拍手称赞,知识界以及舆论界的右翼学者也都"扬眉吐气"起来,纷纷著书立说,发表"高论"。他们一方面猛烈抨击中、韩等亚洲国家对小泉参拜的抗议,一方面"引经据典",从理论上鼓励和支持小泉的参拜行径。

1. 以《产经新闻》为代表的媒体的活跃

《产经新闻》是知识界右翼活跃的主要阵地,自小泉以总理名义参拜靖国神社以来,《产经新闻》总是站在第一线评说不休。2003年,当小泉第三次参拜靖国神社后,《产经新闻》立即发表了一篇社论,对小泉参拜之举予以盛赞。社论说,小泉"就任首相以来,进行了三次靖国参拜……首相作为国民的代表,反复向战死者英灵表示哀悼之姿态值得评价","去年10月日中首脑会谈时,江泽民主席三次固执地对靖国参拜提出抗议,小泉首相没有屈服,从这个意义上说,此次参拜更值得评价"。社论在高度评价小泉顶着"压力"连续参拜的同时,对小泉未在8月15日参拜表示出几分遗憾,内称:"碍难理解为什么是1月14日参拜,历代首相的参拜通常是在春秋大祭或8月15日进行。前年小泉按预定的8月15日提前两天,即8月13日参拜,去年春天是在4月21日参拜,8月15日是惯例的大祭日,如果是为了躲避中国等要求停止参拜的高压,是没有必要的多虑,至少,应该向国民明确地说明","向战死者慰灵与本国的历史和文化有密切的关系,日本首相和阁僚习惯参拜作为中心设施的靖国神社,外国没有理由说三道四"。社论还主张,"中国过度地内政干涉是极大地违反了日中共同声明,中国必须尽早地认识到这一点","首相靖国参拜是内政事项,日本政府应该清楚地向中国和韩国说明"。[①]

2003年8月15日,小泉再一次"辜负"了右翼社会的急切盼望,没有在这一天参拜靖国神社,但截至当天,小泉已经三次在不同的时日参拜了

---

① 《産経新聞》2003年1月15日。

第六章　围绕历史问题右翼运动的攻击矛头及其影响

靖国神社，尽管如此，右翼社会仍然颇为不满。《产经新闻》按捺不住，发表了一篇题为《昨天终战日，小泉政权围绕靖国陷于困顿》的长篇社论。社论说："小泉首相迎来就任后的第三个终战日，就任时（承诺）在这一天参拜靖国神社的'公约'仍然没有兑现……实际上是未能解决中国等国的反对问题。另一方面，官房长官福田康夫推进的国立无宗教追悼设施构想，由于自民党的反对也搁置下来，围绕靖国问题小泉政权陷入困顿的轨迹"，"2001年4月自民党总裁选举时，小泉明确表明：'在战没者慰灵祭的日子，表示感谢的心情是理所当然的'，从1996年7月桥本龙太郎参拜以来，后任首相中断了参拜之途。所以，自民党抱以极大的期待，认为（8·15参拜）是摆脱屈从近邻诸国外交的最好时机……无论受到什么样的批判，8月15日必须参拜"。显然，社论对小泉未能在8月15日参拜表示不满。接着，社论就福田康夫等人建立无宗教追悼设施的构想进行了评论，指出设立无宗教追悼设施是将靖国神社"空洞化"，"靖国神社在国民心目中是中心追悼设施，建设新设施必须慎重"。随后，社论把攻击矛头指向中国，针对中国对靖国神社合祀A级战犯的质疑，社论公然称："A级战犯依据（日本）国内法不是犯罪者，曾是A级战犯的重光葵外相、贺屋兴宣法相（战后）都当上了阁僚，每年8月15日'全国战没者追悼会'的追悼对象包括戕犯"，"对死去的人也不饶恕，日本人是不能理解的，这与日本的文化不同，日本人的这种心情应该让外国理解"。社论祭起"日本文化特殊论"的招牌，故意把"放下屠刀立地成佛"的悔改派同死硬到底，最后受到法律严惩的罪犯混为一谈，实质是混淆人类公理和道德的是非界限，以达到为战犯张目、为侵略战争正名的目的。社论最后"告诫"小泉："以政治性的妥协跳过参拜日来求得对方的理解，事关日本文化和生死观基础的大问题，而且也难以得到中国等国的认可"。鼓动小泉务必在8月15日"堂堂正正"地迈进靖国神社，并警告小泉："政治家轻视'公约'必将招来政治的不信任。"[①]

除《产经新闻》外，一个时期，产经新闻社创办的《正论》、文艺春秋

---

① 《産経新聞》2003年8月15日。

社创办的《诸君》等杂志也把靖国问题作为重要的内容,连续刊登了大量文章,《诸君》还以《特集》、《总力特集》、《8·15 靖国问题》等专刊形式,① 集中发表"正论派言论人"的"大作",掀起一股股为内阁总理参拜靖国神社叫好,为敦促 8·15 参拜鼓噪,同时把攻击目标指向中、韩等国的浊浪。

2. 知识界右翼的鼓噪

鼓动政府大员"公式参拜"靖国神社也是知识界右翼的主攻方向之一。但是,他们的活动方式与社会右翼及新右翼截然不同。如果说,后者是以街头宣传、散发传单、出动街宣车鼓噪以及利用 8·15 在靖国神社发动攻势等形式为主,那么,知识界右翼则是著书立说,运用他们学者、教授等"名人"头衔,扩大其影响力。

小泉自上台以来,连续以官方名义参拜靖国神社,这使右翼社会颇感"欣慰"。然而,小泉前五次参拜都避开了 8 月 15 日,又使右翼界心殊不甘。2002 年春,小泉第二次参拜选择了"春祭日",同时在回答记者提问时也没有表明当年 8 月 15 日是否参拜。为此,东京大学名誉教授小堀桂一郎著文称:"4 月 21 日靖国神社春季大祭之际,小泉就任首相以来第二次公式参拜靖国神社,可是,对今年 8 月 15 日的参拜打算未做回答,甚是遗憾。"在"遗憾"的前提下,小堀对小泉的参拜之举还是予以了极大的肯定,他说:"去年 8 月 13 日,小泉氏的参拜,填补了昭和 61 年 8 月(1986 年 8 月)中曾根首相对中国屈服以来 16 年的空白,是显示我国家主权不可侵犯的象征性行为,理应予以全面的恢复","是个壮举","总理向英灵献上敬畏的诚意,具有保护国家主权尊严的气概"。小堀在盛赞小泉的同时,把矛头指向主张建立无宗教国家设施的福田康夫。他批判道:"如今的官房长官(指福田康夫)一派迎合北京,拼命拖总理后腿,他们迎合北京的心理是出于始终不能解脱的负面历史认识,是同平成 7 年(1995 年)村山谢罪讲话相同的战争赎罪意识,只要不拂拭这种罪责感,对中国的外交就处于失败

---

① 见《诸君》2006 年 5 月号、7 月号、8 月号、9 月号等。

局面。同他们一样被囿于迷途的普通民众也为数不少，他们都是被东京审判史观束缚之人，把他们从这个由来已久的魔咒中解放出来，是当前国民教育中一个极其重要的大事。"①

日本皇学馆大学教授新田均在一篇文章中指责中国，"没有资格谈 A 级战犯……中共政府原本不是联合国的一员，而且，也不是与日本缔结《旧金山和平条约》的缔约国"。言外之意，小泉参拜合祀有 A 级战犯的靖国神社，中国没有"资格"批判和反对，其"理论根据"之荒谬令人捧腹。接着，新田不惜笔墨为小泉鼓劲打气，"首相参拜靖国神社，不是听了中国的言论，日本就必须解决的'问题'，首相毅然决然去参拜就是了，不会惹出什么事情。只要日本持续不挑起战争的状态，世界的人们都会看穿他们的言论毫无根据"，"无论受到什么样的指责，如果日本首相不为所动，中共政府领导人就会被中国人民视为无能和无力，涉及靖国问题的本身可能危及自己的地位，这样的话，中共政府的领导人则有可能逐渐远离这一问题"。②

还有些学者攻击中、韩等国打"靖国牌"的外交路线，是为了向小泉内阁施加压力，进而"孤立"小泉内阁，"缓解"国内压力，转移匡民视线等。独协大学教授上村幸治撰文称："中国在近半年的时间里，将（外交）重要课题放在'小泉孤立化'上，给小泉首相贴上'军国主义者'的标签，中国已经不以小泉为对手，不仅在日本，甚至想在国际社会孤立小泉"，"中国已经断绝同日本首脑之间的往来，表示只要靖国问题不解决就不与日本首相会晤，把这种制裁手段用到日本身上"。③ 上村把中日关系紧张的原因推到中国身上，接着，以"中国需要日本的资金和技术"为筹码，鼓动小泉完全不必顾忌中国的反对和抗议，因为中国的经济建设"需要资金和技术，而技术只有日本才能提供，欧美国家不可能简单地把技术转让"，

---

① 《産経新聞》2002 年 7 月 16 日。
② 新田均：《A 级戦犯を祀る靖国に首相・閣僚が参拜するのはケシカラン》，《諸君》2006 年 2 月号，第 143～145 页。
③ 上村幸治：《靖国カードで"小泉孤立化"に失败した中国》，《諸君》2006 年 9 月号，第 40、41 页。

"中国之所以想改善日中关系,是对日美同盟的强化感到担心和恐怖,而且千方百计想获得日本的资金和技术,并非是对日本国民的亲密"。① 上村这番话暗藏玄机,一是用日美同盟来压中国,意在"提醒"中国,倘若"得罪"了日本即等于"得罪"美国;二是挑拨中日两国人民的友谊,把中国刻画成唯利是图、实用主义的角色,借以达到一箭双雕的目的。随后,上村继续攻击中国,煞有介事地称:"江泽民主席任职期间,弹压民主化运动和法轮功,未进行政治改革。另一方面,固执地强调爱国主义,在马克思主义失去影响力的情况下,将爱国主义教育正式提上日程,为的是增强共产党的向心力",(中国)"强调过去同日本的战争,在各地建立战争纪念碑、纪念馆,煽动国民的反日情绪"。② 这就是右翼学者动辄祭起的蛊惑人心的"法宝"——指责中国的爱国主义教育是"反日教育"。其实,任何一个国家都有记载本国历史的纪念馆、纪念碑之类,这也是人类社会共同的历史记忆或文化遗产,对于发展人类的和平与进步事业起着人所共知的作用。包括日本国内,诸如广岛、长崎的原子弹爆炸纪念场所,冲绳的和平纪念碑等,都用不同的形式记载着战争的历史,从某个层面告诫人们放弃战争、坚持和平。如果像上村说的那样,竖立纪念碑之类就是"反日教育",恰恰在日本到处可见慰灵碑、彰显碑之类,诸如"大东亚圣战大碑"、"战犯慰灵碑"、被处绞刑的"七士碑"等,这才是提示日本国民为那场侵略战争"正名"的建筑物。另外,中国的爱国主义教育绝非是什么"反日教育",从1840年起,中国经历了百余年外强欺凌、压迫和侵略的屈辱史,在中国进行现代化建设的今天,开展爱国主义教育的最大目的是调动海内外华人振兴中华的热情和积极性。日本一部分政治家和右翼社会对中国的崛起心怀悻悻,说穿了,他们攻击中国爱国主义教育是"反日教育"的实质在于,寄希望中国的民众依旧是一盘散沙,缺乏国家观念,做任人宰割的羔羊。上村在文章的结尾,把中国反对小泉参拜归结到"转移中国国民

---

① 上村幸治:《靖国カードで"小泉孤立化"に失敗した中国》,第42页。
② 同上,第47页。

第六章 围绕历史问题右翼运动的攻击矛头及其影响

的不满情绪","可是,他们煽动反日感情却引发了不能控制的游行示威。所以把一切罪过推到小泉身上。这样,可以消解中国国民的忧郁,改善对日关系,还可以获得资金和技术"。上村最后疾呼,必须把中国的外交手段"告诉日本的政治家"。①

东京街头的镇魂碑

《诸君》2006年10月号刊载了庆应大学教授福田和也与京都大学教授中西辉政对谈的文章,题目是《清算媚中外交,奠定修改宪法的基石》。中西首先点题,称小泉在2006年8月15日参拜了靖国神社,"毫无疑问,在靖国问题上越过了高山障碍"。他接着指出,靖国问题"实质是中国问题,煽动中国的是日本的媒体问题,这是再清楚不过的","中、韩等国打的是靖国牌,被断然地驱散,可以说是小泉不屈外交的胜利"。②

福田和也接着中西的话题展开对中国的攻击。他说,中国"为了破坏日本的国家结构,使用了所有的手段,甚至无中生有"。为此,他十分赞赏小泉的8月15日参拜之举,"我认为这是非常有意义的8月15日。换

---

① 上村幸治:《靖国カードで"小泉孤立化"に失敗した中国》,第49页。
② 中西辉政、福田和也:《媚中外交の清算、憲法改正への布石》,《諸君》2006年10月号,第24页。

277

句话说，如果迁就或毫不醒悟，日本人岂不是太窝囊了吗！"中西也赞许道："从这个意义上说，小泉首相功莫大焉……5年来，小泉以靖国问题为教材，对中战略进行一番考察，认识到'中国方面所说的话都是伪装的'，我认为，在对中观方面，小泉是日本政治家中最持有深刻见解的领导人"。对于当时接替小泉呼声最高的安倍晋三，福田寄以"厚望"，他对安倍就任前的4月参拜靖国神社十分满意，称此举"在政治上非常贤明，干得漂亮，作为一国的领导人继承传统，绝不会成为政治问题，应该庄重地继续参拜"。①

接着，二人以中国历史上的"大跃进"和"文革"为切入点，展开了对中国的攻击。福田煽动道："作为日本最重要的是，必须再一次修正对中国共产党的认识，日本人过于被中国的改革、开放政策迷惑，的确，中国的经济规模持续扩大，但现在的改革把环境、教育、社会保障等社会资本破坏得一塌糊涂，只追求经济成长，在这一点上，与大跃进和文化大革命的悲惨没有什么两样，甚至更恶劣"。中西顺着福田的腔调一唱一和："中国共产党的本质是运动政党，靠冲动的运动去推进……大跃进是以铁和粮食的增产为目标……今天的'市场经济'运动也是同样"，"中国导入资本主义，事实上完全放弃了马克思主义的意识形态，儒教和马克思主义都没有了，'没有意识形态的中国'除了矛盾以外很难形容还有其他什么"。对此，福田带着幸灾乐祸的口吻评价中国的改革开放，他认为，"从某种意义上说，（现在的中国）类似清朝的末期，当时列强追求的是利权，现在是外国资本，最后结果是大清帝国的崩溃……如果把中国比作清朝末期，韩国的现政权也在困顿之中，19世纪末的李氏朝鲜，尽管列强的压力迫在眉睫，仍然重复非现实的议论，把自己逼进历史的狭路"。② 可见，中西和福田二人对中国的改革开放和经济发展怀有一种难以名状的阴暗心理。新中国在成立初期的摸索和实践过程中的确走过许多弯路，然而，如果把"大跃

---

① 中西辉政、福田和也：《媚中外交の清算、宪法改正への布石》，第26、27页。
② 同上，第28、29页。

第六章 围绕历史问题右翼运动的攻击矛头及其影响

进"、"文革"与今天的改革开放类比,把今天的中国同清朝末期对比,凡是稍有常识者恐怕都要质疑中西和福田两位,也透视出两人敌视中、韩等亚洲国家,盼望中国倒退落后甚至失败的龌龊心理。

在做了上述铺垫后,两人对日本企业、资金等进入中国市场表示"担忧"。中西列举的理由之一是,"1925年前后没有成人的一代不能说是了解战争,他们……只是败战后通过'否定战前'的教育了解到战争,所以对中国抱有片面的赎罪意识,以及对中国过高的幻想"。中西把政治家河野洋平和加藤纮一划入这一范畴,因为两人都明确表示过反对小泉参拜靖国神社。所以,中西故作玄虚地称:"他们最危险之点是,没有意识到已经呈现出前所未有的危险。"中西列举的第二个理由是,"没有危险意识进入中国是非常危险的,冷战以来美中关系的基本构造发生了根本的变化……中国外交的反美倾向抬头,近年中国经济的膨胀,在世界史上也不见前例。近20年来中国军备增加到两位数,今后,美中关系的紧张度将继续增大。如果看不到这一点,掉进中国编织的'东亚共同体'及'靖国牌'的网里,将贻误日本的国运"。福田也声称对丰田等企业进入中国受到"强烈刺激",他说,"战前丰田纺织进入上海,被卷进激烈的罢工潮中,相当的辛苦……必须记住这一深刻的教训"。福田认为,日本企业进入中国市场"不单是经营者的问题,而是政治领导人的问题",(危险意识)"是政治领导人应具备的最重要和必不可少的资格"。①

最后,两人对谈转向靖国神社性质的论述。福田下的定义是:"靖国神社的第一意义是祭祀为了国家安宁而战斗的诸位,在感谢的同时,也是为了今后的国防,是祈祷战斗胜利的神社。即,靖国神社承担着国民生命财产的安全和国家的存续,以及奠定近代主权国家基石的作用。因此,作为自卫队最终统帅者的总理大臣,无论如何必须参拜靖国神社,以国军统帅者的身份参拜,这才是首相参拜的本质。而且,现在的天皇也务必要参拜

---

① 中西辉政、福田和也:《媚中外交の清算、憲法改正への布石》,第29、30页。

靖国神社。"① 福田这番话等于否定了小泉参拜时口口声声表示的"为了和平",而且比小泉的借口更直接,更惊人,直言不讳地把参拜上升到"国防安全"、"国家存续"以及"祈祷战斗胜利"的地位。这也从另一个侧面反证亚洲国家反对日本领导人参拜的正当性。中西在赞成福田"高见"的基础上又有进一步的发挥,他称:"中韩的本意并非在于合祀 A 级战犯,而是强调反对日本修改宪法的问题,他们真正害怕的不是 A 级战犯,也不是历史认识,而是修改宪法第九条","中韩越是在靖国参拜问题上吵吵闹闹,(日本国内)修改第九条的支持率越高"。中西对靖国神社的评价是:"靖国神社是旧军队以及明治国家连续性的体现,因此,自卫队与它的精神为一体,其他追悼设施是不能取代的。正因为继承性、连续性的重要,战后日本的所作所为不符合规矩,完全抛弃了国防精神、传统精神以及家族连续性的价值。从这个意义上说,靖国神社与皇室,是日本人精神再建的支柱。"② 中西和福田毫不隐讳地揭示了靖国神社的本质,也说明两人血液中仍然流淌着皇国史观及军国史观的货色。中西最后强调,"再一次确定作为君民一体的靖国神社的地位是十分重要的……我作为国际政治学的学者,可以预见,无论是朝鲜还是中国,今后会增大不安定因素,不知哪一天就会掀起大规模的军事动乱,日本势必遭受这些动乱余波的影响,在考虑国防和安全保障的时候,不是去避难,而是必须有赴死精神的日本人存在,支撑这种精神是国家和民族连续性的保证。到那时,以日本传统的宗教情感,向献出生命的殉国者表示感谢,作为怀念英灵场所的靖国神社,必将在日本人心里获得崭新意义的复苏"。③ 这里值得提示的是,中西和福田两人再次把"中国(或朝鲜)威胁论"搬上场,告诫读者必须引为警惕;另外,明目张胆地宣扬战争时期的武士道精神,并为靖国神社披上一层"崭新意义"的面纱。

渡部升一在靖国问题上也是一位强硬派,甚至不惜使用过头的语言,

---

① 中西辉政、福田和也:《媚中外交の清算、宪法改正への布石》,第35页。
② 同上,第35、37页。
③ 同上,第38页。

发表了许多有关靖国神社问题的文章。他在一篇文章中指出，"中国的蒋介石、毛泽东、周恩来、邓小平等领导人，过去都没有把靖国参拜当成问题，中曾根时稍受批判就停止了参拜"，"我认为这是支那利用'外交牌'敲竹杠，如果稍稍退让就会彻底输掉，这是黑社会的流氓意识，存在于支那文明之中"。① 这番恶毒话语出自学者的笔下实在令人难以置信，当然，也是渡部氏的立场所致。接下来渡部鼓动，"天皇和政治家必须坚持参拜靖国神社，日本才有未来"，"如果不参拜，将来就不会出现为国家去死的日本人，那正是支那所希望的，因此，日本人必须珍重靖国神社"。②

总之，围绕着日本政界领导人参拜靖国神社问题，知识界右翼是一支不可忽略的支撑力量，他们利用自己的身份、地位和社会影响，通过合法的媒体渠道，散布歪理邪说，在一定程度上蒙骗了一部分不了解战争的青少年。同时，对于缓解、改善和发展日本同亚洲诸国的关系产生了显而易见的负面影响。

3. 靖国问题的症结及中韩国家的对策

小泉从2001年就任首相以来，连续六次参拜靖国神社，而且把最后一次选在8月15日，致使日本同中国、韩国等亚洲诸国的关系降至低谷。

人们知道，靖国神社的要害和实质不仅仅是其中供奉有A级罪犯，更要紧的是，它是否认侵略战争性质、推诿战争责任、把侵略战争正当化的顽固堡垒。战争期间，这里充斥着皇国史观和军国主义史观的毒霭，出征士兵要在这里向"英灵"宣誓效忠天皇，"挺身大东亚战争"，发出"靖国见"（意思是矢志战死，以便成为"英灵"被供奉在靖国神社）的"豪言壮语"；后方的臣民要经常来这里祈祷"大东亚战争胜利"，为侵略战争奉献一切。战后，靖国神社并没有改变它的性质，依然是肯定"大东亚战争"，为侵略战争大唱赞歌的场所，还是历届政府要员煽动民族主义、国

---

① 渡部升一：《中国は"靖国"を怖がっている》，《諸君》2006年4月号，第231页。内中对日本人炸死张作霖事件的否定，是近年来日本右翼界望风扑影捏造出来的。日本航空自卫队幕僚长田母神论文中就提到张作霖系苏联特工所杀，纯属毫无根据的臆测。

② 同上，第235页。

家主义的重要阵地，战后以来日本掀起的几次攻击教科书逆流，都同日本总理官方参拜靖国神社有着直接的关联。可见，即使把14名A级战犯"分祀"出去，如果政治当局继续固执地坚持"大东亚战争史观"，继续把靖国神社当作鼓动极端民族主义的阵地，继续参拜靖国神社，仍然不会得到亚洲人民的谅解。况且，"分祀"的意见早在数年前就提出，却遭到包括自民党顽固派和靖国神社本厅在内的社会各界右翼势力的强烈反对。靖国神社本厅已经公开声明，当初把A级战犯的名字记入"灵玺簿"（即"合祀"）等于向"神灵"冥告，如果再把A级战犯的名字从"灵玺簿"上取消（即"分祀"），等于向"神灵"扯谎，是"大不敬"，无论如何不能出此策。可见，所谓"分祀"的阻力极大，难以实现，不过是画饼充饥而已。

另外，靖国神社从创建至今，绝非是追悼战没者的设施，而是彰显"英灵"的机构，这是毋庸置疑的事实。小泉等领导人口口声声表示参拜是为了"慰灵"，"为了和平"，"为了战争不再重演"，其实根本无法改变靖国神社的功能，更掩饰不了靖国神社的本质。正像日本共产党代表指出的那样，参拜是把"侵略战争正当化的靖国神社战争观，以政府的名义公认下来"。更紧要的是，靖国神社并不是"为了和平"、"为了战争不再重演"而兴建的设施，这一历史经纬是世人皆知的，这该是靖国神社的症结所在。

围绕日本领导人参拜靖国神社问题，中国政府坚持底线不让步，事实证明，这一决策是正确的，而且恰到好处。中国政府在反对日本领导人参拜靖国神社的同时，注意中日关系出现的"政冷经热"或"政冷经冷"倾向，在各个领域继续坚持中日恢复邦交以来的三个文件精神，继续扩大和发展同日本社会各界的交往。因此，当安倍政权组成后，中日之间的"破冰之旅"才具备起码的基础和条件，而且，从安倍、福田乃至麻生政权，三届内阁都顿住了迈向靖国神社的脚步，被小泉时代破坏的中日关系出现"溶冰"、"迎春"、"暖春"等上升趋势，中日关系的发展前景无疑使右翼势力的一切谎言和煽动落空。

韩国政府在靖国问题上的态度一直表现强硬，尤其是金大中政权以来，

第六章　围绕历史问题右翼运动的攻击矛头及其影响

围绕日本历史认识出现的一系列问题，诸如历史教科书、从军慰安妇、《日韩合并条约》的非法性、对朝鲜殖民统治的评价等，韩国社会涌现出一大批市民团体，对日本社会逆流展开了批判斗争。从1992年1月8日开始至今，每周的星期三，韩国市民团体都涌向日本驻韩国大使馆前，进行"周三游行日"活动，强烈要求日本对从军慰安妇问题谢罪和赔偿。[①] 针对日本历史教科书问题，韩国成立由知识界及社会各界参加的"教科书运动本部"，掀起批判扶桑社历史教科书的运动。同样，在靖国神社问题上，韩国政府坚持决不退让的方针。本来，1998年韩国总统金大中访日期间，在与小渊首相发表的《21世纪新韩日伙伴关系》的共同声明中，明确"写入表示日本对在韩国的殖民统治进行'诚恳道歉'的内容，以书面道歉的形式，回应了金大中总统高姿态的合作提议"，[②] 韩日关系一度缓和。然而，由于小泉首相的固执参拜，韩日关系再度紧张，每次小泉参拜后，韩国政府立即通过外交渠道向日本政府提出抗议，韩国市民团体也举行示威游行抗议活动，同中日关系一样，韩日关系也走向低谷。

[①] 《东亚三国的近现代史》共同编写委员会编《东亚三国的近现代史》，社会科学文献出版社，2005，第210页。
[②] 五百旗头真：《战后日本外交史》，吴万虹译，第201页。

第七章　中日关系的不稳定因素及右翼的作用力

第一节　为"大东亚战争"正名的战争观和历史观

从 2005 年开始，日本《读卖新闻》战争责任检证委员会对日本的战争责任问题进行了广泛的社会调查和专家访谈，并出版发行了大部头的《检证战争责任——从九一八事变到太平洋战争》。其中，还对战争性质、战争反省、东京审判、官方参拜靖国神社等问题进行了民意调查。问卷之一是"如何看待日本和中国的战争及与美国的战争"，回答"都是侵略战争"的人占 34.2%，回答"和中国的战争是侵略战争，和美国的战争不是侵略战争"的占 33.9%，回答"都不是侵略战争"的占 10.1%，回答其他或未回答者占 21.8%。

对"如何认识日本政府战争反省和谢罪问题"，回答"充分"者占 63.0%，回答"还不够"者占 26.8%，未回答者占 10.2%。

对小泉参拜靖国神社赞成者占 29.2%，比较倾向赞成者占 22.0%，反对者占 24.2%，比较倾向反对者占 18.5%，未回答者占 6.2%。[①]

分析上面三组调查数据可知，承认对中国的战争是侵略战争者占 68.1%，但其中有 33.9% 的人认为日本对美国的战争不是侵略战争。认为

---

① 日本读卖新闻战争责任检证委员会：《检证战争责任——从九一八事变到太平洋战争》，日本朋友舍公会译，新华出版社，2007，第 328、329 页。

日本已经充分反省和谢罪的人占 63.0%。赞成或比较赞成日本首相参拜靖国神社的人占 51.2%，反对或比较反对者占 42.7%。这些数据至少说明有相当数量的各界人士对战争的侵略性质认识不足，自觉或不自觉地接受了政治当局及右翼社会的战争认识和说教。人们不禁要问，那场惨绝人寰的战争已经过去了半个多世纪，为什么围绕战争性质和历史认识问题，日本与亚洲各国仍然存在着如此大的差距？归根结底，还在于日本政界和右翼社会根深蒂固的荒谬历史观在作怪，概括起来有以下几种需要批驳的史观。

一 "东京审判史观"

日本宣布无条件投降后，美国对日本进行了近 7 年的占领。针对战争时期日本官方宣传的"大东亚圣战"说，为了矫正日本政界的战争认识，澄清民众的"模糊观念"，美国人抛出一个"太平洋战争史观"，认为"日本对外发动的侵略战争始于 1931 年的九一八事变，经七七事变到太平洋战争，对外的侵略战争是连续性的"，"日本侵略的主要目标是中国"，"美国为战胜日本帝国主义做出了'最大贡献'"，"以军部为中心的军国主义者是侵略战争的主要责任者，而天皇、宫中派、财界、舆论界等属于'稳健派'，是军国主义的'对立势力'"等。应该说，美国人的"太平洋战争史观"在一定程度上揭露了军国主义的战争罪恶，抨击了罪大恶极的一小撮军国主义分子，否定了日本对外发动侵略战争的种种借口和谬论。但是，由于这个史观是站在美国国益的立场上，以美国人的价值观和政治取向来评价战争，其要害是极力突出美国的历史地位和"最大贡献"，无视中国和亚洲抗日战场的存在，抹杀中、韩、朝及东南亚诸国的历史贡献，同时又着意保护天皇和政界官僚、财阀，使他们免受战争责任的追究。结果，本来就不认账的战争责任者（除天皇外，还包括政界、司法界人物，一部分帝国军人、财阀、右翼巨头等）逃脱了法律的追究，更顽固地坚持他们的战争观，也在一定程度上冲淡了战后社会各界的战争责任意识，误导了国民对被侵略国家、人民的加害责任。曾任美国某新闻机关东京特派员的马库·盖因在日记中对美国人的舆论宣传写道："我感到困惑，它是政治性的，比如，把那位像有癔病的总理大臣币原喜重郎描写成果敢的军国主义的敌人，攻击的主要目标集中在军人，却把天皇、财阀首脑凛然排除在战争犯罪人之外。"①

美国结束对日占领后，在一个相当长的时期内，日本政府致力于经济恢复和经济建设，使战后经济迅速恢复和发展，在国际上的经济地位不断提升。于是，本来对战败耿耿于怀，东京审判时又得以开脱的部分政治家冒出头来，说三道四。最典型的人物是爬上内阁总理宝座的岸信介。他在台上时曾说："以美国为主的联合国初期对日政策的中心是让国民承担一切战争责任，是想让日本国民意识到今天的困苦和屈辱完全是自作自受。从这个意义上说，东京审判使用的是绝对权力"，"占领初期的基本方针是变革日本人的精神构造，即从根本上剔除和破坏日本国民的伦理道德……其集大成者就是今天的日本国宪法"。② 在这里，岸信介虽然没有明确提出"东京审判史观"这一概念，但是，却向社会发出了一个对东京审判十分不满的信号。

到了1963年，"转向"作家林房雄开始在《中央公论》杂志上连续发表题为《大东亚战争肯定论》的长篇文章，③ 后来汇集成册，发行量不菲，成为战后第一部公开为侵略战争辩解和歌功颂德的专著，也成为后来政界和一些学者否认战争侵略性质的"理论根据"。林房雄公开表示："我不承认东京审判，从任何意义上也不承认。那是战胜者对战败者的复仇，是战争的继续，与正义、人道、文明都没有关系。"④ 应该说，林房雄这席话是日本知识界第一次对东京审判提出的"质疑"。

---

① 〔美〕马库·盖因：《日本日记》，筑摩书房，1963。转引自吉田裕《日本人の战争观》，岩波书店，2000，第34页。
② 五十岚武士、北冈伸一编《争论·東京裁判とは何だったのか》，筑地書馆，1997，第183页。
③ 林房雄原是日本共产党作家，参与无产阶级文学运动，后来"转向"，充当统治集团的吹鼓手。
④ 林房雄：《大東亜戦争肯定論》，番町书房，1976，第159页。

第七章 中日关系的不稳定因素及右翼的作用力

1976年，历史学者伊藤隆①在一篇论文中称，"战后日本，之所以对战时体制用'法西斯主义'来表现，很大程度来源于远东国际军事审判的判决。第二次世界大战是战胜者的民主主义（议会民主主义及人民民主主义，即共产主义——括号原文）对法西斯主义的战争，已经被意识形态化和正统化。判定战败国的侵略属性是法西斯主义，承担战争的一切原因，领导人为战争责任者"。② 1977年，伊藤隆又在另一篇论文中称，"远东国际军事审判的判决，规定了解释昭和史的基本方向……（日本）脱离了战时的'皇国史观'，却被'远东审判史观'取代，并且形成定式化"。伊藤隆这些论文发表后，立即遭到史学界的批判，有文章指出，伊藤氏的"远东审判史观"是"连东京审判的特性都没有接触，不诚实地做学问的谬论"，"他提出的'远东审判史观'，为了给读者以负面印象，用的是贬低的语言，经不起学问的检验"，"不过是宣传和煽动的政治用语"。③ 伊藤隆是最先用"史观"一词批判东京审判的学术界人士。

1982年，中曾根康弘上台组阁，开始推行以建设政治、军事大国为目标的新保守主义路线。1985年7月，中曾根在出席自民党轻井泽研修会时称，"日本曾经有皇国史观，战后却被太平洋战争史观和东京审判史观所毒害，日本人必须确立民族主义"。④ 他还在其他场合多次强调，"战后日本存在动辄否定日本的自虐思潮，像'法西斯主义'、'军国主义'、'财阀'等说法，都是战败国的政治后遗症"。⑤ 这里，中曾根康弘第一次把伊藤隆的"远东审判史观"更换为"东京审判史观"，成为日本政界第一位提出"东京审判史观"的官方人物，从此，也揭开了朝野上下批判和诋毁东京审判的序幕。

正因为中曾根康弘等政界领导人的历史观使然，1985年8月15日，中

---

① 伊藤隆后来加入"新历史教科书编纂会"，是该组织的骨干成员。
② 伊藤隆：《昭和政治史研究への一视角》，《思想》1976年6月号。
③ 粟屋宪太郎：《"東京裁判史観"とは》，藤原彰、森田俊男编《近现代史の真実は何か》，大月书店，1996，第158、161、162页。
④ 同上书，第161页。
⑤ 纪延许：《中曾根康弘》，宋成有编《日本十首相传》，东方出版社，2001，第406页。

曾根公然以总理大臣的名义参拜了靖国神社。随之，中曾根内阁的文部大臣藤尾正行公开跳了出来，成为战后第一位"失言大臣"。还是在中曾根的任上，右翼团体"日本会议"坚持皇国史观的高中历史教科书《新编日本史》被当局顺利通过。这一切都表明，中曾根等人抛出"东京审判史观"绝不是心血来潮，而是有着深刻的政治背景，意味着日本国内超国家主义及民族主义的思潮开始涌动。

1993年8月，针对内阁总理细川护熙"侵略战争"的讲话，已经下野的自民党部分议员成立"自民党历史研讨委员会"，推出代表自民党战争观和历史观的《大东亚战争的总括》，无异于向国内外发出了声讨和批判东京审判的动员令。

于是，"自由主义史观研究会"、"新历史教科书编纂会"、"昭和史研究所"等知识界右翼团体，以及前面提及的"正论派言论人"小堀桂一郎、渡部升一等人都积极行动起来。他们攻击"东京审判的理论直接规定了历史教育的核心……美国人在包括东京审判在内的约7年的占领期内，（东京审判史观）成为改造日本人思想计划的重中之重"；[1] 东京审判"使日本人对自国的战争产生罪恶感，影响到战后日本人的历史观"；[2] "现在，还不能从东京审判的束缚中解脱出来之人，一定是自虐史观的持有者"；[3] 东京审判"这一史观生命力很强，尽管在苟延残喘，但是它的瘴气污染着我国的教育界、思想界和历史学界，而且这种毒害仍在继续着"；[4] "东京审判无论如何不能给人以公正、中立的国际审判的印象，只是占领行政的措施之一"，"是胜者审判败者的复仇法庭"[5]；等等。

千叶大学教授清水馨八郎呼吁国民"从虚构的东京审判史观中觉醒过来"。他认为，"被这种错误史观的精神控制，成为战后诸恶的根源。谢罪

---

[1] 藤冈信胜：《戦後教育と東京裁判》，五十嵐武士、北冈伸一编《争論・東京裁判とは何だったのか》，第195页。
[2] "新しい歴史教科書をつくる会"编《新しい歴史教科書》，第294、295页。
[3] 中村粲：《大東亜戦争への道》，展转社，1991，第654页。
[4] 小堀桂一郎：《さらば敗戦国史観》，第79页。
[5] 渡部升一：《新憂國論》，第222、223、227页。

和不战的低三下四外交、中韩的内政干涉、国民的自虐史观、祈祷反战和平等所有的一切，都是信奉东京审判史观的结果。只要不消除这一史观，日本在外交上、精神上就不能成为一个真正的独立国家"。①

曾任海军少佐的富士信夫对"东京审判史观"下的定义是："东京审判法庭判决的所有内容都是不真实的，（判决）日本侵犯了国际法、国际条约以及国际协定，是'侵略战争'。日本过去的一切行为、行动都是犯罪，是'恶'的。"② 富士信夫为此"痛心疾首"，他指出，"直到今天，'东京审判史观'继续对日本产生重大的恶劣影响"，（尤其）"肩负日本未来的年轻人受到这种'东京审判史观'的污染，抱有错误的历史观，对日本的将来是重大损失"。③

其实，所谓的"东京审判史观"不过是日本政治家和右翼社会炮制的史观。众所周知，战后的日本社会根本没有进行彻底的战争反省，也没有像战后德国、意大利政府和人民那样，依靠自己的力量去追究战争犯罪，诚恳地向被害国家和人民赔礼道歉，谢罪赔偿。战后以来，充斥各家书店的有关战争的出版物，多是关于广岛、长崎原子弹的受害遭遇，东京大轰炸时民众的惨状，冲绳战军民的"玉碎"，日本战败投降后海外邦人回国时的艰辛等战争被害的读物，在这些出版物中，日本和日本人民俨然成为战争的最大受害者。而真正揭露日本军队惨无人道的战争罪行，反映日本殖民地民众悲惨生活，披露日军违反国际法进行人体实验和实施细菌、毒气作战的出版物却极其少见。直到20世纪80年代，本多胜一的《中国之旅》和森村诚一的《恶魔的饱食》的先后问世，才让许多人第一次知道南京大屠杀，知道平顶山惨案，知道731细菌部队，知道战后被隐匿近半个世纪的日本的诸般战争罪行。这一事实正充分说明，所谓的"东京审判史观"不过是虚构的史观，它只是部分战争经历者、政治家以及右翼文人对战败的耿耿于怀，对战胜国的内心宣泄，对"大日本帝国""昔日辉煌"

---

① 清水馨八郎：《マッカーサーと反日的日本人の罪》，《正論》1996年7月号，第53页。
② 富士信夫：《私の見た東京裁判》下，第542页。
③ 同上书，第543页。

的无望眷恋罢了。他们所希冀的是，借此扩大舆论，争取民众，欺瞒不了解事实真相的年青一代，从而颠覆东京审判的结论，恢复日本民族的"自信"和"自豪"，推进日本走政治、军事大国道路的步伐。正像近代史学家中村政则先生指出的那样，"我的立场是，他们所称的东京审判史观并不存在……不过是政治家和右翼势力鼓吹狭隘的国家主义所利用的意识形态而已"。①

而且，正因为该史观的虚幻性，它根本不能成为战后主导史学界的主流史观。相反，"大东亚战争史观"却在某种程度上继续占据着市场。从1963年林房雄抛出的《大东亚战争肯定论》，到20世纪90年代自民党历史研讨委员会出版的《大东亚战争的总括》，乃至各知识界右翼团体、"正论派言论人"编纂的出版物，通篇充斥着"大东亚圣战"的赞歌，通篇表述的是"自存自卫说"、"亚洲解放说"和"ABCD包围圈说"，根本没有丝毫的战争反省，也没有正视日本的战争罪行，甚至捏造出"南京大屠杀事件虚构说"、"从军慰安妇商业行为说"、"A级战犯是昭和殉难者说"等等，这一切当然不能解释成是受"东京审判史观"的"毒害"。正如一位日本学者评论的那样，"全面否定东京审判的大部分人，带有浓厚的政治复古主义色彩，这与战后日本以经济为中心的现代化方向及其精神构造，有着极大的背离感"。②

所以，对东京审判是抓住某些消极面不放予以全盘否定，还是从积极意义评价东京审判的意义，是为了颠覆过去（替侵略战争和战争罪犯翻案）而关闭日本同亚洲各国的未来，还是接受过去的教训展望更有光明希望的未来，这该是关系世界能否保持和平和长治久安的重大问题。

二 "自存自卫史观"与"亚洲解放史观"

右翼社会一直把日本发动的九一八事变、七七事变到太平洋战争称作

---

① 中村政則：《昭和史研究と東京裁判》，五十嵐武士、北岡伸一編《争論・東京裁判とは何だったのか》，第184、185页。
② 大沼保昭：《東京裁判から戦後責任の思想へ》，東信堂，1997，第151页。

第七章 中日关系的不稳定因素及右翼的作用力

"大东亚圣战"或"大东亚战争"。2000 年,"昭和史研究所"头面人物中村粲,原关东军参谋草地贞吾,A 级战犯板垣征四郎之子、日本遗族会事务局长板垣正等人通过社会募捐在石川县的金泽市竖立起一座"大东亚圣战大碑","大碑"正面是太阳旗的标志,刻有"大东亚圣战大碑"的字样,旁侧有草地贞吾书写的碑文,内容是"大东亚圣战是光照万世的镜子",另一侧刻有"八纮为宇"。可见,他们心目中依然坚持战争时期的官方宣传,把这场侵略战争视为"圣战",公开为侵略战争张目。曾任关东军参谋的濑岛龙三在著作中对"大东亚战争"的性质下的定义是:"大东亚战争作为日本是被动地自存自卫,而不是有计划地与美国为敌的战争";"日本领导层在(对美)开战前,尽管竭力避免战争,但未能实现,实在遗憾";"战争的责任不只在日本一方,正像东京审判时印度法官帕尔指出的那样,'由于在外资产全部被冻结,把日本逼上了穷途',美国也应该负有战争责任"。① 以上,该是右翼社会战争认识的普遍观点。

右翼设立在金泽市的"大东亚圣战大碑"

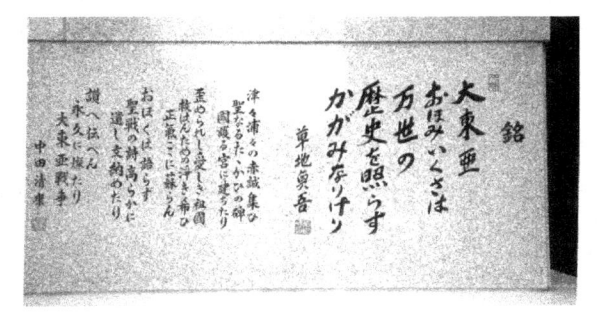

原关东军参谋草地等人为"大东亚圣战大碑"的正面题词

---

① 濑岛竜三:《大東亜戦争の実相》,PHP 文库,2000,第 277 页。

2006年12月，在日本发动太平洋战争65周年的日子里，产经新闻社主办的《正论》杂志刊行一部特集，题为《大东亚战争——日本的主张》，副标题是《真的是耻辱的战争吗?》，封面还印有醒目的提示语："开战65周年，最希望战后一代认真去读。"因为这部特集集中反映了右翼社会的战争观和历史观，所以有必要予以披露和解析。

特集收录有上智大学教授渡部升一和评论家日下公人的"对谈"文章。渡部升一开篇引用一段战争时期流行的《大东亚决战之歌》的歌词，称："日本宣布'大东亚（战争）是从英美的桎梏中解放'的第二年，在东京召开了历史上可以称作首次亚洲峰会的大东亚会议，国民从开战之初就抱有'从白人列强解放亚洲'的心情。"① 评论家日下公人则把日本发动太平洋战争时的宣战诏书作为"自存自卫"的"论据"，他认为，"由于ABCD包围圈，政治和经济方面逼迫的结果，为了'自存自卫'不得已开战"。接下来，渡部大谈特谈"自存自卫"的理由，他说："美国可以自给自足，英国有世界1/4的殖民地，荷兰有印度尼西亚殖民地，苏联也能自给自足，唯有日本不行，后起的德国和意大利也不行，日本建立满洲国就是为了自存自卫'生命线'……满洲是满洲族的土地，建立以满洲族皇帝溥仪为皇帝的国家不是侵略……溥仪的家庭教师庄士敦写的《紫禁城的黄昏》作为东京审判的证据被驳回，这是否定日本侵略大陆的第一手史料……（日俄战争）日本

《正论》发行的肯定"大东亚战争"的专集

---

① 渡部升一、日下公人：《内なる矜持として——日本人にとって大東亜戦争とは何であったのか孤独のなかで噛み締める栄光と苦悩》，《正論》（別冊），2006年12月，第20页。

只是获得了铁路权和辽东半岛的租借权,也绝不能说成是侵略,在帝国主义时代,像这样善良的(国家)只有日本。"① 为了给侵略战争戴上一顶"自存自卫"的帽子,渡部和日下氏一唱一和,重弹"ABCD 包围圈"、"东北非中国领土"等老调,还散布极其荒谬的强盗逻辑,即:因为自己家里没有,就要到别人家里抢夺,还自诩为"善良",不是侵略。为了把战争责任推给他国,渡部还臆造了日本周围存在的"三种恶意"或"三种敌意":"一是白色人种对有色人种根深蒂固的蔑视";"二是支那人和朝鲜人对日本脱离华夷体制的蔑视";"三是共产国际的马克思主义意识形态"。② 进而得出日本发动战争的"正当意义"。

关东学院大学教授富冈幸一郎有一篇评论"大东亚战争"之"义"的文章。他认为日本战后把这场战争称作"亚洲、太平洋战争"是'语言的失败",主张坚持使用"大东亚战争"的称谓,"自由主义派称之'亚洲、太平洋战争',《读卖新闻》捏造使用'昭和战争',这是 60 年前右占领下决定性的语言失败,我们必须痛感到直到今天仍然没有站立起来,GHQ 支配下形成的战后体制,到了平成时代越发强化,是受 15 年战争史观的束缚所致"。③ 他主张,"必须把大东亚战争置于广域的'东亚百年战争'的文明史去把握……从反反复复毫无意义的是否是'侵略战争'的争论中解脱出来,林房雄使用'肯定论'这一语言,就是从伪装成历史客观主义或实证主义的战后史观意识束缚下解放出来","我想说,大东亚战争至今仍没有终结,'战争'不只是物理的'战斗',还包括为什么要进行这种战斗的'义',即战争的理由和思想。战后日本人根本没有去议论大东亚战争的'义',这是战后日本人语言的失败,包括战后历史在内的 150 年的广域历史中,必须重新认识大东亚战争的'义'。"④ 那么,富冈所谓的"义"是

---

① 渡部升一、日下公人:《内なる矜持として——日本人にとって大東亜戦争とは何であったのか孤独のなかで噬み締める栄光と苦悩》,《正論》(別冊),2006 年 12 月,第 22 页。
② 同上,第 22 页。
③ 富冈幸一郎:《大東亜戦争の"義"とは何か》,《正論》(別冊),2006 年 2 月,第 47 页。
④ 同上,第 49、50 页。

什么呢？富冈称："在这场战争中，作为亚洲一员的日本人肩负着一个课题，即超越已经西洋文明化的自我，从这个意义上说，战争是亚洲，即日本抵御西方列强粗暴支配殖民地，是超越西方近代化的大东亚之战，是自存自卫的战争，也是解放亚洲的'义战'。"① 富冈还在文中大量引用了战争时期右翼鼓动家德福苏峰的论著以及"特攻队员"的诗文，最后引申到战争的"义"上。他总结说："所谓大东亚战争之'义'，不是历史的解释，首先是后世同胞应该倾听殉难者的声音，并从中得出结论。岁月已经过去60年的今天，这一问题仍然在追问着日本人。"② 富冈的主要观点仍然是"自存自卫说"和"亚洲解放说"。不过，富冈又与渡部升一等人有别。一方面，他认为"日本的亚洲政策与西方列强的殖民地支配有明显的区别，同亚洲诸国之间并非没有'连带的基础'"；另一方面，他也承认"近代日本的亚洲战略向西方的帝国主义和殖民主义倾斜，由于统治和战火给予（亚洲人民）极大的伤害和苦难，应该明确地谢罪"。③

"正论派言论人"小堀桂一郎是此期《正论》的主要出场人物，他的文章题为《各种各样的历史观》。小堀先提出一个"国内之敌"的概念，认为"国内之敌"是："利用手中的理论凶器，加入到对敌内应、诽谤祖国大合唱中的党派，当今世界一切反日排日派最有效的手段是滥用'日本＝侵略国家论'"。而且，他所指的"党派"并非是某些特定的组织或团体，而是"不分职业、阶层、年龄的区别"，"不论是政治家、执政党还是在野党"。④ 接着，小堀又提出一个"历史解释权"。他称："近些年来，每遇到机会我就反复强调'被剥夺的历史解释权'问题"，"把被剥夺的历史解释权，即我们自身的历史再夺回来是一场思想斗争。实际上，从很早时期，作为胜者的联合国就从独立国家的日本人手中夺走了历史和尊严，并且制造了追

---

① 富冈幸一郎：《大東亜戦争の"義"とは何か》，《正論》（别册），2006年12月，第52页。
② 同上，第57页。
③ 同上，第53、54页。
④ 小堀桂一郎：《それぞれの歴史観》，《正論》（别册），2006年12月，第73页。

击战的现场,毋庸置疑,这一现场就是东京审判的法庭"。① 小堀绕了一大圈,落点在东京审判上,对东京审判进行了一番批判,其主要观点前已介绍,此略。小堀又称,"夺回以日本国民为本位的历史解释权,在此基础上重新展开历史问题的思想斗争,第一阶段是打破东京审判史观,为此要充分有效地利用史料武器","能否发挥解释的说服力,还在于掌握史料者的洞察力","在这场思想战中,我们有意识地反击才算是真正的开始……要尽早注意从我们阵营的脱离者以及对敌内应分子的出现,不必计较小的、部分的胜败之喜忧,决定最后胜负要有百年的目标"。② 也许,小堀意识到"夺回历史解释权"绝非一朝一夕能够实现的,所以"放眼未来",甚至百年。这也提醒我们警惕战争责任和历史认识问题的顽固性和严峻性:一是绝非一个早上,或者日本一位领导人的承诺就可以轻易解决的问题;二是随着时间的推移,当战争受害者一代及他们的遗族已经离开这个世界,人们的感情记忆趋于淡漠之时,在"自存自卫说"或"亚洲解放说"仍有一定市场的情况下,未来的历史教育以及判断那场战争的是非标准都将出现困惑,当代人的责任显而易见。

此期《正论》还收录了"大东亚战争肯定论"的"重量级"人物中村粲同原东京大学校长林健太郎的一组辩论文章。林健太郎从批判林房雄《大东亚战争肯定论》的角度,指出:"近年来,高唱'克服东京审判史观'的人们的活动越发活跃,代表人物有小田村四郎、小堀桂一郎、中村粲、渡部升一等,提倡林房雄《大东亚战争肯定论》的'东亚百年战争'(说)……今天的'肯定论者'指责美国很早就采取反日态度都是出自此书,从某种意义上说,林房雄是今天'克服东京审判'论者的先驱者,而且两下对比没有什么根本的区别"。③

中村粲立刻著文反驳,他并非恼怒林健太郎把自己当作"大东亚战争肯定论"的代表人物,而是对林健太郎把自己比同林房雄颇感"委屈",开

---

① 小堀桂一郎:《それぞれの歴史観》,《正論》(別冊),2006年12月,第78页。
② 同上,第85页。
③ 林健太郎:《一九八九年を忘れるな》,《正論》(別冊),2006年12月,第92、93页。

篇辩解称："林教授强调'肯定论者'比林房雄更为偏激，从他的论述中至少可以看出误解、曲解和偏见。"① 随后，中村粲从日韩合并的历史着笔，列出九个题目反击林健太郎。对中日甲午战争和日俄战争，中村氏指责中国"对'同样是亚洲人的日本'背信弃义"，"勾结诱使三国干涉'同是亚洲人的日本'，日俄战争中日本从俄国人手中获取了南满洲，战争刚刚结束，（中国）又策划依靠英美力量把'同是亚洲人的日本'从满洲驱逐，这是支那传统的以夷制夷、远交近攻的策略，即结交遥远的第三国来制服邻国"。② 这里，中村氏口口声声称"同是亚洲人的日本"，言外之意，是把日本摆在亚洲霸主的位置上，中、韩等亚洲国家应该与"同是亚洲人的日本"同心同德，接受它的侵略或奴役，否则就是"背信弃义"。对九一八事变，中村氏认为，（满洲事变）"使满洲安定，诚然，是行使了谋略和武力，但结果是把民怨沸腾的压制者、类似土匪的张学良军队驱逐境外……在安定秩序的基础上，15 年间满洲的发展和繁荣才有可能……只有从这一点上论述事变的功罪，才是历史研究者的任务，历史议论的趣味也在这里。如今，日本的企业在大连受到欢迎，这种现象与满洲曾经繁荣的记忆不无关系吧"。③

中村粲的反驳引发林、中村两人的又一轮论战。林健太郎批驳"大东亚战争肯定论者"的"亚洲独立说"，指出："战争的结果确实带来了亚洲各民族的独立，但是，那是日本战败后的事情，并非是战争中日本让他们独立的。菲律宾和缅甸虽然建立了'独立政权'，但是在日本军队军事驻扎下，日军享有自由行动的全权，这不能说是独立国家。更奇怪的是，'亚洲解放论者'只是举出（东）南亚民族的例子，却无视近邻的朝鲜民族和中国民族。"④ 中村氏急忙上阵迎战，仍然从合并朝鲜入手。中村认为，"日清

---

① 中村粲：《林健太郎氏の批判に応える》，《正論》（別冊），2006 年 12 月，第 100 页。
② 同上，第 104 页。
③ 同上，第 105 页。
④ 林健太郎：《教科書で写くべき歴史》，《正論》（別冊），2006 年 12 月，第 112 页。原文可能笔误，把东南亚写成南亚。

战争（甲午战争）与其说是为了维护我国的独立，毋宁说是为了朝鲜的独立而战，这样的看法才符合历史的事实。与其说是日本的自卫战争，毋宁说是为了朝鲜的独立和近代化而战。其结果，不仅朝鲜，连清国也展开了近代化（建设）。已经步入近代化的日本同拘泥古代遗制的朝鲜和支那而战，是东亚新旧（制度）的冲撞，因此，日清战争具有历史意义"。① 对九一八事变，中村氏强调事变前的背景，认为当时的形势迫使日本必须解决满洲问题。"一是国民党正在被赤化；二是苏联和中共策划推翻蒋介石；三是国民政府把排外对象从英国转向日本；四是国民政府实施革命外交，收回国权的对象包括满铁、旅顺、大连等日本在满的主要权益。"因此，"满洲事变不只是我国的责任，大部分责任在支那一方"，"最重要的是要广泛、深刻地思索导致事变的背景，在历史性论述满洲问题之时，谋略等技术性问题只是第二位的"。② 这里，我们发现中村氏的逻辑思维极度混乱，明明是吞并了朝鲜，却偏偏说是为了朝鲜"独立"；明明是关东军武力侵吞中国东北，却偏偏把责任推到中国的身上。以这样的视角研究历史，得出的结论当然是谬之又谬。

中村氏还有一个歪理，即日本侵略中国的根本原因在于中国"无秩序和治安恶劣"。他说："支那自辛亥革命后为什么产业经济落后，看不到近代国家的发展呢？一个最大的原因是无秩序和治安恶劣，列国长期持续地反对支那撤销包括治外法权在内的不平等条约，对支那的商业性进出也犹犹豫豫，最大的障碍是支那的无秩序和治安恶劣，没有秩序的国家就失去了信誉……维护国家秩序需要严正的警察和军纪严明的军队，但无论在支那还是在满洲都不具备。"③ 不言而喻，中村氏炮制这样的歪理，是为日本的侵略行径辩护，不仅出发点荒谬，根本站不住脚，也暴露出其鄙视中国、朝鲜等亚洲国家的阴暗心理。

中村氏与林健太郎的论争共进行了四个回合，由于观点截然不同，结

---

① 中村粲：《林健太郎氏の戦争史観を論評す》，《正論》（别册），2006年12月，第116页。
② 同上，第117页。
③ 同上，第119页。

果当然还是各持己见。在最后的一篇文章中,中村氏固执地总结称:"日俄战争以来,我国领有他国的土地只有韩国和委任统治的南洋诸岛,此外再也没有。二十一条也没有要求领土和驻兵权,此后一直到大东亚战争终结,可以说对支那等其他国家连一寸领土的要求也没有过,中国今天仍然支配着满洲、西藏、新疆等省……大东亚战争从初战开始,依靠我国武力一扫英、美、荷的殖民地,为东南亚各民族的独立拉开了帷幕,请林健太郎务必认识这一严正的事实。不行使武力,东南亚各民族的独立无异于坐等百年河水清,当时,只有我国才具备这样的武力和气魄","开战时我国的自由贸易圈被剥夺,连在满权益都要求归还,维持国民和军队最低限度的必要物资也拒绝供给,所以说,开战正是为了自存自卫的紧急避难措施"。① 这里,中村氏采取闭目塞听的混混儿手段,把九一八事变以来日本武力侵吞中国东北,侵占中国大片领土以及入侵东南亚、太平洋地域的历史事实硬说成是"没有领土要求",那么人们不禁要问,日本把数百万军队派到海外究竟是为了什么?

《正论》特集还收录了樱井良子、福田和也、鸟居也、长谷川三千子以及东条英机孙女东条由布子等人的文章,因篇幅关系不再一一揭示。

三 "自虐史观"

20世纪80年代中叶,中曾根康弘内阁的文部大臣藤尾正行就战争责任和历史认识问题跳出来大放厥词,成为第一位跌下政坛的"失言大臣"。此后,政治家们"沉寂"了一段时日,但进入90年代以后,日本的"失言大臣"又一个接一个地亮开了嗓门,甚至置个人的政治生命于不顾,围绕南京大屠杀事件、日韩合并、从军慰安妇、东京审判等问题大放厥词。诸如奥野诚亮、永野茂门、樱井新、渡边美智雄、江藤隆美等人。在这种思潮的影响下,知识界冒出一个颇有市场和影响力的"自虐史观",按照"自研

---

① 中村粲:《なぜ語らぬアジアの歴史責任》,《正論》(別冊),2006年12月,第168、169页。

会"领军人物藤冈信胜的解释,"自虐史观"即"自我否定(的史观)"。①

藤冈氏认为:(让)"孩子们诅咒抨击自己的祖先,其结果使传统断绝,历史丧失和道德沦丧,如果持续这样的教育,日本的国家精神即将全部崩溃","把我国国民置于人类历史上前所未有的残暴非人性的人类集团的地位上,不断地描绘我国恶魔般的历史,鞭笞、诅咒、辱骂、抨击自己的国家,这样的历史观点、精神态度就是'自虐史观'","'自虐史观'是缠绕战后日本社会尤其是媒体和教育界的疾病,是沉疴,是增生的癌细胞。如果不清除这种疾病,日本就不能成为健全的国家"。② 藤冈把"自虐史观"描绘得如此可怕,煞有介事,揭开他的"宝盒子",让我们看看他的"自虐史观"的究竟。

1996年,藤冈以一封长篇的《致文部大臣公开信》,要求政府在审定教科书时将有关从军慰安妇的内容删除。他认为,(历史上)"没有从军慰安妇这一用语,慰安妇(妓女——括号原文)不是军属,是民间业者雇佣的女性,当时内地的妓女称作娼妓,战地的妓女称'卖春妇',没有必要加上'从军'二字"。③ 藤冈强调,战场上的慰安妇并非是强制性的,声称"如果是日军强制掳走朝鲜女性,为什么至今没有发现一份当时的命令文件?""在战地服务的女性收入相当士兵的百倍","如果日军强制掳走慰安妇,朝鲜人为什么沉默不语?""自称原是从军慰安妇的老女人们的证言,是在伪证罪成立的条件下做出的证言,绝不可取","任何证言都没有特定的时间和场所,在什么地方?日本什么部队?什么样的慰安所设施?都没有涉及,而且,证言内容经常变化,说她们是真正的慰安妇,证据在哪里?日本人太过于轻信,太容易被欺骗,真是令人着急"。④ 藤冈既没有研究,也没有调查,就武断否认从军慰安妇的存在,其列举的"理由"更是不值得一驳。当然,藤冈公开信的根本目的在于反"自虐史观",他在结尾要求文部大臣

---

① 藤冈信胜:《"自虐史観"の病理》,文芸春秋社,1997,第2页。
② 同上,第2页。
③ 同上书,第18页。另,这里的军属并非汉语意义的军人家属,日语中"军属"是指部队中从事后勤、卫生、运输、技术之类的随军人员。
④ 同上书,第20~23页。

"立即行使职权，向发行教科书的七家出版社下发'订正申请劝告'"。

从这封公开信可以看出，藤冈宣扬的"自虐史观"，是指揭示或披露日本战争罪行的"史观"。换句话说，绝不允许指责日本历史上的任何短处，尤其是近代以来对外发动的侵略战争及其战争罪行，否则就是"自虐史观"。因此，除了从军慰安妇问题外，藤冈还是一个坚决的南京大屠杀"虚构派"。2001年初，诸君杂志社围绕"南京大屠杀事件"分别对"虚构说"、"少数说"、"事实存在说"等三派学者进行了问卷调查。藤冈在答卷中认为，南京事件被屠杀的人数"接近为零"，"因为是通常的战斗行为，战死的中国军人不应包括其内"。对换上便衣进入安全区的军人应视作"正规士兵"，予以屠杀"合法"。他还认为，中方的指挥官唐生智"负有最大的责任"。另外，对两少尉的杀人竞赛，他回答称"完全不是事实"。他的结论是，日军在南京的行为只是"普通的战斗行为，并没有过火"。如果把南京事件收入教科书，"就成了反日宣传"。①

藤冈氏认为，"自虐史观"产生的原因是"三种敌意合成"的结果。一是"原社会主义苏联对日本的敌意，即共产主义史观……是为了特定政治目的而产生的历史观"；二是"以美国为代表的西方列强对日本的敌意，认为日本在大东亚战争时期一贯推行侵略计划，为实现征服世界的野心发动了战争，对其进行惩戒的联合国是正义的一方，这种观点被东京审判固定下来，即东京审判史观"；三是"中国与朝鲜对日本的敌意……是基于谢罪外交的历史观"。② 为此，藤冈竭力主张掀起一场以"新历史教科书编纂会"为运动主体、为期十年的历史教科书运动，他声称："日本人在战后漫长的时间里，成为被剥夺历史、没有历史的国民，如今，出现了战后以来刚刚开始的、日本人恢复自己历史的机会，对于我国来说，也许是意想不到的最后机会"。③ 显然，藤冈已经觉察或意识到日本政治右倾化的趋势，这正

---

① 《諸君》杂志社编《まぼろし派・中間派・大虐殺派三派合同大アンケート》，《諸君》2001年2月号，第183页。
② 藤冈信勝：《"自虐史観"の病理》，第297、298页。
③ 同上书，第301页。

是他们煽动修改历史教科书，反"自虐史观"的最好机会。然而事与愿违，藤冈的十年运动梦刚刚开头，"新历史教科书编纂会"内部就出现了分裂，一派势力分裂出去另立门户，与藤冈等人分道扬镳了。①

对于"自虐史观"产生的原因，藤冈除了指出上述三个"国际原因"外，还抱怨国内知识界、左派人士以及新闻媒体等。他认为：一是"左翼势力集结在一起追究日本的过去"，"信奉社会主义的人们在不可能畅谈未来的情况下，把全部精力转向追究日本的过去"，"为此，慰安妇问题成为他们最好的材料……可以说，关注这一问题的人物是天才的阴谋家"；二是"从广义上信奉社会主义或幻想社会主义的人们，大体上分裂成两个流派，一个是'共产国际左翼'，一个是'市民派左翼'……两者在追究日本过去的过程中，相互间的对立也完全消失，《赤旗》和《朝日新闻》的报道完全相同"；三是"政治形势。由于坚持保守传统的政党分裂，自民党联合政权中出现了社会党，新进党又是仰创价学会鼻息的政党，在这种情况下，本来应该站在日本国家立场上合情合理发言的政党一时不知到哪里去了"；四是"保守派的言论人、研究者、知识分子团体，因社会主义崩溃，意识形态的斗争结束，陷入了一时安心的错觉……可是，通过奥姆真理教事件可以看出，它与共产主义是同根而生，左翼人士对奥姆真理教的内心同感，嘴上不说但实际上广泛地存在"。②

藤冈信胜的"自虐史观"迎合和顺应了日本社会政治右倾化的趋势，尤其是战后出生、对战争和亚洲人民被害历史不甚了解的一代，其中一部分人在"自虐史观"的影响下，对国际社会追究日本战争责任和历史认识问题产生逆反心理，客观上不同程度地影响了日本同亚洲各国的正常关系。这种社会现象自然引起学术界正义力量的关注，有学者著文评论："自虐史观"认为，"孩子们学习现行的近现代历史教科书，越学习越会失去勇气，丢掉本国的自豪感，结果是培养自虐、反日的日本人，日本的国家将面临

---

① 2009年4月，《新历史教科书》虽然再次获得"合格"通过，但原来的扶桑社不再出版该书，改由自由社出版，暴露出其内部的公开分裂。
② 西尾干二、藤冈信胜：《国民の油断》，第222~225页。

解体"。实际上,"所谓日本人的自豪是发自蔑视他国的强大国意识……装点成朴素的民族优越意识势必转化成国家意识,对他民族非人道的侵略行为不感到心痛,会培养出什么样的人来?……孩子们的心理只有征服才是勇气、才是自豪,产生敌忾心,培养不出理性的思考能力","孩子们学习真实的侵略的历史,即使是黑暗的也不能掩盖,使之自我体会走向明天的教训,培养面向未来应该做些什么的思考能力。只有这样才能开拓自己的希望,同亚洲各国人民连带在一起,这也是历史的真实和真理的共有。即使一时地'讨厌日本',只有超越,学习到历史的真实才能领略现代人的意义,自己体味生活在当今时代的喜悦、勇气和自豪,把形成自己历史观的能力学习到手"。① 还有些学者主张,必须对孩子们积极地展开真理教育,比如,"在讲授'亚洲、太平洋战争是侵略战争'时,包含两个方面:一是传达客观的事实,即这种评价的社会性和学问性;二是在评价的基础上让学生们学习到历史真实,在此基础上推进学生们价值判断力、历史观的形成,以及思想自由的形成"。②

四 "日本罪恶史观"

"日本罪恶史观"实际上是从"东京审判史观"、"自虐史观"等派生出来的史观。20世纪80年代以来,作家森村诚一及新闻记者本多胜一等人经过多年的研究和考察,公开出版了揭露日本战争罪行的《恶魔的饱食》、《中国之旅》等著作,洞富雄等学者也出版了揭露南京大屠杀的论著。战后长期以来一直被当局有意掩盖的731部队人体实验和细菌作战、强制从军慰安妇、南京大屠杀、"三光作战"、强掳劳工等战争罪行一下子暴露在世人的面前。于是,日本一些有良知的知识界人士、市民团体配合亚洲民间被害人的赔偿诉讼,自发掀起了追究日本战争责任的运动。在他们的努力下,

---

① 山科三郎:《"自由主義史観"は二一世紀の日本をどこへみちびくか》,松島栄一等编《"自由主義史観"の病理》,大月書店,1997,第19~21页。
② 佐貫浩:《教育における価値相当主義と"自由主義史観"》,松島栄一等编《"自由主義史観"の病理》,第262页。

不断有日本违反人道、违反国际法的战争罪行被持续曝光。这种态势引起右翼社会的极度不满，千方百计欲否定日本的战争罪行，于是炮制出一个"日本罪恶史观"：一是攻击东京审判把侵略＝日本＝罪恶的模式强加到日本头上，演出一场抨击东京审判、推翻东京审判结论的闹剧，进而为"大东亚战争"正名；二是借机煽动国民的抵触情绪。

最早提出"日本罪恶史观"的是田边敏雄。田边敏雄并不是专业的史学研究者，过去长期从事企业管理工作，但对战争时期日本军队的战争犯罪颇有"兴趣"，著有《被〈朝日〉贬低的现代史》、《追踪·平顶山事件》等。他还是一位积极的"正论派言论人"，经常在《正论》、《诸君》等杂志上发表文章。多年来，田边千方百计为日本战争犯罪解脱，凡是有史料证实的日本战争犯罪的重大历史事件，田边总有"另类"的研究，以此否认日本的战争罪行，并把揭露日本战争罪行的一切论述诬之为"日本罪恶史观"。他认为，"'日本罪恶史观'的最大根据是归还者的手记"。[①] 所谓"归还者"是指20世纪50年代被中国政府宽大处理的日本战犯组成的"中国归还者联络会"（简称"中归联"），这些人在抚顺战犯管理所期间，在人道主义的感召下，逐渐认识到战争的罪恶，归国后以"手记"的形式编辑出版了《三光》一书，揭露战争时期日本的战争罪行，因为该书所记是战争亲历者的所见所闻，具有难以否定的真实性及强烈的感染力和说服力，所以在日本社会产生了极大的反响。田边为了否认战争经历者的口述史，先入为主地污蔑这些人"在中国被洗脑，他们的供述没有信用"。[②] 至于这些人如何被"洗脑"，他拿不出一份证据，而是站在极端民族主义的立场上，强调"世界上没有任何国家把本国的历史置于血淋淋的残忍无道的位置上"，"南京大屠杀、从军慰安妇、三光作战等，强调日本军队残忍性的教科书，以及推荐作为课外读物的书籍，（学生）如果读了这些书后，会理解日本人是个如何残忍好色的民族"。[③] 应该说，这就是田边的心理"障碍"

---

① 田边敏雄：《"沈默"支える日本罪悪史観のウソ》，《正論》1996年10月号，第52页。
② 同上，第63页。
③ 同上，第65页。

所在，他的反"日本罪恶史观"同反"自虐史观"有异曲同工之妙。

为了推翻《三光》揭露日本战争犯罪的记载，田边声称其中的史实都没有经过"验证"，"我认为，证言者是为了共同的利益口径一致地撒谎，或者是根据什么人的意志，强制全体人员出虚伪的证言，或者是诱导，读者们则以为是真实的了"。① 那么，田边是如何"验证"史实的呢？《三光》一书记载有日军第59师团小岛少尉和难波博少尉二人的证言，揭露了1943年日军第59师团在山东临清一带展开"霍乱作战"，杀害无辜的农民，甚至将卫河决堤使病菌扩大蔓延的罪行。田边没有任何史实根据可以推翻二人的证言，于是"别辟蹊径"，宣称，第59师团长藤泽茂及部下14人被中国关押时提交有《自供状》，后来，这些《自供状》及当地被害农民的证言都被收录于中央档案馆、第二历史档案馆以及吉林社会科学院合编的一书（指《细菌战与毒气战》，中华书局——著者注）中，"藤泽师团长以下14人的自供与（《三光》）原文一样"。② 田边因此得出"结论"，《三光》一书中两名少尉的证言是"根据《自供状》"。的确，小岛和难波博是田边所称14人中的2人，也是直接参与细菌作战的现场指挥者，他们在中国被审查期间主动交代了自己的战争罪行，回国后在《三光》一书中再次披露细菌作战的经过并不奇怪。问题是，如果这些人真像田边说的那样被中国"洗了脑"，那么，这些人回国后完全可以推翻《自供状》，也可以为自己的罪行辩护。但令田边失望的是，这些人并没有这么做，田边所谓的"强制"、"诱导"之说不攻自破。不仅证实田边的"验证"毫无意义，也从另一个侧面说明中国战犯改造工作的成功。

接着，田边又"质疑"第59师团中的14名证言者"在承认（细菌作战）事件上是一致的……而且，每个人的证言又互相补充，像链条一样衔接，如果链条的主要部位脱节，整个供述将一举崩溃"。③ 田边列举的14名证言者都是直接参与细菌作战的官兵，他们的供述自然是一致的。也许，

---

① 田辺敏雄：《"沈黙"支える日本罪悪史観のウソ》，第67页。
② 同上，第69页。
③ 同上，第70页。

他们中的人由于军阶不同,位置不同,可能对整个战局的把握各有局部性,但都参加了此次细菌作战是不争的事实。我们从田边质疑证言"一致性"的心理可以揣摩到,其实,他寄希望的是14名证言人的证言相互脱节,这样才可以使整个供述"崩溃"。在证言者证言无法攻破的情况下,田边又臆想推断,日军实施细菌作战无异于"自杀行为",因为日军也在现场,不可能是日军人为散播。第59师团防疫给水班的林茂美证实,是他将霍乱菌交给柿添军医中尉命其散播。田边为此找到柿添,但柿添称病,由夫人出面否认。田边以为抓住了救命稻草,又借题发挥一番,认为"当时中国河水泛滥,霍乱等瘟疫流行并不奇怪"。① 他还呼吁当年参战的老兵站出来"打破沉默","剩下的时间已经不多,但并非不可能,对没有做过的事情不能吞吞吐吐,应该明确地予以反击,这是对下一代应该负起的责任"等。②

由于"中归联"老兵们回国后编写出版了《三光》,揭露侵华日军在中国杀光、烧光、抢光的罪恶行为,一些出版机构依据学术界的考证和研究,认为事实的确存在,遂将日军的"三光作战"收在教科书中。田边对此分外气恼,专门撰文呼吁将"三光作战从教科书中删除"。田边指出,"日军不存在'三光作战',也没有这样的资料或史料。日军把'三光作战'称为'尽灭作战',但'尽灭作战'也不是作战名称,与使用歼灭、击灭一样,不过是像口令一样的语言而已","把日本人不知道的作战当作史实收进教科书,把(日军)残忍的样子告诉学生,为了考试,学生们还要默记'杀光'、'烧光'这样的词,简直是荒唐可笑"。③ 为了推翻日军"三光作战"的事实,田边针对日军第117师团长铃木启久关于"三光作战"的证词进行了"考证"。铃木在被审查期间曾供述,"当时,我命令部下实施三光作战,由于三光作战的实施,才能确保日本军队的势力范围,联队长按照我的意图,实行了残酷的行为"。日本中央大学教授姬田光一在《日中战争·研究丛书(10)》中收录了铃木的自供,并记述"铃木中将对在长城以南实

---

① 田辺敏雄:《"沈黙"支える日本罪悪史観のウソ》,第76页。
② 同上,第77页。
③ 田辺敏雄:《"三光作戦"の教科書削除を要求する》,《正論》1996年12月号,第50页。

施无人区政策负有全部责任,接受了有罪判决","铃木在战犯审判时出具的证言极其珍贵,直率地讲出大部分事实,原日军中的许多人都认为铃木是个比较容易接触的人"。① 田边似乎一下子发现了"破绽",称"'是个比较容易接触的人'与事实无关,难道能够以此作为理由,就认定'(铃木)直率地讲出了大部分事实'吗?姬田教授真是随意地臆测","姬田教授调查了日军哪个部队就得出这样的结论?……在我的调查过程中发现,姬田教授根本没有到该部队调查的痕迹"。② 确实,田边为了否定"三光作战"也找了几名铃木的部下,通过他们的证言希冀否认"三光作战"的存在。但遗憾的是,这些人的证言没有一份是有实有据、能够经得起推敲的,这使田边不着边际,不免有些沮丧,只好强词夺理:"日本方面不进行调查,只依据(战犯)自供状、日记之类,延续中国的宣传套路进行研究,结果就出现了这样的结论","像姬田教授说的那样,铃木承认中国揭发的事实,不能算作是供述,而是作为败军之将把罪过揽起来,应该这样来理解他的证言"。③

在日本,田边又是较早的"专门"研究万人坑的学者,也是第一个质疑万人坑存在的学者。他称,由于记者本多胜一的《中国之旅》在《朝日新闻》连载,"万人坑因此广为人知","但时至今日,朝日(新闻)、每日(新闻)以及任何一位学者都没有采访否认者一方,即,有关万人坑的报道,完全是中国单方面的说法,根本没有日本的证词"。④ 于是,田边的结论是"万人坑是捏造","完全是中国的捏造"。他的理由或根据有两条:一是"没有一个日本人真实地看见过万人坑";二是"战后国民政府在满洲进行的唯一一次沈阳审判中,没有一个案例是以这样的(制造万人坑)嫌疑被判刑,也没有调查和逮捕的案例"。田边在陈述上述两条理由后又进一步

---

① 田边敏雄:《"三光作戦"の教科書削除を要求する》,《正論》1996 年 12 月号,第 59 页。
② 同上,第 59 页。
③ 同上,第 63、64 页。
④ 田边敏雄:《"万人坑"、"三光作戦"、"731"と言われたらで大量殺戮された》,《諸君》2006 年 2 月号,第 96 页。

阐述："万人坑如果是事实，（日本）战败时理应还存在，当地的中国人也不会漠视，自然要频发对日本人的报复，把许多日本人送上法庭要求处以极刑。而且，还会把现场的惨状公布于众。但是，没有这样的事实。"① 人们知道，日本侵华期间除了屠杀大批和平居民外，还强制驱使大批劳工掠夺中国的煤、铁、木等资源，由于饥饿、冻馁、疾病以及日伪军警的暴行，无数劳工死于非命，形成遍及中国沦陷区尤其是东北地区的万人坑，这是不争的事实。然而，田边非要向历史的真实挑战不可，无视至今仍触目可见的日本战争犯罪罪证遗址。事实上，有许多日本人到过万人坑现场考察，日本的主流媒体以及许多学者也都在各类报道或著述中记载了万人坑的真实存在，这是用视而不见的颟顸抹杀不了的。另外，田边可能永远都无法理解的是，为什么日本战败投降后，中国人民并没有对日本人施加报复，他更无法理解的是，正是中国人民敞开自己的心胸抚养了数以几千计的日本遗孤。恰恰是田边以小人之心度君子之腹，才演绎出根本站不住脚的第二条理由。

第二节　战争遗留问题与民间被害诉讼

20世纪90年代以来，亚洲民间受害索赔诉讼问题成为日本同亚洲各国关系的又一重大分歧点。人们知道，日本战败投降后，在冷战的大背景下，美国通过不彻底的东京审判、片面讲和的旧金山条约以及日美安全保障条约，把日本卵翼在美国的核保护伞下，使日本成为亚洲反共排华的前沿阵地。本来理应在战后初期解决的战争责任问题竟长期搁置下去。另一方面，在冷战的背景下，亚洲30年不宁，从中国大陆的解放战争，到朝鲜战争爆发，接着是越南战争、阿富汗战争、柬埔寨战争等，亚洲始终处在冷战前沿的动荡和纷争的旋涡之中，几乎没有能力和可能去追究日本的战争责任

---

① 田边敏雄：《"万人坑"、"三光作戦"、"731"と言われたらで大量殺戮された》，第97页。

问题，客观上为日本旧皇国史观和军国主义史观的复苏酿成了比较宽松的国际氛围。在此期间，日本在安保条约和和平宪法的两大支柱下，随着经济的迅速发展，源于旧皇国史观的"自国中心主义"、"国益主义"、"国粹主义"等思潮涌上前台。到20世纪90年代初，这种思潮越发猖獗，并具体反映在篡改历史教科书、参拜靖国神社等一连串为侵略战争"正名"的问题上，激发了亚洲人民的愤慨和回击。同时，随着冷战的结束，以中、韩等国为代表的亚洲各国的经济崛起，政治民主化程度的提高，亚洲国家在世界的影响力和发言力逐步提升。于是，1991年，战争时期被强制充当从军慰安妇的韩国妇女金学顺勇敢地诉诸法庭，控诉日本军惨无人道和灭绝人性的罪行，提出赔偿、谢罪和恢复名誉的要求，揭开了亚洲民间被害索赔诉讼的序幕。

从1995年开始，中国大陆的民间索赔诉讼案以"花冈事件"劳工诉讼案为开端，迄今已经历时十余载，诉讼案包括强掳劳工、日军细菌战化学战被害、从军慰安妇、重庆大轰炸、南京大屠杀等二十余起。然而时至今日，没有一起案件在最后三审中获胜。概括起来，大体有以下几种类型。

一是"花冈事件"诉讼案。2000年11月29日，经东京高等法院"调停"，这起劳工诉讼案以被告方——鹿岛建设会社"捐出"5亿日元宣告结束，舆论界称之为"和解模式"。但是，围绕着这一模式的争议至今没有停止。有人认为，"花冈和解"是日本企业对中国二战劳工做出的"第一次实质性的赔偿，在亚洲是首例"，"有一定的法律意义"。还有一些包括原告在内的一方坚决反对"花冈和解"，认为此次"和解"是日本司法当局、被告以及辩护律师违背原告们的初衷，既不道歉，也不谢罪，仅以"捐出"5亿日元的形式匆匆了结此案。因此，包括原告团长耿谆在内的一些原告不接受"花冈和解"。①

这起案件的特点是没有经过最后的三审裁定，而是采取法庭和解的方式，由日本民间会社"补偿"一部分"生活救济金"，但不属于战争被害赔

---

① 野田正彰：《虜囚の記憶》，みすず書房，2009，第117~128页。

偿，而且没有就日本强掳劳工的罪行道歉。

2009年，日本西松建设会社与中国被强制劳工达成一项"和解"案，西松会社支付360名中国强掳劳工2.5亿日元补偿，但是，同"花冈和解"一样，这笔款项属于"人道救济金"，并非赔偿，也未明确表示忏悔和谢罪，而且款项由日本"自由人权协会"掌管。

二是刘连仁诉讼案。2001年7月12日，东京地方法院对刘连仁案做出判决，判定日本政府赔偿刘连仁遗属2000万日元。这是日本司法机关审理亚洲各国60余起民间索赔案件中，不以"时效"等为借口，承认被告方（日本政府或企业）负有伤害责任，一审做出赔偿判决的第一起案例。该判决承认刘连仁被日本政府强制抓工、被迫逃亡的历史事实；认定日本政府在战后放弃寻找保护刘连仁的义务同刘连仁备受煎熬的因果关系；否认了机械的时效观念，认为发动时效"明显违反正义和公平原则"；判处被告日本政府"赔偿"原告2000万日元，没有使用"花冈和解"中的"救济"或其他暧昧词语。但是，司法机关并没有判决日本政府对强掳中国劳工负有赔偿责任，强调"根据国际法和战前日本民法，国家都没有赔偿责任"。之所以对刘连仁予以赔偿，是因为日本政府在刘逃出劳动现场后对其"失去了保护责任"。所以，才判决日本政府赔偿刘2000万日元。另外，驳回原告提出的日本政府谢罪、道歉等要求。

这起案件的特点是初审承认日本强掳劳工的事实，但对刘连仁的赔偿是基于战后日本政府未负起"寻找保护"的义务，并非是对强掳奴役劳工的赔偿。而且，该案件在二审时被否决，连初审判决的"赔偿"也不认账了。

三是其他，如细菌战、化学战、重庆大轰炸、强制劳工等大多数诉讼案。这些诉讼案的特点是法庭承认日本在战争中所犯下的罪行，也对被害民众遭遇的痛苦表示同情。但是，均以"时限"、"国家无答责"、"个人无申诉权"或中日恢复邦交时中国表示放弃国家赔偿请求权为由，分别在一、二、三审时驳回原告的赔偿诉讼。

"时限"、"国家无答责"、"个人无申诉权"是日本司法机关扼杀亚洲民间索赔诉讼的三条大棒。所谓"时限",即按照日本民事诉讼程序的规定,认为追究战争时期的加害责任已经超过了规定的时限;"国家无答责"是日本明治时期的法理,因天皇是至高无上的"现人神",不担负任何责任,因此任何国民不能追究国家的责任;"个人无申诉权"是法庭故意曲解海牙陆战条约等国际条约,为驳回索赔诉讼案炮制的"法律依据"。在三条大棒的扼杀下,迄今为止,举凡亚洲受害民间人的索赔诉讼案例几乎都成为败诉案。

这样,一方面亚洲民间被害索赔诉讼案一个个被否决;另一方面日本否认战争侵略性质、推诿战争责任的逆流日甚一日,甚至污蔑亚洲民间诉讼案都是为了"钱",造成民众心理的对立和恶性循环,越发凸显出日本的战争责任认识问题。日本政府又以"司法独立"为挡箭牌,客观上支持了司法机关的"不作为"。

另外,人们知道,日本的司法机关在战争期间积极参与反动法令的制定和贯彻,诸如维护帝国宪法、治安维持法、出版法等,动辄以"不敬罪"加害民众,镇压民众的反战运动,是日本国内法西斯统治秩序的卫道士。然而,他们在战后根本没有受到法律的追究。据记载,战后初期被 GHQ 明令解除公职的 208778 人中,司法人员仅 37 人,除一人是原法官外,其余全部是"思想检察官"。而且,当美国转换占领政策后,这些人又重新回到司法队伍,他们的思想观念和传统意识延续至今,在处理战争索赔的案件中当然要坐到日本当局一边,这也是不言而喻的。问题在于,日本司法机关一次次驳回亚洲民间被害索赔诉讼,无异于一次次配合朝野上下推诿战争责任的"实战演习",是日本战争责任意识在处理民间被害诉讼案件中的真实写照和顽强表现,它带来的恶果是越发激化亚洲民间同日本之间的矛盾。

再对比日本对国内外战争受害者的补偿差别更能说明问题。战后,日本对当年的老兵(包括战犯)及阵亡者遗属连年支付抚恤金,已累计达 40 兆日元(1 兆=1 万亿),而支付给亚洲各国战争受害者的赔偿金仅为 1 兆日元。其悬殊说明了什么?的确发人深省。

还应该申明的是,亚洲民间战争被害索赔诉讼的终极目的绝不是单纯为了"钱",而是为了追究日本的战争责任,恢复历史的本来面目,让悲惨的历史不再重演。事实上,90年代以来的索赔诉讼活动已经产生了深远的影响,这一活动不仅得到许多日本律师、市民团体以及知识界人士的支持,更重要的是它在日本社会产生了相当大的影响,提醒包括日本人民在内的亚洲人民永远不忘战争的历史。从这个意义上说,索赔只是"底线标准",不是唯一目的。

当然,日本的战争遗留问题并不仅仅局限于亚洲民间被害索赔问题,其他如日军遗弃化学武器问题。日本战败投降后,仓促中将大批化学武器或散乱遗弃,或匆匆掩埋,或丢弃江河湖泊,半个多世纪以来一直成为威胁中国和平居民的"定时炸弹"。迄今为止,仅在东北地区就发生了数十起日军遗弃化学武器受害事件,有数百名和平居民在毒气(弹)的残害下死伤,或者造成终生丧失生活能力。1997年4月,国际上签订的《禁止化学武器公约》正式生效,中日两国政府就销毁遗弃在中国境内的化学武器问题签署了备忘录。从2000年开始,日本政府开始履行处理遗弃中国化学武器的义务。但是,由于主客观等各方面的原因,处理工作比计划安排大大滞后,国际社会对此予以高度的关注,希望日本政府能够以高度负责的人道主义精神,高质量地从速清除这些隐患,还和平居民一个稳定安全的生活环境。

第三节 "中国威胁论"与日本"价值观外交"

中国自1978年改革开放以来,经济建设及各项事业的发展取得令世人瞩目的巨大成就。到2006年,中国的GDP已跃居世界第四位,[①] 外汇储备列世界第一位。而且,各种迹象表明,尽管面临美国金融风暴的冲击,中国可持续发展的前景依然十分乐观,甚至有权威研究机构预测,若干年后,

---

① 2010年,中国GDP总量超过日本,位居世界第二位,但人均GDP仅为日本的1/10,世界排名100多位,仍然属于发展中国家。

中国将成为与美国并列的世界强国。这使近百年来一直独傲亚洲，其他任何国度根本无力匹敌的日本不得不正视中国的崛起，心态的异样感和不平衡感自然而然地生成和蔓延。一部分政治家和右翼社会自觉不自觉地加入到国际社会"中国威胁论"、"遏制中国论"的大合唱之中。与此同时，小泉时代初现端倪的"价值观外交"作为对付"中国威胁论"的"新"外交思维及举措也出现在国际舞台，成为影响中日关系以及中、日同周边国家关系的微妙复杂因子。

一 散布"中国威胁论"

按照西方世界弱肉强食的逻辑观点，一个大国、强国的兴起，势必伴随着对周边国家的威胁或者战争的出现，第一、二次世界大战的爆发正是帝国主义世界的不平衡因素成为诱因。按照同样的逻辑推理，近年来，日本的国家战略调整在很大意义上瞄准了中国的崛起，而最能体现这一战略调整意义的，是2004年12月日本官方重新修订通过的《防卫计划大纲》。内中第一次提及"中国军事力的现代化以及在海洋活动范围的扩大"，"对其今后的动向必须予以关注"。有媒体评价，《大纲》"明确记载对中国的警戒感，乃是1976年制定防卫大纲以来的第一次"。[1] 此外，《大纲》还把"国际恐怖组织以及大量破坏性武器、弹道导弹的扩散视为'新的威胁'，列为优先考虑的课题"，并认为"北朝鲜的军事动向属于重大的不安定的要因"。《大纲》还明确修改了日本自卫队历来以保卫本土为宗旨的任务，规定自卫队的目标是"改善国际安全保障的环境，使之不对我国构成威胁"。当日，日本防卫厅长官大野在接见记者时称，"自卫队的海外活动为本来任务"。[2]

除防卫大纲体现出"中国威胁论"的影子外，日本还连续出台一系列架空宪法、允许自卫队出兵海外的法案。小渊惠三政权时期，打着支持联

---

[1] 《朝日新聞》2004年12月10日。
[2] 《朝日新聞》2004年12月10日。

合国维护世界和平活动的幌子,运动国会通过了《周边事态法》及相关法案,把日美安保条约限定的"日本有事"扩大到"周边有事"。到了小泉上台,又借"9·11"事件打击恐怖活动为由,出台了《有事法制》(九法案),这样,自卫队的活动又从"周边有事"扩展到"世界有事"(实际是"美国有事")。《有事法制》通过后,日本鹰派议员团体"确立新世纪安保体制新议员会"的103名新议员发表一项紧急声明,声称"为防止北朝鲜的核武器,政府必须研究所有的对抗手段"。随之,外务大臣麻生太郎和自民党政调会长中川昭一一唱一和,掀起了"核讨论"的风波。2006年3月14日,麻生太郎又在参院预算委员会再次鼓吹"中国威胁论",指责中国军费增长"内容不透明",并称,这种增长可能会使别国"认为很受威胁或感到恐怖"。① 2006年11月30日,日本众议院未遇多大阻力就通过了将防卫厅升格为"防卫省"的法案,意味着从2007年开始,原防卫厅长官就会以内阁大臣之一的"防卫相"的身份参加内阁会议,有权力直接就财政预算或内阁讨论的法案议题等发表意见。

2008年4月,《读卖新闻》又爆出一则消息,报称"为应对中国崛起,日本将彻底修改防卫大纲","政府也曾讨论过部分修改现行大纲,但考虑到中国军事力量的增强,还是决定进行彻底全面的修改","为了应对中国军事扩张,日本防卫能力将得到重新设置"。一位不愿意透露姓名的防卫省人士没有就修改防卫大纲予以否认,称"中国军力变化对日本防卫能力的调整产生怎样的影响,这个问题正在讨论中。目前防卫省还没有明确表态"。此人还特别强调,"对于中国军力,日方不是'担心',而是'关注'"。② 对于这则新闻,《国际先驱导报》评论认为,"自2000年以来,日本海上自卫队新下水的主力战舰达到近10艘,其中包括排水量近万吨的'宙斯盾'驱逐舰。日本陆上自卫队则调整布防,从以苏联为假想敌的'重视北方'态势,转变为防备朝鲜和中国的'重视西南方'态势","从2006

---

① 人民网,2006年3月15日。
② 《国际先驱导报》2008年4月28日。

年开始，日本不惜投入巨资在宫古岛和福江岛增设电磁监听系统。海上自卫队的P-3C侦察机，几乎每天都会对春晓、平湖油气平台，以及在附近海域实施维权巡航任务的中国舰船进行跟踪监视。驻冲绳基地的第5航空群P-3C侦察机还专门换装了新型合成孔径雷达，以提高其对中国舰艇的侦察与监视能力。而且从2004年至今，自卫队以台湾海峡、钓鱼岛和东海油气田为假想背景的各类演习就达到20余次"。① 可见，军事上的调整和部署最能说明日本鼓吹"中国威胁论"的真实心理。

两年后，就在"撞船事件"发生后的三个月，2010年12月17日，民主党政权终于推出拖延两年之久的《新防卫大纲》，该大纲"无视台湾海峡和解的现实，仍把台湾海峡与朝鲜半岛并列为'不透明、不确定'因素，预留了介入台海的态势"。② 而且，称中国的军事动向"是地区和国际社会的忧虑事项"，把2004年大纲的"予以关注"升级为"忧虑事项"。有学者评论认为，"用一种'忧虑'的表述，把中国确立在与朝鲜相等的至少是'对手'乃至'敌手'的位置，变相地把在日本甚嚣尘上的'中国威胁论'写入国防建设的纲领性文件中"。③

在日本，"中国威胁论"不仅出自政府决策和部分政治家言论，还有右翼社会和右翼学者的鼓噪及煽动。2007年3月6日，《产经新闻》发表一篇社论，开篇就指责中国2007年的国防预算"比去年增加17.8%，增加金额3509亿元人民币。这是

日本《正论》杂志刊发渲染"中国威胁论"的专集

---

① 《国际先驱导报》2008年4月28日。
② 刘江永：《日本新防卫大纲的危险倾向》，《人民日报》（海外版）2010年12月24日。
③ 蒋丰：《日本新防卫大纲变脸、变身、变心》，人民网，2010年12月20日。

第七章　中日关系的不稳定因素及右翼的作用力

1989年以来连续19年增加到两位数","尽管中国方面一再强调对任何国家不构成威胁，但是否是威胁不由中国说了算，而是有关国家的判断。中国军费突出地增加是不容置疑的事实。去年美国国防部的报告中也称，对周边国家'的确是威胁'"，"射程能达到日本的中程导弹已超过了相当数量……中国海军舰船出没在东海油气田开发区域，从事实言，碍难否定威胁论，中国如果想消除威胁论不该用语言，而是要用行动"。社论煽动政府和社会各界必须充分认识到中国的"威胁"，"日本已经充分看到中国的军事能力和意图，重要的是要做好中长期准备"。社论还强调要"强化日美同盟，加深同北约等价值观共有阵营的提携，以集团的力量强化国际的抑制力"。①

专门研究中国军事的学者平松茂雄笔下的"中国威胁论"更是充满了恐怖和煽动。他在一篇文章中说："如果中国使用搭载核弹头的弹道导弹攻击东京，或者不攻击只是恫吓的话，用不上5分钟日本就举手投降了"。②当然，平松这番骇人听闻的话既没有资料根据，更没有实际的"考察研究"，不过像小孩子说瞎话一般，渲染"中国威胁论"而已。平松又借用东京都知事石原慎太郎在美国演说时的一席话，"（石原说）如果中美之间发生纷争，中国为了攻击最障眼的日美安保条约，可能会使用核武器攻击冲绳或者东京"。对石原这番话，平松抱怨日本国内报刊除了《琉球新报》外，其他都没有报道。接着他迎合石原的观点认为，"因为日本起着美国不沉的航空母舰的作用，当然就成为中国的目标。到那时，美国真的能对中国实施核报复攻击吗？中国的核武器是对准日本的，只要按下按钮，核武器就落到日本了"。③ 作为军事学的研究者，如此不负责任地人为制造"危机意识"，故意为东亚和平环境增添不稳定的肃杀之气，其目的当然是鼓吹加强日美军事同盟，同时鼓动当局发展和掌握核武器。他的结论称，"要维

---

① 《中国国防費"脅威論"の払拭は行動で》，《産経新聞》，2007年3月6日。
② 平松茂雄：《中国は核兵器で日本を五分でやっつけるぞ》，《諸君》2006年2月号，第139页。
③ 同上，第140页。

持日本的安全保障，最重要的要素之一无疑是美国的'核保护伞'"，所以他主张应该允许"美国的核武器进入日本，允许原子能航空母舰和原子能潜艇进入日本"。同时，他认为，"现在是日本必须拥有核武器，认真积极地展开核武器讨论的时候了"。① 不难看出，平松口口声声叫嚷"中国威胁"的终极目的还在于打破日本"无核三原则"的许诺，尽快使日本成为世界核大国俱乐部的成员之一。

煽动"中国威胁论"的右翼社会不仅在中国的军备问题上做文章，甚至包括中国的人口、粮食生产、能源消耗等都成为攻讦中国的"突破口"。2006年6月，日本"丸红经济研究所"所长柴田明夫煞有介事地向全日本发出警告，声称"再过十几年一些家常美味可能从普通人家的餐桌消失，只有特权阶层才能偶尔一尝。到时候日本人不得不用米饭、咸菜和味噌来填饱肚子"。他的理由是，日本每天要进口大量的肉类、谷物和大豆，日本人每天摄入的40%热量来自进口。"如果有一天日本粮食进口受阻，日本就要发生饥荒。"接着，柴田把矛头指向中国，称"中国人口每年以一千万的速度增长，正在从全球进口粮食。要满足中国十几亿人的胃口，中国会逐步成为纯粮食进口国"，"这种骇人的趋势已经非常明显。目前全世界50%的大豆都被中国人消耗掉了，而且这个需求逐渐看涨。中国人对肉、谷物的需求也不断增大，世界粮食谷物库存急剧减少，已经降到上世纪70年代石油危机时的水平"。② 柴田明夫的"饥荒理论"或许含有未雨绸缪、提醒国民的意图，但是，作为日本颇有名气的经济学家理应清楚，即便20年后，中国粮食的自给率依然会保持在90%以上。况且，美国等先进国家的粮食消费量和控制出口量也在增长，柴田却偏偏把世界粮荒的责任强加在中国的头上，其用心何在就不得而知了。

2008年8月1日，胡锦涛主席在人民大会堂接受25家外国媒体联合采访时，有卡塔尔半岛电视台记者问道：中国成功举办奥运会是否会在国际

---

① 平松茂雄：《中国は核兵器で日本を五分でやっつけるぞ》，第142页。
② 人民网，2006年6月12日。

上强化"中国威胁论"？胡主席说："中国早就明确向世界宣布，中国奉行防御性的国防政策，永远不称霸，永远不搞扩张。中国将始终不渝走和平发展道路，始终不渝奉行互利共赢的开放战略，谋求和平的发展、开放的发展、合作的发展。中国的发展不会影响和威胁任何人。中国人民愿意同世界各国人民一道携手努力，共同建设持久和平、共同繁荣的和谐世界"，"改革开放30年来，中国的现代化建设取得了举世瞩目的成就，但中国仍然是世界上最大的发展中国家，中国在发展进程中遇到的矛盾和问题，无论是规模还是复杂性，都是世界上所罕见的。我们要全面建成惠及十几亿人口的更高水平的小康社会，进而实现国家现代化，实现全体人民共同富裕，还有很长的路要走"。① 胡主席的讲话该是对包括日本在内的国际社会宣扬的"中国威胁论"的最好回答。

二 "价值观外交"

"价值观外交"出现在20世纪90年代初，日本政府在制定《政府开发援助大纲》（《ODA大纲》）的同时，把受援国的民主、自由、人权以及市场化经济状况作为是否提供援助的重要指标，附加以各种各样的限制，实行经济援助的政治化。而"价值观外交"的主要对象是针对中国——很显然，这也是"中国威胁论"在ODA上的具体体现。小泉纯一郎出任内阁总理大臣后不久组建了一个"对外关系工作组"，抛出《21世纪日本外交基本战略——新时代、新视野、新外交》，其主要内容是针对中国，以"价值观"为盾牌，宣扬"为了亚洲的长期稳定，一贯推进自由与民主主义、维护人权、积极参与人道支援活动，是亚洲先进民主主义国家日本的义务及国家利益"。②言外之意是把中国排除在他们认定的"价值观"国家之外。小泉在访问东南亚各国及出席东亚峰会时，日本的一些媒体公开主张，日本应该夺回亚洲的"领导权"，"争夺亚洲盟主地位"，甚至鼓吹沿着当年的

---

① 钱彤：《胡锦涛：中国的发展不会影响和威胁任何人》，新华社，2008年8月1日。
② 黄大慧：《日本大国化趋势与中日关系》，社会科学文献出版社，2008，第265页。

丝绸之路建立新的"围堵中国之路"。小泉内阁的官房长官在一次公开讲话中甚至称，中国"破坏亚洲稳定"，"强调日本与中国的价值观不同，日、美、澳、印四个价值观相同的国家应该紧密合作"。① 为此，小泉内阁提出建立"东亚共同体"构想，其中特别强调应该把"民主主义、自由和人权"等内容写进东亚峰会的共同宣言之中，"希望在即将召开的东亚峰会上对把握主导权的中国进行有效牵制"。② 小泉内阁的外相麻生太郎更是直截了当地出言不逊，他撰文指责中国应该消除"独裁政权特有的秘密主义，将实际的国防费用公布于世。中国如果成为民主主义国家的话，就能与日本成为真正友邦"。③ 面对中国的迅速崛起，日本当局不只是失去了思想准备和心理平衡，更重要的是，担心明治以来一直是日强中弱的东亚格局有朝一日转换位置，尽管小泉在一些场合曾表示过中国的发展不是"威胁"，但内阁的战略决策却是时时、事事从防范中国出发。于是，"价值观外交"则成为日本当局及政治家自以为得计的"杀手锏"，希图以共同的"价值观"取向笼络周边国家，进而孤立中国，夺回在东亚的"主导权"。

2003年9月，小泉再次当选内阁总理大臣，《产经新闻》发表社论，认为小泉面临着"考验日本外交能力"的时代。社论指出，"上个世纪以意识形态为对立轴的美苏两国，由于1989年柏林墙的坍塌得以缓解。之后，如同多米诺骨牌现象，苏联属下的东欧各国雪崩般地倒向西方，不久，连苏联也走上崩溃的道路。剩下的只有中国，成为20世纪遗留下来的意识形态的继承国。可是，9·11恐怖事件后，中国也面临着国内的恐怖问题，应迫使其修改路线，急速地接近西方"，"在远东一连串紧迫局势的旋涡中，正是考验日本外交能力的时机，一方面，北方的核武器、弹道导弹、日本人绑架、（间谍）工作船的出没；另一方面，国内载有间谍嫌疑的客货船的入港、麻醉剂及伪造货币的秘密输入、间谍的非法活动以及恐怖国家问题，朝鲜等问题如山，而且，任何问题如果缺乏同国际的紧密协调都不可能解

---

① 王屏：《日本右翼为何念念不忘中国》，《世界新闻报》2006年4月14日。
② 黄大慧：《日本大国化趋势与中日关系》，第266页。
③ 同上书，第267页。

第七章 中日关系的不稳定因素及右翼的作用力

决","从这个意义上说,小泉政治在过去的两年半时间里,通过与布什等欧美国家首脑的密切交往,以大胆的外交进行国际协调,取得了一系列的成果。小泉再次担任总理,日本国民当然欢迎和赞成日本政治的国际化"。[①]很显然,该社论以加强"国际协调"为幌子,实质是鼓吹"价值观外交",使日本的政治国际化。

2006年6月20日,冈崎久彦研究所与《产经新闻》联合在东京召开一次"台湾海峡和平与安全保障对话",邀请部分政治家、右翼团体成员以及美国、"台独"人员参加。冈崎久彦研究所所长冈崎做基调发言称,"在台湾海峡的现状方面,中国大陆与台湾之间的军事平衡正逐步向有利于中国大陆的方面倾斜。美国和台湾必须加强合作,建立密切的军事协商机制"。会上,来自各方的人士"言辞激烈,并公然叫嚣加强(日、台、美)三方合作,遏制中国",甚至鼓吹"台湾的民族主义符合美国的利益,未来不仅是美日台三方,还要把印度和澳大利亚等纳入其中"。[②] 这该是安倍上任前右翼社会较早推出的"大亚洲计划"。

安倍晋三取代小泉出任内阁总理大臣后,为了打破小泉时代因执意参拜靖国神社而破裂的日中、日韩关系,安倍先是进行了访中、访韩的"破冰之旅",表示愿意同中国建立"战略互惠关系",缓解已经陷于低谷的日中关系。然而,在推行"价值观外交"方面,安倍政权比小泉内阁走得更远。早在安倍上任的

安倍晋三上任前出版的著书,
内中表达了他的天皇观和历史观

[①] 《産経新聞》2003年9月22日。
[②] 张莉霞:《日右翼团体又滋事》,《环球时报》2006年6月22日,第3版。

前夕，在他的《致美丽的日本》一书中就阐明了他的"价值观外交"理念。书中说："日本社会是自由与民主主义及尊重基本人权的社会，是在严格的法治之下，而且，与亚洲许多国家持有相同的市场经济的共同认识"，"我对日韩关系持乐观主义，（因为）韩国和日本在自由、民主主义、尊重基本人权以及法治等方面具有共同的价值观"，"亲日的印度民主主义国家以及……澳大利亚等国，与日本共有自由、民主主义、基本人权、法治社会等普遍的价值观"，（建议）"召开日、美、印、澳四国首脑或外长会议，为了让其他国家具备这种普遍的共有价值观，尤其是在亚洲，共同协力做出贡献，从战略视角缔结协议，那该是一项非常有意义的事情。为此，日本应该发挥指导者的作用"。① 这里，安倍频繁提到"价值共有"、"普遍价值观"等字眼，强调发挥日本在亚洲的"指导者"作用，表明其一旦执政将遵循这一"价值观外交"理念。

结果的确如此，安倍上任后在多次演说中反复强调日本应该同"澳大利亚、印度等共有基本价值观的国家首脑进行战略对话"，"加深与日本拥有共同价值观的印度、澳大利亚等国家的经济合作，扩大首脑交流"。2006年末，印度总理访日，与日本确立了"全球战略伙伴关系"。2007年4月，日、美、印在东海岸举行了联合军事演习，将日本的"价值观外交"推向军事合作领域。2007年3月，安倍与来访的澳大利亚总理签订了《日澳安全保障联合宣言》，首开战后日本同美国以外国家签订安全协定的先河。

2006年11月，日本外务省以外相麻生太郎的名义提出一个《打造"自由与繁荣之弧"——开创日本外交新天地》的报告，强调日本必须重视同自由、民主主义、基本人权、法治及市场经济等共有"普遍价值观"的国家的合作，通过推行"价值观外交"，将欧亚大陆外沿的东北亚、东南亚、南亚、中亚、高加索、土耳其、中东欧乃至波罗的海的各国连接成"自由与繁荣之弧"。显然，这一所谓的"自由与繁荣之弧"是倡导相同"价值观"的国度形成对中国的包围圈，进而遏制中国的崛起和发展。按照"自

---

① 安倍晋三：《美しいへ国》，文芸春秋，2006，第157～160页。

由与繁荣之弧"的理念，2007年8月22日，安倍访印期间在印度两院联席会议上发表了讲演，又公开提出一个"大亚洲"的概念。但是，这个"大亚洲"并不包括中国，而是所谓"价值观共有"的日本、印度、澳大利亚以及美国。安倍内阁固持冷战思维，以"价值观外交"排除中国的做法显然既可笑又幼稚。有评论称："安倍提出的'大亚洲'计划是可笑的，因为这个计划就像堂·吉诃德一样，对手并不存在，他却荒唐地与大风车这个被视作'敌人'的物体进行搏斗，结果贻笑大方"，"安倍提出的这个计划又是不负责任的，也是不现实的。试想，与中国保持良好关系的印度、美国和澳大利亚愿意听从日本的摆布吗？日本口口声声要做'正常国家'，还闹着要成为联合国安理会的常任理事国。这样不负责任地提出带有冷战思维的'大亚洲'构想的国家，怎么能够得到其他联合国成员的信任呢？""冷战思维早已被世界各国有识之士所抛弃，但是，世界上还有少数人仍然抱着冷战思维不放。安倍提出的'大亚洲'构想正是冷战思维的表现，这是违背当今时代潮流的，是不合时宜的"。①

安倍此行除了抛出"大亚洲"理念外，还专程前往加尔各答会见了东京审判时主张日本无罪的印度法官帕尔的后代。安倍称："帕尔法官在远东国际军事法庭表现出高贵的勇气至今赢得许多日本人的尊敬"，又称前来会晤帕尔后代的目的之一是"叙旧"，因为安倍的外祖父岸信介执政时曾邀请过帕尔访日，这是"日印友好关系的象征"等。② 韩国《朝鲜日报》发表题为《日本甚至跑到印度"喊冤"》的社论，质疑安倍不辞劳苦，跑到印度"拥抱被日本军国主义者视为英雄的一名法官的后人"，目的是"宣扬甲级战犯无罪"。日本《朝日新闻》也发表言论称，与帕尔后人会晤是安倍本人的"强烈愿望"。报道指出，安倍过去就因对东京审判的暧昧立场招致外界不安，这次会面有可能引来一场"风波"。③ 此外，安倍丞会见了战争时期与日本合作的"印度国民军"领导人鲍斯的后代，当然，安倍

---

① 刘瑞常：《安倍"大亚洲"梦想有悖时代潮流》，新华网，2007年8月24日。
② 人民网，2007年8月23日。
③ 人民网，2007年8月23日。

的出发点绝不仅仅是为了显示日印友好，还暴露出他固执的历史观和战争观。

第四节　围绕台湾与领土纠纷问题的右翼论调及其行动

一　右翼社会的"台湾生命线论"和"台独"情结

2006年6月，由美国和日本记者合写的一篇专题报道在日本《新闻周刊》发表，在日本和我国台湾社会引起不小的震动。该报道鉴于陈水扁政权民众支持率日益下降，眼看就要跌下政坛的现状，认为"两岸统一的可能性急剧升高，出现了台湾被中国大陆吞并的空前危机，台湾一旦被中国大陆'吸收'，东亚防线将出现崩盘，日本的生命线将遭受威胁"，"等于日本的脖子被掐住了"。[①]

把台湾视为日本的"生命线"，不仅是日本执政当局对台战略的出发点，也是右翼社会的一致见解。2004年4月，京都大学教授中西辉政在《呼声》月刊4月号发表了题为《台湾是日本的生命线》的文章。文章称，"迄今为止，日本对中台政策的基本路线，表面看起来似乎是偏向中国，但实质上绝非抛弃台湾。在日中联合声明及日中和平友好条约中，对中方关于'一个中国'，即包括台湾在内的'一个中国'的主张，日方使用的是'理解'一词，而不是'同意'。可以说这样的表述为日本将来的变化留有很大的余地，它意味着日方只是'明白了中方的主张'，但视情况而定，如果现实发生了变化，如果台湾不再是'中国'了，那么日本也可能与台湾建立邦交关系。这说明当时的日本政府对东亚战略还是有明确考虑的"。文章又强调，"台湾对日本的安全来说，是最后的生命线。如果台湾与中国合为一体，那么尖阁诸岛（即钓鱼岛及附属岛屿）周边将完全成为中国海；冲绳海域和东支那海将成为中国军舰的演习之海域；日本的船舶和飞机将

---

① 庚钦、高洪等：《日本心态复杂看台海》，《环球时报》2006年6月14日，第1版。

被赶出这一区域","如果台湾被中国吞并,意味着日本的出入口将被北京完全堵死,那么日本只能对北京唯命是从,日美安保条约也将有名无实",台湾"对日本具有极其重要的战略意义。如果台湾变成中国大陆的一部分受中国支配,那么日本必将永远处于中国外交的下风"。① 可以说,在日本,中西辉政的文章颇具代表性。人们还记得,九一八事变之前,日本朝野上下炮制出中国东北的"日本生命线论",千方百计攫为己有,最后不惜动用武力侵吞了中国东北,也拉开了14年侵略亚洲、太平洋战争的帷幕。战后,随着日本殖民统治台湾的历史记忆逐渐淡漠,日本人的"台湾情结"以及台湾民众中尤其是青少年一代的"哈日情结"逐步升温,再加上"台独"势力的推波助澜,政治当局及右翼社会极不愿意看到两岸的统一,所以又祭起"生命线论"的黑旗,旨在阻挠两岸的统一。

无独有偶,中国军事问题专家平松茂雄也在《产经新闻》上发表文章,发出"台湾是日本生命线"的鼓噪。文章称,"由谁来保卫台湾周边海域?台湾位于日本航路的重要位置。如果台湾被中国大陆统一了,南海将变成'中国的海'。中国影响力将一直覆盖到中东以及东南亚诸国。在日本的西南诸岛和东海区域,中国的影响力也会大大提升。失去了东海这个进出口,黄海也将变成'中国的内海',那么,朝鲜半岛估计也将在中国的支配下","到那时,中国将以台湾为跳板把势力延伸至太平洋,随着中国经济的持续发展,中国将开始更加关心美国和澳大利亚在太平洋上的航路"。所以,"日本有必要配合美国航母保卫台湾周边海域。这不是不现实或过激的言论"。② 平松在另一篇文章中还称,"中国对台湾实行军事统一,对日本来说绝非是他人之事,中国断然对台湾进行军事统一之时……为了支援台湾,从横须贺出动航空母舰,从冲绳美军基地出动攻击机时,东京肯定置于(中国的)核攻击的威胁之下。如果日本屈服这种威胁,日美关系就会破裂,日本将置于中国的影响之下"。③ 中西与平松二人都从与日本生存休戚

---

① 《光明观察》2004年4月11日。
② 张翀:《哀鸣——"日本的生命线"如何保护?》,《环球时报》2008年1月31日。
③ 平松茂雄:《中国は核兵器で日本を五分でやっつけるぞ》,第142页。

相关的环境和条件着眼，描绘了一幅一旦两岸统一，日本将陷于"万劫不复"的可怕前景。当然，"生命线论"也反映了他们从骨子里反对两岸统一的心态，同时包藏着怂恿当局迅即行动、"未雨绸缪"的祸心，甚至煽动日本伙同美国"保卫台湾海峡周边海域"，不惜动用武力制止两岸的和平统一。此外，他们还人为地制造东亚"危机"局势，希图收到挑拨中国同东北亚、东南亚及太平洋诸国关系之效。可见，台湾问题应该是中日关系中中国面临的最大挑战之一。尽管日本官方在中日关系的四个文件中反复承诺坚持"一个中国"的主张，也表示赞同和平解决两岸问题，但对两岸趋于缓和的态势总是心存不快。因此，他们的另一策略是从来没有间断对台湾的各种渗透，包括政治、经济、军事、文化教育等各个领域。在国会，一批亲台议员组织了"日华议员恳谈会"、"21世纪委员会"、"日台友好恳谈会"等，频繁与台湾各界人士交往，甚至为"台独"势力出谋划策，或者提供资金的支持。右翼社会也专门成立有支持"台独"势力的"李登辉之友会"、"陈水扁之友会"等。

2004年，陈水扁在大选中勉强获胜，当时日本政界有人主张向陈致电祝贺，后碍于中日关系的考虑未敢贸然从事。但《产经新闻》专门发表了一篇社论表示祝贺。社论称，"陈水扁总统率领的民主进步党与以原总统李登辉为后盾的台湾团结联盟联合，好不容易压制住旧势力的中国国民党，（选票）超过半数"，"陈总统主张制定新宪法，并掀起'正名'运动，将'中华'和'中国'的名称冠以'台湾'，为此，中国方面强烈谴责其'企图台湾独立'，并表示了动用武力攻击的可能性"，"台湾的民主化并非直线发展而是充满了曲折，但是，其方向没有改变。日本和美国继续关注台湾的现实，这对东亚的安全保障具有关键意义，因此必须最大限度地关注中台关系"。社论的最后故技重演，又把所谓的"民主"、"自由"搬了出来，"中国希望重视同中国关系的在野党团获胜，从而否定陈总统的自立化路线。然而，台湾的在野党也喊出'爱台湾'的口号，他们也提倡民主主义，这一事实不容忽略"。[①] 打着

---

① 《台湾野党勝利　曲折をたどる民主化の道》，《産経新聞》2004年12月12日。

"民主"和"自由"的旗号,无中生有地渲染中国大陆"不民主"、"不自由",甚至捏造事实,危言耸听,进而反对两岸统一是右翼界经常施展的伎俩之一。

同国际上其他反共反华势力一样,右翼社会的"民主牌"也具有两重性,实施的是双重标准。2007年末,马英九访问日本,竟遭到右翼分子的多次围攻。右翼成员头戴马头面具表示对马英九的奚落,并扬起日本国旗跟在马的身后捣乱,马走到哪里就跟到哪里,狂叫"台湾不是中国附属,赶快独立!"还有人公开宣扬:"谢长廷的话,我觉得还可以,可以放心,但是国民党,中国国民党马英九的话,我们日本人绝对反对!"① 显然,这伙人反对的是两岸缓和与统一,反对台湾的任何政党、团体与中国大陆接触,更不希望中国国民党重新在台湾执政,这该是他们围攻马英九的初衷和根本目的所在。

马英九当选以后,倾向"台独"的右翼社会颇有失落感,发出一番带有酸涩味道的言论来。曾任日本驻泰国大使的冈崎久彦撰文称,"因为是民主政治,如果一个党连续执政或许会发生不祥之事,民心也厌倦……所以,即使输掉也没有什么可惜,对于台湾的未来而言或许可以看到乐观的前景"。接着,冈崎话锋一转,又在"民主"和"自由主义"上做起文章。他说:"我一直担心台湾未来的民主和自由主义,民主主义必须靠执政党和在野党的民主制度来维持……台湾如果选择接受一国两制的政权,那就意味着自由和民主主义的终结。"② 这番话吐露出冈崎氏的真正用意,即寄希望"台独"势力继续控制台湾局势,制止两岸统一。冈崎直言不讳地说:"我忧虑的是,无论中国的胡锦涛以和平方式对马英九进行和平交涉也好,还是通过军事威胁逼迫其屈服也好,国民党出任'总统'的话,很大的可能是会接受一国两制。因此,只有民进党掌握政权才能使这种可能成为零,也才能考虑到安全。"这才是冈崎内心真实意图的抒发。冈崎在

---

① 中新网,2007年11月23日。
② 冈崎久彦:《"総统选"以後》,《产经新闻》2008年3月26日。

文章的最后干脆撕下脸来公开鼓吹"台湾独立",他说:"将来,由于民主主义的作用力,当钟摆向相反方向运动之时将酿就台湾的独立","在国际法上,台湾已经具备公认的独立主权国家的实体,缺少的只是国际上的承认,再极端地说,就是美国和日本的承认","在台湾,只要台湾人民坚决地反对统一,对台湾未来抱有稳定的一致意志,在民主主义的路线下则可以出现政权交替的可能性"。① 看来,冈崎还在梦想"台独"势力有朝一日重新上台。

公开支持"台独"势力的还包括一部分右翼保守派政治家。2005年,李登辉打着"观光"的旗号准备到日本活动,在中国政府的强烈反对以及日本朝野各界的抵制下,日本政府没有向李颁发签证,并由外务省副大臣在记者招待会上解释称:"李氏此次访日不能认定是私人访问,申请的办法不自然、不诚实,即使再申请也难以办理签证。"时为众议院议员、负责出面接待和安排李登辉的中川昭一(后任安倍、麻生内阁大臣)很是恼火,在《正论》上发表一篇文章,猛烈抨击日本外务省拒发李登辉签证是"逆向绑架"行为。中川认为李登辉之所以被拒签,是由于"中国警惕李登辉推进台湾民主化的言行,日本国内追随中国的势力也在起阻止作用","在幕后,外务省、庆应大学当局、亲中派政治家有步骤地展开阻止活动,大学当局和教授直接给学生们施加压力"。中川还指责外务省"屈服中国不正当的压力","日本是民主、法治的主权国家,颁发签证是国家的主权行为,只要没有法律问题就应该颁发"。更使中川感到十分遗憾的是,他认为,原计划李登辉在庆应大学的讲演一定会"令人浑身颤抖般的感动","讲演内容是日本统治时代,日本技师八田与一在台湾南部的不毛之地建造巨大的水坝和灌溉设施,使这里成为大粮仓的伟业,因此受到当地人的爱戴","无理地拒绝(讲演内容)让日本人感动和自豪的李氏来日,难道不是逆向绑架吗!"② 此外,中川还有一个遗憾,那就是李登辉许诺来日后送给他一

---

① 冈崎久彦:《"総统選"以後》,《産経新聞》2008年3月26日。
② 中川昭一:《李登輝氏へのビザ拒否は外務省による"逆拉致"だ》,《正論》2005年2月号。另,2009年2月,中川在出席四国财长会议时因"醉酒门"不得不辞去财政相职务。

幅亲笔条幅，但签证未能到手条幅也随之落空，中川遗憾再三，扼腕顿足表示惋惜，竟也在文章中表露出来。

更有些极端的右翼学者臆造出"台湾非中国领土"的谬论。拓殖大学副教授涩谷司在一篇文章中公开称，"中国《明史》（卷 323 列传 211 外国 4）记载台湾本岛的鸡笼（东番）是'外国'。既然台湾属于'外国'的范畴，就不能认为台湾'自古以来'就是中国的一部分（但澎湖列岛可以看作属于中国——括号原文）"。琉球漂流民被害事件发生后，"清国以台湾土著居住区属本国管辖之外为由，回避责任"，所以，"对'自古以来'台湾是中国的一部分的中国主张大有疑问"。[①] 涩谷因此得出"结论"："中国共产党主张'台湾是中国的一部分'证据不足。"他的"理由"有四条："第一，中国（中华人民共和国——括号原文）在现实上从来没有实际支配过台湾（中华民国——括号原文），一般说来，一个国家对于从来没有实际支配的地域，不能认为其拥有主权"；"第二……最近清楚了，带有署名的《开罗宣言》的正本并不存在，也可以说《开罗宣言》是无效的……日本不该履行《波茨坦宣言》第 8 条（履行《开罗宣言》的条款——括号原文），即，日本不应把包括澎湖列岛的台湾归还给中国"；"第三，因为台湾曾经是清国的领土，所以它应属于中华民国继承者中华人民共和国的领土，这种理论略显粗糙……在国际法上，中华民国并没有完全被消灭，中华人民共和国只是'不完全地继承'了中华民国，只要中华人民共和国没有消灭中华民国，就不能行使旧国家的主权，因此，不能承认中华人民共和国主张的台湾领有权"；"第四，中国国民党和中国共产党所谓的'一个中国'的原则，不过是两党的杜撰，'一个中国'是虚构的产物……长期以来世界各国也支持这种非理性的论调"。[②] 涩谷罗列了四条"理由"为"台湾非中国领土"做注脚，其实，他的每一条"理由"都属于胡说八道之类，不值

---

① 涩谷司：《台湾は中国の一部だと言われたら》，《諸君》2006 年 2 月号，第 123 页。涩谷所称的琉球漂流民被害事件发生在 1871 年，琉球赴中国的进贡船遭遇风暴漂流到台湾，一些人被台湾土著民杀害。三年后，日本以此为借口发动了侵台战争。

② 涩谷司：《台湾は中国の一部だと言われたら》，第 123～125 页。

得一驳。涩谷的文章只是提醒人们,对右翼社会的"台湾情结"绝不可小觑。

二 钓鱼岛风波

大量充分的历史资料证实,钓鱼岛自古以来就是中国的领土,这是不容分辩的事实。中日恢复邦交以来,中国出于大局和中日关系的远景考虑,宣布搁置争议、共同开发,日本方面也表示赞同。1978年,邓小平副总理应邀正式访问日本时,在记者招待会上,有记者提出钓鱼岛的问题。邓小平回答道:"'尖阁列岛'我们叫钓鱼岛,这个名字我们叫法不同,双方有着不同的看法,实现中日邦交正常化的时候,我们双方约定不涉及这一问题。这次谈中日和平友好条约的时候,双方也约定不涉及这一问题","倒是有些人想在这个问题上挑些刺,来阻碍中日关系的发展。我们认为两国政府把这个问题避开是比较明智的。这样的问题放一下不要紧,等十年也没有关系","下一代比我们聪明,将来总会找到一个大家都能接受的方式来解决这个问题"。[①] 然而,进入20世纪90年代以来,随着日本大国化战略的实施,朝野上下围绕钓鱼岛问题屡起风波,甚至上演出一系列无视中国领土主权、公然挑衅的闹剧。

在政治家的行列里,最为激进的当属一贯反华反共的东京都知事石原慎太郎。2005年5月20日,石原率领日本国土交通厅、东京都政府官员及新闻记者100余人乘船登上钓鱼岛的"冲之鸟"礁石,并双膝跪地猛嗅刻有"冲之鸟"的碑石,一面挥舞着日本国旗狂叫:"好像到了战场一样!"日本几乎所有的电视媒体都跟踪报道了石原在岛上的一举一动。不久以后,石原在接受英国《泰晤士报》采访时又公然叫嚣:"如果中国占领了钓鱼岛,日本应该像英国和阿根廷的马岛之战那样,不惜打一场国土保卫战。"还煽动国际社会"抵制中国的奥运会"。本来,按照中日两国政府的官方协议,双方理应在钓鱼岛问题上保持克制,各自约束,防止矛盾的激化。然

---

① 人民网,2005年5月20日。

第七章　中日关系的不稳定因素及右翼的作用力

而，身为政府高官的石原慎太郎竟然无视中日关系的大局，恣意妄为，暴露出其仇华反共的本质。

此外，日本政府竟将18名日本国民的户籍设定在无人居住的钓鱼岛上，指定了"岛主"。

2008年6月，几艘台湾渔船在钓鱼岛附近海面被海上保安厅的舰船撞翻，造成人员死伤的重大事件。台湾当局向日本提出严重抗议，并召回驻日本的代表。6月20日，日本第11管区海上保安本部长那须秀雄以个人名义向被损渔船的船长发出"道歉信"，表示"道歉"之意。日本政府也发表了"遗憾"的态度。① 应该说，日本对这起不幸事件的处理尽管有许多不尽如人意之处，但总算有个说法，平息了由于此事件可能造成的中日之间的更大纷争。

然而，就在事件发生后不久的2008年6月30日，日本众议院决算行政监视委员会在委员长枝野幸男的率领下，搭乘海上保安厅的飞机飞抵钓鱼岛的上空"视察"。日本一家媒体报道称，"日本国会休会期间各委员会前往国内外视察并不稀奇，但前往领土问题焦点的地区'视察'是破例的事"。日本外务省则宣称，枝野幸男等人的"视察"属于"议员的个人行为，与日本政府无关"。对此，中国外交部发言人郑重指出，"对日本海上保安厅船只到钓鱼岛附近海域活动，并导致中国台湾渔船沉没，表示严重关切和强烈不满，中方要求日本政府停止在钓鱼岛附近海域的非法活动，防止再次发生类似事件"。②

与此同时，右翼社会也抓住台湾渔船被撞翻事件兴风作浪。《产经新闻》发表社论称，台湾渔船"无视日本的再三警告侵犯日本领海，极其遗憾"，"政府在涉及领土问题上绝不能轻易妥协，必须采取毅然决然的态度"。社论还声称，钓鱼岛"自1895年1月14日阁议正式编入日本领土后，任何国家都没有提出异议，在国际法上也完全承认是日本的领土"。随后，

---

① 《每日新闻》2008年6月20日。
② 中国新闻社，2008年7月1日。

社论抱怨中日恢复邦交时"日本应该迫使中国承认日本对尖阁列岛的领有权,却偏偏接受了邓小平的搁置方案,留下了祸根,这一历史绝不能忘却"。在发泄一番议论后,社论认为"以此次事件为契机,成为大陆出身的台湾居民反日抗日高涨的契机,其背景是有着抗日经历的国民党夺回了失去8年之久的政权,议会中的3/4也是国民党(员)"。但社论又很是自信,认为"大半台湾居民的对日感情不可能简单地变化,应该把此次事件作为强化日台友好的契机"。并向马英九政权发出"警告","希望(马政权)深思熟虑日台反目的后果"。最后,社论用一句醒目的话结尾:呼吁日本当局"必须尽早地用自己的力量保卫尖阁列岛"。①

　　知识界右翼对领土纠纷问题从来是持强硬态度的,不断有人发表言论鼓动政治当局采取强硬态度,甚至不惜动用武力。日本和平安全保障研究所理事长西原正曾在《产经新闻》发表一篇题为《从对中国的软弱外交中解脱出来》的文章,指责中国海洋调查船"侵入"日本"尖阁列岛海域",抨击日本当局"无策","对于中国的多次侵犯,日本却不采取行动","对于中国调查船未事先通报的侵入,海上保安厅应该射击恫吓,将其驱逐出日本主张的经济水域。(当局)应该赋予他们这样的权限,这才是维护国家整体的办法"。在这篇文章中,西原还以西沙群岛及南沙群岛为"参考之例",称"除中国外,越南、台湾、菲律宾、马来西亚、文莱等五国都主张全部或部分领有权,而且除文莱外,其他五国都以各种形式驻扎有军队"。这里,西原包藏的祸心一目了然:一是故意混淆领土纠纷的原因、性质和现状,挑唆中国与周边国家的关系,煽动国民对中国的敌意;二是把台湾称为"国家",明目张胆地散布"一中一台"和"两个中国"的歪论,这对于一位专事和平安全研究的重量级人物,除了用别有用心来解释,恐怕没有再合适的词句来形容。最后,西原煞有介事地抛出"尖阁列岛危机"说,他称,(如果)"有一天,中国人民解放军突然登上尖阁列岛,挂起国旗,建造渔民(多是假扮的渔民——括号原文)'避难所',日本只有抗议

---

① 《尖閣領海侵犯　毅然かつ冷静な対処必要》,《産経新聞》2008年6月17日。

第七章 中日关系的不稳定因素及右翼的作用力

了事","其他如北方领土、竹岛等,一旦被武装占领,要想排除是极其困难的"。因此,"日本必须让自卫队长期驻扎尖阁列岛……日本必须尽快从软弱外交中解脱出来,拿出用自己的力量保卫尖阁列岛的气概来"。①

应该说,西原主张的强硬外交是右翼社会的"传统"。从中日甲午战争到日俄战争,从日本提出灭亡中国的二十一条到发动九一八事变,乃至华北事变、七七事变、太平洋战争,右翼社会都是冲在前沿,煽动政府和军事当局把所有的道义和国际准则踩在脚下。战后日本成为经济大国后,实现政治、军事大国的梦想又在右翼社会"复苏",特别是进入 21 世纪后,这种倾向越发明显。尤其表现在领土纠纷等对外关系问题上,他们的言论最为偏激和具有煽动力。一位摄影记者山本浩一在一篇文章中指责日本当局在领土问题上"声音相当微弱","半个世纪来日本政府以败战为逆向转折点,与周边国家的交往关系持续退缩,始终采取看他国眼色的'软弱外交',结果使问题出现,越发复杂化"。山本还举个例子,抱怨 2004 年日本逮捕登钓鱼岛的中国人后,"没有将他们送交司法部门,而是窝窝囊囊地强制他们出境了事……这一巨大的'欠账'不正是引发领土问题以及中、韩反日风潮,导致今日事态的动因吗!"②

2010 年 9 月 7 日,中国福建渔船在钓鱼岛海域作业时,遭到日本海上保安厅巡逻船的挟持,他们非法逮捕和拘押了中国船长。事件发生后,右翼社会又活跃起来。《产经新闻》连篇累牍地发表社论,煽动国民的反华情绪,渲染日本的领土主权"遭到威胁"。据不完全统计,仅从 9 月 14 日到 10 月 30 日,该报就发表了 16 篇社论,其中有《强化尖阁防卫是对中姿态的课题》(9 月 14 日)、《释放中国船长贬低了国格》(9 月 25 日)、《中国反日游行是错误的爱国教育》(10 月 18 日)等。

9 月 29 日,同血社、大日本胜魂社等右翼团体在中国驻日大使馆附近举行反华游行,游行队伍打着"释放支那船长是耻辱"、"保卫尖阁者岛"、

---

① 西原正:《对中国の位负け外交から脱皮せよ》,《産経新聞》2007 年 2 月 24 日。
② 山本浩一:《尖閣、そして冲绳まではと言われたら中国の領土》,《諸君》2006 年 2 月号,第 118 页。

"创设皇军"、"粉碎中华霸权"等标语,高呼"日中断交"等口号,鼓动驱逐在日中国人。

中国船长被释放后,右翼团体纠集人马包围首相官邸,叫喊将9月24日定为"国耻日","打倒菅直人,打倒菅内阁"。

10月2日,东京、名古屋、京都、札幌等18个城市举行了反华游行示威。同日,因论文事件下台的原航空自卫队前幕僚长田母神俊雄、东京都杉并区区长山田宏、草莽全国地方议员会干事长水岛聪、台湾研究论坛会长永山英树及一部分地方议员在东京代代木公园集会演讲,抨击菅直人内阁"软弱外交"和"卖国亡国",主张对华强硬,攻击释放中国船长是"丧权辱国之举"。

10月16日,由田母神等右派军官组织的右翼团体"加油日本全国行动委员会"联络其他多家右翼团体纠集数千人对中国驻日本大使馆进行围攻示威活动。

此外,此间还发生中国使馆接到恐吓子弹、神户中国人学校受到电话威胁、京都岚山"周恩来歌碑"遭到破坏等一连串事件。

产经新闻社创办的《正论》还发行了一期《不能忘却"9·24"屈辱》的专集,围绕撞船事件发表了中西辉政、西尾干二、西村真悟、平松茂雄等著名知识界右翼人物的反华文章,还邀集退役的原陆将福山隆、原海上自卫队幕僚长古庄幸一以及下野的田母神以《如果日中发生战争》为题发表"见解"。西尾干二宣称"日本笼罩着不安和恐怖";西村真悟主张"刺激中国";另外还有《国辱纪念日令人痛哭》、《民主党外交无能与胆怯》、《追究仙谷官房长官"卖国利权"嫌疑》等专题文章,①蛊惑不了解事件真相的国民,煽动反华情绪。一时间,日本对华好感率又从2005年的32.4%下降到31.8%。②

---

① 《屈辱の"9·24"を忘れるな》"総力特集",《正论》2010年第12期,第48、58、64、74、112、118页。
② 另有最新资料统计,日本民众对华好感率降至20%,无好感率为77.4%。见宫家邦彦《日本人对华好感度变迁》,彭永清译,《环球时报》2011年1月20日。

第七章 中日关系的不稳定因素及右翼的作用力

撞船事件发生后，中国政府外交发言人郑重指出，钓鱼岛及其附属岛屿是中国固有领土。日方对在该岛海域作业的中国渔船适用日本国内法是荒唐、非法和无效的，中方决不接受。并强烈要求日方立即无条件放人放船，避免事态进一步升级。与此同时，中国政府决定暂停双边省部级以上人员交往，这是中日邦交正常化38年以来未曾有过的举措。另外，宣布中止中日有关增加航班、扩大中日航权事宜的接触，推迟中日煤炭综合会议等。在国际会议或外交场合，中国政府也显现出"主权问题不容半点退让"的严正姿态，所以有"电梯外交"、"走廊外交"的评说。9月24日，日方终于释放了被拘押的詹其雄船长。事实说明，中国政府在撞船事件中的对策是恰当有力的，既捍卫了中国的主权，也维护了中华民族的尊严。

撞船事件也从另一个侧面提示我们，领土纠纷是国际关系中最敏感、最尖锐的问题之一，中日钓鱼岛主权问题短期内难以解决，将是影响中日关系的重大因素。同样，维护和发展中日战略互惠关系，对于保障东亚地区的长治久安，争取中国"十二五"规划的顺利完成又具有特殊的意义。20世纪70年代，中日恢复邦交时提出的"搁置争议，共同开发"方针，对于减轻国际纷争压力，全力发展中国现代化建设具有现实意义。但是，日本从来没有遵循此八字方针，30年一直进行实质性动作，以至对钓鱼岛海域的实际军事控制力度远远超过中国。而中国却"沉默"了30年，公权力未能对钓鱼岛进行有效的管理。这些经验教训都是值得我们认真思考和研究的。

顺便提及，撞船事件发生后的2010年11月1日，俄国总统梅德韦杰夫登上南千岛群岛（日本称北方四岛）的国后岛视察，日本立即通过外交渠道提出抗议，并召回驻日大使（三天后又返回）。但是，俄国在领土争端面前没有丝毫退让，政府官员继梅德韦杰夫之后，又接二连三登上南千岛群岛。2011年2月4日，俄国防部长谢尔久科夫登上国后和择捉两岛，对驻岛部队进行视察，并考察了岛上一些社会工程项目，还"呼吁日本清醒而慎重地对待俄日之间客观存在的领土现实"。[①] 作为回应，日本政府继续坚

---

① 新华网，2011年2月6日。

持将每年的2月7日定为"北方领土日",并于2011年2月7日由政府组织在东京召开"要求归还北方领土全国大会",菅直人出席并在大会上讲话,指责俄国总统视察国后岛等北方领土是"难以容忍的粗暴行为"。① 当天,右翼团体围聚在俄驻日大使馆前,公然践踏俄国国旗,俄驻日使馆还收到了一封装有子弹的恐吓邮件。②

围绕日本与中国、俄罗斯、韩国之间的"三岛危机",中、俄、韩三国都表示了强硬的态度。有评论认为,"如果日本只对中国强硬,对其他国家'软弱',日本的外交就更会遭遇国民的非议。但是,如果日本对谁都强硬,中、俄、韩三国联合起来对付日本,日本会更为难"。③

三 东海油气资源问题

近年来,由于东海油气资源的发现,东海问题成为中日两国关注和争议的焦点之一。尤其是中国在春晓专属经济区进行油气田的勘察和开发以来,这种争议逐步升级,而且,不仅仅是右翼团伙,包括一些持中间立场甚至一向注重中日关系的政治家、媒体也打起"捍卫国家利益"的旗号,充当起强硬的角色。其实,依照有关海洋权益的国际法以及各种国际条约的规定,中国政府在专属经济区勘察开发油气资源无可非议,即使按照日本单方面的划界主张,春晓油气田也没有超出"界限"。然而,以《产经新闻》为代表的一些媒体不断刮起"保卫东海"的舆论风暴,对中日之间的官方谈判说三道四、评头品足,甚至攻击中国"缺乏诚意",与中方谈判"纯属浪费时间"等。还有一家网站公开鼓吹"保卫东海","以海军为后盾开采东海能源"。有评论认为,"在中日东海问题上,与其让喜欢制造政治争端的人士来主导舆论,招致于事无补的一时性煽动,不如让国际法领域的专家学者,让深刻理解经济合理性的经济专家学者来主导舆论,以产生事半功倍、经得起时间考验的正面效果"。因为,"日本即使在东海开采出

---

① 人民网,2011年2月9日。
② 央视网,2011年2月14日。
③ 《环球时报》2011年2月10日。

油气，鉴于海底地形条件不利，很难通过建造运输专用管线将所采油气运往日本。因此，与中国进行共同开发对于日本来说实属明智的现实的选择"。①

或许，日本当局也意识到这一点，经过几年的谈判，中日双方终于在东海油气田问题上达成协议。2008年6月18日，中国外交部发言人姜瑜宣布："中日双方通过平等协商，就东海问题达成原则共识"。双方商定了"共同开发区域"，"本着互惠原则……选择双方一致同意的地点进行共同开发"，"双方将努力为实施上述开发履行各自的国内手续，尽快达成必要的双边协议"。② 应该说，中日双方在东海油气资源问题上达成的原则共识，符合时代的潮流，顺应经济全球化、区域化的发展趋势，也是搁置主权争议、共同利用开发、获得双赢的模式的可喜尝试。有学者比喻称，犹如两个婴儿争抢一杯牛奶，结果只能把奶瓶打翻。③

同年6月19日，《产经新闻》发表社论，评价中日双方达成的原则共识，"一定程度上能够确保日本具有主权权利的海底资源"，"此前，中国反复主张独自开发起由中间线的中国方面的专属开发区，而对中间线到冲绳的日本专属开发区进行共同开发。对比起来，中国略微接近了日本（主张），但距离全面解决还相差甚远。不过，还算是对等谈判的起步"。④ 该社论尽管颇有微词，但基本态度是肯定中日的共同协商和原则共识。

谁知刚过去两个多月后，8月25日，《产经新闻》又来个180度大转弯，在一篇报道中抨击当年7月在北海道召开八国会议时，福田首相与胡锦涛主席会谈之际，没有涉及东海油气田等"未解决的课题"，并指责6月协议"显示了福田之流理解中国的立场"。抨击福田首相"在任何问题上都过于关照中国"，"不仅是油气田问题，有关中国饺子中毒事件的调查，中日

---

① 冯昭奎：《评日本在东海问题上的态度：浅薄的强硬》，《国际先驱导报》2004年11月11日。
② 新华社北京2008年6月18日电。
③ 冯昭奎：《评日本在东海问题上的态度：浅薄的强硬》。
④ 《日中ガス田合意やっと対等の交渉可能に》，《産経新聞》2008年6月19日。

共同历史研究的成果发表等，日中之间的许多悬案都拖到奥运会以后，可以说，这是福田首相本人的对中国姿态起了主导作用"。① 这篇报道一箭三雕，不仅涉及东海油气田问题，还捎带了饺子事件以及中日共同历史研究等问题，进而煽动国民质疑福田内阁的"对中国姿态"，也表达了《产经新闻》对改善中日关系的不满情绪。

8月26日，《产经新闻》又发表了一篇社论，认为6月中日双方的原则共识是"暧昧的协议"，"提醒"日本当局不能"忽视日本国民的安心和国家的安全"。社论称："问题在于，日本必须保护专属经济区内海底资源的主权和利权，如果不坚持日本国益的基本原则，则不能保护这些权益，首相是不是对中国过于关照了！""问题是，第一，超越了日本主张的专属经济区的中间线，共同开发的是翌桧（中国名龙井——括号原文）附近的海域；第二，对白桦（中国名春晓——括号原文）（开发）势必吸收从中间线延伸到日本一侧的资源，日本出资，能否获得相应利益的问题。"社论对中日双方企业共同开发必须服从中国海洋石油资源对外协力开发法表示异议，还引用自民党政调会长中川昭一的话说："在中国的法律下应该由中国出资，这如同明治时代的不平等条约！"社论最后强调，"问题在于，日本能否保护主权和权利。6月协议搁置了中间线，优先进行资源开发，日本没有提及在国际法上正统的中间线主张"。社论的最后又搬出"饺子事件"来说事："在饺子事件的责任问题上，（福田）首相对中国表示了过分的关照，首相的本意该不是忽视国民的安心和国家的安全吧！"②

《产经新闻》之所以出尔反尔，两个月内推出两篇截然相反的社论，其中的原委不得而知，但是有一点是清楚的，那就是，作为右翼界第一舆论阵地的《产经新闻》极不情愿在东海油气田问题上看到"搁置争议，共同开发"模式的出现，他们打着"捍卫国益"、"保护国民安全"之类的旗号，骨子里还是"中国威胁论"在作怪。反映在东海油气田问题上，则演绎成

---

① 《"ガス田問題は無理せずに"首相、胡主席に伝える7月首脳会談》，《産経新聞》2008年8月25日。
② 《東シナ海ガス田 首相の対中姿勢慮する》，《産経新聞》2008年8月26日。

"中国能源威胁论"和"中日能源冲突论"等奇谈怪说,其内心也反映出对中国崛起的担忧和顾忌。

顺便提及的是,2010年初,中日就合作开发东海油气田问题进行了又一轮的谈判,杨洁篪外长强调指出,中方对春晓油气田拥有主权权利。原则共识规定,日方可根据中国有关法律出资参与合作开发,这与共同开发有本质区别。中方将坚定维护在东海的正当权利。中日双方同意,继续就东海问题保持工作层接触。①

第五节 借题发挥和制造矛盾,右翼的仇共反华活动

小泉纯一郎上台组阁以来,由于在靖国神社问题上一意孤行,致使中日关系陷于低谷。安倍政权成立后,出于对日本的前途和战略考虑,经过双方领导人的"破冰"和"融冰"等之旅,中日关系有所改善。然而,这一切都是右翼社会极不愿意看到的。他们对凡是涉及中日关系的问题总喜欢戴有色眼镜吹毛求疵,说三道四,甚至抓住一点借题发挥,竭尽破坏中日关系之能事。尽管右翼社会的鼓噪难以从根本上改变中日关系发展的主流方向,但是一颗老鼠屎坏了一锅汤,往往会一时模糊中日关系的大方向,甚至驾驭舆论影响民众,提醒我们不可置若罔闻、掉以轻心。

一 沈阳事件风波与右翼冲击中国领事馆事件

2002年5月8日,沈阳日本领事馆发生了一起5名不明国籍的人试图闯进领事馆的事件。守卫领事馆的武警理所当然地进行了拦阻,并在征求日本领事馆领事同意的前提下,将跨进领事馆大门的2名男子连同被阻拦在外的3名女子带走。按理说,中国武警的行为保护了日领馆的安全,也没有违背任何国际法规。事情的经过和处理的过程始终有日领馆工作人员在场,

---

① 《人民日报》2010年1月19日,第3版。

事后日领馆副领事还表示了"感谢"之意。① 然而，事情经日本记者带有特别意图的报道，立时在日本国内产生了轩然大波。日本多家媒体纷纷指责中国"无视和违背维也纳领事条约，公然侵犯日本的外交主权"。而且，在事件发生后的一个月时间里，"闯馆事件"几乎充斥着各家电视台及报纸刊物，似乎有天大的事件压向日本列岛。据不完全统计，在一个多月的时间里，仅各大电视台反复播放的相关录像节目就达 1100 多次，落在纸面上的照片资料、报道、评论等还不计算在内。是时，正是小泉总理上台后连续参拜靖国神社，遭到国内外强烈反对，中日关系开始走下坡路的时候。各种右翼势力趁势掀起又一轮反华、仇华、厌华的浪潮。小泉总理直接指示外务省"以毅然决然的态度"处理这一事件。各右翼势力也肆意渲染事件的"严重性"，声称中国武警擅自闯进领事馆，"无异于对日宣战"等等。在政界、媒体及各种反华势力的推波助澜下，日本国民对华友好的感情迅速下降，并且直接干扰和影响了中日之间正在进行的重大友好交流活动。

2002 年是中日友好文化年。按照预定计划，2002 年 5 月 9 日，中日友好旅游交流盛典活动在东京举办，5000 多名中国游客参与了活动。但是，由于前一天"闯馆事件"的发生，尤其是日本政界、媒体以及右翼团伙的趁势发难，此项活动一直被笼罩在一道阴影之下，未能产生应有的效益。

随后，由《日本经济新闻》举办的一年一度的大型"亚洲未来国际问题研讨会"揭幕，中国代表团团长赵启正率团出席，并在大会上做了题为《变化的中国，变化的亚洲》的发言。然而，出席会议的一些日本人却把话题引向"闯馆事件"，指责中国武警为什么进入日领馆抓人，要求中方保证今后不再发生类似事件等等。尽管赵启正耐着性子一一解释，但是追问者仍然不依不饶。赵启正不得不严正地指出，日方借题发挥，无非想借此表明"日本已经改变了历来不接受外国难民的政策，改为愿意接受非法闯入日本驻外使领馆的'外国难民'了"，"如果是这样的话日本不妨明言，中国武警可以改变做法，改阻止难民闯馆为为难民放行。这样一来，闯入日

---

① 陈志江等：《赵启正用事实驳斥日本媒体的不实报道》，《光明日报》2006 年 4 月 14 日。

第七章　中日关系的不稳定因素及右翼的作用力

本驻华使领馆的外国难民将不仅仅是这次的5个人，也不会是50个，而可能是500、5000甚至是50000个，请问，日本政府接受得了吗？"这样，"宽敞的会场一下子变得鸦雀无声起来"。①

但是，事情到此并没有结束。2004年4月23日，大阪发生一起右翼分子驾驶大型宣传车撞击中国总领事馆的事件。驾车人是"日本皇民党"成员中釜信行，所驾大型宣传车的车身上写着"日本皇民党"几个大字，车棚顶部写有"夺还北方领土"，架着高音喇叭，车头涂有太阳旗。这天凌晨，中釜驾车从总领事馆门前的单行路上逆行闯向总领事馆，车头撞在铁栅栏门上，将铁栅栏门撞开，许多铁条断裂。随即，中釜在车内点火后逃出，车内立即起火，火苗高1~2米，一时间领事馆建筑烟雾弥漫，人们都跑出来探个究竟，所幸领馆人员没有受伤。

应该说，这是自1972年中日恢复邦交以来最严重的一起暴徒袭击中国领事馆的事件。事件发生后，中国外交部门向日方提出严正交涉，官房长官福田康夫代表日本政府对此事件表示了歉意。

与沈阳"闯馆事件"对照，日本的许多家媒体却闭上了嘴巴，只有《每日新闻》做了200余字的报道，还有时事通讯社发了一则消息，轻描淡写地称，中国驻大阪总领事馆的大门"受损程度轻微"。②

今天，上述两起事件的风波已经平息，但留给人们的思考并没有结束。日本庆应大学学者田岛英一在《沈阳领事馆的教训》一文中，没有单纯就事论事，而是评论了小泉时代前后政治决策人物及国家的战略抉择。田岛认为，在日本政界一直存在着现实主义和自由主义两种势力的较量，当自由主义势力上升时，日本的对华关系则趋向友好及缓和，但当现实主义控制了朝纲，中日关系则出现反复。他认为，沈阳领事馆事件正是日本政坛现实主义势力上升的标志。田岛在文中分析道："自由民主党鹰派议员的基本立场是现实主义的，他们亲美亲台湾、反共反华情绪浓厚，带有尊皇重

---

① 陈志江等：《赵启正用事实驳斥日本媒体的不实报道》，《光明日报》2006年4月14日。
② 人民网，2002年5月22日。

'传统'的民族主义色彩，也积极支持以美国为中心的国际格局。小渊惠三去世后，自由民主党森派产生了两个首相（森喜朗和小泉纯一郎），而森派自其始祖岸信介以来一直都坚持亲台湾政策。森派的抬头令自由民主党中的鹰派势力死灰复燃了。"

田岛又分析了事件发生当时，由于外务大臣田中由纪子被解职，社民党的新星元清美议员以及加藤弘一也被迫辞职，"他们的失势对自由民主党鹰派议员来说无疑是一大福音……沈阳领事馆事件是在这种情况下发生的"。① 所以，（鹰派政治家）"江藤隆美、龟井静香等人谈论该事件时，往往也提起过去发生的教科书问题、靖国神社问题等。他们认为该事件的发生正是纠正以前对华'下跪外交'的好机会"，而民主党对此事件调查后，认为中国的报道是客观的。"小泉却批评民主党太'自虐'，众所周知，'自虐'是右翼势力歪曲历史时经常给反对势力戴的'桂冠'"。田岛在文中提醒日本国民："我们现在应该警惕的不是日本外交官的态度，而是那些利用该事件大声喊叫'中国威胁论'，美化国家主义、民族主义的国内势力"。②

自然，田岛的分析和评论属于他的一家之谈，但是至少，田岛先生文中最后道破的，该是沈阳"闯馆事件"的实质。

二 借西藏动乱攻击中国

2008年3月中旬，正当中国人民以极大的热情迎接期待百年的第29届北京奥林匹克运动会的时刻，在国外"藏独"势力和一小撮心怀叵测的外国势力的运筹下，西藏地区一伙歹徒掀起了打、砸、抢、烧的暴乱活动。治安当局为了保护人民的生命财产，维护民族的团结，理所当然地对暴徒实施了打击，这在任何东西方国家都是无可非议的正义举动。然而，国外一批支持"藏独"的反华势力及其媒体借机以"保护人权"为名，对中国进行疯狂攻击，甚至故意歪曲事实，制造谣言，煽风点火，掀起又一轮反

---

① 田岛英一：《沈阳领事馆的教训》，《联合早报》2002年5月22日。
② 同上。

第七章 中日关系的不稳定因素及右翼的作用力

华浊浪。在日本，右翼社会当然不会放过这一"绝好机会"，颇为积极和热情地投身到这股逆潮之中。

事件发生的第三天，《产经新闻》发表了一篇社论。社论无视中国官方的报道和真实的影像资料，而是根据传闻或小道消息，甚至擅自武断妄言，"（3月）14日的大规模暴动，出现多数死伤者"，"数百名主张西藏独立的僧侣游行队伍与公安局发生冲突，事件演成激化，以至发生14日的惨案"，"新华社报道死亡10人，当地居民证言可能达80人以上"。社论不去评述暴乱事件的性质，更没有任何可靠的信息来源，也没有记载暴徒对和平居民打、砸、抢、烧的暴乱事实，却把暴徒描绘成一群"弱者"和"受害者"，社论所持的立场也就一清二楚了。社论又称，"西藏人的抗议行动从1959年3月的西藏暴动开始，已经经历了49年"，"西藏独立派通过抗议北京奥运年活动要求胡锦涛政权和国际社会改变民族政策，新疆维吾尔自治区也频发伊斯兰独立派的恐怖事件"。社论摆出一副"客观报道"的面孔，其实，社论支持"藏独"的立场已经透过其中的词语暴露无遗。果然，社论在最后露出了"牙齿"，对中国的民族政策进行了抨击："不能不说，共产党政权的民族政策有很大问题，民族存立的基础是必须尊重独自的宗教和文化，依靠权力和金钱的力量，终究不能制止民族的反抗"。[①] 这番话既没有事实根据，也没有资料支撑，只是抒发该媒体期盼中国分裂、支持西藏独立的胸怀罢了。

这以后，随着事件的逐渐平息和西藏社会秩序的安定，各媒体转而去关注其他问题。唯有《产经新闻》一直抓住不放，连续发表社论，刊登右翼学者的文章，似乎天下不大乱绝不会心甘。2008年3月18日，《产经新闻》又发表一篇社论，主张"在国际监督下究明事实真相"。社论称，"在中国西藏自治区拉萨掀起的大规模僧侣骚乱已经波及青海、甘肃、四川三省……据在印度的西藏流亡政府确认，至少80余名无罪市民被杀害"。接着，社论以煽风点火的口吻一连串提出三个疑问："骚乱的原因究竟是什

[①]《チベット暴動 民族政策を改めるべきだ》，《産経新聞》2008年3月16日。

么？在拉萨和其他西藏地区究竟发生了什么？采取了什么措施？"随即把矛头指向中国政府，"联想半个世纪以来，西藏独立运动经常成为被镇压的对象，不能认同中国当局的此次发表"，敦促中方"要取得国际社会的理解必须坦率地予以说明"。社论把20世纪50年代西藏叛乱的历史搬了出来，称西藏是"佛教法王治理佛俗两界的独立政权"，并借用达赖喇嘛的话污蔑中国对西藏"实行恐怖统治"，没有举办奥运会的资格等。社论最后直接涉及中国的内政问题，声称中国"只有显示出接受国际组织调查的气量，才符合举办奥运会的国家"。

2008年3月31日，《产经新闻》再发社论，公开鼓吹日本应该向中国"施加压力"。这篇社论的信息源基本来自达赖流亡政府及西方媒体，其中历数了几个西方国家对北京奥运会开幕式的"抵制表态"，称"中国政府的主张，特别是在对人权问题十分敏感的欧盟内部没有说服力"，"德意志、波兰、捷克、斯洛伐克等五国首脑已经表示不出席奥运开幕式……（对中国）加大压力的动向令人瞩目"。社论指责日本政府，"围绕西藏问题无动于衷，福田首相竟然说：'与北京奥运相关联，现在高声批判中国合适吗！'这样的讲话不是太消极了吗！5月，英国首相准备与来访的达赖喇嘛会谈，福田却在5月份与胡锦涛会谈，不能为了北京奥运承担'无视人权'的恶名，希望（福田）能够让国民看到直言不讳的积极姿态"。①

2008年4月8日，《产经新闻》又刊载了一篇驻北京记者的署名文章，竟把西藏暴徒闹事归结到"中华思想"。文章说："自古以来，排他的中华思想已经深入到中国人的思维深处，加之1990年代以来强化的爱国主义教育，民族主义越发高涨"，"一涉及'台湾'、'西藏'等民族和国家统一问题，瞬间就成为清一色的爱国主义"。"中国自古以来对周边民族持有强烈的优越感，一直考虑用'优秀的文化'征服或同化其他民族，这就是'中华思想'。相反，如果有民族和集团想从以中国为中心的秩序下脱离出来，则被认为是从根底否认中国文化的优越性，自尊心受到伤害，就要起来反

---

① 《チベット騒乱　日本も対話を促す圧力を》，《産経新聞》2008年3月31日。

对"。文章还举了一个例子，称圣火在国外传递过程中，在"藏独"和国外支持者抗议圣火传递的队伍里，"看不到中国民主派活动家的影子，他们虽然同西藏人一样受到当局的弹压，但没有支持抗议活动。他们也是受中华思想的影响，内心是反对西藏独立的"。① 用"华夷秩序"或"中华思想"之类抨击中国的民族政策，鼓吹和支持民族分裂，甚至用来抨击中国的外交政策是右翼社会"独创"的歪理。诚然，在古代社会，中国一直是一个疆域辽阔、经济发达的大国，但是，传统的儒家文化规范中国以"礼仪"结交周边各国，对境内各民族更是奉行"五湖四海皆兄弟"的宗旨。今天，中华民族经过近一个世纪的拼搏和奋斗，才从近代殖民主义和帝国主义的欺凌下获得解放。如果有人仍然认为中国还是一个自称"中心之国"的国度，还眷恋古代所谓的"华夷秩序"，不是神经有些毛病，就是别有用心。说开来，不过是"中国威胁论"的另一种版本罢了。

到了5月，西藏问题早已离开人们的视线，《产经新闻》还是不甘罢手，抢在胡主席访日前夕又发表一篇社论，鼓动"国际社会仍有必要继续关注重大人权问题的西藏问题"。是时，中国政府正与达赖集团代表进行对话，严厉指出达赖集团必须放弃"藏独"立场，停止破坏奥运的一切行为。社论对中国政府的正义主张抱有疑义，评论中国政府的主张"与历来没有什么两样"，煽动"国际社会的压力是不能缺少的"。社论的最后落点还是在日本政府身上，敦促福田首相"在日中会谈时，即使节制也应该传递日本及国际社会对西藏问题的关注，应该表明，'强烈地期待通过对话改善状态'，这样的话才能得到（日本社会）肯定"。②

《产经新闻》除了连篇累牍发表社论外，还集中发表了一批右翼学者攻击中国的文章。其中，有西部迈的署名文章《拉萨的悲剧和北京的喜剧》。文章从北京奥运说起，"如今，我国的主流媒体都把北京奥运看作是'和平

---

① 矢板明夫：《チベット問題　中国の古来からの排他的な中華思想が背景》，《産経新聞》2008年4月8日。文中的"民主派活动家"系指1989年政治风波后逃往国外进行反政府宣传的人士。
② 《チベット対話　隣人の意見に耳を傾けよ》，《産経新聞》2008年5月10日。

的祭典',这是一种文化的幼稚病。中国对西藏进行了长达半个世纪的野蛮的民族净化,因此,拉萨暴动和世界各地抵制圣火传递,自然成为中国政治宣传的反宣传。实施不法暴力的民族净化,是对国际法大前提的破坏行为,这是不容否定的"。这里,西部迈使用了"民族净化"一词,污蔑中国政府稳定社会秩序、维护民族团结和人民生命财产安全是"民族净化"。文章称:"民族净化是对国际社会成立基础的重大挑战,极大地动摇国际社会的未来前途……是对国际社会的否定,作为人类社会是不能容忍的行径。触犯禁律的中国,至少,由(民族净化)重大嫌疑的中国主办和平的祭典,对其进行祝贺是文化的幼稚病"。事实上人们都知道,如果说到"民族净化",历史上正是日本侵略者对亚洲人民实施了"民族净化",犯下了无数反人道、反人类、反国际法的罪行。或许,西部迈在这一点上也有些心虚,却要硬往脸上贴金。他说:"揭露南京大屠杀的虚构证实了日本的国民性没有沾染民族净化,这是极其重要的。与此同样,必须让美国承认以原子弹为中心的大轰炸是大屠杀行为,这项工作已经进行了60年,但没有结果。"西部重复"南京大屠杀虚构说"为的是把日本的战争罪行摘个一干二净,同时也把美国捎带上,说"美国与中国的文化类型大体相似,美国国民缺乏历史感觉,中国国民破坏历史感觉"。文章的最后,西部迈指向日本政府和社会舆论,"为什么我国的外交以及国民的国际感觉,对他国发生的民族净化问题,而且是普遍具体的国际价值问题如此迟钝呢?这是因为战后日本习惯接受来自美国的精神净化","把美国和中国当作宗主,双重宗主体制构成的日本外交,简直是开玩笑!"[①]

当"藏独"势力闹事时,中国学专家中岛岭雄连续发表了几篇文章。有一篇文章这么说:"距离中国召开北京奥运会,发扬国威的绝好机会还有四个多月时,西藏发生了冲击性的骚乱,中国当局毫不手软地压制,引来世界的愤怒。"接着,中岛歪曲西藏的历史,攻击中国"趁朝鲜战争世界瞩目之际,以'解放西藏'为名侵攻和占领了西藏","在公众面前枪杀富裕

---

① 西部邁:《"ラサ"の悲劇と"北京"の笑劇》,《産経新聞》2008年4月15日。

阶层和地主，或者活埋，烧杀僧侣，镇压动乱，许多藏民成为难民逃往印度，十四世达赖也不得已越过喜马拉雅山亡命"。中岛在颠倒历史是非后，竟然称，"在西藏，一直是压制—反乱—镇压循环的不幸历史，在中国当局一连串的镇压下，牺牲者达120万，相当西藏民族人口的1/5"。中岛无视历史的事实，公然在媒体上污蔑和丑化中国，暴露出其反华仇华的心态。其根本目的无非是敦促日本当局对华采取强硬姿态。他抨击"亲中派的福田首相在毒饺子事件、东支那海油气田开发问题没有解决的情况下，同中国进行纪念日中和平友好条约缔结30周年的首脑会谈……在这个时刻举行日中友好的仪式，不仅拒绝了国民的强烈反对，还要接受世界的白眼"，"饮食、环境以及人权问题，以至对极大不安的北京奥运的抵制，尽管现在还没有结论，但是，我的意见是，很有必要推迟5月日中首脑的会谈"。① 中岛最后的话表露了他的内心，即不希望中日关系走向正常或健康发展的道路。

军事专家平松茂雄在文章里硬把西藏和台湾扯在一起。他认为，1951年的和平解放西藏协定，"实行的各种改革破坏了喇嘛教的僧院，迫害僧侣，破坏了文化、生活和风俗"，"现在西藏面临的问题就是明天的台湾问题，3月22日台湾总统选举的最大焦点，是台湾针对中国的'台湾统一'如何应对，多数台湾人不希望与中国统一，暂时独立的志向也从负面角度盼望'维持现状'。但是，把中国当作对手希望'维持现状'，不远的将来台湾就会成为今天的西藏，为了不出现另一个西藏，但愿台湾人民能有理智地选择，千万不能被'和平统一'所欺骗"。② 平松"直言不讳"地披露了支持"台独"、怂恿台湾"独立"的心境，应该说，这也是右翼社会的"共同心愿"。

日本和平安全保障研究所理事长西原正在文章中攻击中国的语调更为

---

① 中岛岭雄：《チベット騒乱"日中友好"も極めて微妙に》，《産経新聞》2008年3月20日。
② 平松茂雄：《チベット騒乱"明日の台湾問題"に影響も》，《産経新聞》2008年3月21日。

激烈，他说："中国对西藏人的大规模镇压，分别发生在1951年、1959年和1989年，不能不对西藏人反感汉民族表示同情。中国曾经指责日本对满洲国的殖民地支配，中国对西藏的'中国化'与殖民地统治没有什么区别，剥夺藏语，强制汉语，禁止喇嘛教的布教，树立傀儡的宗教领导人，简直就是'文化屠杀'，是错误时代的殖民地统治。"西原正发这番议论的落脚点也是抨击日本的"软弱外交"。他指出，"如果，日本为了'日中友好'顾忌对中国的批判，日本没有原则的软弱外交、让步外交要受到国际社会的严厉批判，也会让中国看到（日本）是个容易驾驭的国家"。为此，西原主张，在胡主席访问日本期间，"日本应该抓住机会，首先，中国应该纠正国内抗日战争纪念馆所能见到的反日教育，以显示对日友好外交的诚实。还应作为条件提示中国，遵守国际社会的普遍原则（如尊重少数民族人权等——括号原文），进行外交和国内的统治。福田首相能够采取毅然的气概和态度吗？"① 在这里，西原同某前任驻中国大使一样，无理地要求中国必须取消设在各地的抗日战争纪念场馆，否则中国外交就是"不诚实"，甚至把爱国主义教育同"反日教育"混为一谈。实际上，正是在日本，设立有大量吹捧"神风队"之类或美化战争的场馆，以及彰显战争亡灵的靖国神社、慰灵碑等，不知西原先生对这些场馆的存在做何评论？

三　对2008年北京奥林匹克运动会的抵制和攻击

北京成功申办第29届奥林匹克运动会，是右翼很不情愿看到的事情。所以，从申奥成功的那一天起，各派右翼势力都喜欢对北京奥运评头品足，说三道四。进入2008年，随着奥运会开幕时间的临近，右翼社会对中国的攻击重点转向奥运，而且，把四川地震、"藏独分子"闹事、胡主席访日等根本与奥运不沾边的事情捆绑在一起，企图把奥林匹克运动政治化。

2008年3月26日，奥运圣火刚刚在雅典采取火种，准备在五大洲21个城市传递之际，《产经新闻》发表一篇社论，"预测"圣火传递的前途

---

① 西原正：《日中の友好に条件をつけよ》，《産経新聞》2008年4月22日。

"困难重重"。社论称,"理由很清楚,本月中旬中国西藏自治区掀起的、蔓延周边的要求西藏独立的游行,遭到中国过于强权的对应"。因此,社论对奥运圣火在雅典遭到暴徒干扰颇是幸灾乐祸,无中生有地攻击中国没有播放这段录像资料(事实上,中国民众都从中央电视台看到了暴徒的表演),指责中国实行"报道管制","距离国际基准有很大差距,作为奥运举办国首先应该认识到这一点"。社论或许顾忌这些言论有过于露骨支持暴徒干扰圣火传递之嫌,又改口道:"当然,应该阻止暴力妨碍(圣火传递)行为。"但后面的话还是针对中国,社论以教训的口吻说:"反对五环的言论自由是民主国家的原则,中国应该理解的五环规则太多太多。"社论最后"建议",声称"只有一个办法可以拂去覆盖北京五环的阴云,那就是中国政府与西藏流亡政府对话,十四世达赖现在并不要求独立,只是要求'高度自治',中国方面如果无视批判和抵制,或许也能召开奥运,但是,中国失去的会更多"。①

2008年4月,当奥运圣火即将在日本的长野县传递之时,《产经新闻》打着"民意调查"的幌子,硬把"藏独"闹事事件同奥运圣火传递联系在一起,对圣火传递和北京奥运进行了一次"民意"调查。其统计的结果是:"支持圣火传递"者占17%,抗议者占83%;"认为北京奥运不能安全召开"的占81%,认为能够安全召开的占19%;"质疑中国人权问题"的占88%,不提出质疑的占12%。② 可以肯定地说,这组数字是媒体有目的、有选择地搜集而来,绝不能代表日本全体国民的意志。另外,《产经新闻》在发表调查结果的同时,还专门对"北京奥运圣火传递"做了一个"名词解释",解释称,"3月24日,圣火在希腊奥林匹克遗址采集,围绕世界8月传到北京开幕式会场。可是,由于中国政府牵扯西藏的人权问题,欧洲各地相继掀起抗议圣火传递活动,引起了大混乱。4月26日,圣火预定在日本的长野传递"。③《产经新闻》别有用心地把"世界各地抗议活动……引

---

① 《産経新聞》2008年3月26日。
② 《産経新聞》2008年4月19日。
③ 《産経新聞》2008年4月19日。

起大混乱"等不确切的信息传递给日本民众,其险恶目的昭然若揭:一是制造大多数国家和民众反对北京奥运的假象;二是煽动日本国民反对长野的圣火传递活动。《产经新闻》还引用几位普通民众的话语,煽动"民意"攻击北京奥运。一位女性是这么说的:"西藏自治区虽然成立,但给人的印象是那里并不是中国,应该具备尊重西藏文化的环境,对中国统治者不尊重西藏(人)生活表示反对,因此支持抗议(圣火传递)活动。"还有一位男性会社社员称,"藏族人都在家里悬挂十四世达赖的肖像,他们希望和平自由,绝不允许无视人权"。此次"民调"还涉及日本政府的态度。报道引用一位女性的意见是,"全世界都掀起了对中国的抗议,日本政府却偏偏看中国的脸色,这是间接地支持中国的西藏政策"。① 上述人等的话语是否有曲解不得而知,但有一点可以明确,由于媒体的歪曲报道,普通民众很难获得真实的信息,对西藏问题出现认识的舛误也就不奇怪了。

2008 年 4 月 22 日,眼看奥运圣火即将传递到长野,《产经新闻》再次抛出社论,开篇夸大其词地说:"围绕北京奥运圣火的传递,国际社会广泛展开对中国的批判,强烈的抵制动向在中国内外扩大。"而对于中国积极迎接奥运的各项活动,社论却污蔑为"狭隘的爱国主义"、"极端"、"对一切相反意见不予承认,予以胁迫"、"看到了一党独裁国家的影子"等等。社论还对在日中国留学生迎接长野圣火的活动发出警告,要求留学生"有节制地行动"。社论最后称:"狭隘的爱国主义会转化成排外主义,排外主义与北京奥运'同一个世界,同一个梦想'的口号完全背道而驰。"②

2008 年 4 月 26 日,奥运圣火按预期到达长野。据一位参加迎接圣火的在日中国学者介绍,这一天,全日本反华的右翼团体几乎都涌到长野,长野右翼团伙还成立一个"西藏问题思考会"。在他们的支持下,一小撮在日的"藏独"以及"疆独"、"蒙独"、"东突"、"法轮功"各色人等,张扬起各色旗帜,狂呼乱叫,企图阻止和破坏圣火传递活动。还有一批右翼分子

---

① 《产経新聞》2008 年 4 月 19 日。
② 《"愛国"デモ五輪壊す過激な民族主義》,《産経新聞》2008 年 4 月 22 日。

装扮成"藏独"成员浑水摸鱼，结果一开口就露了馅，因为他们根本不懂中国话。圣火传递过程中，这伙人几度企图冲到圣火传递队伍里捣乱，都被坚持正义的日本民众、留学生和警察阻挡在外，他们的企图终究未能得逞。与此同时，以"政治问题"为名拒绝圣火传递的善光寺，却在一隅搞起"追悼西藏死难者法会"，其政治目的昭然若揭。另有一伙右翼分子并非是为支持"藏独"而来，而是借机发泄对中国的不满，他们不断狂呼"支那人滚出去"的口号，甚至对高举五星红旗的中国留学生大打出手，其反华气焰十分嚣张。然而，邪恶终究压不倒正义，长野奥运圣火终于有惊无险地传递到终点会场若里公园。尽管时降大雨，然而会场欢呼雷动，五星红旗漫卷公园上空，日本长野奥运圣火的传递，胜利地完成了它的历史使命。

圣火在日本长野传递成功，《产经新闻》心怀悻悻，忍不住又发表一篇社论，抱怨长野圣火的传递"简直是中国的五环垄断"。社论称，"出动3000名警察的北京长野奥运圣火传递，尽管发生小小的妨碍行为，四个小时还是跑完了预定的18.7公里，下一站将传到首尔"。社论接着评论，"会有人认为（此次圣火传递）好吗？回答是否定的"。社论之所以对此次活动持否定态度，理由是"沿途五星红旗林立，集结到长野的中国留学生超过预想的一倍，达4000余人，呼叫'北京加油'，从数量上就压倒了倾诉中国政府压制人权的西藏流亡者和'无国境记者团（RSF）'"，"留学生的言行大体上是忠诚于中国政府'爱国主义理性化'的说教，但问题是，不能赞同他们垄断圣火的集团行动"。《产经新闻》怪罪中国留学生的参与，使一小撮"藏独分子"以及支持"藏独"的右翼团体、新闻媒体等破坏圣火传递的阴谋落空，所以恼火万分，憋在心里的郁闷总要发泄出来，这该是此篇社论出笼的根本意图。社论发泄一气后，还话中有话地"告诫"参与迎接圣火的中国留学生："搁置西藏的人权问题，五环之梦就不能共有。这是我们想告诉前往长野的中国留学生们的一句话。"[①] 从这篇社论以及此前

---

① 《長野聖火リレー　まるで中国の"五輪独占"》，《産経新聞》2008年4月27日。

《产经新闻》发表的一系列社论、文章可以看出,以《产经新闻》为代表的右翼媒体非常不情愿奥运在中国召开,总盼望圣火传递过程中出些乱子,设置一些障碍,其龌龊心理跃然纸上。

更可笑的是,《产经新闻》驻北京记者团在发回的一篇消息中,竟在8月8日开幕式的日期上做起文章。文章说:"网上风传'8'这个数字招来灾祸","中国语的'8'与发达的'发'发音接近,是个好数字,因此中国当局选择8月8日下午8时作为五环的开幕式"。可是,"'8'变成了不吉利的数字,西藏骚乱发生在3月14日,四川大地震5月12日,这些数字加起来都是'8'(3+1+4=8;5+1+2=8——括号原文)。而且四川地震的震级是8级,离奥运开幕88天"。且不论网上是否有这样的风传,即便存在,《产经新闻》的各路记者也应该是以事实为新闻唯一生命的当代人,跟在"风传"后面牵强附会地做文章,说他们迷信唯心恐怕不能反映其真实的心境,但从后面的一段话里可以揣摩出他们的真意所在。文章说:"有很多声音认为,这是上天的警告,应该变更五环的开幕时间","中国自古以来,认为自然灾祸的发生是因为统治者触怒了上天,灾害发生前总有不祥之兆出现……这种风传的扩散,如果矛头是指向胡锦涛政权,那才是灾难"。① 后面这句话终于露出了狐狸尾巴,原来,《产经新闻》记者之所以热心"风传",佯装懵懂地重复古代人类在缺乏自然常识的状态下对灾难的误解,着眼点还在于期盼北京奥运出点什么差错或者不能顺利召开,甚至出现政权性"灾难",或许这才是他们最希望看到的。

右翼媒体举起反对中国举办奥运的旗帜,"正论派言论人"则是急先锋。这里,还是要提一提中岛岭雄的表演。他在一篇文章中称,早在三年半以前就对北京奥运充满"疑虑"。当奥运临近召开,他指责中国内部"矛盾重重","危机四伏"。他说:"3月上旬以来,中国当局强硬镇压西藏骚乱,弹压新疆维吾尔自治区独立派,实施对藏族、维吾尔族的'民族净化'

---

① 《産経新聞》驻北京记者矢板明夫:《マスコットと8の呪い》,《産経新聞》2008年7月1日。

政策，激发了过激的恐怖对抗活动。另外，中国农村各地频发农民暴动，大量失业者的贫困大军增加，可以预见中国泡沫经济崩溃前兆的不动产价格低落，股市低迷，这些政治、社会、经济等现象没有止境……加之，北京奥运期间也许体现不出来的空气污染、供水不足、河川污浊等破坏环境现象，以及不久的将来能源短缺等自然环境问题"。在中岛的笔下，中国从政治到经济都是一团漆黑，问题重重。为此，中岛摆出专家的面孔给中国策划了两条"出路"：一条是从中国底层爆发对政治社会的"不满"、"颠覆政府"，"瓦解中国社会的全体"；第二条是希望中国能像苏联那样解体，"后胡锦涛时代的中国共产党领导层，能认识到马克思主义、毛泽东思想的限界，像前苏联戈尔巴乔夫、叶利钦那样自我解体共产党一党独裁体制……避免更多的混乱和牺牲，也许能实现中国历史的转换"。中岛估计走第一条道路的"可能性很小"，盼望中国能够走第二条路。他认为，中国如果走这条道路就会成为一个"多元化国家，分权化国家，而不是一元化国家，用我的话说，就是朝着'中华联邦共和国'方向发展"。中岛的意图很明显，就是要肢解和分裂中国，并且拿出恫吓的手段威胁说："中国如果拒绝这种选择，继续以强权维持目前非民主的独裁体制，以地球环境破坏以及与环境相关的人权等问题为中心的全球化事件，将不可挽救地影响到人类的未来"，"中国危机和威胁的本质就在这里，看不到这一点，从打开对外关系的角度讨好中国的做法的是非得失，不久就会清楚地看到结论"。[1]

前面的章节曾经提到，中岛曾在1995年撰写了一部《中国这样变化》，推测邓小平去世后中国政局的变化，无非是中国"经济崩溃"、"社会混乱"、"政权不稳"之类。然而，事实无情地粉碎了他的"推断"，证实他的"预测"除了信口开河之外，更多的是他本人对中国的嫉恨和诅咒。在这篇文章中，中岛对"中国危机"的分析依然是这样，甚至骇人听闻地演绎出一场未来的"灾祸"，盼望中国能够发生他想象的"巨变"。然而，与他的1995年的"预测"落空一样，但不知若干年后同样的失望能否会使他略有

---

[1] 中島嶺雄：《北京五輪と中国危機の深層》，《産経新聞》2008年8月6日。

醒悟？

　　2008年8月25日，第29届北京奥运会在全世界人民的赞誉和欢呼声中胜利闭幕，并没有发生右翼社会及媒体事先"预测"（实际是期盼）的"事件"，这使他们很不平衡，很不舒服。8月25日，《产经新闻》发表一篇报道，评论开幕式是"多余的象征性的演出，再次展示出一党支配国家的特异性，很难说实现了'同一个世界，同一个梦想'的口号"。① 该报道还把西方部分媒体攻击北京奥运的语言汇集起来，如《华盛顿邮报》、《纽约时报》以及英国的几家媒体，断章取义地把贬低北京奥运、指责中国人权问题类的语言展现在读者面前，营造出一种世界各地都在"指责"北京奥运的假象，借以欺瞒民众。然而，北京奥运的成功与否绝非几家媒体就能轻易否认得了的。在整个奥运圣火燃烧的日子里，日本NHK电视台全天候地跟踪报道，不时把精彩的片段传回国内，等于否定了《产经新闻》等媒体的歪曲，这使他们尴尬万分，于是抛出一篇评论家文章抨击NHK。文章说，在报道北京奥运的日本各电视台中，"最坏的报道是NHK"。开幕式时，"女播音员礼赞'恢宏'、'精彩'。男播音员解说'开幕式体现了中国55个少数民族的多样文化'，'安全地结束'"。对NHK的报道，《产经新闻》讥讽道："NHK难道不知道吗？北京政府在举办奥运期间弹压少数民族，在'恢宏'的节目下制定冷酷的报道规则，北京奥运不是'安全结束'，而是中国当局凭借暴力的压制"。②

　　奥运会闭幕当天，《产经新闻》发表一篇社论，还是老调重弹，对北京奥运说三道四。社论先是评价一番奥运会的收获，称赞日本和他国运动员的出色表现，也浮皮潦草地肯定此次奥运会是"有史以来参赛选手最多、赛场规模最大的大会"，"在竞技运营方面可以说是'成功'的"。但是，社论笔锋一转，称："对照奥林匹克宪章提倡的'尊重保障人类尊严，推进和平社会'的理想，给北京奥运'合格'的评价，尚需要有若干保留"。随

---

① 《産経新聞》2008年8月25日。
② 断潮匡人：《NHKに"閉ざされた言語空間"》，《産経新聞》2008年8月27日。

即，社论罗列一连串的"质疑"为它的"保留"做注解。诸如"奥运举办国必须最优先地全面保障报道、言论自由和人权，是否做到了？这一点有怀疑"；"欧美人权活动家书写的'给西藏自由'横幅，多次被警察拆除"；"北京奥运'同一个世界，同一个梦想'的口号在哭泣"；"胡锦涛政权把北京奥运当作'中华民族百年梦想'，用豪华绚丽的开幕式和竞争金牌，向国内外炫耀一党独裁下改革开放路线的正确"；"仅奥运设施周围就有包括武装警察在内的 11 万治安员，是异样的过多的警备网"；"穿着各色衣服'代表 56 个民族'的孩子们，其实大部分是汉族"。① 可以看出，《产经新闻》除了打"人权牌"以外，其他实在是找不出什么"茬口"，只好东拼西凑，"鸡蛋里挑骨头"，甚至连为了奥运安全投入的警备力量，参加演出人员的民族别也在挑剔之列，其可笑的成分也就无须言表了。不过有一点还是应该说明的，人们都知道，亚特兰大、悉尼奥运会举办期间，尽管举办方动用了大批警力，竭尽了努力，还是不同程度地发生了恐怖袭击事件，而北京奥运会安全顺利地结束，他们却要指责警卫"异样"、"过多"，实在令人难以揣摩他们究竟是盼望北京奥运出事，还是其他。当然，最后的事实毕竟胜于雄辩，北京奥运会胜利地落下了帷幕，国际奥委会主席罗格高度评价北京奥运会"无与伦比"，"真正的巨大成功"。不知那些观潮派作何感想？

四 "田母神论文事件"与"田母神广岛讲演"

2008 年 10 月，日本航空自卫队幕僚长田母神俊雄出人意料地发表了一篇题为《日本是侵略国家吗？》的论文，通篇否认日本的侵略战争性质，甚至把战争责任推卸给他国，引起世界舆论的抨击。韩国《中央日报》、美国《纽约时报》、英国广播公司、俄新社等媒体纷纷撰文抨击田母神的谬说。在日本国内，包括防卫省官员在内，大多数政界官员、媒体、学界也发出了批判的声音。在这种情况下，日本防卫当局不得不解除其职务。

田母神在论文中称，"说我国侵略了中国大陆和朝鲜半岛，其实，日本

---

① 《北京五輪閉幕　疑問残した中国流運営》，《産経新聞》2008 年 8 月 24 日。

军队在这些国家驻留是基于条约的。19世纪后半叶,日本向中国大陆和朝鲜半岛进军,如果得不到对方应允是不能进军的"。接着,田母神把战争责任推给中国,"我国在中国是为了追求和平,但当时的蒋介石受共产国际驱使而背叛(日本),是蒋介石挑起了日中战争,我国是受害者","满洲帝国成立之初人口骤增,这是因为满洲富裕,治安良好,如果是侵略行为岂能把人汇聚起来?""说日本因为侵略中国,才突入日美战争,实际是美国的精心策划,才把日本引向战争","东京审判把一切战争责任都推给日本"。田母神还认为,1928年谋杀张作霖"不能断定是日军所为","日本军纪严明,有许多外国人的证言,说日本是侵略国家简直是冤案"等。①

田母神身为自卫队高级军官,国家高级公职人员,并非史学研究者,为什么公然漠视"村山讲话"精神,不惜牺牲自己的政治前途为日本的侵略战争辩护?不能不说,田母神的史观反映了自卫队高官阶层的战争观、历史观以及修改宪法、发展军备、建立国军的迫切心理。在日本自卫队高官阶层里,田母神的历史认识绝非仅有,甚至可以说带有普遍性。人们还记得,1994年羽田内阁的法务大臣永野茂门曾经狂言"南京大屠杀是虚构的",其人原来就是日本陆上自卫队的幕僚长。2007年,右翼界推出否定南京大屠杀的电影《南京的真实》,赞同者名单中属于自卫队高官阶层的就有曾任海上自卫队将补的川村纯彦、航空自卫队西南航空混成旅团司令佐藤守、陆上自卫队幕僚长富泽晖、航空自卫队西南航空混成团司令西川正长、海上自卫队幕僚长古庄幸一、陆上自卫队中部方面队总监松岛悠佐、陆上自卫队将补松村劲、陆上自卫队第十一师团长森满、自卫官滨口和久等人。2007年

渡部与田母神合著的《日本不是侵略国家》

---

① 《空幕長論文要旨"わが国が侵略国家だったというのは正にぬれぎぬだ"》,《産経新聞》2008年10月31日。

7月13日，美国下议院通过对日本强制慰安妇问题的决议，包括日本国会议员、地方议员在内的许多政治家致函美国当局表示抗议，其中，自卫队高官佐藤守、富泽晖、西川正长、古庄幸一、松岛悠佐、松村劭、森满、滨口和久的名字都列其中，说明不少自卫队高官仍然顽固坚持反动的战争观和历史观。田母神论文事件发生后，自卫队高官佐藤守公开表示，"我认为，（田母神）论文内容适合干部教育"。有评论认为，"实际上自卫队干部中持有田母神观点者不在少数"。曾任陆上自卫队北部方面总监、现为帝京大学教授的志方俊之也认为，"自卫队中有很多像田母神那样，与政府见解持不同观点之人"。①

另外一点，又说明右翼学者的说教对自卫队的影响不可低估，因为从史料到史观，田母神不可能独自"创新"，完全来自知识界右翼的煽动和宣传。因此，田母神一下子成为右翼社会瞩目的人物。"正论派言论人"小堀桂一郎马上撰文大加赞赏田母神，称田母神在繁忙的工作之余，"读了很多史料，在此基础上进行了提炼和解释，其学习精神实在令人感佩"。田母神论文"吸收了反驳东京审判史观的诸研究成果……是一篇出色的反击日本侵略国家说的文章"，"我认为，田母神的论文作为教科书使用是最合适的……他的历史解释是极冷静、极具条理的"。接着，小堀借题发挥，宣称"必须废弃村山讲话"，"历任首相都宣布继承村山讲话，作为政府的历史认识，这是外交上的自缚自锢，我们期盼有打破这一闭塞状态的尖兵出现，但安倍晋三没有这样做，麻生太郎也排斥了田母神论文选择了村山讲话……因此，废弃和撤回村山讲话，目前是关系国民安全的最大的政治悬案"。② 字里行间透露出右翼学者对田母神的青睐。

一些右翼媒体也频繁采访田母神，请田母神做报告。几家出版社还竞相为他出版著述，在短短一年多的时间里，田母神已经出版著述十数部（其中包括与右翼学者的"对谈"三部），还多次到东京、新宿的纪伊国屋

---

① 飯島滋明：《自衛隊とシビリアン・コントロール》，日本の戦争責任資料センター編《戦争責任研究》2009年秋季号，総第65号，第14頁。
② 小堀桂一郎：《空幕長更迭事件と政府の姿勢》，《産経新聞》2008年11月6日。

(书店)签字售书。① 并且频频出现在电视媒体的镜头里,四处进行所谓的"田母神讲演",俨然成为日本宪法、防卫、军备、核问题等研究领域的"大家"。田母神还出面聚集退役自卫队军官、右翼分子等成立一家右翼团体,名为"加油日本行动委员会",自任头目,大张旗鼓地展开了右翼运动。

2009年8月6日,是广岛遭受美国原子弹轰炸64周年的日子,每到这一天,广岛市民都召开追悼死难者、祈祷世界和平大会。偏偏在这一天,受右翼团体"日本会议广岛"的邀请,田母神也出现在广岛市民的面前,进行了一场与和平会议背道而驰、题为《质疑广岛的和平》的讲演,自然引起广岛广大民众的不安。6月29日,广岛市长秋叶忠利为防止田母神的讲演对一年一度的广岛和平大会造成冲击,特致函"日本会议广岛",恳切地希望该团体取消田母神的预定讲演,认为"如果在这一天,在广岛这个地方,受媒体关注且对市民有很大影响的田母神进行'质疑广岛的和平'的讲演,无疑将加深从凌晨开始就静心悼念原爆死难亲人的遗属的悲哀。就广岛而言,8月6日的意义与表现自由同等重要","希望贵会能够考虑到被爆者和死难者遗属以及广大广岛市民的心情,变更讲演的日程,幸甚"。②

右翼团体发行的"田母神广岛讲演"宣传广告

---

① 俵义文:《田母神問題の政治的背景》,日本の战争責任資料センター编《戦争責任研究》2009年秋季号,总第65号,第2页。
② 安藤慶太:《観念的平和論に安住するヒロシマの閉ざされた言語空間》,《正論》2009年9月号。

然而,"日本会议广岛"没有理会广岛市长和广大市民的苦心,仍然按照原来计划于 8 月 6 日邀请田母神到广岛做了题为《质疑广岛的和平》的讲演,一时引起媒体的关注和民众的议论。在日本政权更迭之前,这一举动无疑为寄希望日本继续坚持"无核三原则"、维护东亚和平的人们增添了几丝忧虑。

田母神在题为《质疑广岛的和平》的讲演中,根本不计后果肆意"放言",从抨击"日本没有言论自由"切题,大述自己讲"真话"反而被解职的"委屈"。随之,把矛头指向广岛的和平会议,公开鼓吹日本必须发展核武器,甚至在历史问题上继续坚持他在《日本是侵略国家吗?》里的论调等。概括起来,包括以下几个方面:

1. 主张日本打破"无核三原则"的禁锢,畅所欲言地"讨论"核问题

他称,"今天,广岛举行和平纪念式典,在广岛市长的脑海里,也许考虑到只要废除核武器就能带来和平。但是我不是这样认为,即使废除核武器与和平并没有关联","英国的撒切尔首相曾经说过,'与其无核(武器)世界,我选择有核武器但没有战争的和平世界','可以说,日本之所以被原子弹轰炸,是因为日本没有原子弹'","在世界核武器扩散的今天,不持有核武器能否维持真正的和平,必须认真地加以讨论。可是在日本关于核的议论是一个禁区。我认为,战后日本没有言论自由,说日本坏的言论可以自由无限,相反的是,却没有说'日本是一个好国家'的言论自由。在军事方面的言论自由也是同样。社会党主张的非武装中立的言论可以自由无限,但如果主张整备、强化自卫队,进行有事法制的整备等,即便口头讲也会成为大问题,谁如果说'应该具备核武器'就会成为危险人物,言论上也不允许"。

田母神接着说:"日本如果是个民主国家,当然可以发表不持有核武器的意见,同时对主张持有核武器的意见也应该冷静正常地议论,即使是军人的发言也不应制止","我因为赞扬自己的国家而被解职……称赞自己国家而被解职的国家只有日本","现在的日本简直是没有占领的占领支配,没有社会党的社会党支配……整个日本陷入多一事不如少一事的消极主义,既不允许质疑美国的对日警戒感，也不允许对中国提出异议"。"广岛市长的发言称希望到 2020 年废除核武器，我认为绝对不可能。对核武器的效果视而不见等于停止思考。奥巴马总统之所以说致力于核武器的废除，那是因为美国的实力相对居上，如果有损于本国是绝对不会开口的"。"日本的领导人完全没有（发展）核武器的考虑，但日本以外的所有国家一遇机会都会想到核武装，军事力强才更安全，有核武装则更安全。有核武装的国度与没有核武装的国度对国际政治的发言力有天壤之别，只有持有核武器才能与核国家对等，不这样就不能推动国际社会"。

2. 公开鼓动日本应该发展核武器

田母神称："日本把自己称为政治小国，但作为'世界的钱袋子'没有核武器能成吗！要想成为世界上受尊重的国家，最好是发展核武器。当然，美国一定要反对，但为了日本的安全，政治家和外交官应该开动脑筋说服美国，这是政治家和外交官的工作。可是，如今的政治家不愿意挑战困难，采取消极主义。自己的国家必须自己保卫，因为核武器的议论没有深入，正确的理解也不能展开。其实，核武器是极便宜的武器，（使用）普通武器是需要保持战斗力的平衡，战斗力如果是一比十，结果就显而易见。可是核武器不是这样，一枚的被害也承受不起，即便战斗力是一比十、一比百，如果有一枚核武器就能遏制（对方）。所以，从这一意义上说，核武器是极便宜的兵器"，"要遏制核武器必须拥有核武器……如果核国家先发进攻就以核攻击报复，发展核武器是为了不被核武器攻击，所以它实质上是防御性武器"，"核战争没有绝对的胜者，战争一旦爆发全部毁灭，这也意味着核武器具有遏制的效果"，"没有核武器更容易爆发战争，而核国家之间却不容易发生战争，日本作为大国生存必须认真地考虑核武装"，"左派人士认为'日本是唯一的原子弹被爆国，所以不应发展核武器'，这种主张从理论体系言是可笑的。正因为日本是唯一的被爆国，为了不受到第三次（颗）核武器攻击，必须核武装，这才是正常的认识"。

3. 主张强化军事教育

田母神抱怨日本缺乏军事教育，"学校不学习军事，大学也不学军事……日本政、官、财的领导人与世界各国的首脑对比，缺乏军事素质和常识，这是绝对的错误，很容易受骗上当","为什么会造成这样的结果呢？日本战败，占领政策使日本弱势化，彻底地远离军事"。

4. 坚持错误的历史观

田母神在讲演的最后，继续重复他在《日本是侵略国家吗？》中阐述的观点。他称："日本战后的历史教育充满谎言、错误和欺骗，教（学生）日本是侵略国家，日本侵略整个亚洲，其实日本在亚洲只是与中国作战，在菲律宾是与美国作战，在缅甸和印度与英国作战，在印度尼西亚与荷兰作战，日本的作战使这些国家从白人的殖民统治中获得独立"，"说日军剥夺了亚洲民众安定富裕的生活，真相完全相反，朝鲜和台湾都是马贼土匪横行，民众在威胁中度日，日本去了以后才使他们生活安定、治安良好，这才是事实"。"东京审判实际是以审判为名的复仇，但没有教给孩子们。美国的占领政策把战争责任全部强押给日本，制定并强制推行了日本弱势化的计划，'战前日本是黑暗的'，'美国占领好极了'等思想彻底地灌输到国民中间"，"白人国家在殖民地实行彻底的愚民政策，日本不同，建立学校，兴建道路、铁路、水坝，与日本内地建设一样，与白人的殖民地支配完全不同。所以不是侵略。可是，我们的教育却是日本是侵略国家，应该受到惩罚，美国是正义的，这与事实完全不符"。"日本人必须恢复真正的历史，不这样做日本真要完蛋"。①

毋庸置疑，"田母神广岛讲演"喊出了右翼社会反对"无核三原则"的心里话，代表了右翼敦促日本政府发展核武器的主张。

五 人权幌子下的反华闹剧

2009年7月5日，新疆民族分裂主义者在乌鲁木齐策划了一系列打砸抢烧的严重事件，中央和地方政府及时采取有效措施，在平息分裂主义分子暴乱的同时，迅速恢复了社会和各业秩序。本来，这一事件是一起直接

---

① 安藤慶太：《観念的平和論に安住するヒロシマの閉ざされた言語空間》。

破坏中华各民族之间的和谐安定，威胁中国国家主权，反人道、反社会的暴乱事件，凡是稍有国家民族关系常识之人都会有一个清醒的判断。然而，日本的一些右翼学者及媒体却借机再次掀起一场反华的小闹剧。产经新闻社又是首先跳出来，连篇累牍地发表歪曲事实的报道，以混淆视听。2009年7月8日，《产经新闻》发表社论，抨击中国政府的民族政策。社论称，"此次暴动的根源，是少数民族对压倒多数的汉族统治的反抗，同西藏暴动同属一个模式"，"从1949年中华人民共和国成立、共产军进驻新疆使之成为'中国的一部分'以来，抵抗汉族统治的独立运动就没有停止过"，"不解决对少数民族分配不公平问题，不取消差别，这一问题就不能解决"。社论的最后，竟然打起国际社会的招牌，声称"如果中国政府不允许新疆独立，继续实施武力镇压，国际社会绝不能容忍"。①

该社个别驻中国的记者在此次小闹剧中也扮演了重要的角色，其中有些人既没有去现场采访，也没有深入调查访问，却在报道中把事件定性为"中国政府推行以汉族统治为中心的政策，少数民族政策出现漏洞"，（事件）"是自发的、是对（政府）处理不当的抗议活动"，"中国政府名义上给予自治权，实际是置于汉族的统治下，不承认少数民族的自决权和分离独立权"，"公务员、国企职工居多的汉族人收入高，远比以农畜业为主的维吾尔族高，这种差别在少数民族中间产生了反汉族情绪"，"暴动反映了维吾尔族对汉族的仇恨"，"中国政府以破除封建迷信为名介入少数民族信仰的宗教，对不服从者毫不容赦地驱逐，强制宗教组织置于共产党的领导下，若有反抗者则视为分裂独立分子，予以彻底地弹压，这种高压政策招致新疆和西藏的猛烈反抗"。② 可以想见，这些歪曲事件真实的报道散发于日本社会，无疑起到了推波助澜的作用。

更有甚者，2009年7月28日，日本"民间"竟然邀请民族分裂主义者热比娅访问日本。7月29日，日本官房长官河村建夫表示，"日本民间邀请

---

① 《ウイグル暴動　抑圧をやめて格差解消を》，《産経新聞》2009年9月8日。
② 《ウイグル暴動 "不当な扱いへ自発的な抗議"》，《産経新聞》2009年7月6日；《イチから分かる・ウイグル暴動　漢族支配に不満爆発》，《産経新聞》2009年7月15日。

热比娅，不会对日中关系产生恶劣影响"。① 然而事实上，当时尚在执政党位置的自民党公开在本党党部接待了热比娅，参院议员卫藤晟一等人出席并与热比娅交谈，热比娅乘机大肆歪曲事实，造谣蛊惑，煽动日本向中国施压。卫藤也附和称，"今天，在邻国出现这样的人权问题，的确受到很大的冲击，日本理应派出调查团，不然的话，日本就不是一个认真的主权国家"。②

在日本，总有一些人喜欢对中国的事情说三道四、指手画脚，新疆事件似乎又给了他们发泄的"机会"，尤其是不甘寂寞的"正论派言论人"又跳了出来，其中一位叫关冈英之者，发表了一篇题为《日本人哟，对中国的民族净化能漠视吗！》的长文。关冈英之先是对中国报道的新疆暴动事件做了一番抨击，指责中国的报道"强调汉人被害的一方……给人以汉人是受害者、维吾尔人是加害者的印象"。接着，关冈毫无根据地宣扬"数千名汉人暴徒袭击维吾尔人，他们手持大刀、铁棍、三角铁、砖头瓦块等凶器，光天化日之下目中无人地进行……这是多么野蛮的情景！""热比娅称被害者1000人到3000人左右，这么大的数字无疑是大屠杀，是民族净化！"③关冈本人既没有亲临现场，更置媒体的影像报道资料于不顾，单凭热比娅在日本的胡言乱语，就将这次事件定性为"大屠杀"和"民族净化"，其立场由此可知。

接着，关冈全面歪曲中华民族大家庭融合的历史。他称，"维吾尔人抵抗中国统治并不是从今天开始的，而是自1949年中国人民解放军侵攻新疆以来持续不断地运动"。关冈不厌其烦地大谈特谈1933年和1944年，在包括日本在内的国外帝国主义势力唆使下新疆两次"独立运动"的历史，甚至不惜搬出当年"大日本帝国"与分裂主义头目往来的电文、文书类，大加赞赏日本对亡命日本的新疆分裂主义分子的援助，吹嘘日本对新疆"独

---

① 《産経新聞》2009年7月29日。
② 《ウイグル会議のカーディル議長が自民党訪問》，《産経新聞》2009年7月29日。
③ 関岡栄之：《ウィグル暴動の本質とは何か、日本人よ、中国の民族净化に沈黙するなかれ》。

立运动"的贡献等。其中还引用一份分裂主义分子的电文称,"全新疆上下对日颇有好感,尤其是满洲国独立后越发信赖日本……期盼日本外交上的声援和武器援助",想借此说明日本同新疆的"渊源关系"。关冈还把战争时期日本驻阿富汗公使北田正元的"高见"推荐给读者,指出当时的北田对连接新疆、阿富汗以及中东阿拉伯世界的通道十分关注,"强调其在地政学上的重要性,是将来世界政策的要地",建议"日本应力图扩大从满洲帝国到南蒙古、东突厥斯坦的亲日势力圈……最终完成对苏包围圈这一伟大计划"。关冈对于这样一项战争时期的侵略扩张计划,不仅不予以批判,反而非常惋惜这一"宏伟"计划未能实现。他说:"当时的日本如果拥立奥斯曼王朝的后裔阿布丢尔克里木为皇帝,树立东突厥帝国,这样,东方有溥仪为皇帝的满洲帝国,与西部的东突厥帝国并立,就可以构筑起一道防共回廊,阻止苏联的南下,那样的话,20世纪的历史将完全是另一个模样,可是,这一构想未能实现,被掩埋在历史的阴翳之中。"关冈不惜假设历史,痛心疾首般地嗟叹日本的扩张计划未能实现,为的是"提醒"今天的日本人。他说,"战前的日本人与今天的我们,是以完全不同的视角来看世界地图的",① 话语中流露出"恋旧"的情结。

　　人们不禁要问:时至今日,关冈不惜笔墨,大段大段地记述新疆叛乱史的用意何在? 从下面一席话可以看出其祸心。关冈在文章提要里这样写道:"汉人从历史上抹杀了东突厥斯坦,支援被压迫民族的独立,是日本道义国家的再生,这使我们想起战前日本的志向。"② 为此,关冈敦促日本政府对华采取强硬措施,称:"当今,能够正面指责中国的国际社会几乎不存在,这对于我国的安全保障是极其严峻的事态,国际社会如果不放弃一切顾虑对中国施压,中国将旁若无人般地暴走,台湾、尖阁列岛(钓鱼岛)、冲绳的连锁危机将至。(20世纪)60年代以来,我国的GDP一直居世界第二位,今年内将被中国夺去,美国已经不再像过去那样可以依赖,面对中

---

① 関冈栄之:《ウィグル暴動の本質とは何か、日本人よ、中国の民族浄化に沈黙するなかれ》。
② 这里的"战前"是相对战后而言,即指1945年日本战败投降之前的近现代历史时期。

国军事、经济的压迫,我国必须构筑自我的国家战略","我国应该率先表明支持和赞同维吾尔人的态度,以唤醒阿拉伯世界,这也是确立全球化连带关系的好机会,从土耳其、阿拉伯世界、中亚各国,到东南亚的印度尼西亚,我国应与伊斯兰世界构筑起强大的包围圈,才能够牵制中国的扩张主义"。可见,关冈期盼的是在东亚乃至世界范围内建立起反华包围圈,牵制中国的崛起,确保日本在亚洲乃至世界的政治、军事、经济大国地位,这才是关冈关切新疆问题、撰写这篇文章的根本目的所在。

关冈通过上述文字的表述,仍然感到"分量"不足,索性肆无忌惮地大放厥词,他说:"日本要在物资精神两方面予以支援,让呻吟在中国统治下的维吾尔、西藏、蒙古等被压迫民族实现民族独立的悲愿,这样,将使我国作为道义国家获得再生的同时,瓦解和压制膨胀的中华帝国,建立起环绕汉人国家周围的亲日反华国家群,这样,将诞生一个崭新的世界秩序,这该是北京最恐惧的一幕。"关冈明目张胆地鼓吹颠覆和分裂中国,还念念不忘赞赏战争时期日本的侵略扩张政策,他说,"这些构想并非笔者的独创,战前的日本人就是在这样的世界观和国家战略下,与亡命的维吾尔人连带,支持东突厥斯坦的独立运动"。关冈如此迷恋战争时期日本的对外侵略扩张政策,一方面说明他的灵魂深处仍然隐藏着法西斯主义的货色,另一方面也披露出他的超国家主义、极端民族主义的立场。这在他的文章中也完全表露出来。关冈对近年来在日中国人数量的增加很是"担忧",称现在中国人数量已经猛增至 65.5 万人,"中国人如果按照这样的速度继续移入的话,居住在本国国土上的日本人就要呻吟在北京的间接统治下了,有人会以为这是夸大或臆测,其实这是不懂得什么是异民族统治,虽然这不会是眼前发生的事情,但经过数个时代将打下基础。汉民族与盎格鲁-撒克逊等民族一样,自古以来就是统治异民族的霸权民族","西藏人和维吾尔人就是这种状况,我们日本人绝不能把它当作别人的事情,(中国)移民的大量移入与军事威胁表里互为一体,我们应该从中国统治下被压迫民族的苦难遭遇中吸取教训……民主党推进的外国人参政权解禁(方案)极其愚蠢,是亡国计划,必须断然阻止"。

文章的最后，关冈称，"战前，日本支持东突厥斯坦的工作被认为是侵略政策的一环，这不过是中国即汉人的观点和解释，是以肯定中国统治东突厥斯坦的正当性为前提的，但维吾尔人是绝不能接受的。历史的解释是相对的，用现时点的价值标准片面地断罪历史现象，是党派所见，至少，维吾尔人和日本人没有理由接受中国共产党的史观，如果有一天，东突厥斯坦的独立能够实现，历史的解释将颠覆这一前提"。① 总之，由于关冈从极端民族主义和历史扩张主义的立场出发，他的笔墨除了换取一小撮右翼分子的零星鼓噪外，包括绝大多数的日本人在内的世界人民都不会接受他的蛊惑，这一点应该是坚信的。

无独有偶，人类进入 2010 年之始，东京闹市区又发生一起右翼分子骚扰中国人商店事件。1 月 10 日，40 多名右翼分子涌到池袋中国人"阳光城"商店闹事，他们张扬着日本国旗，拉扯着反华横幅，呼喊着反对民主党移民政策、反对外国人参政等口号，甚至叫嚷"池袋是中国人黑社会据点"、"日本要被中国占领了！"云云。右翼闹事的矛头直接指向在日的中国人，反映了右翼社会对中国及中国人的敌视，也反映出一部分右翼势力对民主党政权对华政策的不满情绪。

第六节　日本政权更迭与中日关系展望

一　麻生政权与麻生献"真"

2008 年 9 月，72 岁的福田康夫突然以"客观看待自己"，出于"自知之明"为由宣布辞去总理大臣的职务，麻生太郎取代福田登上了总理大臣的宝座。从 1993 年到 2008 年的 15 年间，日本政坛竟更换了 10 名首相，政府首脑更替频率之快创世界之最。个中原因不在本书探讨之列，略去。

人们知道，麻生是一位"靖国强硬派"或"靖国支持派"，他就任总理

---

① 以上见関冈栄之《ウィグル暴動の本質とは何か、日本人よ、中国の民族浄化に沈黙するなかれ》。

大臣之前，是积极支持小泉参拜的重要阁僚之一，而且本人每年至少一次参拜靖国神社。2006年1月，身为外交大臣的麻生在名古屋讲演时竟说："最好是天皇参拜靖国神社"。① 而且，他还时常爆出一些"狂言"，诸如"创氏改名是朝鲜人希望的"、"强掳劳工并不存在"等。②

2009年4月21日，有消息传来，麻生首相选在春季大祭日向靖国神社敬献了"真榊"，并明确标明敬献人"内阁总理大臣麻生太郎"的字样，另捐献5万日元（自费）。"真榊"是一种典型的神道祭祀供奉物，"真"是敬语，"榊"是一种椿科树木，是传说中生长在"神域"里的一种树木，天照大神"岩户出世"时敬奉的就是这种神木，因此后来成为神道教典型的供奉品，每当"神"降临时必须敬献之。日本战后第一位向靖国神社敬奉"真榊"的是中曾根康弘，也是战后总理首开"公式参拜"靖国神社之先河者。麻生太郎则是继安倍晋三后第三位向靖国神社敬献"真榊"的总理大臣。很显然，"真榊"是神道仪式敬奉"神"的供奉品，它与追悼死难者时使用的鲜花之类具有不同的意义，是彰显靖国神社内"英灵"（包括ABC级战犯）的神道式的祭品，而且选在靖国神社传统的春季大祭日，与追悼战死者毫不相关。

对于春季大祭日向靖国神社敬献"真榊"的举动，麻生对媒体宣称，"是向为国家献出宝贵生命的诸位表示感谢和敬意"，当问到今后是否参拜靖国神社时，他没有明确的肯定或否定，而是留有余地称"要适当地判断"。③《产经新闻》立即发表社论表示赞赏和"理解"，认为"敬献'真榊'也是代表国民向战没者表示哀悼之行为，应予以相当的评价"。但又对麻生仅仅敬献"真榊"尚不满足，又鼓动他"站在遗族和国民的立场上，像前首相小泉那样，直接地拜访、参拜靖国神社，这才是应该的姿态。今后，关于参拜靖国神社问题，麻生首相不要总说'适当地判断'，希望能够在8月15日终战纪念日堂堂正正地进行靖国参拜"。④

---

① 《环球》2008年11月12日。
② 人民网，2006年3月15日。
③ 《朝日新闻》2009年4月22日。
④ 《首相と靖国　堂々と参拝をしてほしい》，《産経新聞》2009年4月23日。

麻生向靖国神社献"真榊"之举，使政治家团体靖国参拜又掀小高潮。4月22日上午，日本跨党派国会议员团体"全员参拜靖国神社国会议员会"集体参拜了靖国神社，参众两院计有87名议员及108名议员代表参加。其中包括财务副大臣竹下亘、文部科学省副大臣山内俊夫、经济产业省副大臣高市早苗，以及内阁府、法务省、厚生劳动省、农林水产省、国土交通省、防卫省的重要官员等。"全员参拜靖国神社国会议员会"会长、村山内阁时期的"失言大臣"（文部大臣）岛村宜伸称："（首相）出于目前的立场放弃参拜，但我相信（首相）已在供奉'真榊'时表达了心意。这是件好事。"①

对麻生献"真榊"之举，中国外交部发言人在例行记者会上表示，"靖国神社是中日关系中重大政治敏感问题。我们希望日方切实恪守双方就克服影响两国关系的政治障碍和促进两国友好合作关系健康发展达成的共识，妥善、慎重地处理有关问题"。②

日本《朝日新闻》也发表社论认为，"代表内阁和政府，而且负有外交责任的首相采取这样的举动带有特别的意义"，"战前，靖国神社由陆海军所管，是军国主义的象征，与日本侵略大陆和殖民统治的历史密切相关，神社内的战争博物馆'游就馆'，现在还散布把过去历史正当化的历史观"，"从2001年到2006年，围绕小泉首相的参拜引发舆论的纷争，也激化了同邻国的关系，这些记忆还历历在目"，"即使使用私费，但以首相名义奉献真榊不可避免带有政治色彩，对照政教分离的宪法原则也难脱疑问"。③

二 民主党政权与中日关系的不稳定因素

2009年8月30日，在国际金融危机风暴的萧瑟气氛中，日本众议院大选终于以压倒性的多数将连续执政半个世纪之久（除1993年一度跌下政坛外）的自民党拍到台下，以鸠山由纪夫为代表的民主党入阁执政，也反映

---

① 人民网，2009年4月22日。
② 人民网，2009年4月22日。
③ 《首相の供え物—持論と矛盾しませんか》，《朝日新聞》2009年4月23日。

了国民对自民党政治的不信任感，以及期盼走出经济低迷阴影、注入政局活力的"思变盼新"心理。

上台伊始，鸠山由纪夫多次公开表白，新内阁当注重和发展日本同亚洲各国的关系，推行立足东亚的"友爱外交"，表示不去参拜靖国神社，主张设立无宗教国立追悼设施等，这对于维护和发展中日之间的战略互惠关系，解决小泉纯一郎上任期间连续参拜靖国神社带来的后遗症，无疑是值得肯定和欢迎的信号。

但是，应该指出的是，民主党毕竟是从自民党营垒中分化出来的政党，原代表小泽一郎以及鸠山由纪夫都曾是自民党的大员，党内的许多成员也原是自民党或社会党、公明党右翼出身的骨干成员，他们在修改宪法、重新解释"集团自卫权"、战争责任和历史认识、领土纠纷、台湾问题等方面与自民党的主流见解没有根本区别。更应该指出的是，日本的政治结构是政党（政治家）、官僚、财团三位一体体制，即便首相频繁更换，政党轮流执政，国家机器仍然会沿着预定的轨道运转。所以，即使是再有魄力、有胆识的政治家也很难在大政方针上"力挽狂澜"，改变日本的运行轨道。

人们还记得，1998年鸠山由纪夫等人在组建民主党时，在修改宪法、发展军备、扩大自卫队的"防卫范围"等政治主张上与自民党几乎没有分歧。鸠山由纪夫曾表示过，"要正大光明地修改宪法的前文和第九条，自卫队要名正言顺地称为国军"。[①] 正因为如此，小渊和小泉时代在提交国会讨论《有事法制》及《伊拉克特别措施法》时得到民主党的鼎力支持，使架空宪法的上述两法案顺利通过，日本海陆空自卫队第一次携带重武器联合开进伊拉克，突破了和平宪法规定的"专守防卫"的框架。

在对待靖国神社问题上，鸠山由纪夫上台后表示，绝不参拜靖国神社，也希望阁僚们自制，同时主张建立一个无宗教国立追悼设施，以替代靖国神社的功能。应该说，这比起小泉纯一郎及其自民党内的"靖国参拜顽固派"要理智得多。

---

① 陶萃权：《我在战场、官场、商场跟日本人打交道》，新华出版社，2002，第71页。

但是，无宗教设施能否行得通呢？早在 2001 年 12 月，日本内阁就成立一个由官房长官福田康夫召集的"考虑追悼和祈祷和平纪念碑设施恳谈会"。2002 年 12 月 24 日，该恳谈会提出一份报告书，界定无宗教设施的性质是："悼念死难者，怀念死难者，并非宗教设施的'祭祀'、'慰灵'或'镇祭'，也并非是把每个具体的个人作为追悼对象……参与祈祷的人们，通过追悼死去的亲属或友人，应想到战争的惨祸，重新记起不战的誓言，认识到这里是一个祈祷和平的场所。"

报告书还界定了该设施同"现存设施"的关系，内称："作为我国追悼战没者的重要设施有靖国神社、千鸟渊战没者墓苑等设施，本恳谈会考虑到，新设立的设施决不能与现存的设施对立，或有损于其存在的意义，而是为了达成另外的必要的目的"，"靖国神社是'奉慰殉于国事的人们，永远地予以祭祀之'，所奉慰的是'英灵'，为了历代彰显他们的英名而'创立的神社'。对此，新国立设施是前述以死难者全体为范畴，以追悼和记忆战争的惨祸为基础祈祷日本和世界的和平，并非是彰显和慰灵每位死没者的设施，两者的宗旨、目的完全不同。另外，靖国神社是宗教法人的宗教设施，新设施是国立无宗教设施，两者性质不同，具有不同的保障社会的意义"。[①]

可见，即使无宗教国立追悼设施建立起来，也不能替代靖国神社彰显"英灵"的功能，而且"不能与现存的设施对立，或有损于其存在的意义"。即，靖国神社依然承担着祭祀和彰显"英灵"（"殉于国事的人们"）的功能，仍然具有"保障社会的意义"。因此，该报告书提出后，赞成者有之，反对者也有之。问题的实质归根结底在于，国立追悼设施建成后的社会效应将是个什么样子？能否像报告书指出的那样，的确发挥了"宣誓不战"和祈祷和平的作用，抑或产生的后果有违初衷，不过是转移靖国神社的焦点问题，变换场所继续彰显战争亡灵罢了？

问题在于，鸠山由纪夫设想的无宗教国立追悼设施能否突破报告书的

[①] 引自日本首相官邸网站《追悼・平和祈念のための記念碑等施設の在り方を考える懇談会》网页。

框架，能否在短期内争取党内的统一见解并获得国会的审议通过，都在两可之间。而且，若想突破日本政坛多年形成的战争责任和历史认识的"固执见解"有相当的难度。

其他反映在战争责任和历史认识问题上，尽管民主党政权一再表示遵从"村山讲话"精神，承认战争的侵略性质，但事实上，不能不指出民主党大员中仍有相当数量的政治家坚持反动的"大东亚战争史观"。1995年6月9日，众议院通过了一纸题为《以历史为教训，重申和平决心之决议》的国会决议。民主党前身之一的新进党（代表小泽一郎）与自民党同调，站在反对反省战争的立场上，成立一个"传播正确历史国会议员联盟"，50余名新进党国会议员加入其中，该联盟在成立趣意书中写道："今天，我们作为独立主权国家存在之事实，意味着前次大战的赔偿、战争谢罪已经完全终了，尽管如此，这个时期的所谓谢罪，是践踏了先人们的努力和名誉，也使我们肩负残暴非道德民族的标签永劫不得解脱。"① 可见，即使鸠山由纪夫等政治家有较客观的历史认识，但要左右党内、驾驭国会并非易事。

2009年12月20日，旷日持久的日本西松建设会社强掳、奴役中国劳工索赔诉讼案以"和解"方式落下了帷幕。西松会社同意向360名劳工支付2.5亿日元作为补偿金（人均约4.5万元人民币）。这是继"花冈和解"后中国人被害索赔诉讼案的第二起和解案。因此有人认为，西松和解是日本新政权对待战争责任问题的一种"松动"。但是，也有些海内外团体和研究家认为，西松和解并没有承认甚至推脱强掳劳工的责任，以所谓的"人道救济"代替赔偿，缺乏忏悔和诚意。总之，围绕着西松和解见仁见智，说明战争责任及历史遗留问题并非一朝一夕能够轻易解决的。

其他诸如领土纠纷问题、东海油气田问题以及台湾问题等仍然是影响中日关系的重大不稳定因素，2010年9月发生的"撞船事件"就是一个很好的例证。接替鸠山的菅直人内阁采取了一系列强硬措施，如立即更换了

---

① 波田永实：《"戦争責任否定派"の動向と理論》，日本の戦争責任資料センター編《戦争責任研究》1996年春季号，総第11号，1996年3月。

外务大臣，由"最鹰派"、"超亲美派"、"对华强硬派"的前原诚司出任；[①]决定增派钓鱼岛海域海上自卫队的潜艇数量，并把此决定写入《新防卫大纲》；以及把钓鱼岛是"日本固有领土"写入教科书等。说明中日领土争端问题不仅敏感，而且是影响今后中日关系的不可回避的重大不稳定因素，提醒我们必须保持清醒的头脑。

三 中日关系的展望

民主党政权建立以来，注重发展同中国及亚洲国家的关系，中日两国领导人也分别进行了互访，应该说，民主党政权建立之始，两国政府和执政党层面进入了比较良性的交往时期。据 2009 年的调查统计，关于两国的关系走向以及民主党政权对两国关系的影响，详见表 7-1、表 7-2。[②]

表 7-1 中日关系走向民意调查

	非常良好	会好一些	总数	2007 年良好总数	2008 年良好总数	1996 年良好总数
中国	8%	46%	54%	41.4%	74.6%	51.2%
日本	5%	29%	34%	34.9%	37.5%	28.7%

表 7-2 民主党政权对中日关系的影响民意调查

	正面影响大	负面影响大	正负影响并存
中国	31.2%	11.7%	34.7%
日本	29%	17%	41%

从表 7-1、表 7-2 可以看出，中日两国的民间层面对中日关系的走向基

---

① 事件当时，前原任国土交通相，9 月 7 日，他立即给下属海上保安厅长官铃木久泰打电话称，"一步也不能让"。早在 2005 年 12 月 2 日，前原在一次讲演中就抨击中国"军事力的增强是现实的威胁"，主张修改宪法，承认日本的集团自卫权，防卫日本的海上航路等。还称，中日友好是"建筑在沙滩上的阁楼"。所以被称作民主党内的"对华强硬派"、"最鹰派"和"超亲美派"。见 http：//ja.wikipedia.org。
② 高洪：《2009 年中日关系盘点：不同寻常充满变化与希望》，中国网，2009 年 12 月 20 日。

本上是抱谨慎乐观态度的。相对中国54%认为良好的比率，日本认为良好的比率在34%，约高出90年代中期5个百分点，但仍维持在2007、2008年的水平，说明两国民间层面对中日关系走向的把握度上仍有一定的认识差异。另外，中国民众显然对民主党政权抱有积极的乐观态度，认为正面影响大的比率约为负面影响的三倍。而日本则相对"理智"，认为正负影响并存的在四成以上，认为负面影响大的比率也明显高于中国，想是日本民众比中国民众更了解民主党。一言以蔽之，随着中国现代化建设的不断发展，中国国际地位的提高，近代以来日强中弱的态势正在发生变化，势必也影响中日关系的前景。

另据日本内阁府2009年12月12日公布的"外交舆论调查"，认为中日关系"良好"的日本人比2008年增加了14.8个百分点，达到38.5%，"对中国有好感"的日本人同为38.5%，比2008年增加了6.7个百分点。对照表7-1、表7-2，这一数字反映了日本对中国的好感度以及寄希望中日关系转好的比率略有上升。

但是，由于2010年9月撞船事件的发生，中日关系又一度走向紧张。据日本内阁府2010年10月的最新调查，受访者中有20%回答"对中国有好感"，77.4%表示"没有好感"，这一比例是近些年来最高的。[①] 另外，执政的菅直人内阁面对与中国、俄罗斯、韩国的岛屿纠纷，陷于内忧外困的境地，据共同社的民意调查，其支持率下降到19.9%，比上台之初下降12.3个百分点，[②] 也是民主党执政以来的最低。民主党能否继续执政、能否度过内忧外困的时期还很难说。

毋庸讳言，中日关系的背后都存在着美国因素，有学者指出，菅直人执政以来，为了扭转鸠山内阁针对日美同盟关系的外交调整意向，"日本领导人在各种场合配合美国宣扬'中国威胁'论，钓鱼岛撞船事件的处理方式打破了此前中日双方的默契和常态，更加使得双边关系紧张、复杂"。但

---

① 《环球时报》2011年1月20日。
② 人民网，2011年2月12日。另，在本稿结束时又传来菅内阁支持率再度下降的报道，据日本时事通讯社2月17日发布的最新民意调查结果显示，菅直人内阁支持率跌至17.8%。

是,"中日关系并不等同于中国与日美同盟的关系,中美关系也不可能等同于中国与美日同盟的关系。在这一点上,日本领导人确实出现了误判"。①

尤其是中国GDP总量超过日本跃居世界第二的态势出现后,日本社会故意夸大中国军事力量及潜在威胁的思潮会继续涌动,更要求两国决策者的冷静应对和谨言慎行,致力维护中日两国的战略互惠关系大局,发挥出成熟政治型和卓越政治型的导航作用。同时,媒体的正确引导,排除消极因素和不和谐声音,努力增进中日两国民众的信任度和好感度也是不可或缺的。总之,中日两个近邻国家的战略互惠关系符合东亚乃至世界发展的主流趋势,也规定着中日之间"发展才是硬道理"的客观规律,这种战略互惠关系不仅仅体现在经济贸易方面,还应体现在政治、外交、军事、文化等多个层面,才有可能化解猜忌、对立、抵制甚至敌对等负面因素,促进中日关系走向健康发展的道路。

---

① 李薇:《中日关系的回顾和展望》,《中国日报》2011年1月25日。

结语 日本右翼问题的思考

2002年，日本一家杂志社对某个右翼团体成员进行了一次问卷调查。其中，参加右翼团体"感到自豪"者占68.6%，否定或未做回答者占31.4%（但其中多数人回答是"作为日本人感到自豪"）；关于"社会对右翼的印象"，回答为负面印象者占87%，"印象良好"不足10%；愿意让自己的子女也参加右翼的占19.7%，不愿意的占21.1%。① 另有一家右翼团体就右翼在国民中的印象进行了问卷调查，被调查人中，认为右翼是"暴力团、流氓、捣乱分子"的占38.9%；认为右翼是"打着忠君爱国旗号牟利，其实是不爱国不忠君的犯罪后备军"的占42.2%；主张予以取缔的占35.6%。只有11.1%的人认为右翼"思想和行动有令人赞同的成分"；12.2%的人认为右翼成年累月"挺身于政治运动的姿态应予以肯定"；有1.1%的人对右翼运动"寄以更大的期望"。② 上述数字说明，即使是右翼团体成员，也有多数人并不觉得做一名右翼"光彩"，大多数国民对右翼和右翼运动是持否定态度的。然而，涉及具体事宜，比如对侵略战争、东京审判、参拜靖国神社、修改宪法、自卫队派赴海外、领土纠纷以及南京大屠杀等日本战争犯罪等问题的认识时，民意调查的数字却截然不同。2005年，《读卖新闻》公布了一组民调数字，具体内容如下：认为"对中国以及包括

---

① 赵军：《日本右翼与日本社会》，第4、5页。
② 同上，第255页。

美国的战争都是侵略战争"的占34.2%,认为"对中国是侵略战争,对美国等西方国家的战争不是侵略战争"的占33.9%;认为日本当局对战争问题已经充分谢罪的占63%,认为还不够的占26.8%;认为在靖国神社追悼战没者最为合适的占41.5%,主张"分祀"的占17.4%,主张设立专门追悼场所的占33.2%;赞成小泉总理参拜靖国神社的占29.2%,比较倾向赞成的占22.0%,反对的占24.2%,比较倾向反对的占18.5%。① 对改宪问题,《读卖新闻》也于2001年做过一次民调,结果是知识阶层中有58%的人赞成改宪,普通民众中也有54%赞同修改宪法。② 也就是说,有一半以上的日本人赞同改宪。上述数字至少说明,尽管许多日本民众并不赞同右翼运动高音喇叭的街头宣传或演说,但是,右翼的许多主张却在民众中有相当的市场,这也是战后以来右翼运动一直没有停息的要因之一。事实证明,从战后至今,右翼势力一直是干扰和冲击政府决策的"压力团体"之一,也是破坏日本同亚洲各国关系、制造历史和解障碍的"麻烦团体",尤其是20世纪90年代以来,知识界右翼登上历史舞台,推动了右翼运动的强势发展,甚至在一定程度上掣肘和影响着政府的内外决策,这也正是人们关注和研究日本右翼的意义所在。

一 日本政治的总体保守化和右倾化趋势

20世纪90年代以来,随着冷战的结束,日本国内政治态势在中曾根时代新保守主义的引领下步入一个新的历史阶段,即总体保守化和政治右倾化的时代。1993年8月,自民党在大选中失败,细川护熙联合八个在野党登台组阁,结束了自民党38年"一党独大"连续执政的局面,也宣告以"革保对立"为主要特征之一的"55体制"的终结。然而为时不久,自民党不仅重返政坛,而且鹰派政治家和"新生代"政治家的主导地位提升,日本进入"保守回归"的后自民党时代,或称总体保守化和政治右倾化的

---

① 日本读卖新闻战争责任检证委员会:《检证战争责任——从九一八事变到太平洋战争》,日本朋友舍公会译,第328、329页。
② 《読売新聞》2002年3月22日。

时代，其具体反映在以下几个方面。

1. 从经济时代转向政治时代

20世纪80年代，以美国里根主义、英国撒切尔主义为典型代表的新保守主义出台，标志着资本主义世界经济体系的重大转型。中曾根康弘也不失时机地抛出"战后政治总决算"的口号，明确提出今后日本在世界政治中"不仅要增加作为经济大国的分量，而且要增加作为政治大国的分量"，确立了向政治大国化发展的国家战略目标。应该说，尽管中曾根的新保守主义具有转变政府职能，重视市场机制，实行"小政府、大社会"等内涵。但是，与西方国家不同的是，中曾根更注重的是日本政治大国化的战略目标，强调"国家是为世界做出贡献和为国民服务的命运共同体，也是文化共同体"，[①] 主张唤起国民对国家政治的信任、依赖和期待，建立起"日本社会的共同体"，这就是中曾根的新国家主义。进入90年代，随着战争时期直接受过皇国史观和军国主义教育，甚至亲身经历过战争的一代政治家逐渐退出政治舞台，一批战后出生的"新生代政治家"登场，他们虽然没有战争加害的历史包袱，却从先辈政治家那里继承了扭曲的战争观和历史观。加之日本泡沫经济的崩溃，经济发展持续低迷，国内失业率居高不下，中小企业频频破产，社会问题如山，民众对政治的不信任度逐日加剧。尤其是近邻中国等亚洲国家的强势崛起，朝野上下新国家主义和新民族主义思潮不断泛起，走政治大国乃至军事大国道路的国家战略目标几乎成为"新生代政治家"试图引领日本走出困境的一致选择和"最佳药方"。

2. 另外立法，突破"专守防卫"的宪法原则

中曾根在任期间，明确提出将日本建成"不沉的航空母舰"，并增加国家防卫开支预算，首次突破GNP的1%。中曾根还是一个积极修宪派，只是由于当时种种因素的限制，修改宪法才未能成行。进入90年代，修宪的呼声日盛。但是，由于直接修宪时机和条件尚不成熟，政治当局遂采取另外立法，架空宪法的形式，出台了一系列架空宪法的法案。诸如90年代初的

---

① 中曾根康弘：《新的保守理论》，转引自孙政《战后日本新国家主义研究》，第209页。

PKO法案（自卫队参与联合国维持和平活动法案），桥本龙太郎与克林顿签署的《日美安全保障新指针》，小渊时代通过的《周边事态法》及相关法案，小泉时代通过的《有事法案》等，实现了自卫队荷枪实弹追随美国开赴海外的突破，明显违背了宪法规定的"专守防卫"原则。到安倍内阁时期，又修改了作为教育宪法的教育基本法，并将防卫厅升格为"省"，日本正一步步突破宪法的禁锢，向着军事大国迈进。

3. 政府领导人公然参拜靖国神社

1985年8月15日，中曾根首开战后总理正式参拜靖国神社的先河。继中曾根后，桥本龙太郎是第二位迈进靖国神社的日本总理。2001年，小泉上台，竟然无视国内外舆论的强烈抨击和抗议，连续六次参拜靖国神社，最后一次选择在2006年8月15日，使日本同亚洲各国的关系陷于僵局。

4. 否认战争责任的"失言大臣"频频出现

从中曾根内阁的文部大臣藤尾正行开始，"失言大臣"一个接一个地跳出来表演，信口开河，大放厥词，公然鼓吹"大东亚战争肯定论"，美化日本的对外侵略和殖民统治，甚至连内阁总理也"率先垂范"参拜靖国神社。"失言大臣"的出现践踏了"村山讲话"的本质意义，抹杀了日本政府的"道歉"、"反省"诚意，丧失了亚洲国家和人民对日本的信任感。

5. 知识界右翼团体的出现带有特殊的意义

20世纪90年代开始，以"自由主义史观研究会"、"新历史教科书编纂会"为代表的知识界右翼团体的出现，是90年代之前未曾有的社会现象。尽管知识界右翼团体与社会右翼有着某些明显的区别，但是，在鼓吹和坚持极端民族主义和新国家主义方面，他们的主张已经趋于一致，也是知识界右翼与社会右翼的结合点，充分体现了日本政治、军事大国化的主流方向。

6. 在野党的弱势化及趋同性

战后以来，代表"革新势力"的社会党、共产党一直是自民党保守主义路线的对决力量，他们否认自卫队的合宪性，反对日美安保条约，坚持捍卫和平宪法，在一定程度上推迟了日本政治右倾化的进程。然而到了1994年，本来是最大在野党的社会党竟自毁长城，同自民党联手执政，宣布自卫队合宪，承认安保条约，导致党内分裂，国会席位大减，不得不更名为社会民主党，却难以恢复昔日在国会的地位和影响。另外，由于东欧剧变、苏联解体等国际因素的影响，日本共产党在2003年6月21日的第七次中央委员全会上，决定修改1961年以来贯彻执行43年之久的党章，宣布承认"自卫队的事实存在"，"承认宪法制度上的天皇制"，并准备将党章规定的"建立革命政府"的目标更改为"建立民主联合政府"等。① 这一切都反映了日本"革新势力"的弱势化，在野党在国会的影响力以及对政府的约束力、监督力都面临着最大的挑战。公明党原属持中立偏左立场的在野党，细川内阁以来成为执政党之一，其政策逐渐与自民党趋同。刚刚获取政权的民主党中，除一部分原社会党的右翼成员外，大多数是从自民党分化出来的，理论上说，他们的政治主张同自民党没有根本分歧。所以，该党有相当数量的人赞同改宪，赞成发展军备，主张扩大自卫队的"防卫范围"。据新闻媒体的调查问卷，该党议员中至少有65%的人赞同改宪。②

7. 政治家右翼团体分外活跃

在执政党及政治家团队里，成立有多个带有明显右翼倾向的团体，如"国会议员遗族会"、"全员参拜靖国神社国会议员会"、"奉答英灵国会议员会"（统称"靖国关系三协议会"），与民间右翼宗教团体"日本遗族会"协调行动，专事推动政府首脑参拜靖国神社运动。1993年，自民党在大选中失败，索性以在野党的身份公开唱起"大东亚战争肯定论"，成立一个"自民党历史研讨委员会"，推出大部头的《大东亚战争的总括》，公开为侵略战争涂脂抹粉，自民党一半以上议员参与该组织。1995年，部分政治家和议员又成立"终战50年国会议员联盟"（该会后更名为"光明日本国会议员联盟"，以"失言大臣"奥野诚亮为会长），与民间右翼组织"终战50年国民委员会"一唱一和，阻止国会通过《反战决议》。此外，还有"思考日本前途与历史教科书新国会议员会"、"超党派议员联盟·考虑历史教科

---

① 《産経新聞》2003年6月21日。
② 《読売新聞》2002年3月22日。

书问题会"、"教育基本法改正促进委员会"、"宪法调查改正促进委员会"、"宪法调查推进议员联盟"、"早日救出北朝鲜绑架日本人行动议员联盟"、"神道政治联盟国会议员恳谈会"等。自民党大员平沼纠夫、中川昭一、安倍晋三、麻生太郎、町村信孝、与谢野馨、中曾根弘一、岛村宜伸、森喜朗等人分别担任上述某些团体的顾问或正副会长（另有人同时兼任两个以上团体的负责人）。他们支持藤冈信胜、西尾干二编写的《新历史教科书》，积极为扩大该教科书的采用率奔走呼号，主张修改教育基本法，是知识界右翼团体的坚强后盾。另外，还有一个"神道政治联盟国会议员恳谈会"，2000年5月，内阁总理森喜朗称"日本是以天皇为中心的神之国"，就是出席该会成立30周年仪式时讲的话。该团体主张"神道是日本国民有良心的社会观，又是国家观"。① 自民党要员古贺诚、平沼纠夫、町村信孝、青木干雄等人都是该会副会长级以上的人物。还有"日本会议国会议员恳谈会"，是对应民间右翼组织"保卫日本国民会议"成立的政治家右翼团体，该会除了主张修改宪法外，在历史教科书、日本战争犯罪、参拜靖国神社等问题上与"日本会议"的右翼观点一致。

　　现今执政的民主党，许多成员来自自民党或社会党右翼，在政治观点上与自民党趋同，因此也有相当数量的民主党议员参与到上述政治家右翼团体之中。如"日本会议议员恳谈会"就有前原诚司（外务大臣）、长岛昭久（防卫大臣政务官）等12人参与其中。否认从军慰安妇和南京大屠杀的议员组织"检证慰安妇及南京事件真实会"中，也有民主党少壮派议员石关贵史（国会对策委员会副委员长）、北神圭朗、神风英男等13人充当召集人。"全员参拜靖国神社议员会"中，有民主党"最右翼"议员松原仁、鹫尾英一郎等21人参加。② 2007年，美国下议院通过要求日本对慰安妇问

---

① 俵义文：《安倍晋三の本性》，《金曜日》2006年10月号，第72页。
② 松原仁还是"日本会议国会议员联盟"、"保卫日本领土行动议员联盟"、"检证慰安问题与南京事件真实会"等右翼议员团体的成员。2007年5月25日，在众议院外务委员会上，他用了45分钟的时间否认从军慰安妇的强制性，否认南京大屠杀的事实存在。见《赤旗》2007年5月26日。

题谢罪的决议,日本政治家联名在《华盛顿邮报》(6月14日)上发表反对意见,除自民党大员外,民主党议员石关贵史、泉健太(内阁政务官)、北神圭朗、神风英男、市村浩一郎、吉田泉等20人也名列其中。① 此外,参与其他政治家右翼团体的民主党议员也不乏其人。

综上毋庸置疑,日本政治的总体保守化和右倾化成为右翼势力滋生和伸展的适宜土壤。据统计,1990年代以来,右翼团体的数量已逾二,如果包括没有正式登记注册的"潜在右翼"和"穿西服的右翼"在内,人数当不下500万人,也有人估算为300万人以上。② 另据《朝日新闻》1990年公布的调查数字,国民中赞成天皇象征制的人数比例为83%,主张进一步提高天皇权威的占4%,赞同废除天皇制的占10%,前两项合计为87%,所以,又有人称当今日本的右倾度为87%。③ 虽然这种推断略有片面和武断之嫌,但至少可以看出,在右倾化如此程度的社会氛围里,右翼的生存是"得天独厚"的。

二 右翼同执政当局、政党、宗教的关系

日本右翼有各种各样的流派,不能一概而论。但是,他们不是生活在真空里,同社会各界有着不可分割的联系;同时,他们的基本特征又决定了战后右翼的政治态度和亲疏关系,有必要予以剖析。

1. 同执政党有着割不断、理还乱的千丝万缕关系

人们知道,右翼是从明治初年的"自由民权运动"演化而来,当自由民权运动遭到明治政府的弹压后,运动领导人顺乎朝野上下的"潮流",变"民权运动"为"国权运动",即追随政府当局把矛头瞄向海外,为日本的大陆扩张政策服务。所以,右翼从诞生之日起,就成为可供决策当局驱使的势力。尤其是在日本狂热推行对外侵略扩张和殖民地掠夺的时期,右翼

---

① 《中归连》编辑部:《伏流する民主党右派》,《中归连》第46期,2010年3月,第8~21页。
② 孙立祥:《战后日本右翼势力研究》,第11页。
③ 新井利男等:《右倾度·87%》,第5页。

除了秉承战争指导部的意旨行动外，几乎没有自己独立的纲领或宗旨。

战后，这种"继承性"不同程度地保留下来。从50年代岸信介政权驱使和利用右翼开始，战后右翼同执政党就结成了密不可分的关系，从接受资金援助到支持政府决策，右翼为当局立下了"汗马功劳"。特别是两次安保斗争中，右翼团体冲锋陷阵，会同武装警察破坏和干扰民间和平反战运动，为安保体制的确立和实施保驾护航。

更不能忽视的是，当日本步入新保守主义时代后，在战争责任认识、战后赔偿和谢罪、修改和平宪法、维护战后天皇制、"公式参拜"靖国神社、建立日本国防军、支持自卫队开赴海外等许多重大问题上，右翼和政府当局的观点并无大异，右翼的社会活动很容易同政府的决策合拍。而且，政府、议会的一些右派要员直接参与到右翼团体之中，如前述的"保卫日本国民会议"，其议长就是曾任日本驻外大使的加濑俊一，该团体于1986年抛出的歪曲历史的《新编日本史》，编纂者中竟有原文部省负责审定教科书的官员。自民党内的"靖国关系三协议会"，同"日本遗族会"、"生长之家"等右翼宗教团体的关系默契，自民党头面人物竹下登、桥本龙太郎、森喜朗、小渊惠三等都在"三协议会"中担任过重要职务。

尤其是学术界右翼团体的出现，带有不可忽略的特殊意义。他们是一批在社会享有一定声望和地位的教授、学者、作家、新闻记者、评论家、漫画家等，他们的主要活动方式是通过笔和嘴去宣传民众，影响民众，他们的"说教"也不同于社会右翼的街宣车和街头演说，呼隆一气后了事，而是时常出现在大众传媒面前，或者通过摆放在大小书店里面的作品来传播自己的观点。更紧要的是，他们与政界、财界、传媒以及新闻出版界结成了特殊关系。政治家、财团以及大众传媒不必像对待社会右翼那样"避之唯恐不远"，相反可以大大方方地邀请他们出席会议、讲演或高谈阔论。不能不说，21世纪日本右翼运动的中坚力量已经落到学术界右翼的身上。他们掀起攻击教科书逆流，到编写篡改历史的教科书，以及否定南京大屠杀、从军慰安妇等日本一切战争罪行，鼓动和支持政府官员参拜靖国神社，主张强硬外交，散布"中国威胁论"等种种行径，证实学术界右翼均走在社会右翼运动的前列，发挥着不可低估的作用。1995年8月，自民党推出《大东亚战争的总括》时，参与撰稿之人多是"自由主义史观研究会"、"昭和史研究所"、"日本会议"（原保卫日本国民会议）、"正论会"和后来的"新历史教科书编纂会"等知识界右翼团体的成员。2001年"编纂会"的《新历史教科书》获得通过，激起国内外的抗议，自民党"光明日本议员联盟"、"考虑日本教育和未来新议员会"以及"考虑历史教科书超党派会"等团体纷纷登上前台，与右翼团体一唱一和，遥相呼应，为通过和采用"编纂会"教科书摇旗呐喊。可以说，在对待战争责任、天皇制、教科书、靖国神社等许多问题上，执政当局已经和知识界右翼沆瀣一气。

当然，包括知识界右翼在内的右翼团体毕竟是民间组织形式，它有各自不同的独立宗旨和纲领，所以，还不能武断地把战后右翼视作政治当局的附庸，在这一点上，同战争时期的右翼有所区别。特别应该指出的是，随着战后日本社会民主化的进程，有些右翼始终坚持反体制、反政府、反秩序的无政府主义。1998年7月23日，大日本一诚会醍醐塾本部长闯进自民党本部大楼，一手持菜刀按在自己的腹部，另一手高举《抗议文》，宣读向自民党的抗议书，声称"现今经济低迷的原因在于自民党"，"议会里增加了共产党的议席，危及民主主义，责任也在于自民党"等。① 类似这样的闹剧在当今日本还时有发生，既说明了战后右翼运动的随意性，也反映出战后右翼并非一切唯政府当局的马首是瞻。

2. 在同宗教的关系上，右翼运动的兴起与国家神道的确立几乎是同步的，二者有着密不可分的关系

右翼运动强调的所谓民族主义的实质，在历史传统上是天皇制国家主义，在意识形态上是天皇至上的皇国史观。所以，右翼的极端民族主义运动，归根结底是为了恢复天皇的战前地位，巩固和继承日本的"历史文化和传统"，重振大和民族昔日的"雄风"。因此，尽管战后日本颁布了"政教分离"的宪法原则，然而，各右翼团体仍把神道教视为最高信仰，而靖

---

① 源正義：《平成10年中の主要右翼事件》，《治安フォーラム》1999年第3期，第31页。

国神社则是他们顶礼膜拜的圣殿。

正因为如此，在战后右翼运动中，以坚持神道信仰和日本"历史文化传统"为中心的运动占据相当的比例。诸如右翼开展的"明治百年祭"、"元号法制化"、"大尝祭"、"纪念昭和天皇即位60周年"、"公式参拜靖国神社"等运动都与狂热的神道崇拜有关。另外，凡政治当局、政党团体、民间组织等与其"信仰"相同者则拥之，反之则讨之，几乎概莫能外。因此，基督教、佛教等其他不信奉神道教的宗教也成为右翼攻击的目标。1997年9月到1998年1月间，右翼团体连续对京都念佛宗三宝山无量寿寺进行围攻，攻击该教团是"邪教"、"神秘主义"。事实上，念佛宗是经过正式登记的佛教团体，拥有信徒2万余人，只是因为信仰不同，才遭到右翼的围攻。1997年12月和1998年2月，京都的佛教团体东、西本愿寺也相继遭受右翼的围攻，京都和关西的右翼团体出动街宣车到处散发传单，公布10条攻击东、西本愿寺的"公开质问状"，其中有"为何反对靖国神社法案"等。对基督教的攻击也时有发生，前述四所基督教大学受到右翼枪击的事实就是一个例证，原因是这些大学反对政府利用公款进行"大尝祭"等宗教活动。①

还有一点需要指出，右翼对奥姆真理教也是持批判态度的。奥姆真理教在制造地铁萨林（毒气）事件后，1995年4月23日，一位右翼团体成员行刺了真理教南青山总本部的一名干部。同年10月6日，右翼团体成员又向南青山总本部开枪，肇事者被捕后声称，"奥姆真理教的杂志对天皇不敬"。② 另外，右翼对奥姆真理教横滨、栃木、埼玉本部或支部也进行过不同程度的袭击。各右翼团体之所以对奥姆真理教持排斥态度，最重要的原因是真理教已失去民心，成为过街老鼠，一向以"维护国民利益"为标榜的右翼当然不会放弃表现的机会，所以站了出来，摆出一副"救人、救世"的姿态。事实上，他们的出动不仅于事无补，相反却给当地民众带来了麻

---

① 峰秋青：《宗教に触手を伸ばす右翼》，《治安フォーラム》1998年第10期，第51页。
② 《每日新闻》（早刊）1996年10月7日。

烦。2000年12月到2001年1月，右翼连续出动街宣车围住真理教横滨总本部，叫嚷要驱赶真理教分子，高音喇叭连日狂嚷，吵得四邻不宁，致使街道混乱，商业活动无法进行，警察只好出动维持秩序。一位茶店女老板抱怨道："右翼和机动队（即警察）吵吵嚷嚷，客人们都远离而去。"还有一位电器商店的老板叫苦不迭："每天闹闹哄哄无法营业，与去年同期比，销售额减少了3成。"① 可见，右翼对奥姆真理教的攻击不过是扰乱社会秩序的帮倒忙而已。

在右翼团体中，还有一批右翼宗教团体，如"生长之家"、"神厅本部"、"日本遗族会"等。它们本身是为了宗教意图而建立的右翼组织，它们掀起的"靖国神社国家护持"、政府要员"公式参拜"靖国神社、制定并通过《靖国神社法案》、"昭和殉难者（战死者及战犯）是神"等运动既有违民主社会信仰自由的宗旨，又有悖"政教分离"的宪法原则，更是逆历史潮流的反动和倒退。

3. 关于右翼同暴力团的关系

在日本，有一股被称作暴力团的势力，它的出现也可以追溯到战前，是以地方实力派或地方无赖为头目，纠集流氓、赌徒等社会渣滓组成的黑势力，主要以敲诈勒索为手段，从中小企业获取钱财，横行乡里，同时，为了争夺地盘不断内讧械斗，甚至伤及无辜，是日本社会的一颗毒疣。右翼同暴力团的共同之处是推崇天皇主义、家族主义和传统主义，讲究"义理人情"，崇拜暴力手段。另外，在反共排苏排华、主张再军备、废除和平宪法等重大问题上，他们的见解也趋于一致。而且，在安保斗争等重大政治运动中，一些右翼团体同暴力团联手，对和平反战人士大打出手，充当日本政府反动势力的马前卒。所以，不解内情之人往往把右翼和暴力团混为一谈。其实，右翼团体同暴力团还是有别的。尤其是随着民主进步的深入人心，暴力团组织无视秩序、无视法律、为所欲为、动辄动粗的劣行日益被绝大多数国民所厌恶，也被日本社会的法律制度所不容。所以，有些

---

① 間行棚：《右翼とオウム真理教》，《治安フォーラム》2000年第8期，第38页。

暴力团不得不改头换面，或以经营产业为掩护，或采取更隐蔽的手段维护地盘。只是，由于他们的根基是扎在黑社会、黑势力的土壤上，闹事是他们的"本能"，因此直到今天，暴力团事件屡出不鲜，也令治安当局伤透了脑筋。与暴力团对比，右翼团体是日本社会和法律原则允许存在的合法组织，虽然他们也时常制造暴力恐怖事件，却是打着冠冕堂皇的旗号，诸如"民族正当防卫权"、"天诛"之类；他们也和暴力团一样，时常出动装甲车式的街宣车，利用扰民的高音喇叭宣泄自己的主张，却把自己装扮成"忧国之士"，骗取国民的支持。而且，由于右翼团体的主张和政界右派势力的宗旨合拍，右翼头面人物又多和政治家等上层人物关系密切，其中有些人还通过竞选获得议员的资格，直接参与庙议。综上可见，暴力团和右翼团体还是不能同日而语的。

三　日本右翼的社会地位及其作用

各种迹象表明，随着日本政治的总体保守化和右倾化，日本执政当局的国家战略目标已经明显地向着新国家主义方向转移，为实现这一政治理念，执政当局的决策中有相当部分与右翼的"传统主义"趋同，尤其是同知识界右翼的主张相近。所以，各派右翼势力还将在日本社会继续存在，对他们的影响力和破坏力不能掉以轻心。

1. 右翼势力持续存在的必然性和继承性

战后右翼大体由三部分大派别势力组成。一部分是战前和战时右翼团体的延续和发展，在日本又被称作"传统右翼"，他们的宗旨纲领、思想观念、组织形态以及活动方式等同战前和战时右翼有着不可分割的联系。战后初期，由于美国占领军的遏制政策，"传统右翼"运动一度低迷，纷纷变换面孔蛰伏待机。随着美国占领政策的转换和占领的结束，他们开始浮出水面，在日本"新"的政治制度、民主方式及社会运动的背景下复活，并经历了徘徊、跌宕、渐进或发展的复杂过程，迄今仍然是日本社会"尊皇"、"保守"、"复辟"阵营中一支不可忽略的力量。

第二部分是20世纪60年代由学生运动派生出来的新右翼，包括一部分过激派，他们以反"雅尔塔、波茨坦体制"为宗旨，主张修改宪法、发展军备、推行强硬外交，并在领土问题上表现强硬。七八十年代，新右翼一度有掌控日本右翼运动方向之势，制造了一系列在国内外产生轰动性影响的重大事件。

第三部分是 20 世纪 90 年代以来"崛起"的知识界右翼团体，诸如"自由主义史观研究会"、"新历史教科书编纂会"、"历史修正协议会"、"昭和史研究所"等，以及一批"独立"的"正论派言论人"，他们打着反"自虐史观"的招牌，歪曲历史，否定侵略，为"大东亚圣战"歌功颂德，旨在重塑大和民族的形象。另外，在对外关系、修宪、军备、领土等问题上坚持极端民族主义的立场，蛊惑社会，怂恿当局。他们的主要活动手段是通过媒体散发自己的主张，与"传统右翼"或新右翼的活动方式有别，更容易蒙骗一部分民众，称他们是"思想右翼"并不为过。

在民主制度下，本来与社会进步和发展背道而驰的右翼势力为什么能够长期合法地存在？首先应该归结于西方民主政治"结社自由"的宪法原则，尽管右翼经常出动装甲车式的街宣车、扰人耳目的高音喇叭以及右翼队员头戴钢盔、身着战斗服的姿态令人反感和厌恶，但是，西方式的"民主"没有理由取缔他们，即使某些右翼团体制造了暴力恐怖事件，也是咎由当事者自负，基本不危及团体的生存。另外，战后右翼又是在战前和战时右翼运动的基础上发展起来的。尤其是旧金山条约和日美安保条约生效后，唯美国的马首是瞻成为日本的国策，日本作为西方阵营对抗东方的前沿阵地，再一次"脱亚"并投入美国的怀抱，进而把亚洲各国（除部分反共国家和地区外）继续排除在外，这既是明治政府成立以来的既定方针，也是传统右翼坚持"国权主义"的初衷，两下很自然地合拍，诱发右翼迅速地复苏。而且，随着日本国家战略目标的变换以及国际关系的变化，又出现了一批应运而生的各类团体，如新右翼和知识界右翼，形成日本社会一支不衰的政治力量。

再就是，战后日本在冷战中的特殊地位以及国内的政治氛围也是滋生和培育右翼不可或缺的土壤。首先看日本国内，战后日本虽然经过一系列民主化建设和改造，但是，它的民主毕竟是来自美国占领军压力下的"舶来品"。尤其是东京审判的不彻底性，天皇被免于追究战争责任，旧官吏复出和起用，旧金山条约的片面讲和及宽容等，都使日本社会的思想意识形态带有典型的畸形性，即维护天皇制、反共主义、歧视弱小民族、对战败耿耿于怀等。加之执政阶层仍然是战争时期的旧官僚，或者是同旧政权有着千丝万缕联系的政治家，甚至是当年的战犯，他们在政治立场上反共排苏排华，在思想倾向上趋于保守，在历史意识上不思反省，这些都同右翼的观念大同小异。所以，战后右翼又成为政界可资利用的反动势力之一。尤其是以岸信介政府实施反民主化政治为开端，日本先后掀起两次大规模的反安保条约的社会群众运动，岸信介政府以资助资金的方式怂恿右翼上阵，与和平反战力量对决，右翼势力从此同政府间结成了密不可分的关系。田中内阁时期，政府高官勾结右翼巨头儿玉誉士夫爆出洛克希德丑闻，说明右翼同政界的关系非比寻常。这以后，右翼同政界的龌龊关系屡屡被曝光，诸如自民党副总裁金丸信接受贿赂案，佐川急便（快递）案，森喜朗、中川秀直等政府要员与右翼头目共进晚餐被媒体曝光案，等等，都透视出右翼同政府高官之间的暧昧关系。当然，右翼势力反政府、反体制、反秩序的事例也屡见不鲜。战后就任总理大臣的高官几乎都遭受过右翼不同形式的攻击，这也正是右翼势力可以长期存在的秘诀之一。因为，右翼的这类行动至少代表了一部分国民对当局不满的心理，代表了"敢怒敢言"的社会潮流，可以取得部分社会力量的认同。

再看战后日本所处的国际地位。在美国的占领政策下，日本被打造成西方世界对抗社会主义阵营的桥头堡，使日本在战争时期推行的反苏、反共、反华国策得以延续。中日恢复邦交之前，日本坚持亲台反共的反动立场，追随美国阻挠恢复中国在联合国的合法地位，歧视和蔑视曾经殖民侵略的亚洲国家，拒绝战争赔偿、道歉和谢罪。在冷战的态势下，本来就没有根除的传统的军事帝国主义、天皇主义、封建主义等货色不断滋生和蔓延，为右翼势力的崛起提供了生存空间。中日恢复邦交后，随着中国的改革开放和经济发展，"中国威胁论"又跃上前台，知识界右翼开始登堂入室，汇入右翼运动的潮流之中。冷战结束后，日本右翼运动攻讦的主要目标已经不复存在，但在新国家主义的号角下，右翼运动又朝着新国家主义和极端民族主义的方向蠢动。一言以蔽之，日本战后右翼是在东西方对立的冷战态势下，在封建军事帝国的传统观念、意识形态等依然残存，"舶来式民主"浸入的战后土壤上崛起和发展起来的。可以预料，随着日本国家战略的大国化、右倾化，以及同周边国家的历史症结、领土争端、利益冲突、外交纠葛等问题的持续存在，右翼势力必将继续伴随着日本社会和国际社会，以它独特的形式和斗争手段顽强地表现下去。

2. 右翼的社会地位及政治理念

从战后至今，尽管某些政治家出于某种目的与右翼团体要员勾搭连环，但大多是在幕后秘密进行。即使岸信介政权时期，政界同右翼的联络也是躲在阴暗角落中暗箱操作，说明他们也顾忌媒体的曝光和民众的质疑，不想也不情愿蹚右翼的浑水。这一点至少说明，右翼运动并未得到大多数国民社会的认同。所以，尽管现今日本的政治右倾化逐日加剧，日本社会的右翼运动仍然不能成为社会的政治主流，尤其是不能同权力社会、经济界势力、行（职）业别团体以及日渐兴起的市民运动相提并论，它始终未能上升到能够左右日本社会前进方向的主流地位。而且，这一运动势必继续受到政治当局和社会各界的自觉或不自觉的抵制。

但是，对右翼运动的影响力又不能低估。由于右翼的宗旨、目的、活动方式使然，他们不仅将在日本社会长期持续地存在下去，而且无时无刻不在顽强地自我表现，顽强地坚持他们的政治理念，以显示右翼存在的现实意义。

第一，鼓吹天皇主义。战后右翼始终没有放弃维护天皇制、推崇天皇主义的宗旨，包括他们经常使用的语言，诸如"尊皇讨奸"、"天诛"、"神州不灭"、"国贼"等都延续历来的称谓。时至今日，在某些右翼成员的心目中，天皇仍然是"现人神"，凡对天皇不敬者必须予以"天诛"。其他如例行的"朝拜礼"，敦促靖国神社"国家护持"或"官方参拜"运动，鼓吹"日之丸"、"君之代"的法制化等，仍然是战后右翼不惜自杀，甚至杀人也要拼命一搏的目标。日本宪法明确规定一切主权归属国民,天皇只是"日本统合的象征",所以,右翼的说教根本得不到国民的认同,但右翼的行径对于延续封建传统意识和"神国日本"观念有着非比寻常的特殊意义。尤其是天皇主义派生出来的反共反华思潮,仍然成为右翼运动攻击中国等社会主义国家的旗帜。

第二,推崇恐怖暴力活动。从战后右翼复活迄今,右翼恐怖活动一直没有停息,其手段、谋略、残忍程度等与战前和战时右翼相比,一点也不逊色。右翼恐怖活动的主要目标包括以下几个方面:一是瞄准日本共产党。从1951年8月日本当局宣布解除"公职追放令"后,大日本爱国党、大东塾、护国团、大日本生产党等右翼团体纷纷冒出水面,他们最先打出的旗号就是"反共、亲美",制造了以刺杀日共领袖德田球一(未遂)为代表的一系列恐怖事件。二是攻击左翼和平反战运动。表现最为突出的是两次安保斗争中,右翼势力不仅冲锋在前,公然充当政治当局的打手,而且,肆无忌惮地制造了一连串的恐怖事件,诸如刺杀社会党领袖浅沼稻次郎、社会党代议士河上肇(未遂)、日共领袖宫本显志(未遂)、委员长成田(未遂)等事件。三是反"YP体制"。他们认为,战后日本政府接受的《雅尔塔协议》和《波茨坦公告》,打破了日本的传统和历史,使日本陷入"万劫不复"的地步,必须予以彻底粉碎。他们曾连续制造了"三岛武装政变事件"、"经团联事件"、"向英国大使馆投掷火焰瓶事件"、"住友不动产会社人质事件"等。四是对非议皇室者实施恐怖活动。天皇和皇室是右翼顶礼膜拜的最高对象,凡私自议论皇室者均被视为"大不敬",必欲置于死地而后快。诸如闯入中央公论社社长嶋中私宅杀害事件,枪击长崎市长本岛等事件,袭击社会党书记长山口鹤男事件,以及枪击细川护熙总理大臣事件等。前三个事件是因为被伤害者触及了天皇的战争责任问题,细川也是因为说了一句"那场战争是侵略战争",结果遭到右翼的恐怖袭击。五是对政府或执政党的"膺惩"。当执政当局的施策不符合右翼的心愿时,即便是政府高官也免不了吃右翼的子弹或恫吓。1978年12月18日,大平正芳总理大臣遭到右翼团体国防青年队队员的行刺,幸而有惊无险。犯人自供称,

"对战后30年自民党的政治不满，决意杀掉该党总裁，以敦促当政者觉醒，再现国体"。① 除大平外，日本政界的显赫人物如中曾根康弘、三木武夫、金丸信等（曾任自民党副总裁）均受过右翼的袭击，自民党本部也遭受过右翼的枪击。其原因大同小异，都出于对自民党政治的不满。战后右翼之所以热衷恐怖活动，主要目的是向当局和社会昭示右翼的存在，保持右翼的"传统"。他们认为，"没有暴力的右翼是没有意义的"。②

第三，反秩序，反社会，反革命。以反共主义、民族主义、天皇主义为主要特征的右翼势力在各个历史时期都有不同的"奋斗目标"，而这些目标又与正常和谐的社会秩序格格不入。右翼的主要手段是出动街宣车，利用高音喇叭申诉自己的主张，或者游行集会、街头演讲、大轰大嗡，无疑影响交通，扰乱秩序，扰民害民。更值得关注的是，右翼常常以"爱国者"的面目出现，打着"民主"的旗号，抨击日本的内政外交。大凡政治当局的举措不符合他们的口味，或者在程度上有所"保留"或"克制"，都会遭到不同形式的攻击。从某种意义上说，他们是一批以"另类"形式出现，专门为政治当局制造麻烦、施加压力的团体，迫使政治当局在制定政策时不得不顾忌或提防右翼的反应。甚至连和平反战进步团体在集会、演说、活动之时也不得不照会有关当局予以协助，担心有不测事件发生，说明右翼的影响力不可小觑。另外，右翼的社会功能还包括另一个不容置疑的侧面，即：他们又是推动日本总体保守化、政治右倾化的催化剂。诸如修改宪法、修改教育基本法、历史教科书、"失言大臣"现象、首相参拜靖国神社、美化侵略战争、自卫队派赴海外等问题都是右翼势力特别关注并竭力鼓吹的大事。一旦政治当局的举措或者社会主流不符合他们的心愿，右翼的街宣车必然出动上街，吵吵嚷嚷，知识界他们必定摇唇鼓舌，著书立说，发表"高见"。如果政治当局的举措迎合了他们的主张，自然会得到他们的

---

① 東山兼仁：《戦後の右翼運動とテロ事件》后编，《治安フォーラム》2000年第5期，第37页。
② 東山兼仁：《戦後の右翼運動とテロ事件》前编，《治安フォーラム》2000年第4期，第35页。

拍手称快。从这一意义上说，在日本总体保守化和政治右倾化的进程中，右翼也立下了不可替代的"汗马之劳"。比如，每当进入8月，右翼必定出动鼓动政府官员参拜靖国神社，小泉首相每次参拜都有右翼到场助威；日本反战和平团体集会活动，右翼也必定到场鼓噪捣乱；知识界右翼为增加扶桑社历史教科书的采用率，四出宣传游说时，右翼也出动街宣车为其保驾护航；等等。总之，右翼是日本社会特有的一颗毒疣，它伴随着日本的政治走向和国际态势时而收敛，时而扩散，又时而散发出可以干扰或裹翼政府决策、一时蒙骗民众、扰乱社会秩序的毒素。它是一支反秩序、反社会、反革命的政治势力，并且长期存在于日本社会，成为日本政治社会不容忽略的不安定因素之一。

四 日本右翼与东北亚国际关系

战后日本右翼势力的崛起，不仅推进了日本政治右倾化的进程，对东北亚国际关系的协调发展也起到了阻碍作用。具体表现在三个方面：一是充当冷战工具，疯狂反苏、反华、反共、亲台，冷战结束后仍把中国作为主要攻击目标，视为"残存的共产主义国家"，是"地域纷争"的因素之一；[①] 二是围绕战争责任和历史认识问题，坚持"大东亚战争肯定论"，反对官方道歉、反省和谢罪，煽动日本同亚洲国家的感情对立；三是在领土主权问题上态度强硬，不断制造事端，擅自动作，激化国际矛盾。

1. 右翼运动的主攻方向及影响力度

从日本战败投降到冷战结束，右翼运动的主要目标是反苏、反华、反共、亲台，站在西方阵营的立场上，掀起一波波反共浪潮，人为制造两大阵营对立的紧张气氛。尤其是岸信介、佐藤荣作政权时期，右翼追随当局反华亲台，排斥中国在联合国的合法席位，甚至制造"两个中国"，破坏中日民间贸易和交流，为政府当局孤立中国推波助澜。另外，这一时期，围绕北方四岛（俄称南千岛群岛）问题，韩日谈判问题，右翼的破坏作用也

---

① 藤冈信胜等编《新しい歴史教科书》，第223页。

是不可低估的。

冷战结束后，随着日本新保守主义的出台，在战争责任和历史认识问题上，右翼表现得十分活跃，特别是知识界右翼登上舞台，反映在历史教科书、从军慰安妇、南京大屠杀、民间受害赔偿、官方参拜靖国神社等具体问题上，右翼运动掀起迄今仍未停息的浊浪，鼓吹为"大东亚战争"正名，否认日本的战争犯罪，推诿侵略战争责任，引起中、韩、朝及其他亚洲国家的反对和抗议，使历史问题演化成现实问题和国际问题。

同时，日本与中国、俄国、韩国的领土争端，也是右翼运动的重要目标。多年来，右翼对领土问题一直持强硬立场，并且充当了打头阵的急先锋。最先踏上钓鱼岛的是右翼团体"爱国青年联盟"的成员。接着，右翼团体"青年社"成员登岛建起灯塔，张扬起"日之丸"旗，公然违背中日两国政府搁置争议、共同开发的共识，明目张胆地践踏中国的领土主权。此后，"青年社"每年都要派员登上钓鱼岛，进行灯塔维修，更换电池等，后来还建立起太阳能式灯塔。东京都知事石原慎太郎多次发表激烈演讲，甚至煽动当局"不惜动用武力"，获得右翼的掌声和支持。对南千岛群岛（日称北方四岛），右翼的动作同样激烈。新右翼团体"一水会"成立之初，创办的会志就命名为《收复失地》，发表各类鼓动收复失地的文章，抒发该团体在领土问题上的强硬立场。还有，新右翼"统一战线义勇军"的前身称"夺还北方领土青年委员会"，说明该团体把夺还北方领土当作第一要旨。另外，每年的8月9日，即苏联对日宣战、出兵东北的日子，右翼都要举行大规模的"反苏（俄）游行示威"活动，甚至围攻苏（俄）驻日的使领馆。尤其是俄国总统梅德韦杰夫登上国后岛以来，俄日间的领土纠纷问题逐步升级，甚至出现剑拔弩张的局面。可以预见，右翼的反应将更加强烈。

另外，日本与韩国有争议的独岛（日称竹岛）现在韩国控制之下，右翼不断鼓动政府出动海上自卫队夺回该岛。2008年，日本当局在《学习指导要领》中明确写明竹岛是日本领土，又引发一场韩日之间领土纠纷的风波。

更需要关注的是，大多数右翼都持有亲"台独"情结，他们积极支持绿营"台独派"掌权，反对国民党政权上台，千方百计阻碍海峡两岸的和平统一，甚至把台湾当作日本的"生命线"。一部分"台独"分子又不惜卖身投靠，做日本的应声虫。2008年9月23日，李登辉在宜野湾市的演说中抨击马英九的"对中融合政策"，指责马的政策使"台湾失去自身的信念"，"台湾的民主化和主体性流于形式"，"如坠五里雾中"等。[①] 9月24日，李登辉在访问冲绳拜访该县知事时竟然表示，"尖阁列岛（钓鱼岛）属于冲绳"，"（尖阁）是日本的领土"，无耻地出卖中国的领土主权。以李登辉为代表的"台独"分子的丑恶嘴脸告诉人们，在领土主权问题上，不仅日本右翼一直跃跃欲试，"台独"分子的蠹虫作用也不能忽视。总之，可以预见，在今后的历史进程中，日本朝野上下的右翼势力仍然是两岸和平统一的最大阻力之一。

涉及东北亚国际关系问题，右翼的主攻方向又带有随意性，往往利用某一事件，抓住某一"机会"就大张旗鼓，大轰大嗡，在搅乱社会秩序的同时，势必也影响和破坏日本同亚洲诸国的关系，这是需要人们关注和警惕的。1998年，有风言朝鲜试射的"大蒲洞"导弹飞越了日本列岛，各右翼团体趁机危言耸听，连日游行集会，人为制造大战将临的"危机"气氛，鼓吹日本发展军备，甚至主张研制开发核武器，吵得人心惶惶。小泉政权时期，为了解决日本人被绑架问题，曾两次出访朝鲜，一部分被绑架的日本人质获准回国探亲，使这一事件呈现扭转和解决的契机。但右翼团体唯恐天下不乱，组织起各种形式的"人质救援会"、"宣传会"等，大造声势，推波助澜，凭空为日本人被绑架事件设置了障碍，增添了解决的难度。2002年11月，打着"朝鲜讨伐队"旗号的右翼团体不断向东京社民党党部和在日朝鲜人总联合会邮寄炸弹等爆炸物；2003年9月，一个署名"建国义勇军国贼讨伐队"的右翼团体把炸弹安放在外务省审议官田中均的住宅里，并在信件中指责田中"通敌"，实行"软弱外交"。事件发生后，东京都知事石原慎太郎竟然幸灾乐祸

[①]《産経新聞》2008年9月24日。

称:"被人安放炸弹理所当然"。① 这两起事件都是右翼针对人质绑架事件采取的极端行动。2006年10月朝鲜进行核试验后,右翼掀起更大一轮的反朝风浪,煽动修改宪法、建立国军、发展核武器,敦促日本向军事大国迈进。

沈阳领事馆"闯馆"事件发生后,右翼团体故意把此事件渲染成"中国侵犯日本主权",鼓吹不惜对中国动武。大日本赤诚会爱知县本部在其网站的首页上,竟然打出"膺惩暴戾的支那"几个大字,与当年日本发动侵华战争的口号同出一辙。网页上还充满了"与支那断交"、"撤回对华援助"、"停止向留学生和旅游者发放签证"等煽动性语言,② 对于贬低中国形象,蒙蔽不了解事实真相的民众起着极其恶劣的作用。以上事例提醒人们,在21世纪的今天,右翼依然是阻碍东北亚国际关系正常发展的破坏因素。

至于右翼运动对东北亚国际关系的影响力度,换句话说,对日本政治决策的影响力度,很难用计量的方式予以考量和推断。还是应该针对每一次右翼运动的具体内容进行客观的分析。比如,20世纪初的反苏反华浪潮,六七十年代的安保斗争,右翼"昭和维新运动"、"明治百年祭"等活动,右翼运动与政府决策大体合拍,对于推进决策层坚持日美联盟,对抗东方阵营,贯彻复古主义起到了催化剂的作用。右翼掀起的否认战争责任,为"大东亚战争"正名的逆流,又成为政府层面回避国际舆论、转嫁自身责任的挡箭牌。在领土争端问题上,右翼的大吵大闹及实际登岛行动(如在钓鱼岛的所为),充当了日本政府的前哨,拓展了公权力有所顾忌的行动空间。但是,并不能认为战后右翼就是日本政治当局的附庸,或者完全唯当局的马首是瞻。在涉及东北亚国际关系的纠纷中,由于右翼运动的偏激、煽动性和暴力性,结果是帮倒忙,为外交交涉带来许多麻烦,制造许多障碍,甚至使政治当局处于尴尬被动的局面,因此他们又被视为"麻烦团体"或"压力团体"。

2. 鼓吹"强硬外交",煽动日本同亚洲国家的对立情绪

日本战后右翼继承了战前和战时右翼狂妄自大、蔑视亚洲、以扩张国

---

① 赵军:《日本右翼与日本社会》,第291页。
② 同上书,第222、223页。

权为第一要义的劣根性。凡涉及日本同中、俄、韩、朝等国的外交关系事宜，他们总要评头品足，指责有加，甚至抨击当局的外交政策是"弱腰外交"、"下跪外交"、"软弱外交"等，借以蛊惑民众，影响媒体，制造国民之间的对立情绪。

2008年初，发生一起几名日本人食用中国进口冻水饺中毒入院事件，日本媒体故意把这一事件称作"毒饺子事件"。一些别有用心的政客、言论人、媒体以及右翼团伙借机添油加醋，恶意炒作，夸大和渲染中国食品的"危险性"，人为制造恐慌，使这起事件至今沸沸扬扬，严重影响了中国食用商品在日本的流通。事件发生后，中国政府本着认真负责的态度在收回冻饺子的同时，立即组成以公安部刑事侦查局副局长为首，有侦查、毒化、痕迹专家参加的调查组，深入生产厂家及所在地方进行了深入细致的调查。2月28日，国务院新闻办公室召开新闻发布会。公安部刑事侦查局副局长余新民指出，"经过全面、细致调查、实验证实……这不是一起因农药残留问题引起的食品安全事件，而是人为的个案"。① 2009年3月，中国外交部长杨洁篪在人大、政协两会记者招待会上明确表示，所谓的"饺子事件"是一起"刑事案件"，并希望日本方面能够配合调查，把此案理清。② "毒饺子事件"提醒人们在从事食品生产过程中从原材料工序到产成品阶段，乃至运输等各个环节，直到人们的餐桌，都必须慎之又慎，负责到底，这该是最应该认真汲取的教训。然而，一些对中国抱有成见的右翼分子却偏偏借饺子说事，不仅夸大其词，还要生拉硬扯到两国关系上，进而实现破坏两国正常关系的目的。

前面曾经提及，2008年3月，一名右翼成员为抗议政府的"软弱外交"在国会大厦门前自杀，其根本目的是制造"轰动性效应"，造成"国

---

① 中新网，2008年2月28日。
② 据2010年3月26日新华社报道，经过中国警方坚持不懈的努力，终于调查出此事件系人为所为，"犯罪嫌疑人吕月庭（男，36岁，河北省井陉县人，原天洋食品厂临时工），因对天洋食品厂工资待遇及个别职工不满，为报复泄愤在饺子中投毒。吕月庭对投毒作案供认不讳"，新华网，2010年3月27日；中国外交部立即于3月26日深夜将情况通报给驻北京日本大使馆，日方表示"欢迎的立场"，载《朝日新闻》2010年3月27日。

际影响"。果然，法新社就以《反华抗议者在日本国会大厦前自杀》为题做了报道，称该男子是"为了抗议中日关系转暖而自杀"。除了历史上仇视中国的心理作怪外，右翼对中国的崛起极不平衡或极不舒服，所以凡是对华交涉事宜都在他们的指责范畴之内。诸如中国的军费开支、涉日游行、民族问题、民间战争被害诉讼以及历史认识、领土纠纷、东海油气田、靖国神社等问题，右翼对中国的攻击从来没有间断。由于右翼在国民中间不厌其烦地煽动蛊惑，对于弥漫国民的反华、仇华、厌华情绪起着催化剂的作用。换句话说，右翼又是阻碍日本"回归"亚洲的绊脚石，是蛊惑民心、设置日本同亚洲民众心理障碍的迷魂汤，是干扰和破坏日本同亚洲诸国正常关系的恶势力。只要右翼存在一天，包括日美、日俄、日中、日韩、日朝等对外关系，右翼总要不停顿地制造麻烦，无事乍非，这是他们的"大日本主义"的宗旨使然，也是善良的人们应该警戒和提防的。

3. 日本决策层的政治倾向与美国因素是右翼运动的风向标

20世纪60年代安保斗争期间，岸内阁直接怂恿右翼上阵，为安保条约的成立保驾护航，是当局与右翼勾结的典型事例。90年代以来，日本政治右倾化的趋势加剧，相继出台了架空和平宪法的《日美安全保障新指针》、《周边事态法》、《有事法案》等，为修改宪法发出了先声。安倍政权时期，又提出"重新解释集团自卫权"，安倍的外务大臣麻生太郎、自民党政调会长中川昭一在各种场合一唱一和，掀起了"核讨论"的风波。在政治当局的政治导向下，右翼修改宪法的呼声和动作越发强硬起来，而且走得比政界更远。右翼团体"大行社"的总帅渡边正次郎曾著文指责日本历代首相"除一人外都没有爱国心"。他耸人听闻地称："在21世纪，国家之间的纷争一定会持续下去"，"北朝鲜开发导弹和实验发射，尖阁列岛的争夺，竹岛问题、北方领土问题等都证实外交谈判是力量的对比"，"中国、韩国、北朝鲜、印度、巴基斯坦等国都呈现一触即发的混乱"。所以，日本的政治家"负有防卫国家的义务"，而且是"最大的义务"。渡边认为，"不热爱日本的国民在增加，一旦有事会很少有人站出来"。为此，他呼吁"已经看到没有战斗力的政治家、官员们必须考虑制定法案"。① 新右翼"一水会"头目铃木邦男也声称，"今天苏联解体，宪法不再是禁忌问题，皇室也越发与国民亲近，可以看出已经进入'右倾化时代'，右翼的目的基本已经达到。但是，还有更重要的事情需要右翼去做……出动涂黑的街宣车高呼'保卫天皇制'、'尊重日之丸、君之代'，'改正宪法'，听到这些以后，或许有人能接受或改变自己的想法"。②

反映在日本战争责任和历史认识问题上，事实证明，20世纪90年代以来，日本首相连续参拜靖国神社，"失言大臣"接连涌现，政治家右翼团体为"大东亚战争"正名的言行泛滥，才是促成知识界右翼团体登场的政治背景，并酿成右翼社会美化"大东亚战争"的狂热运动。结果引发亚洲国家和民众的愤慨和反击，造成日本同亚洲民众心理对峙的恶性循环，极大地冲击了日本同亚洲各国的正常关系。

另外，不能忽略的是，右翼运动的方向、规模等又与美国因素密切相关。冷战格局形成后，大多数右翼站在美国的西方阵营一边，追随美日当局反苏、反华、反共、亲台，运动的中心是排除共产主义，反对马克思主义，排斥日共。冷战结束后，美国为推行其全球战略，2000年10月，以美国副国务卿阿米蒂奇的名义发布了一份《美国与日本——面向成熟的伙伴关系》的报告，通称《阿米蒂奇报告》。该报告强调亚洲"对于美国的繁荣具有至关紧要的重要性"，所以，日美关系"比过去的任何时期都重要"，日美同盟是"美国世界安全保障战略的中轴"。③ 报告还列举了1994年朝鲜核试验的"危机"，1996年中美在台湾海峡的"军事紧张对峙"，中国"反对"日美强化军事关系等现象。最后，《阿米蒂奇报告》的结论认为，"禁止日本行使集团自卫权，制约了（美日）同盟之间的协力，只有解除这种制约，在安全保障方面才有可能紧密而有效率地协力"。④ 这就是21世纪到

---

① 渡辺正次郎:《黙ってられるか》，明窓出版，1999，第42~44页。
② 铃木邦男:《これが新しい日本の右翼》，日新报道，1993，第213、214页。
③ 浅井基文:《集団的自衛権と日本の憲法》，集英社新书，2002，第19页。
④ 同上书，第21页。

来之前，美国出台的以日美军事同盟为"中轴"的所谓"亚洲安全保障战略"。自然，贯彻和推行这一"保障战略"不仅是政治当局的必然抉择，也符合右翼的宗旨主张，所以，右翼运动把修改宪法、建立国军、支持自卫队参与联合国维和活动以及鼓吹发展核武器，动用军事手段夺回"固有领土"等作为运动的重点目标。2010年9月的撞船事件发生后，美国总统和国务卿都表态称，"钓鱼岛属于美日安保条约防卫范畴"。右翼更是肆无忌惮地掀起反华浪潮，抗议释放被拘中国船长，围攻中国驻日使领馆，破坏岚山"周恩来歌碑"，向驻日使领馆工作人员投寄恐吓子弹等。应该说，美国因素也是右翼运动的风向标，对东北亚国际关系中的日美、日俄、中日、韩日、朝日关系以及中美、俄美、韩美、朝美等关系产生了一定的影响。

表面上看，右翼的活动是"天马行空"，随意性强，但总是脱离不了东北亚国际关系的大背景，在日本总体保守化和政治右倾化已经形成势头，日美联盟基轴稳定维持的态势下，① 右翼运动会继续沿着这一大方向运转，可以预料，对今后东北亚国际关系的协调发展将继续起着干扰和破坏作用。

五 几点思考

右翼是日本社会的特殊产物，在一个较长的历史阶段，右翼势力不会灭绝，甚至有扩大泛滥之势，这自然与日本总体保守化和政治右倾化紧密相关，也与世界单极化局面、日美同盟基轴、中国等亚洲国家崛起的东北亚国际局势密切关联。右翼运动对社会秩序、对外关系、东亚和平、历史认识等方面的反作用力还将继续存在，而且随着时局的变化时而激烈，时而缓和，时而有所侧重，时而变换招数。总之一句话，日本的右翼运动总要以它顽强的表现力招摇于社会，不仅继续成为日本政治社会的"麻烦团体"或"压力团体"，而且势必继续出现在东北亚的国际舞台上，作为一个

---

① 鸠山内阁期间，围绕冲绳美军空军基地的搬迁问题，"鸠山外交的调整意向严重干扰了美国的亚洲战略，美国动用一切公共外交手段，引导美日媒体就有关安保同盟之必要性展开舆论攻势。鸠山失败所导致的直接结果，是菅直人政权引导日本外交重心向日美同盟的回归"。见李薇《中日关系的回顾和展望》，《中国日报》2011年1月25日。

不确定、不稳定的变数，一定程度地冲击或影响着未来的东北亚国际关系。

1. 了解日本，认识右翼，是应对右翼势力的基本前提

仅就中日关系而言，尽管中日之间有着"和则两利，斗则两损"的根本利益基础，但是不能不说，中日两国之间仍然存在着一些难以解决的瓜葛，除了前面提及的领土、台湾、东海油气田、历史认识、军备等问题外，还包括能源、贸易、环境等问题，如同一缕缕头绪繁杂的乱麻，呈现在未来的中日关系面前。而右翼则是这团乱麻的始作俑者之一，或者是把乱麻搅和得更加难理难缠的麻烦制造者。显而易见，要解决这些问题不是一朝一夕的事情，既要有耐心，更应有策略，其前提是有必要进一步了解日本，认识右翼，方有可能摸索出解决问题的钥匙。

日本虽然很早就接受了大陆文化，但从明治维新以来，在向西方学习的同时，也保留了岛国民族的传统和历史文化，进而形成保留至今的独特文化。当然，这里的"独特"不应作为日本文化"特殊"的同义语，并以此排斥人类共同的道德理念，而是指日本文化同他国文化的差异。

以战争责任和历史认识问题为例，2005年，日本学者沟口雄三先生在北京大学的一次讲演中指出，日本人缺乏历史感和责任感，而中国是一个有深沉历史责任的民族，"世界上像中国这样有如此强烈的历史责任感的民族也不多……中国把历史看成责任，历史记录一个人，并不因为一个人的死而结束，好的要名垂青史，坏的要遗臭万年"，"中国人常说'以史为鉴'，有把历史和现实结合起来认识当前事情的倾向"。而日本人对待历史的感觉，"更多的是一种过去发生的事情，只是一种与现在没有联系的、不确实的遥远存在，是可以讨论的，当然也是可以推翻的"，"与中国人相比，日本人有一种更为重视现在的倾向……没有厚重感"，"许多日本人对战争所犯的罪行也是抱有一种尽快忘掉、尽快让水冲走的想法。这种对历史的感觉自然不会使日本人有过重的历史包袱，但也使人因此而缺少历史感，而缺乏历史感也是缺少责任感的一种表现"。"在天皇独揽大权的情况下决策者由下到上推卸责任，没有人敢于主动承担责任，可以说整个日本成了一个庞大的不负责任的体系。可以说战后很长一段时间里日本人就是处于一种不鼓励个人独立面对困难、不鼓励独立承担责任的体制之中。"① 对沟口先生的分析我们可以保留意见，但至少有一点是明了的，那就是日本人做错事情即便道歉，并不等于承担责任。道歉只是感情的表达，并不是责任的承担。因此，有学者认为，日本是一个无责任社会，或者说，日本是一个责任由全社会承担结果却无人承担的民族。东京审判时，没有一名被告承认自己有罪，这其中固然有狡辩因素，但也隐约含有"战争责任全社会承担"的成分。所以，日本战败投降不久，看守内阁抛出一个"一亿总忏悔"的口号，表面上是主张全社会反省战争，其实质是在大帽子底下掩盖了真正的战争罪犯。中国抗日战争史研究专家步平先生分析认为，"要让一个国家诚实地面对曾经制造了战争罪行、种族屠杀、无端侵入其他国家，或者曾经虐待和杀害它自己的国民的痛苦事实并不是一件很容易的事情。日本也不例外。尽管有无数的倡议要审视它的战争罪行，尤其是它对中国的占领，但是迄今为止官方并没有做出这样的举动"。②

另外，在对待战争责任问题上，人们往往习惯把日本同德国对比。实际上，除了国内外背景因素的差异外，如德日两国战败后所处的国际环境、地位、被占领状况、国家机器重组的区别外，德日两个民族的民族性也有较大的差异。生活在基督教道义国度的德国，个人的"原罪意识"比较浓厚，有进行宗教式"忏悔"的习惯，实际上是一种自我拷问灵魂的过程。而日本民族基本没有"原罪意识"，更缺乏"忏悔"的传统和自我拷问的罪责意识，如果个人出了错，只知"耻辱"，不晓"罪责"，极端者以剖腹自杀的手段向天皇谢罪了事，因为日本人的习惯是人死后连同罪孽一笔勾销，完全没有"死有余辜"、"遗臭万年"等理念。而且，仅就"反省"一词来解析，中文意义与日文也有微妙的区别。中国人的"反省"是一个持续性的心灵问责，所以有"一日三省吾身"之儒家说教。日语中的"反省"却

---

① 沟口雄三：《文化与中日关系》，南京师范大学南京大屠杀研究中心网站（中日网），2005年5月28日。
② 步平：《我读〈检证战争责任〉》，日本读卖新闻战争责任检证委员会：《检证战争责任——从九一八事变到太平洋战争》，第15页。

只是一个阶段性的、暂时性的行为而已，做错了事，哈腰道歉了事，"往往表示（事情）已经解决、终结或结束"。[①] 所以，许多日本人认为日本政府层面或公开场合已经对战争责任问题做了道歉反省，没有必要抓住不放，正如《读卖新闻》民意调查显示的那样，大约有63%的国民认为日本反省谢罪已经很充分了。因此，我们有必要对日本的民族性有个比较清楚的认识，实事求是地分析日本民族同德意志民族在"原罪意识"上的区别。

与普通民众相比，右翼往往以日本"传统观念"和"传统文化"的继承者和保护者自许，他们在坚持带有糟粕意义的"传统文化"方面更加固执和死硬，他们只会一味地指责他国、他民族或他人，从来都是"一贯正确"或"先知先觉"，从来没见过哪一个右翼团体自我解剖或反省自身。因此，不能指望未来的有一天他们会幡然醒悟，无论时局发生什么样的变化，也无论他们的内部出现什么样的波动，日本的右翼会一直走下去，即便他们的主张难以奏效，他们的鼓噪无人响应，但他们的影响是客观的现实存在。为此，理性的思考和策略的应对更显得十分必要。

2. 非感情因素的理性思考和策略应对，是将右翼影响力减弱到最低限度的有效利器

自小泉纯一郎上台以来，连续固执地参拜靖国神社，右翼势力趁机推波助澜，在南京大屠杀事件、历史教科书、民间被害赔偿诉讼、处理遗弃化学武器等问题上大唱反调，使日本同中、韩等亚洲国家的关系陷于低谷，中日之间出现"政冷经热"甚至"政冷经冷"的局面。在这一大背景下，中国人民难以接受、难以理解和表示愤慨是理所当然的。于是，中日两国国民之间也产生了微妙的感情错位和对决因素，以至出现一些不愉快的事件。2004年，亚洲足球赛在中国举办期间，一些中国球迷为日本队大喝倒彩，引发日本媒体的渲染报道和右翼势力的反华浪潮。2004年9月，一个赴珠海旅游的日本团体发生集体嫖娼事件，按照中国的法律，当事人及中方责任人受到应有的处罚。无独有偶，一个月后，西北大学外语学院在举

---

① 丸川哲史：《日中100年史》，光文社，2006，第230页。

行外语文化节演出时，一名日本籍教师和三名日本留学生登台表演了极为下流的舞蹈动作，引起全校师生的愤慨，有上千名学生涌到该校留学生楼前示威，还有一部分学生上了街。

上述事件发生后，日本右翼媒体立即开动机器攻击中国，右翼团体也上街渲染鼓动，攻评中国"小题大做"，是"反日教育"和国内民族主义"膨胀"的结果等。的确，后两起事件在日本虽然不是司空见惯，但也算不上什么特别的"异端"，这是日本的社会制度和"传统文化"所决定的。但有一点必须指明的是，如同中国人在外国必须遵守他国的法律一样，外国人在中国也必须遵守中国的法律，尊重中国的风俗，这是国际社会共同的准则，绝不能因为日本文化、法律的差异改变两起事件的性质。同时，又不能否认的是，如果在中日关系正常友好的环境下，即使事件发生也不至于被炒得如此火热，说明这些事件都与小泉坚持参拜靖国神社，中日关系出现异乎紧张的政治外交背景密切相关。

2005年4月，当小泉总理第五次参拜靖国神社后，北京、上海等地的青年学生再也抑制不住对日本官方倒行逆施的义愤，开展了上街游行示威活动，强烈抗议日本官方参拜靖国神社，反对日本加入联合国常任理事国。愤怒的学生在游行示威活动中发生了一些过激行动，一些日本驻华使领馆、外资企业遭到不同程度的破坏。事件发生后，中国政府立即采取有效措施，劝说学生们回归课堂，学生们的游行示威活动很快平息，事实上并没有造成大的社会波动和损失。更紧要的是，这次涉日游行的起因责任在日本方面，日本首相小泉置国内外抗议呼声于不顾，连续参拜靖国神社在先，国内右翼势力为"大东亚战争"歌功颂德、推诿战争责任、否认战争罪行、拒绝向民间被害赔偿谢罪等行径更是严重伤害了中国人民的感情。退一步说，类似事件在日本及西方国家是再普通不过的事情，中国政府的领导人访问日本时，几乎每次都遇到右翼的集会游行反对队伍，一些媒体也大唱反调。比如，1978年10月，邓小平赴日访问签署和平条约，"日本民族联合"等31家右翼团体分乘66辆汽车前往机场举行抗议活动，并打出"坚决粉碎日中条约"的横幅。1997年11月，李鹏总理访日，右翼团体的街宣车追随访问团队，到李鹏总理访问地举行反华示威，狂呼"绝不允许中国抢夺尖阁列岛"的口号。2000年10月朱镕基总理访日期间，东京、兵库等地右翼团体又围绕钓鱼岛主权问题到街头聚会游行，展开大规模的街头反华宣传。① 2008年3月5日，就在胡锦涛主席访日前夕，一名右翼男子在国会大厦举枪自杀，遗书中表示对改善中日关系不满。② 对于日本右翼疯狂的反华活动，中国的媒体几乎没有进行报道，中国民众也没有因此搞出什么动静。可是，轮到2005年中国学生的涉日游行，日本的大小媒体却如临大敌，把学生游行当作天大的事情，各家电视台从早到晚播放中国学生游行示威、"围攻"使领馆的场面，甚至异口同声把这次事件污之为"反日游行"，是"反日教育的结果"云云。一些右翼学者也纷纷发表文章，猛烈攻击中国的"反日教育"，这对于不了解事情真相的民众来说，似乎中国上下都充满了反日、排日的"火药味"，无异凭空增添了部分民众的反华、厌华、仇华情绪，对华持不亲近感的比例指数也在悄然上升。"正论派言论人"鸟居民曾撰文称，中国的"反日游行是中国教育的结果"，抨击中国政府从战后50年代至今，一贯坚持"反日宣传"，"以日本为敌"，在中国人民心中"埋藏（对日）仇恨"。"2005年4月掀起的反日游行，是支使国民反对日本加入联合国常任理事国的运动，游行队伍袭击了日本公使馆，占据了街道，眼看要有暴动的迹象出现，中共这才拼命地平息反日游行"，"2008年4月，以西藏暴乱为开端，又掀起了针对外国的中国人爱国主义的怒涛，让世界人民震惊，正是这一怒涛，把外国当成了替罪羊，这便是爱国主义教育的成果，中国的领导层一定十分高兴"。鸟居民进一步"分析"认为，"在不到20年的时间里，中国成为世界工厂，国内的矛盾和坏事非常之多，大多是让国民愤怒的对象。这也是许多中国观察者担心之所在，即，中国控制权力的'贵族阶层'把追求自己的利益放在第一位"。③

显然，鸟居民由于立场使然，戴着有色眼镜故意歪曲事实真相，曲解

---

① 赵军：《日本右翼与日本社会》，第101页。
② 《不满中日关系转暖 日本右翼男子国会前自杀》，《环球时报》2008年3月6日。
③ 鸟訪民：《胡訪日以後》，《産経新聞》2008年5月16日。

中国的爱国主义教育，夸大中国内部的矛盾和问题，人为制造中国民众同领导层的隔阂，甚至污蔑中国的爱国主义教育是为了转嫁国内的矛盾等。同时，这份反面教材也从另一个侧面启示我们，面对右翼势力在今后一个相当长的历史时期内仍然要顽强表现，面对过去、现在和未来中日关系中颇多的棘手问题，我们应该如何理性地去应对。事实告诉人们，带有过多的感情因素处理中日矛盾往往事与愿违，不仅难以揭示问题的实质，顺利地解决问题，反而容易授人以柄，给右翼以口实，以至恶性循环，造成两国国民的感情伤害和心理对抗。换句话说，既不能以偏激的民族主义对抗极端民族主义，也不能缺乏理智，感情冲动地去处理突发事件。而且，由于中日之间的瓜葛是历史形成的，自然也不是一朝一夕能够解决得了的。所以，在具备信心的同时还要有些耐心，要有长期作战的准备。一位致力于中日友好的日本外交官在最近的一部著作中指出，"说'日本人应该更多地考虑中国人的感情'这句话没错，但从现实的角度看，如果中国的反日动态影响了日本人对中国的感情，部分排外、反华的活动家或言论家对整个舆论就会发挥更大的作用，狭隘的民族主义也将高涨，如果中日双方的民族主义陷入恶性循环，进一步影响舆论，对两国都是不幸的……每当两国之间的历史、主权等纠纷浮到水面上来的时候，激进的民族主义就会把双方的国民感情往利己的、排外的方向煽动，使政府之间冷静处理问题的努力变得困难"。[①] 这位外交官的话有必要值得人们去品味。

人们知道，近代以来，日本一直是亚洲的"老大"，20世纪90年代以后由于泡沫经济的崩溃，日本经济十年徘徊，而近邻的中国却连续经济腾飞，这对于某些日本人来说势必产生一些心理障碍。一旦遇到对外关系中的敏感问题，极端民族主义或国家主义思潮就会膨胀，日本社会对强硬派领导人的期盼值就会上升。所以，理智地思考，策略地应对，不仅是成熟民族的体现，也可以最大限度地戳穿右翼的谎言和骗术，争取更多的日本民众，保障中日关系的健康发展。

[①] 小原雅博：《日本走向何方》，加藤嘉一译，中信出版社，2009，第141、142页。

3. 多渠道交流，以民促官，是抵制右翼，发展中国对日关系的成功经验

中华人民共和国成立后，日本追随美国亲台排华，对中国实行封禁政策，拒绝同中国建交及经济贸易往来，并在中国恢复联合国合法席位问题上设置重重障碍。从 20 世纪 50 年代开始，中日民间贸易虽然启动，但屡遭右翼势力的干扰和破坏，诸如焚烧和撕毁中国国旗事件等。中国政府在揭露和抨击日本官方和一小撮右翼势力的同时，从来没有放弃同日本民间的友好交流。中国政府领导人毛泽东、刘少奇、朱德、周恩来等经常接见前来访问的日本社会各界的友好人士，鼓励和赞扬他们为中日友好做出的贡献。如当时广为传播的一段佳话，周恩来在接见日本松山芭蕾舞团团员时，把歌剧扮演者王昆和电影扮演者田华找来，同日本芭蕾舞的"白毛女"会面，三个"白毛女"共聚一堂，一时传遍中日两国的民众中间。1954 年，中国还派出大型的中国红十字民间使节团访日，出访了东京、京都、大阪、名古屋等大城市，出席 19 次欢迎会或座谈会，召开 13 次记者招待会，对促进日本社会各界了解中国，增进两国友好发挥了积极作用。1956 年，中国政府释放 300 余名有认罪表现的日本战犯，这些人回国后组建"中国归还者联合会"（中归联），撰写了大批揭露日本战争罪行的著作，并发表了《告日本国民书》，呼吁政府放弃敌视中国的政策，指出台湾自古是中国领土，指责美国对台湾问题的不正当干涉。至今，"中归联"及其后继者仍然坚持该会的宗旨，继续为回击右翼，发展中日友好关系而努力不懈。

正因为中国致力于同日本民间的交流，所以当右翼势力掀起反华浪潮时，这些友好人士挺身而出，痛斥右翼势力的无耻行径。当长崎国旗事件发生后，"日本恢复日中邦交国民会议"理事长风见章先生立即发表文章，怒斥国旗事件"是侮辱中国人民，敌视中国人民"的事件，指责"岸信介内阁成立以来……加强同台湾的关系，并且和冲绳、南朝鲜一起，凭借核武器的威胁，推行包围中国的政策"，呼吁日本政府和社会各界"必须努力设法使我国同与中国人民敌对并威胁亚洲和平的蒋介石断绝关系，除此之外别无他路"。[①] 显

---

① 杨正光等编《当代中日关系四十年》，第 127 页。

而易见，日本民间人士对日本反动当局和右翼势力的抨击，起到了中国人难以起到的作用，对于启发日本民众理解、认识和支持中国具有特殊的意义。

还有，1957年4月，日本社会党领导人浅沼稻次郎应中国人民外交学会的邀请率团访问中国。浅沼稻次郎在向北京各界人士演说时强调，作为占国会1/3席位的最大的在野党，"决定在国会以及国民中发动一个群众性的国民运动，争取促进政府与政府之间缔结支付协定、互设贸易代表处……迅速同中华人民共和国恢复邦交"。浅沼还郑重表示，日本社会党认为"中国只有一个。台湾是中国的一部分；不承认两个中国，不承认台湾的独立政权和托管台湾；台湾问题是中国的内政问题"。① 社会党领导人的表态和实际行动无疑对促进中日恢复邦交起到了举足轻重的作用。

在反华最激烈的岸信介内阁时期，被绑架到日本的中国劳工刘连仁在独自忍受13年野人生活后被发现。岸政府不仅不对刘提供任何帮助，反而声称刘是"非法入境者"，扬言要将刘"驱逐出境"。日本社会各界立即组成援助刘连仁的团体，抨击政府的非人道行径，强烈要求日方予以赔偿道歉。最后，在国内外舆论的压力下，刘连仁终于返回了自己的祖国。

如今，中日恢复邦交已经进入第40个年头，政府之间的交往当然需要有所作为，需要双方领导层及政府各部门的共同努力和智慧。毕竟，这是中日关系健康发展的龙头。另外，也不能忽略民间的交往。如果中日两国民众中的"知日派"和"知中派"不断增加，并通过他们去影响周围的群体，可以想见，中日关系即便遇到障碍，解决起来也会顺利得多。2003年以来，中、日、韩三国学者和民间人士进行了民间层面的历史共同研究，并于2005年同时出版三国学者共同编著的《东亚三国的近现代史》，此外，还每年一度组织三国青少年学生进行夏令营式的交流。此前，在各自国度生活的青少年大多通过课堂或媒体来了解对方，亲身交流使青少年第一次

---

① 杨正光等编《当代中日关系四十年》，第95页。

感受他国的文化、风俗等，尽管这种感受还停留在比较肤浅的阶段，但毕竟是面对面的交流，收到了意想不到的效果。目前，这项活动仍在持续之中。另外，中日关系还应发挥半官半民或纯民间组织的积极作用，如中日青年21世纪委员会，行业、产业别的联合会或组合，文化艺术界的交流对象，媒体界的对口机构，友好城市等在交流和往来中都将扮演重要的角色。相信，随着两国关系的深化，中日之间多渠道、多层面、多形式的交往会更加广泛，更加普及，势必使右翼活动的市场越来越小。这样，在赢得未来的时间和空间的前提下，逐步解决中日关系中的难题将成为可能。

4. 认识和支持日本社会的正义力量

20世纪90年代以来，由于日本政治右倾化的加剧，中国媒体对日本当局的倒行逆施充满了批判的声音，社会各界也是从批判立场去认识日本社会和现状，这也是无可厚非的。只是，我们在抨击日本朝野右翼势力的同时，忽略或缺乏对日本社会正义力量的介绍、报道和肯定。事实上，日本是一个多元化的国家，在和平宪法的保障下，尽管战后的历史进程中时而出现反复或逆流，但总体上还是一直坚持和平主义与民主主义。从战后初期开始，日本社会就掀起了批判军国主义、追究战争责任、反对日美安保条约、维护和平宪法的市民运动。只是，参与运动的知识界及市民团体大多是站在战争受害者的立场上，尚没有从加害国和加害者的角度去思考问题。20世纪80年代以来，随着日本战争罪行证据的不断曝光，强制慰安妇、731细菌部队人体实验、化学战、南京大屠杀事件等这些非人道的战争罪行首次披露在日本民众的面前之后，激发了一批有良心的学者、社会各界人士的震惊和思考。也正是从这时开始，日本的反战和平运动发生了质的变化，即从战争受害者的立场转向站在加害国和加害者的视角，去追究日本的战争责任，涌现出一批站在第一线与右翼势力斗争的进步团体。如以反对化学、细菌、核武器为己任的日本ABC企划委员会，追究原陆军军医学校遗骨来历的"人骨究明会"，支持日军细菌战被害者索赔的"731部队细菌战被害国家赔偿请求诉讼律师团"和"731细菌战审判运动委员会"，回击否定南京大屠杀事件的"南京事件调查研究会"、"南京证言会"，反对日本修宪的"反改宪21世纪市民网络",支持中国强掳劳工要求日本国家赔偿的"日中劳动者交流会"、"支持中国人战争受害者要求会",反对日本国歌、国旗法制化的"君之代、日之丸(法制化)反对会",反对教科书"改恶"的"21世纪儿童与教科书网络",反对自卫队开赴海外、监视自卫队超宪法活动的"自卫队监视村",以及"战争被害调查会"、"反纪元节行动实行委员会"、"中国归还者联络会",等等。可以说,这些民间团体遍及日本全岛,尽管它们的规模并不大,力量尚显薄弱,而且资金缺乏,但是,它们毕竟喊出了日本人民的心声,对于揭露日本的战争罪行,抨击当局的倒行逆施,教育民众产生了一定的影响。也可以说,它们才是站在批判日本朝野右翼势力最前线的主力军。

比如,80年代初,最先披露日本教科书将"侵略"改为"进出"的就是日本坚持实事求是的媒体,这才引起亚洲国家的注意,对日本教科书问题展开了批判,迫使日本官方发表了《近邻诸国条款》,表示在教科书审定时要考虑亚洲国家的感情。家永三郎先生长达32年之久的教科书诉讼案,最盛期正是从80年代到90年代期间,一大批知识界人士组成了"支援教科书诉讼全国联络会",另有一批律师主动担当原告的辩护律师,还有一批德高望重的学者为家永出庭作证,使这起诉讼案最后获得了部分胜诉。正因为社会各界进步人士的努力,从1994年开始,日本历史教科书出现了部分"改善"的趋势,如有些教科书第一次记载了从军慰安妇、南京大屠杀、731细菌部队等内容。而当时中韩的一些教科书尚没有出现上述内容。

20世纪80年代始,鉴于日本当局和社会右翼美化战争、否认战争罪行的行径,亚洲各国民间战争被害者毅然向日本政府提出了赔偿诉讼,中国大陆相继有南京大屠杀案、平顶山惨案、强制劳工案、重庆大轰炸案、731细菌战被害案、日军遗弃化学武器受害案等几十起案件诉诸日本法庭。为了支持亚洲战争被害者打赢官司,日本各地的民间团体相对应地成立起"某某(指受害者)诉讼案援助会"、"某某诉讼案支持会"等,一批日本律师也主动担任原告团的辩护律师。可以想象,如果没有日本社会各界的支持和援助，单凭中国受害者远渡重洋去打旷日持久的官司，其难度该有多大。

为了进一步揭露日本的战争罪行，一些团体还自筹资金，着手调查、收集日本的战争罪行证据，编辑资料，发行简报，举办讲演会、学习会等。"ABC 企划委员会"从 1993 年开始，与中国有关部门合作，在日本各地进行了为期两年之久的侵华日军 731 细菌部队罪行巡回展览活动，先后在日本 61 个地区巡回展出，参观人数达 23 万人之多，许多参观者第一次了解到 731 细菌部队在中国犯下的骇人听闻的罪行，它震动了一些日本国民的心扉，认识到日本发动的侵略战争的罪恶及日本的战争责任，增进了中日两国人民的友好和相互理解。同时，又是对日本社会右翼否认战争罪行、推卸战争责任、拒不反省谢罪的有力回击。该团体还积极呼吁中国哈尔滨平房的 731 部队遗址应该申请世界文化遗产，并组建"731 部队遗址申请世界文化遗产会"，呼吁社会各界有力出力、有钱出钱，筹款修复和保护 731 细菌部队遗址，并募集了一部分款项捐给中国有关方面。

还有一个感人的例子，在临近大阪的堺市，有一位老妇人自己创办了一家资料馆。老妇人名吉冈数子，原是一位小学教师，退休后用自己的退休金和积攒的钱在堺市向陵西町盖了一座三层的木造小楼，于 1997 年 4 月办起一家名为"和平人权儿童中心——教科书资料馆"。资料馆从设计展示、收集资料，到接待参观者或巡回展出，完全由吉冈一人承担，而且全部是义务免费。吉冈介绍说，"近年来在日本，有些人攻击教科书，还编写出版了歪曲历史的教科书，我作为教育工作者，有责任把真实的历史告诉孩子们，所以才办了这家资料馆。接待的大多是中小学生，6 年来，有近 9000 多名孩子来这里参观"，"当孩子们来到这里后，我就利用自己制作的图版等告诉学生们日本在战争中都做了些什么，让孩子们认识和平的可贵，从小就要自觉地反对战争，追求和平"。①

---

① 2001 年 12 月 21 日笔者现场采访记录。

退休教师吉冈数子自费创办的教科书资料馆

在日本,类似上述的草根团体难以统计,据报道,仅反对修改和平宪法的团体就有 3000 个之多。尽管这些团体在资金上与右翼团体无法类比,也没有大中企业做他们的后盾,他们往往是挤出自己或家庭的生活费、退休金来维持团体的活动,但是,他们乐此不疲,毫无怨言,继续战斗在反对日本总体保守化和政治右倾化的第一线。

不言而喻,这些民间团体是日本社会反右翼势力的社会支柱,是难能可贵的依靠力量。面对日本总体保守化和政治右倾化的大趋势,以及右翼势力的顽固表演,通过外交交涉或国际舆论批判自然能够产生一定的效果,却难以解决长远,更难以根治。所以,重视、支持和依靠日本民间社会反右翼势力的正义力量,具有非比寻常的战略性意义。

2010 年 2 月 15 日初定稿

辛卯年正月十五修改稿于哈尔滨方裕庐

补记:

该课题是 2007 年国家社会科学基金的一般项目,按规定需要在 2010 年前完成送审稿,经过各级评审机构和匿名专家的指点及建议,之后又进行了修改和补充。承蒙社会科学文献出版社不弃,这部书稿得以问世,在此由衷感谢社会科学文献出版社的杨群、徐思彦、宋荣欣、王珏等同志为此付出的劳动和努力。2012年,中日关系因钓鱼岛争端等问题进入两国恢复邦交以来的最低谷,日本右翼势力趁机推波助澜,干扰和破坏中日关系的各种社会思潮以及反华声浪此起彼伏,作为本课题的研究方向,似应将日本右翼的最新动态等收录其中,但由于篇幅及时间关系,只能留待今后的研究,也寄希望大方之家对拙作不吝赐教。

2013年6月补记于哈尔滨方裕庐

图书在版编目(CIP)数据

日本右翼势力与东北亚国际关系/王希亮著.—北京：社会科学文献出版社，2013.8（2015.6重印）
ISBN 978 - 7 - 5097 - 4816 - 9

Ⅰ.①日⋯　Ⅱ.①政治 - 研究 - 日本 - 现代　Ⅳ.①D731.309

中国版本图书馆 CIP 数据核字（2013）第 149281 号

日本右翼势力与东北亚国际关系

著　　者 / 王希亮

出 版 人 / 谢寿光
项目统筹 / 徐思彦
责任编辑 / 宋荣欣

出　　版 / 社会科学文献出版社·近代史编辑室（010）59367256
　　　　　　地址：北京市北三环中路甲29号院华龙大厦　邮编：100029
　　　　　　网址：www.ssap.com.cn
发　　行 / 市场营销中心（010）59367081　59367090
　　　　　　读者服务中心（010）59367028
印　　装 / 北京京华虎彩印刷有限公司

规　　格 / 开　本：787mm × 1092mm　1/16
　　　　　　印　张：26.25　字　数：386 千字
版　　次 / 2013 年 8 月第 1 版　2015 年 6 月第 2 次印刷
书　　号 / ISBN 978 - 7 - 5097 - 4816 - 9
定　　价 / 89.00 元

本书如有破损、缺页、装订错误，请与本社读者服务中心联系更换

版权所有 翻印必究